面向能源安全的中国油气市场体制机制改革研究丛书

ESG评价体系与气候投融资

张大永　姬强　雷雷　著

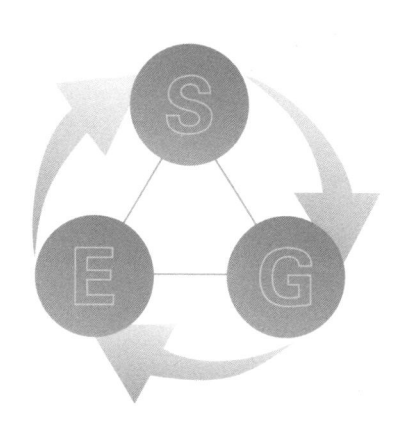

西南财经大学出版社
中国·成都

图书在版编目(CIP)数据

ESG 评价体系与气候投融资/张大永,姬强,雷雷著.—成都:西南财经大学出版社,2024.1
ISBN 978-7-5504-6042-3

Ⅰ.①E… Ⅱ.①张…②姬…③雷… Ⅲ.①上市公司—企业环境管理—信息管理—研究—中国②气候变化—治理—投融资体制—研究—中国 Ⅳ.①F279.246②P467

中国国家版本馆 CIP 数据核字(2024)第 002702 号

ESG 评价体系与气候投融资
ESG PINGJIA TIXI YU QIHOU TOURONGZI

张大永　姬强　雷雷　著

策划编辑:孙　婧
责任编辑:孙　婧
助理编辑:马安妮
责任校对:李　琼
封面设计:墨创文化
责任印制:朱曼丽

出版发行	西南财经大学出版社(四川省成都市光华村街55号)
网　　址	http://cbs.swufe.edu.cn
电子邮件	bookcj@swufe.edu.cn
邮政编码	610074
电　　话	028-87353785
照　　排	四川胜翔数码印务设计有限公司
印　　刷	四川新财印务有限公司
成品尺寸	170mm×240mm
印　　张	23.125
字　　数	330 千字
版　　次	2024 年 1 月第 1 版
印　　次	2024 年 1 月第 1 次印刷
书　　号	ISBN 978-7-5504-6042-3
定　　价	98.00 元

1. 版权所有,翻印必究。
2. 如有印刷、装订等差错,可向本社营销部调换。

前言

近年来，环境、社会和公司治理（ESG）概念已经成为资本市场的热点，GRI 的《可持续发展报告指南》、SASB 的《可持续发展会计准则》、TCFD 的气候相关财务信息披露框架、ISSB 的《国际财务报告可持续发展披露准则》以及各国证券交易所纷纷提出 ESG 标准化体系。2020 年以来，我国"双碳"目标的提出也加速了 ESG 投资在中国资本市场的发展，我国上市企业的 ESG 信息披露工作也在稳步推进中。

随着监管部门持续推动气候投融资的发展，ESG 投资理念在市场上强势崛起，成为当前最主流的投资策略。ESG 评价体系建设逐渐被认为是推动经济高质量发展的重要抓手。然而，尽管全球 ESG 投资的发展已十分繁荣，但是当前还缺乏全球统一的 ESG 标准。ESG 虽然被广泛认为能够有效衡量企业的可持续发展能力，并作为投资策略的新标的，但是 ESG 表现与资本市场反应、气候风险管理之间关系的学术研究才刚起步，ESG 表现对资本市场发展的影响机理、影响路径、影响模式等关键科学问题远没有形成系统性的研究范式，研究结论也没有达成一致。特别是对于中国而言，我国的资本市场正在走向成熟，但是与发达国家的市场结构以及市场表现还存在较大的差异，我国投资者对于 ESG 投资理念的认识还在不断加深中，国外的 ESG 投资经验并不一定适用于中国。

鉴于 ESG 概念的重要性和前沿性，本书对 ESG 概念的发展脉络进行了系统性梳理，特别是从企业微观视角，揭示了当前 ESG 评价体系中的主要问题，量化评估了企业 ESG 信息披露行为与气候风险治理、金融市场投资策略之间的耦合关系，试图从 ESG 的视角解读金融市场发展的新路径、新机制，为监管层推动绿色金融发展提供政策建议，为企业提升 ESG 表现提供策略分析。

在这种背景下，本书聚焦 ESG 评价体系与金融市场发展，从资本市场表现、投资策略优化、企业债务成本、绿债投资、投资者 ESG 偏好、ESG 信息披露差异性等新颖的视角对当前 ESG 领域的热点话题进行系统性分析。本书由西南财经大学张大永教授团队和中国科学院科技战略咨询研究院姬强研究员团队共同完成，主要依托研究团队在气候金融相关领域的长期积累和最新研究成果汇聚而成。

本书共 11 章。第 1 章由马丹丹、张韵晗、姬强完成，主要对 ESG 的概念演变以及不同国家和地区在信息披露中的进展进行了综述；第2章由马丹丹、姬强、张大永完成，主要介绍了国内外的主流ESG评价体系，并比较了不同评价体系的差异性；第3章由栾丽媛、郭琨完成，主要对中国的ESG发展与实践进行了追踪，并对中国ESG风险事件进行了分析；第4章由马丹丹、姬强、张大永完成，主要从微观视角分析了ESG表现对股票收益的影响；第5章由雷雷、张大永、姬强完成，主要量化讨论了共同机构持股对企业ESG表现的影响；第6章由柴尚蕾、曹梦君完成，主要探讨了ESG披露与企业可持续增长的关系；第7章由聂其苗、郭琨完成，主要分析了气候风险约束下企业ESG表现与绿色债券发行成本的关系；第8章由刘长玉、王静完成，主要模拟分析了政府治理对金融机构漂绿行为的影响；第9章由边源、郭琨完成，主要分析了ESG表现与企业债务融资的关系，特别是ESG分歧对发债成本的影响；第10章由幸小云、邓晶完成，主要讨论了绿色债券市场与ESG市场的时频关联性；第11章由郭琨、李奕冲完成，主要讨论了三类转型风险对全球ESG股票市场风险溢出的影响。

本书的研究成果得到了国内外气候金融领域知名专家的支持和指导，包括范英教授、张中祥教授、林伯强教授、周鹏教授、施训鹏教授、张跃军教授、王群伟教授、王玉东教授、Brian Lucey教授、Shunsuke Managi教授等，在此对这些专家表达最诚挚的谢意！

本书的研究工作得到了国家社会科学基金重大项目"面向能源安全的中国油气市场体制机制改革研究"（项目编号：20&ZD110）、国家自然科学基金项目"中国及全球能源转型风险、金融风险、资源风险和气候损失等建模和预测研究"（项目编号：No.72348003）、"能源金融"（项目编号：No.72022020）、"能源市场金融化及其对我国能源风险管理的影响机制研究"（项目编号：No.71974159）的支持，在此一并致谢！

张大永、姬强、雷雷

2023年6月

目录

1 ESG 的兴起与发展 / 1
1.1 ESG 的概念与内涵 / 1
1.2 ESG 投资的发展历程、现状及挑战 / 9
1.3 ESG 信息披露的进展 / 21
1.4 本章小结 / 33

2 ESG 评价体系概览 / 35
2.1 ESG 评价的介绍 / 35
2.2 国外 ESG 评价体系 / 39
2.3 国内 ESG 评价体系 / 50
2.4 国内外 ESG 评价体系的比较分析 / 61
2.5 本章小结 / 67

3 中国 ESG 的发展与实践 / 68
3.1 ESG 中国化的进程 / 68
3.2 中国 ESG 标准化体系的发展 / 79
3.3 ESG 投资的风险挑战 / 84
3.4 中国 ESG 投资的发展趋势 / 91
3.5 本章小结 / 98

4 ESG 表现与股票收益 / 100

    4.1 研究背景与研究现状 / 100

    4.2 研究假设与模型构建 / 103

    4.3 数据与变量说明 / 107

    4.4 实证分析 / 113

    4.5 进一步分析 / 119

    4.6 本章小结 / 128

5 共同机构持股与企业 ESG 表现 / 131

    5.1 研究背景 / 132

    5.2 相关文献述评 / 135

    5.3 理论模型与研究假设 / 137

    5.4 数据与变量说明 / 142

    5.5 实证分析 / 147

    5.6 本章小结 / 160

6 ESG 披露与企业可持续增长 / 161

    6.1 中国可持续发展现状 / 161

    6.2 研究背景与研究现状 / 164

    6.3 理论分析与研究假设 / 168

    6.4 研究设计 / 171

    6.5 实证分析 / 173

    6.6 进一步分析 / 179

    6.7 本章小结 / 182

7 气候风险、企业 ESG 表现与绿色债券发行成本 / 184

- 7.1 中国绿色债券的发展 / 185
- 7.2 绿色债券的相关文献述评 / 190
- 7.3 绿色债券发行成本的影响因素分析 / 192
- 7.4 研究假设与模型构建 / 196
- 7.5 数据与变量说明 / 198
- 7.6 实证分析 / 203
- 7.7 本章小结 / 209

8 金融机构漂绿行为的监管对策分析 / 211

- 8.1 金融机构漂绿行为的现状 / 212
- 8.2 研究背景与研究现状 / 217
- 8.3 研究假设与模型构建 / 220
- 8.4 信号博弈均衡分析 / 224
- 8.5 不同监管措施的效果分析 / 230
- 8.6 本章小结 / 235

9 ESG 表现与企业债务融资 / 237

- 9.1 研究背景 / 237
- 9.2 相关文献述评 / 239
- 9.3 理论分析与研究假设 / 241
- 9.4 研究设计 / 243
- 9.5 实证分析 / 246
- 9.6 进一步分析 / 254
- 9.7 本章小结 / 262

10 绿色债券市场与 ESG 市场的时频关联性 / 264

    10.1 中美 ESG 发展历程与现状 / 264

    10.2 研究背景 / 267

    10.3 绿色债券市场与 ESG 市场互相关联的理论机制 / 269

    10.4 模型构建 / 271

    10.5 数据样本与初步分析 / 276

    10.6 实证分析 / 278

    10.7 本章小结 / 288

11 转型风险与全球 ESG 股票市场 / 290

    11.1 研究背景 / 291

    11.2 相关文献述评 / 293

    11.3 模型构建 / 299

    11.4 数据与变量说明 / 301

    11.5 实证分析 / 308

    11.6 本章小结 / 320

参考文献 / 322

1　ESG 的兴起与发展

21 世纪以来，ESG 在全球范围内的兴起与发展成为一个引人注目的趋势。ESG 代表了环境、社会和公司治理三个关键维度，它们已经成为投资者和企业关注的重要议题。本章首先介绍了 ESG 的概念与内涵，揭示了 ESG 投资与其他相关投资理念的差异。同时，详细讨论了 ESG 投资策略的多样性，包括 ESG 整合法、企业参与和股东行动、规范筛选、负面筛选/排除性筛选、正面筛选/同类最佳筛选、可持续主题投资以及影响力投资和社区投资等。其次，本章回顾了 ESG 投资的发展历程，概述了 ESG 投资的发展现状，同时讨论了 ESG 投资发展面临的挑战，并提出了相关对策。最后，本章还介绍了国际 ESG 信息披露进展，包括国际主流 ESG 信息披露标准和各国 ESG 信息披露要求。本章的内容有助于读者深入理解 ESG 的相关概念，全面了解 ESG 的历史沿革和发展现状。

1.1　ESG 的概念与内涵

1.1.1　ESG 及相关投资概念

ESG 是英文 environmental（环境）、social（社会）和 governance

（公司治理）的首字母缩写，是一种关注企业环境保护、社会责任和公司治理等非财务绩效的投资理念和企业评价标准。ESG 体系包括三大关键环节，即 ESG 披露、ESG 评价和 ESG 投资。其中，ESG 披露是企业或资产管理机构向投资者、利益相关方和社会公众透明地披露其环境、社会和治理信息的过程。国际主导的 ESG 评价机构明晟（MSCI）将 ESG 评价定义为，衡量企业对行业内长期、重大的环境、社会和治理风险的应变能力。根据联合国负责任投资原则组织（United Nations Principles of Responsible Investments，UN PRI）的定义，ESG 投资是一种将环境、社会和公司治理因素纳入投资决策和积极所有权的战略和实践。环境因素包含气候变化、资源枯竭、废弃物、污染和森林砍伐等问题；社会因素包含人权、现代奴役、雇佣童工、工作条件和员工关系等问题；公司治理因素包含贿赂和腐败、高管薪酬、董事会多样性和结构、政治游说和献金以及税务策略等问题。为了指导签署方的负责任投资实践，UN PRI 还提出了负责任投资的六项原则，具体内容如下：

原则一：将 ESG 议题纳入投资分析和决策过程。

原则二：成为积极的所有者，并将 ESG 议题纳入所有权政策和实践。

原则三：要求被投实体对 ESG 议题进行合理披露。

原则四：促进投资行业广泛采纳并贯彻落实负责任投资原则。

原则五：共同努力提升负责任投资原则的实施效果。

原则六：报告负责任投资原则的实施情况和进展。

ESG 具有多重含义。首先，ESG 是一种价值理念。ESG 倡导以投资带动环境、社会和经济各领域的协同可持续发展，提倡完善公司治理，将环境保护和社会发展等公共利益引入公司价值体系，在公司经营活动中实现社会价值的整体提升。其次，ESG 是一种评价体系。ESG 提供了包括财务和非财务维度的投资评价体系以及可测量和可比较的评价方式。最后，ESG 是一种投资策略。ESG 强调企业社会责任等投入有助于提升财务表现和降低经营风险，投资者从过去的仅关注传统财务指标转为综合衡量企业经济效益和社会效益。

随着 ESG 投资的发展，相关的投资体系也日趋完善。ESG 投资的主要参与者包含国际组织、投资者、企业、监管机构和第三方评价或研究机构。①国际组织主要通过倡导和推广 ESG 理念推动 ESG 投资的发展，重要的 ESG 国际组织有 UN PRI、联合国全球契约组织（United Nations Global Compact，UNGC）以及全球报告倡议组织（Global Reporting Initiative，GRI）等。②投资者包括机构投资者和个人投资者，根据其投资目标和价值观，选择符合 ESG 标准的投资组合。机构投资者还有推广 ESG 投资和发行 ESG 投资产品的作用，代表性 ESG 投资机构有贝莱德集团（BlackRock）、高盛集团（Goldman Sachs）和英国养老金监管局等。③企业需要向投资者披露有关 ESG 风险和机会的信息，同时也需要采取措施来改进其 ESG 表现。ESG 产品是旨在为投资者提供符合 ESG 标准投资选择的一类投资工具，是 ESG 投资策略的载体，包括 ESG 股票基金或指数基金、ESG 交易所交易基金以及绿色债券等。④监管机构负责制定并实施 ESG 规则和标准，确保企业和投资者遵守相关规定并披露足够的 ESG 信息，并促进企业更好地履行其 ESG 责任。⑤第三方评级或研究机构负责研究和制定 ESG 标准体系，提供合理的 ESG 评价和排名，以便投资者根据企业 ESG 表现进行投资，代表性组织包括 MSCI、晨星（Sustainalytics）和机构股东服务公司（Institutional Shareholder Services，ISS）等。

需要注意的是，除 ESG 投资之外，市场中还有许多与 ESG 相关的投资理念，如伦理投资（ethical investing）、社会责任投资（socially responsible investment）、影响力投资（impact investing）、可持续投资（sustainable investing）、绿色金融（green finance）等。这些术语经常与 ESG 投资互换使用，这些概念与 ESG 投资存在交叉，都是在不同程度上关注 ESG 问题，并使用投资来推动社会和环境变革，但它们的内涵和外延与 ESG 投资存在差别。

"伦理投资"是以道德原则为指导进行投资的一种投资方法，通常是一种对武器制造、烟草生产、涉及动物实验等公司的"罪恶股票"进行负面筛选的过程。采取伦理投资的投资者根据他们的道德标准、价值观和个人信仰进行投资，个人信仰包括环境信仰、政治信仰和宗教信仰等。

"社会责任投资"是指以社会道德标准和财务指标为基础评价并选择企业所进行的投资。这种策略强调，财务回报是社会道德价值观之后的次要考虑因素。社会责任投资是一种正面或负面的筛选过程，允许投资者根据社会道德准则和企业社会责任行为独立决定投资，以选择或避免投资特定行业或公司。例如，采取社会责任投资的投资者可能会避免投资制造武器或烟草产品的公司，或选择投资具有性别多元化管理团队或积极回馈社区的公司。

社会责任投资与伦理投资较为相似，但两种投资理念的目标与准则存在差别，且投资方式也不同。社会责任投资更注重企业的社会责任表现，而伦理投资更多地关注个人或群体的信仰、价值观和道德准则，是一种更为主观的标准。伦理投资通常采取排除某些行业或企业的投资策略，认为这些行业或企业不符合其道德准则；而社会责任投资既允许排除社会责任表现不佳的企业，也能够积极选择具有较好社会责任表现的企业进行投资。

这两种投资理念与ESG投资也非常相似，但在投资目标上存在差别。相比之下，ESG投资是对组织的环境、社会和治理行为的客观衡量，而社会责任投资和伦理投资是投资者用来评估组织社会责任的主观标准。这些概念之间的最大区别在于，社会责任投资和伦理投资均将道德和伦理目标作为首要投资目的，而ESG投资则是通过考虑ESG因素来增加投资回报并促进可持续发展。正如UN PRI六项原则中的第一条原则所言，ESG投资是将ESG议题纳入投资分析和决策过程，其适用范围更为广泛。所谓"纳入"，即是在投资过程中除了财务因素之外，还将包括环境、社会和公司治理在内的非财务因素考虑进去。ESG投资并不仅限于那些主要关注社会责任和可持续发展的投资者，也适用于那些只关注财务绩效，且试图平衡金融风险和机遇之间关系的投资者。此外，从历史发展进程来看，ESG 投资是由伦理投资和社会责任投资发展而来的。

"影响力投资"是一种旨在产生积极、可衡量的社会和环境影响，并带来财务回报的投资。该概念于 2007 年在洛克菲勒基金会召集的会议上正式提出。与 ESG 投资相比，影响力投资的核心区别在于强调"主观意图"和"影响衡量"，以主动解决社会和环境问题以及投资标的产生的社会环境影响作为价值衡量。影响力投资需要产生积极的结果，目标是帮助企业或组织实现对社会或环境有益的特定目标。其主要投资领域包括能源、医疗以及农业等。

"可持续投资"源于 1987 年联合国提出的"可持续发展"理念。可持续发展是指既能满足当下需求，又不损害后代需求的发展模式，包括 17 项发展目标。在金融领域中，可持续投资是可持续发展理念的一种落实方式，它包括狭义和广义两种概念。狭义上，可持续投资即采取 ESG 策略的投资；而广义上，可持续投资则包含所有对社会和环境产生正面影响的投资行为，如社会责任投资、影响力投资等。

"绿色金融"不同于以上概念，是指构建绿色发展服务的金融体系，最早起源于 20 世纪 70 年代。1974 年，西德成立了全球第一家环境银行，专门为环境保护与污染治理项目提供融资。此后，国际金融机构以及各国政府成为推动绿色金融规模化发展的主要力量，它们的职能之一是为全球和所属地区的经济、社会和环境的可持续发展提供融资。在我国，"绿色金融"概念首次在 2016 年 G20 杭州峰会上被写入成果文件。我国是推动绿色金融发展的积极力量，已经构建了包括绿色债券、绿色基金、绿色信贷、碳金融等在内的多种绿色金融产品体系，我国的绿色金融投资体系强调对投资标的提出绿色要求。

1.1.2　ESG 投资策略

全球可持续投资联盟（Global Sustainable Investment Alliance，GSIA）于 2012 年对 ESG 投资策略进行了定义和分类，并于 2022 年对其进行了修订（GSIA，2022）。GSIA 提出的分类标准是目前全球认可度最高的分类标准，它将 ESG 投资分成七类，包括 ESG 整合法（ESG integration）、企业参与和股东行动（corporate engagement and shareholder action）、规范筛选（norms-based screening）、负面筛选/排除性筛选（negative screening/exclusionary screening）、正面筛选/同类最佳筛选（positive screening/best-in-class screening）、可持续主题投资（sustainability themed investing）以及影响力投资和社区投资（impact investing and community investing）。

ESG 整合法，是指投资经理系统且明确地将环境、社会和公司治理因素纳入财务分析。这种策略认为 ESG 是另一个有助于降低投资组合风险以及提高收益的因素，因此将 ESG 考虑嵌入现有投资组合管理的各个层面，如资产分配、股票选择和风险管理等。ESG 整合投资者需要收集 ESG 评级以及可能影响公司和投资绩效的重大 ESG 问题等信息，并通过 ESG 指标和框架进行投资分析和评估，以更好地识别和应对潜在风险，或抓住与 ESG 因素相关的机会。这种方法可以帮助投资者更全面地评估和了解企业的绩效和风险，并做出更明智的投资决策。

企业参与和股东行动，是指利用股东权利影响公司行为，包括通过与公司高管或董事会沟通等直接参与、提交或共同提交股东提案，以及在全面的 ESG 指引下代理投票。主动投资（activist investing）与股东行动密切相关，这两种策略合称"股东维权主义"。主动投资是指投资者购买一家公司的股权，改变该公司的运营方式，并影响该公司实施 ESG 计划。两种策略的区别在于，股东行动发生在投资者已经拥有公司股票的情况下，而主动投资是投资者寻找一项投资来影响公司的 ESG 战略。企业的 ESG 实践与财务业绩密切相关，因此投资者能够通过倡导公司改进 ESG 表现来增加投资回报，尤其是对于忽视了 ESG 重大机会的公司。

规范筛选，是指基于联合国、国际劳工组织、经合组织和非政府组织发布的国际规范，根据最低商业标准或发行人惯例筛选投资。采取规范筛选的投资者可能会排除不符合国际规范的投资，或根据资产的合规程度增加或减少投资。

负面筛选，也被称为排除性筛选，是指按照规范和价值观等特定标准，将被认为属于不可投资的行业、公司、国家或其他发行人剔除在基金或投资组合之外。这些标准可能涉及武器和烟草制品等产品，以及动物实验、践踏人权和腐败等公司行为。负面筛选有助于降低投资组合的风险，因为它可以排除那些在道德、法律或商业方面存在争议的公司。同时，这种策略还有助于让投资者更好地与他们的价值观和信仰相一致，使他们的资金不会被用于支持他们不赞成的行为或活动。负面筛选可能会降低投资组合收益，因为排除的某些公司可能仍然具有实现良好财务业绩的潜力。因此，在进行负面筛选时，投资者应该充分考虑 ESG 问题和经济后果，权衡利弊以做出适当的决策。

正面筛选，也被称为同类最佳筛选，是指投资 ESG 表现优于同类的行业、公司或项目。与负面筛选相对，正面筛选强调的是积极地寻找那些具有良好可持续性表现的公司，鼓励他们通过进一步加强 ESG 实践获得更多的投资。狭义上，正如 GSIA 所定义的，正面筛选即同类最佳筛选；而广义上，通常讨论的正面筛选还可以包括可持续主题投资。可持续主题投资是指投资与可持续性相关的主题或资产，如可持续农业、绿色建筑、低碳投资组合、性别平等和多样性。通过可持续主题投资，投资者可以明确地表达他们对 ESG 议题的支持，并为那些积极实践环保、社会责任等方面的企业提供资金支持。然而，可持续主题投资可能难以评估其所带来的风险，如果可持续主题投资在投资组合中所占比例太大，可能会使投资组合面临过多的行业风险。因此，需要综合考虑风险因素，确保投资组合符合投资者的 ESG 目标和风险偏好。

影响力投资，是指旨在产生积极的社会和环境影响的投资，需要衡量和报告这些影响，并且证明投资者、潜在资产和被投资对象的意愿以及投资者的贡献。社区投资，是指将资金专门用于服务传统上未能得到充分服务的个人或社区，以及为具有明确社会或环境目的的企业提供融资。社区投资可以包括影响力投资、专项贷款和其他形式的投资活动。

其他 ESG 投资策略还包括 ESG 倾斜（ESG tilt）以及 ESG 动量（ESG momentum）等（Nagy et al., 2016）。ESG 倾斜，是指在投资组合中增加在 ESG 表现方面排名较高的公司的权重，以此来更为积极地推动 ESG 发展。这种策略通常涉及计算每个公司的 ESG 评级，并根据该评级对其进行权重调整。例如，如果基于市场指数采用 ESG 倾斜策略，可以从整个指数中选择投资，以保持与整个指数相同的风险水平，并根据公司 ESG 评级对其进行权重调整，确保在投资组合中高评级公司的权重占比更高。ESG 倾斜可以有不同的形式和程度，投资者可以只关注其中一个或两个方面的 ESG 问题，也可以更广泛地关注三个方面的问题。ESG 倾斜的优点在于，它可以提高投资组合的可持续性，同时保证投资组合的行业多样性，使投资者可以更好地满足他们的价值观和财务目标。然而，该策略也存在着一些挑战，如需要选择合适的 ESG 评级和权重调整方法。ESG 动量，是指投资比同行更快改善 ESG 表现的公司。这种策略认为，那些在短时间内改善了其 ESG 表现的公司会受到市场的重视，并可能获得价格上涨的支持；反之，ESG 表现退步的公司则可能面临着价格下跌的风险。具体来说，ESG 动量策略通常涉及对公司的 ESG 评级进行判断，并选择那些近期 ESG 评级有所提高的公司进行投资。需要注意的是，采用 ESG 评级进行投资决策涉及一定程度的风险和不确定性。尤其是不同机构发布的 ESG 评级可能存在差异，过分依赖单个机构的 ESG 评级可能会导致错误决策。为了更好地评估公司的 ESG 表现，投资者可以考虑使用多个 ESG 评级提供商的数据，并将其与公司报告和新闻报道等其他信息相结合，以获取全面的视角和更准确的结论。

1.2 ESG 投资的发展历程、现状及挑战

1.2.1 ESG 投资的发展历程

责任投资的做法具有悠久的历史，最早可以追溯到公元前的宗教活动。起初，某些投资者以宗教信仰的名义筛选酒精、烟草和赌博等罪恶股票，但如今，投资者和企业已经从更广泛的角度聚焦于与环境、社会和公司治理有关的风险。从宗教起源到现代 ESG 投资主要经历了三个重要发展阶段。

第一阶段：伦理投资（20 世纪 60 年代以前）

责任投资最早起源于与宗教投资理念和活动有关的伦理投资，宗教团体拒绝投资于与教义信仰相违背的行业。道德一直是伦理投资决策的基本考虑因素，但该原则的应用各不相同。一些宗教团体将伦理投资视为投资指导方针，另一些宗教团体则因法律规定而进行伦理投资。伦理投资理念也因宗教团体而异，因此对该主题有许多不同的解释。

公元前 1500 年至公元前 1300 年，摩西撰写的《圣经》前五卷中，出现了"Tzedek"（意为"正义和平等"）这一犹太人的概念，这一概念说明生活的各个方面都需要正义和公平，旨在纠正人类导致的不平衡，包括经济活动。投资使人们成为财产所有者，人们有责任使用所有权来防止直接和潜在的伤害。

在美国，责任投资起源于 18 世纪初。1703 年，基督教新教卫理公会派在美国创立。卫理公会派通过资本市场投资活动传播其宗教教义，他们抵制奴隶贸易、走私和炫耀性消费，并抵制投资于制造酒类或烟草产品以及支持赌博的公司。随后，其他宗教团体也效仿卫理公会派的做法，如贵格会禁止成员参与有关奴隶贸易和战争的投资，这一教派的教徒也在此后建立了现代历史上著名的两家金融机构——巴克莱银行和劳

埃德银行。

早期的责任投资理念仅流行于宗教组织,主要表现为对罪恶产业的抵制,尽管在很长一段历史中流行,但并未对资本市场活动产生明显的影响。

第二阶段:社会责任投资(20世纪60年代至21世纪初)

20世纪60年代起,责任投资逐渐从宗教组织走向公众,责任投资理念开始包含战争、民权、劳工和环境等社会问题。

20世纪60年代末,美国公众对越南战争的不满直接推动了社会责任投资的发展。越南战争期间,陶氏化学公司和孟山都公司为美国国防部开发了一种名为"橙剂"(Agent Orange)的致命毒剂。在五年时间里,美军将橙剂喷洒在南越10%的土地上,以清除为越南游击队提供掩护的树木,这种有毒化学品对当地居民的健康造成了毁灭性的破坏,夺去了无数生命。陶氏化学公司还为美军生产凝固汽油弹,该武器会在人体上留下非常难治愈的烧伤。具有社会意识的投资者意识到,他们的投资组合很可能正在支持战争的发展,因此一些人开始寻求避免投资组合从战争中获利的方法。例如,越南战争抗议者抵制为战争提供武器的公司,并要求大学捐赠基金不再投资国防承包商。1968年,人权问题医学委员会获得陶氏化学公司的股份,并提交了一份代理声明,建议修改陶氏化学公司的章程,禁止向任何不愿保证该物质不会被用于人类的买家出售凝固汽油弹,该声明促使陶氏化学公司在一年后悄悄停止了凝固汽油弹的生产。在责任投资需求快速上升的背景下,1971年,美国首只社会责任基金派克斯世界基金(Pax World Fund)发行,旨在拒绝投资于利用越南战争获利的公司。

20世纪80年代发生在南非的大规模抗议撤资运动导致了南非经济不稳定,最终促成了种族隔离制度的崩溃。在此期间,由于种族隔离,个人投资者和公司决定从南非撤出投资。1985年,纽约哥伦比亚大学的学生举行了为期三周的示威活动,要求学校停止投资与南非有业务往来的公司,并取得了胜利,促使了400亿美元的撤资。抗议撤资运动的压力从投资者和企业逐渐传到了美国政府，转化为公共政策。1986年，美国国会通过了《全面反种族隔离法案》，禁止在南非进行新的投资。到1993年，当德克勒克政府采取措施结束种族隔离制度时，累计6 250亿美元的资产从南非剥离。

同时，公众和国际机构开始重视环保问题，责任投资的内涵边界逐渐扩展至环保理念。1962年，横空出世的环保主义著作《寂静的春天》描写的环境污染灾难引发了人类对环境问题的关注和反思。1972年，联合国人类环境会议通过了世界上第一个保护环境的纲领性文件——《联合国人类环境会议宣言》。20世纪80年代，世界上发生了几起重大环境灾难，包括1984年印度博帕尔农药厂毒气泄漏事件、1986年切尔诺贝利核电站事故以及1989年阿拉斯加湾的埃克森·瓦尔迪兹号油轮的大规模石油泄漏事件，这些事件引发了人们对环境和气候变化的担忧，推动了责任投资在环境领域的发展。1988年，英国的梅林生态基金（Merlin Ecology Fund）成立，该基金只投资于注重环境保护的公司。1989年，美国各大投资团体及环境组织联盟发起了一项绿色商业行为准则，即环境责任经济联盟（Coalition for Environmentally Responsible Economies，CERES），倡导企业界采用更环保、更新颖的技术与管理方式，该组织也是全球报告倡议组织（GRI）的成立方。1990年，首个追踪责任投资的市值加权指数——多米尼400社会指数（Domini 400 Social Index）发布，现在被命名为"MSCI KLD 400社会指数"。1992年，联合国环境与发展大会通过《21世纪议程》，倡导在促进发展的同时也要注重环境保护。同年，联合国环境规划署金融行动机构在地球峰会上提出金融倡议，倡导金融机构将环境、社会和公司治理问题纳入投融资决策。1997年，GRI成立，旨在提高商业组织可持续发展报告的质量，该组织发布的可持续发展报告编制标准也是如今最为普遍认可的报告体系之一。

随着反战抗议、人权运动、反种族隔离运动以及环保运动的兴起，责任投资理念不再局限于宗教教义，而是扩展至引起民众担忧的众多社会问题，来自社会责任投资者的压力甚至对公共政策和全球行动产生了影响，责任投资以社会责任投资的形式快速发展。

第三阶段：现代 ESG 投资（21 世纪初至今）

进入 21 世纪，在联合国等国际组织的推动下，现代 ESG 投资的概念逐渐形成，ESG 投资在全球范围内持续增长。2000 年，时任联合国秘书长科菲·阿塔·安南（Kofi Atta Annan）发起了"全球契约"（Global Compact），鼓励将环境、社会和公司治理纳入资本市场，该倡议创造了"ESG 投资"这个术语。2004 年，联合国全球契约组织与 20 家金融机构联合发布了具有里程碑意义的《在乎者即赢家》（*Who Cares Wins*）报告（Knoepfel，2004）。该报告邀请不同金融部门参与者就如何将 ESG 因素纳入金融市场研究、分析和投资提出了一系列建议。报告数据显示，在 ESG 领域中表现更好的公司，在增加股东价值和企业利润、提高公司声誉以及促进社会可持续发展等方面也表现得更好。因此，ESG 是影响股东长期利益的重要因素。该报告标志着 ESG 成为考察资产非财务因素的重要标准。2006 年，时任联合国秘书长科菲·阿塔·安南发起并成立了联合国责任投资原则（UN PRI）。该原则旨在推动各大资产管理机构在投资决策中纳入 ESG 指标，帮助 UN PRI 签署方提升可持续投资能力，并在实践中规避风险，优化投资表现。此后，在 UN PRI 的推动支持下，ESG 投资在全球迅速发展。

2020 年以来，在新型冠状病毒感染疫情（以下简称"新冠疫情"）和全球经济下行等因素的影响下，世界各国在环境、社会和公司治理方面面临更加严峻的挑战。ESG 投资具有风险管理优势，环境、社会或治理等问题可能会对企业运营和绩效构成风险，ESG 投资能够帮助投资者避免可能因为这些非财务因素而产生重大风险的公司。在外部不确定性增大的背景下，全球 ESG 投资需求加速增长。

1.2.2 ESG 投资的发展现状

全球资本市场对 ESG 投资的关注度持续上升。根据 UN PRI 公布的最新数据，截至 2022 年底，全球范围内已经有超过 5 000 个资产管理机构和资产所有者成为 UN PRI 的签署方，资产管理规模达到 121 万亿美元，签署方包括全球知名资产管理机构，如贝莱德、英仕曼、安联保险等。根据资本集团（Capital Group）的一项研究，2022 年，89% 的投资者已将 ESG 问题视为其投资策略的一部分，高于 2021 年的 84%，其增长动力主要来源于客户偏好和对公司声誉的担忧。此外，ESG 领域的投资者活动也在加速。2020 年底，30 家全球顶尖资产管理公司发起了净零排放资产管理人倡议（Net Zero Asset Managers Initiative，NZAM），目标是到 2050 年中期实现其投资组合的净零碳排放目标。

从投资规模来看，全球 ESG 投资规模持续增长。图 1.1 和图 1.2 分别展示了 2016—2020 年全球主要市场 ESG 投资规模及其占比的变化。根据 GSIA 发布的《2020 年全球可持续投资回顾》，2020 年底，全球五大主要市场（欧洲、美国、加拿大、澳大利亚、日本）的 ESG 投资规模总额达到 35.3 万亿美元，2016—2020 年平均每年增长 11.5%。从投资规模的占比来看，2020 年 ESG 资产在五大主要市场的总资产中占比约为 35.9%，相比 2016 年的 27.9% 增加了 8%。此外，据晨星公司（Morningstar）统计，截至 2022 年底，全球 ESG 基金资产达到约 2.5 万亿美元，高于第三季度末的 2.24 万亿美元，资产规模增长近 12%，几乎是全球基金市场整体增幅的 2 倍。

从区域投资规模来看，欧洲和美国 ESG 投资起步较早，投资规模领先。GSIA 发布的报告显示，2020 年，欧洲和美国 ESG 投资规模大约占据全球主要市场的 82.4%。其中，欧洲 ESG 投资规模达到 12 万亿美元，占比约为 34%；美国 ESG 投资规模达到 17.1 万亿美元，占比为 48.4%，超越欧洲成为全球 ESG 投资规模最大的市场。日本 ESG 投资规模迅速增长，于 2018 年超越加拿大和澳大利亚，成为全球第三大 ESG 市场，在 2020 年规模达到 2.9 万亿美元，占比超 8%。

图 1.1 全球主要市场 ESG 投资规模

数据来源：根据 GSIA《2020 年全球可持续投资回顾》的数据整理。

图 1.2 全球主要市场 ESG 投资规模的占比

数据来源：根据 GSIA《2020 年全球可持续投资回顾》的数据整理。

从区域 ESG 投资规模占区域总投资规模来看，美国、加拿大和日本的 ESG 投资规模占区域总投资规模的比例呈持续上升趋势，而欧洲和澳大利亚呈现出下降趋势。图1.3展示了2014—2020年全球主要市场ESG投资规模占市场总投资规模的比例。GSIA发布的报告显示，2020年，美国、加拿大和日本的占比分别上升至33.2%、61.8%和24.3%。2014—2020年，欧洲ESG投资规模占区域总投资规模的比例逐渐下降，从2014年的58.8%下降至2020年的41.6%，2020年欧洲ESG投资规模相较2018年减少约2万亿美元。澳大利亚ESG投资规模占区域总投资规模的比例在2018—2020年出现大幅下滑，2020年占比下降至37.9%，相较2018年下降了25.3%。欧洲和澳大利亚ESG投资规模的下滑主要与地区规则变化和标准收紧有关。

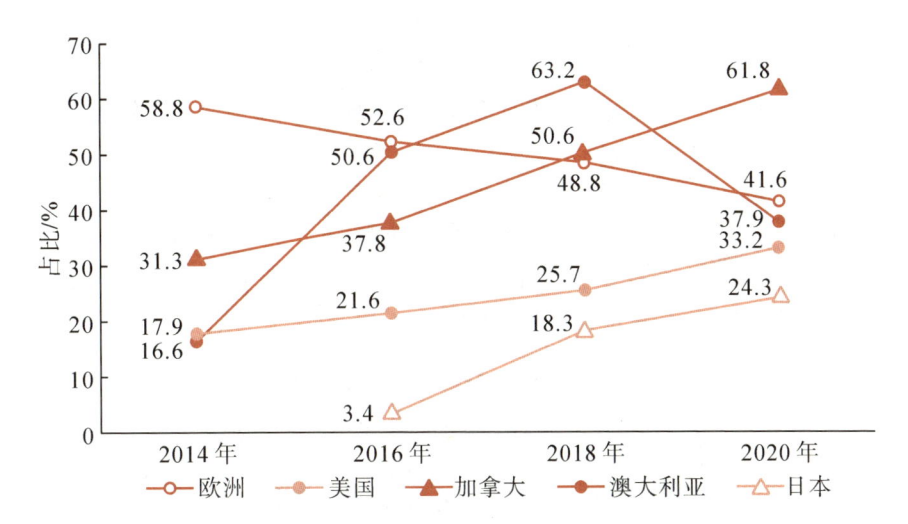

图1.3 全球主要市场ESG投资规模占市场总投资规模的比例

数据来源：根据GSIA《2020年全球可持续投资回顾》的数据整理。

从投资策略角度来看，ESG整合策略的资产规模迅速增加，逐渐成为最受欢迎的ESG投资策略。图1.4显示，在2018年以前，投资者主要利用负面筛选策略来剔除投资组合中的罪恶行业，以降低尾部风险。2019—2020年，随着ESG信息披露以及评价体系的完善，越来越多的投资者开始采用ESG整合策略。2020年，ESG整合策略的资产规模达25.2万亿美元，占所有策略的43%，相较2018年增长了44%，超越负面筛选策略成为最受投资者欢迎的投资策略。负面筛选策略的资产规模位列第二，达到 15 万亿美元，占比为 26%，相比 2018 年降低了 24%。企业参与和股东行动的资产规模一直位列第三，且持续增长，在 2020 年达到 10.5 万亿美元。其他策略中，可持续主题投资的资产规模也呈持续增长趋势，而规范筛选和正面筛选两种策略的投资规模出现了下降趋势。

图 1.4　全球 ESG 投资策略的资产规模

数据来源：根据 GSIA《2020 年全球可持续投资回顾》的数据整理。

从区域 ESG 投资策略实践上来看，各市场的投资者在投资策略的选择上有所不同。图 1.5 和图 1.6 分别统计了全球主要市场 ESG 投资策略的资产规模及其占比。2020 年欧洲投资者最倾向于采纳负面筛选策略，资产规模达到 9.242 万亿美元，占所有策略的 42%。其他地区的投资者均倾向于采用 ESG 整合策略，尤其是澳大利亚和美国，在 2020 年 ESG 整合策略的资产规模占比分别达到 87.6% 和 66.9%。欧洲、加拿大和日本市场的 ESG 投资策略选择较为多元，采用 ESG 整合、负面筛选以及企业参与和股东行动三大策略的资产规模比例较为平均，而美国和澳大利亚市场的策略偏好较为单一。

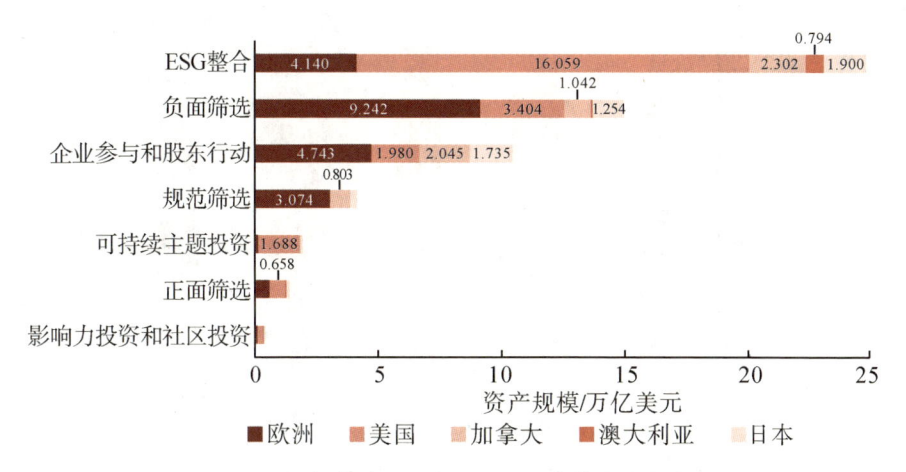

图 1.5 2020 年全球主要市场 ESG 投资策略的资产规模

数据来源：根据 GSIA《2020 年全球可持续投资回顾》的数据整理。

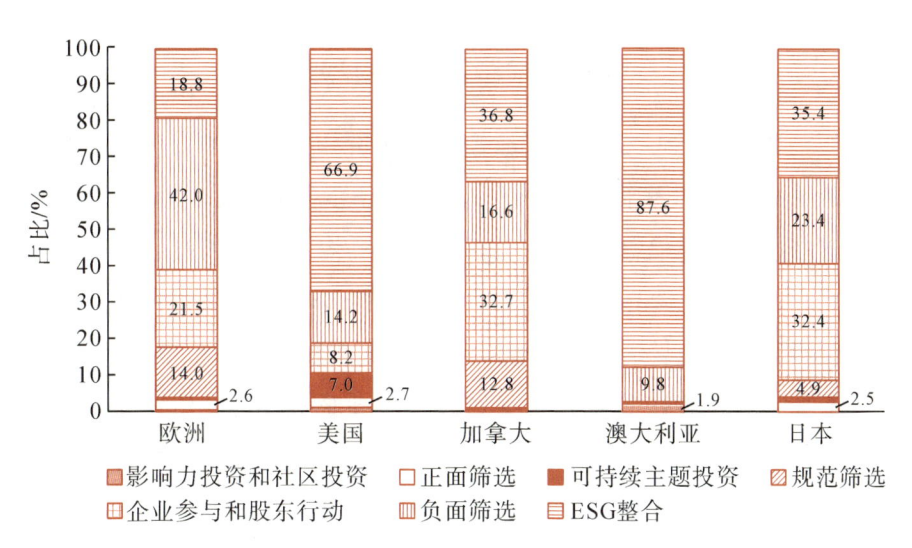

图 1.6 2020 年全球主要市场 ESG 投资策略的资产规模占比

数据来源：根据 GSIA《2020 年全球可持续投资回顾》的数据整理。

从投资者构成角度来看，ESG 资产主要由机构投资者持有。图 1.7 显示，2020 年机构投资者占比达到 75%。随着 ESG 投资理念的普及和推广，个人投资者对 ESG 投资的兴趣也稳步增长。2012—2018 年，个人投资者持有 ESG 资产的占比从 11% 逐年上升，到 2018 年底达到 25%，这一比例在 2019—2020 年保持稳定。

图 1.7 全球机构投资者和个人投资者 ESG 投资的占比

数据来源：根据 GSIA《2020 年全球可持续投资回顾》的数据整理。

1.2.3 ESG 投资发展面临的挑战及解决对策

当前，全球 ESG 投资发展在披露、评价和投资等方面仍然面临诸多挑战。一些制约因素正在限制投资人进一步接受和采纳 ESG 投资理念，这些问题需要金融机构、企业、监管机构和研究人员共同努力解决，从而使投资人可以从更加准确和透明的 ESG 投资环境中受益。从全球视角来看，主要有四个问题限制了 ESG 投资的发展。

首先，投资者在 ESG 投资实践过程中面临数据可得性问题，需要监管机构制定合理的披露规则。投资者在进行 ESG 投资决策前需要对未来收益进行建模，而前瞻性数据可得性限制了其参与 ESG 投资。在机构投资者中，银行和保险公司拥有贷款业务、抵押贷款和贸易融资等数据来源，因此可以进行更多的前瞻性分析。然而，资产管理公司比银行和保险公司更依赖公开的非财务数据来源。据安永会计师事务所调查，50%的资产管理者认为缺乏前瞻性披露限制了 ESG 报告的价值，而保险公司和银行的这一比例分别为 31%和 25%。这些公共来源的数据具有历史性，每年仅披露一次或最多两次。然而，资产管理者需要针对波动的市场风险和价格做出日常决策，低频率的公开非财务信息不足以支撑其日常的 ESG 投资决策。安永会计师事务所的调查显示，46%的资产管理公司认为缺乏实时信息限制了 ESG 数据的价值。数据可访问性对更小、更专业的机构的影响更大。较大的公司通常可以进行内部 ESG 研究，并计算专有的 ESG 分数，而小型的机构投资者通常依赖第三方数据供应商提供的关键 ESG 信息。资产经理应该进行尽职调查，以全面地了解公司的 ESG 表现。对于监管机构而言，需要推动 ESG 强制披露，并制定合理的披露规制，以满足参与 ESG 投资必要的信息需求。

其次，大量非标准化和非结构化的 ESG 数据为 ESG 信息应用带来挑战，需要建立通用和高效的 ESG 披露框架。即使投资者能够获取 ESG 数据，这些信息报告的方式也不一致。尽管近年来自愿性可持续性报告框架和标准的使用在企业中越来越受欢迎，但大量框架和标准的出现使得不同企业可能使用不同的披露框架，如气候相关财务信息披露工作组（Task Force on Climate-related Financial Disclosure，TCFD）建议、可持续发展会计准则委员会（Sustainability Accounting Standards Board，SASB）标准和 GRI 发布的 ESG 披露标准等。由于缺乏通用、可信的披露要求，企业是否强制披露、强制披露指标以及指标的计算口径在不同地点、不同规模的公司之间会产生很大不同，投资者很难在公司、行业或国家之间直接进行比较，通常会出现某些指标和资产类别的数据缺失的情况，使得投资分析不准确。因此，投资者难以有效地将 ESG 指标嵌入其决策参考中。除了基础数据中的这些缺点外，投资者在使用非财务信息方面还面临结构性障碍，ESG 信息大部分以叙述或非结构化形式呈现，同时，大量的 ESG 信息还存在低信噪比问题，因此高效率地从中提取有效 ESG 信息对投资者而言是一个挑战，尤其是小型机构投资者和个人投资者。投资者需要从大量非结构化数据中提取能够反映其投资目的和价值观，且对公司财务表现有重要影响的 ESG 信息，并以有助于为投资决策提供信息的方式对其进行解释。因此，有必要建立国际上通用的标准化 ESG 披露框架，构建合理、全面的 ESG 指标体系，使得 ESG 信息能够被高效利用。

再次，漂绿（greenwashing）行为为 ESG 市场的资金分配带来挑战，需要加强 ESG 报告审计，并对误导性宣传行为进行监管和惩罚。漂绿，也被称为"洗绿"，是一种企业或组织使用虚假或夸大其环境友好性的营销策略，这种行为旨在误导消费者或投资者，让他们相信其产品或服务对环境的影响比实际情况更小。当误导性宣传涉及社会和公司治理方面时，被统称为"ESG 清洗"（ESG-washing）。在没有监管框架的情况下，声称其基金以 ESG 目标为目标的资产管理公司可能不受任何强制性披露要求，使得 ESG 概念被滥用，公司可以使用误导性营销将自己标记为良好的 ESG 投资标的。这种行为会误导 ESG 投资者的投资决策，影响 ESG 市场的资金分配，背离了原本的 ESG 投资理念。投资者可以采用多种数据来源，如第三方评级、监管公开披露和企业或组织自愿披露信息，并将它们合并在一起，以提供更全面的数据分析。如果自愿披露信息与第三方评级和监管披露信息有不一致之处，需要对自愿披露信息进行打折处理，以提供更客观的分析。这种方法可以提高 ESG 数据的准确性和可靠性，帮助投资者更好地评估公司的 ESG 表现。对于监管机构而言，有必要制定 ESG 信息披露核查和审计规则，并对误导性宣传行为进行监督和惩罚，从根本上避免企业的 ESG 清洗行为，促进 ESG 投资的良性发展。

最后，ESG 评级分歧为投资者进行 ESG 投资决策和学者开展 ESG 研究带来挑战，亟须提高 ESG 评价的透明度。采取 ESG 整合策略的资产管理者需要可靠的 ESG 评级数据才能做出合理的决策。然而，投资者很难选择出一个合适的 ESG 评级供应商，因为市场上有许多 ESG 评级机构，而且不同评级机构提供的评级差异很大（Berg et al., 2022; Christensen et al., 2022）。2018 年，特斯拉在 ESG 问题上获得了 MSCI 的顶级评级，而富时指数却认为其 ESG 表现垫底（Mackintosh, 2018）。不同评级机构的测量范围和标准不同，导致它们的评级结果可能存在巨大差异，且 ESG 表现的评估受到评级师对公司总体看法的影响（Berg et al.，2022）。ESG 评级的分歧程度还与公司的财务表现相关，尤其是在环境维度。ESG 评级分歧反映了资产风险和 ESG 不确定性，市场对其进行了补偿（Gibson Brandon et al.，2021）。此外，一些评级机构也可能存在利益冲突或者缺乏透明度等问题，使得评级可靠性难以确定。ESG 评级分歧使得采用不同评级供应商的评级数据构建的投资组合存在差异，这会为根据 ESG 评级筛选股票的投资者带来挑战。同时，学术界研究 ESG 投资如何影响资产价格（Pástor et al.，2022；Pedersen et al.，2021）后发现，ESG 评级分歧会影响研究结果，进而对投资决策和政策制定带来影响。考虑到 ESG 评级差异带来的问题，亟须提高 ESG 评价的透明度。ESG 评级机构应该更清晰地定义 ESG 因素的范围、衡量方法和权重，并尽可能提供更多的数据来源和细节信息，使投资者和研究者能够更好地了解评级结果的基础和准确性。同时，监管机构也有责任对第三方评级机构的披露行为做出要求。

1.3 ESG 信息披露的进展

近年来，随着绿色发展逐渐深入人心，投资者和金融机构都对 ESG 信息披露愈发重视。同时，企业的财务风险层出不穷，单单重视财务绩效很难满足复杂的市场需求。因此，有效的 ESG 信息披露不仅能够满足行业协会与监管方的要求，还可以树立企业形象、加强环境风险管控、提升客户满意度，最终实现企业与社会共赢。

1.3.1 国际主流 ESG 信息披露标准

ESG 的信息披露是企业进行 ESG 治理实践的行动指南，也是投资者开展 ESG 投资的逻辑依据。国际组织根据企业和金融机构的特点，会发布相应的 ESG 信息披露倡议、标准与框架。目前，有四个影响力较大的国际组织标准，分别是 GRI、SASB、CDP 和 ISSB，其聚焦微观层面，指导企业在不同议题下应该披露什么指标，如何计算各类指标及具体要求等。除此之外，国际上还有 IIRC、TCFD 和 CDSB 三个偏宏观的框架，介绍 ESG 信息披露的主题领域与原则。表 1.1 展示了国际主流 ESG 信息披露标准与框架。

截至 2023 年 4 月，根据联合国可持续证券交易所倡议（United Nations Sustainable Stock ExchangeInitiative，UN SSE）官网信息，全球各证券交易所 ESG 信息披露指引中引用的主流标准及占比情况如下：GRI（96%）、SASB（79%）、IIRC（76%）、CDP（70%）、TCFD（63%）、CDSB（36%）。

表 1.1 国际主流 ESG 信息披露标准与框架

类型	组织	披露范围	行业性	目标使用者
标准	GRI	ESG 信息	不分行业，新增行业标准	所有利益相关方
	SASB	环境、社会、人力资本、商业模式和创新、领导力和公司治理	分行业	投资者
	CDP	环境信息	不分行业，有行业补充信息	所有利益相关方
	ISSB	可持续相关财务信息	分行业	所有利益相关方
框架	IIRC	组织概况、战略和资源、绩效、风险和机会、治理、财务状况	不分行业	投资者
	TCFD	气候信息	不分行业，有行业补充信息	投资者
	CDSB	环境信息	不分行业	投资者

- 全球报告倡议组织（GRI）

成立于 1997 年的 GRI 是一家总部位于美国的非营利性组织，其制定的 GRI 标准是全球使用最广泛的可持续发展报告框架。2000 年，GRI 发布了全球第一个《可持续发展报告指南》，其在 2002 年、2006 年、2013 年又分别发布第二版至第四版指南。

2016 年，GRI 由提供指南过渡到刊出全球第一个《可持续发展报告标准》，并且随时间推移而不断更新和拓展，目前已更新至 GRI 标准 2021 年修订版。在最新版中，GRI 的标准体系包括三大类标准：通用标准（适用于所有企业）、议题标准（分为 E、S、G 三个系列，分别设有细分的专项披露要求）和行业标准（从行业角度明确披露指标）。

在实际运用中，GRI 希望企业能够结合多个标准，选择单独或自由地灵活使用多套标准。根据毕马威《2022 年可持续发展调查报告》，全球位于财富 500 强的前 250 名企业中，78% 的企业使用 GRI 标准，欧洲、新加坡、智利等地以 GRI 标准为主。

- 可持续发展会计准则委员会（SASB）

成立于 2011 年的 SASB 是一家美国的非营利性组织，其于 2018 年正式发布了第一套完整的、具有全球适用性的、针对特定行业的可持续发展会计准则。与 GRI 不同，SASB 标准侧重于构建对财务绩效有实质影响的 ESG 信息披露指标体系，且对行业进行了细致的分类。

SASB 基于企业的业务类型、资源强度、可持续影响力与可持续创新潜力等设置了可持续工业分类系统（Sustainable Industry Classification System, SICS），处于同一行业的公司有类似的价值创造模式。SICS 包含 77 个行业和 11 个行业组，从 5 个维度（环境、社会、人力资本、商业模式和创新、领导力和公司治理）展开。平均来看，每个行业涵盖 6 个披露主题和 13 个会计指标，所有指标中约 73% 是定量指标。SASB 确定了每个行业财务表现与 ESG 最相关的内容，在填补企业可持续发展会计准则空缺的同时，能够帮助企业向投资者传达具有财务实质性影响的可持续发展信息。

在使用时，SASB 鼓励企业根据不同利益相关方的目标选择合适的信息披露标准，耐克（Nike）、通用汽车（General Motors）等公司同时运用 GRI 和 SASB 的标准披露自身 ESG 表现。世界各地对报告准则的使用偏好不尽相同，SASB 标准在北美和巴西公司中使用较为广泛。

- 碳信息披露项目（CDP）

CDP 成立于 2000 年，总部位于英国。CDP 是全球最大的环境信息平台，聚焦企业公开碳排放信息及为气候变化所采取措施的细节，已发展成为碳排放披露方法论和企业流程的经典标准。每年，CDP 通过问卷调查的方式鼓励企业和城市披露其气候变化、水安全、森林资源方面的信息，并将企业的环境分析报告分享给投资者。2022 年，全球近两万个组织通过 CDP 披露了其环境信息。

- 国际可持续准则理事会（ISSB）

ISSB 是由国际财务报告准则基金会（IFRS）在 2021 年的第 26 届联合国气候变化大会上正式成立的标准制定机构，旨在制定与 IFRS 相协同的可持续发展报告准则。2023 年 6 月 26 日，ISSB 发布了首套 ISSB 准则，包括《国际财务报告可持续披露准则第 1 号——可持续相关财务信息披露一般要求》（以下简称《一般要求》）和《国际财务报告可持续披露准则第 2 号——气候相关披露》（以下简称《气候相关披露》）。ISSB 准则充分借鉴了 TCFD 和 SASB 等现有标准和框架，采用了 TCFD 披露建议的框架，并参考了 SASB 的行业划分方法和行业特定指标。

《一般要求》明确了可持续相关信息的定义以及框架性要求，并要求企业披露所有重大可持续相关风险和机遇的信息。ISSB 要求企业基于 TCFD 框架的四个维度，即治理、战略、风险管理以及指标和目标，进行相应的披露，并将可持续相关财务信息作为通用目的财务报告的一部分，与财务报表同时披露。

《气候相关披露》主要关注气候主题，并要求企业披露其面临的气候相关风险和机遇的信息，包括治理结构、识别的气候相关风险和机遇、对商业模式和价值链的影响、对财务报表的影响、温室气体排放量及计算方法，以及基于情景分析的气候适应性评估等信息，并在 TCFD 的基础上提出了更具体的披露要求。行业披露要求主要参考 SASB 准则。

- 国际综合报告委员会（IIRC）

IIRC 成立于 2010 年，目标是推动在主体报告中做出有关价值创造的披露。IIRC 的综合报告框架旨在帮助企业向投资者和其他利益相关者传达企业的价值创造过程和结果，以及企业如何管理与创造价值有关的风险和机会。目前，该框架已经在全球75个国家使用，其包括6个元素：组织概况、战略和资源、绩效、风险和机会、治理、财务状况。

- 气候变化相关财务信息披露工作组（TCFD）

气候相关财务信息披露工作组（TCFD）是金融稳定委员会（Financial Stability Board，FSB）在2015年成立的内部工作组，其主要职责是评估气候变化对企业运营与全球金融的影响。TCFD的ESG框架是一种报告方法，包括四个主要部分：治理、战略、风险管理以及指标和目标。

自发布以来，TCFD框架得到了广泛的支持。截至2022年10月，超过3 800家组织已经成为TCFD建议的支持者，自首次发布以来，这一数字稳步上升。这些支持者包括1 500多家金融机构，总计217万亿美元的资产。TCFD的支持者现在遍布99个国家和几乎所有的经济部门，其总市值超过26万亿美元。

- 气候披露标准委员会（CDSB）

气候披露标准委员会（CDSB）成立于2007年，是一家由商业和环境非政府组织组成的国际联盟，旨在弥合全球企业的环境披露差距，整合环境信息至企业财务报告中。2010年，CDSB发布了首个报告框架，并于2015年、2018年和2022年完成三次更新。CDSB框架构成了TCFD建议的基础，并规定了报告环境信息的方法，包括主流报告中的气候变化和社会信息，如年度报告、10-K文件或综合报告。

1.3.2　不同国家和地区的ESG信息披露要求

近年来，越来越多的国家和地区意识到ESG信息披露对可持续经济发展的影响，对披露的内容与形式有了新要求。现有大量研究表明，ESG信息的强制披露能够提高企业经营的透明度，在激励企业参与社会和环境活动的同时（Ioannou et al.，2017；Wang et al.，2018；Roy et al.，2022），能够加强企业的财务与诉讼风险管理能力（Krueger et al.，2021）。

当前，全球主要国家和地区的ESG信息披露大致可分为三类：强制披露、半强制披露（遵守或解释）和自愿披露。其中，"遵守或解释"指报告机构必须遵守 ESG 信息披露的要求，如果无法披露，则需要公开解释不遵守的原因。"遵守或解释"旨在让市场决定统一标准对于个别企业是否适用，程度在"强制披露"和"自愿披露"之间，避免了 ESG 信息披露"一刀切"的做法，尽可能降低企业在 ESG 信息披露初期的合规压力。

表 1.2 对不同国家和地区的 ESG 信息披露要求进行了概述。

表 1.2　不同国家和地区的 ESG 信息披露要求

披露要求	国家和地区	政策性文件
强制披露	美国	2019 年纳斯达克《ESG 报告指南 2.0》 2021 年《ESG 信息披露简化法案》
	欧盟	2014 年《非财务报告指令》 2021 年《企业可持续发展报告指令的提议》
	英国	2010 年英国财务报告委员会《尽职管理守则》 2023 年《可持续发展披露要求》
	印度尼西亚	2017 年《可持续金融在金融服务机构、发行人和上市公司中的应用》
半强制披露（遵守或解释）	中国内地	2018 年《上市公司治理准则》 2021 年《公开发行证券的公司信息披露内容与格式准则第 2 号—年度报告的内容与格式（2021 年修订）》
	中国香港	2019 年《环境、社会及管治报告指引》
	澳大利亚	2019 年《公司治理原则与建议》
	新加坡	2016 年《可持续发展报告指南》 2016 年《上市规则》
自愿披露	日本	2014 年《尽职管理守则》 2015 年《公司治理守则》 2020 年《ESG 披露实用手册》
	加拿大	2010 年《环境报告指引》 2014 年《环境与社会信息披露指引》 2014 年《安大略省条例第 235/14 条》

- 美国

美国的ESG信息披露政策是从单因素E、S、G的立法开始的,三者逐渐整合在一起。美国对于环境(E)、社会(S)和公司治理(G)的强制披露制度可以分别追溯到1934年的《证券交易法》、2010年的《供应链透明度法案》和2002年的《萨班斯-奥克斯利法案》。

2015年,在联合国提出了17个可持续发展目标(SDGs)后,美国劳工部首次发布了针对退休基金投资的ESG因素考量指导,这标志着美国ESG信息披露整合立法的开始。在此之后,美国政府回应全球可持续发展目标的倡议,不断完善ESG信息披露要求。2019年,纳斯达克正式发布了针对美国市场的《ESG报告指南2.0》,其中综合了GRI、TCFD、SASB等国际ESG披露准则的内容,同时响应了联合国的可持续发展目标倡议。

美国对于上市公司强制性的ESG信息披露较为谨慎,在2021年前,企业的ESG信息披露始终是一种自愿行为。2021年6月,美国众议院通过了《ESG信息披露简化法案》,强制要求上市公司在年报中公开其在环境保护、社会责任与公司治理方面的表现,并披露其ESG相关风险。该法案是美国ESG信息披露政策发展中的里程碑,不仅将上市公司ESG信息披露的监管要求大幅提升,同时也对全球ESG市场产生了较为深远的影响。

- 欧盟

近十年来,为积极响应联合国可持续发展目标,欧盟密集出台了多个ESG信息披露条例法规,从政策层面保障欧洲资本市场的绿色发展。

早在2014年,欧盟委员会就发布了《非财务报告指令》(*Non-financial Reporting Directive*,NFRD),规定雇员超过500人的大型企业应当按照指令规定的原则披露ESG相关的信息,内容须包括以下信息:环境问题、社会事务和员工待遇、人权的尊重度、反腐败以及董事会成员多样化。在NFRD的要求下,企业可以采用GRI、SASB等任意标准或框架来制定报告,只需要在报告中说明所引用的原则即可。

为了更好地适应ESG信息披露标准化的发展趋势，2021年4月，欧盟委员会发布了《企业可持续发展报告指令的提议》（*Corporate Sustainability Reporting Directive*，CSRD），提出了范围更广泛、评判更公正、内容更标准化的ESG信息披露要求。CSRD有以下三个亮点：第一，要求企业同时评估自身对环境与人、可持续发展议题对自身财务的双重影响。第二，要求企业聘用第三方机构对企业ESG报告做认定与鉴证。第三，要求企业采用统一的ESG信息披露标准——《欧洲可持续发展报告准则》（ESRS）。

可以看出，和美国的单因素立法不同，欧盟将ESG看作整体来出台披露要求。欧盟委员会从NFRD开始试点企业的ESG信息披露，到最新发布的CSRD，逐步扩大披露覆盖范围，并提升披露的标准化与强制性。

- 英国

英国对于ESG信息披露的要求从2006年《公司法》开始，其中，要求上市公司、年营业额超过5亿英镑的公司、拥有超过500名员工的公司在年度报告中披露环境、社会与人权、员工信息等问题。近年来，该法案不断被修订，补充了反腐败和反贿赂等相关议题。

2010年，英国财务报告委员会（Financial Reporting Council，FRC）专门针对ESG首次发布了《尽职管理守则》，该守则不断完善，要求投资者参与被投资公司的ESG事项。

2023年起，《可持续发展披露要求》的出台让英国ESG报告的披露更加有据可循，该要求为企业管理与可持续性相关的风险、机会和影响提供了一个框架。

- 印度尼西亚

2017年，印度尼西亚金融服务管理局发布了《可持续金融在金融服务机构、发行人和上市公司中的应用》，对金融机构和上市公司提出了发布ESG报告的要求。该文件明确，从2020年1月1日起，所有上市公司都必须发布可持续发展报告，内容应该包括公司的可持续发展战略，至少三年的经济、环境、社会绩效数据，公司对可持续发展的治理情况等。

- 中国内地

与欧美不同，中国内地上市公司ESG信息披露主要依靠政府部门引导，监管机构出台政策细化落实。

在早期，中国的ESG信息披露要求文件以指引报告为主，对上市公司没有强制约束力。2006年，深圳证券交易所发布《上市公司社会责任指引》，鼓励上市公司自愿披露社会责任报告，并积极承担保护环境和节约资源的责任，参与社会捐献、赞助等各种社会公益事业。2008年，上海证券交易所发布了《上海证券交易所上市公司环境信息披露指引》，要求上市公司必须披露可能与股价相关的环境保护信息与事件，同时鼓励企业自愿公开其他的环境信息。

2018年，中国证监会发布29号文，公布实施新版《上市公司治理准则》。该准则确立了上市公司ESG信息披露的框架，提出"创新、协调、绿色、开发、共享"的发展理念，要求上市公司披露环境信息以及履行扶贫等社会责任，强化董事会的治理，并增加了机构投资者参与公司治理有关规定。

随着可持续发展理念的逐步普及，2021年6月，中国证监会发布了修订版的《公开发行证券的公司信息披露内容与格式准则第2号—年度报告的内容与格式（2021年修订）》。新版准则将原属于"重要事项"章节的环境保护和社会责任内容独立整合，新增"环境和社会责任"章节，对企业ESG信息的披露有着更高要求。首先，在环境（E）方面，鼓励上市公司自愿披露在报告期内有利于保护生态、防治污染、履行环境责任的相关信息，以及其为减少碳排放所采取的措施及效果；重点排污单位的公司及其子公司应当按照法律法规的规定，定性、定量地披露排污情况、环境应急和监测方案等信息；非重点排污单位若因环境问题受到行政处罚，需要参照同样的要求披露环境信息，不披露则应当充分解释说明。其次，在社会责任（S）方面，上市公司可自愿披露社会责任的工作情况，修订版将原版要求披露的"履行扶贫社会责任的情况"变更为"巩固脱贫攻坚、乡村振兴等工作情况"，更加切合当前时代发展需求。最后，在治理（G）方面，修订版将"公司治理"章节从第十节前移至第四节。在内容方面，细化了公司董事会及其下设专门委员会履职情况披露内容，完善了企业内部多维度监管和定期审核评估，强化了投资者关系管理。

综合来看，国内的 ESG 信息披露政策有以下特点：第一，政策分布零散，暂无 ESG 信息披露内容与形式的统一指引文件。第二，议题关注不完善，政府与监管部门较早且较多关注 E 与 G 的强制披露，而缺乏 S 方面的披露文件。第三，政策强制性较低，G 层面信息披露强制性最高，范围覆盖全部上市公司；E 层面强制性程度次之，主要要求重点排污企业披露；S 层面强制性最低，仅仅鼓励公司自愿披露。

● 中国香港

相比内地 A 股，中国香港对 ESG 信息披露的监管更早。2012 年，香港联交所发布首版《环境、社会及管治报告指引》，该文件遵循自愿原则，鼓励上市公司每年披露环境保护、社会参与、劳动权益、健康与安全等方面的信息。

2016 年，《环境、社会及管治报告指引》经过多轮修改，在自愿披露的基础上，将指引环境层面的所有指标和社会层面的"一般披露"指标从"建议披露"提升至"遵守或解释"。

2019 年 12 月，《环境、社会及管治报告指引》引入强制披露规定。至此，港股的 ESG 披露责任涵盖两个层次：强制披露规定和"遵守或解释"原则。强制披露规定中，包括明确管理层对 ESG 事宜的监管、管理方针及策略；说明 ESG 报告的"重要性""量化""一致性"的应用情况；解释 ESG 报告的汇报范围，并描述挑选实体或业务纳入报告的过程。"遵守或解释"条文聚焦环境（E）与社会责任（S）两大议题，下分排放物、资源使用、环境及天然资源、气候变化、雇佣、健康与安全、发展及培训、劳工准则、供应链管理、产品责任、反贪污、社区投资 12 个层面，每个层面均有详细的披露内容与关键绩效指标说明。

2023 年 4 月，香港联交所就 ESG 框架下的气候信息披露征询市场意见。意见指出，香港交易所计划在 2024 年开始实施新的气候信息披露框架。考虑到上市公司的行业差异，以及 ESG 发展程度的不同，香港交易所为发行人设定了两年过渡期，明确上市公司最晚需要在 2026 年开始强制披露气候信息。此次修订相比正在实施的《环境、社会及管治报告指引》来说，有以下三点更新：第一是将"指引"更名为"守则"，强调其强制性；第二是新增气候信息披露要求部分，披露要求由"遵守或解释"提升至"强制披露"；第三是参照 TCFD 建议框架，按"管制""策略""风险管理"和"指标及目标"四大支柱分类。

作为亚洲的金融中心之一，中国香港对绿色与可持续发展金融的关注较早。相较于欧美各国，香港与内地的地缘发展与区域合作更加密切，其 ESG 信息披露政策值得内地资本市场学习借鉴。

- 澳大利亚

2001 年，澳大利亚《公司法》中提及了环境、社会、道德因素，要求企业在产品披露声明中陈述在其选择或实现投资时对劳工标准、环境、社会或道德因素的考察。

2019 年，澳大利亚证券交易所颁布第四版《公司治理原则与建议》，补充了董事会多样性与公司内部控制等细则，增加了对气候变化议题的考量，鼓励公司参照 TCFD 框架披露气候风险。该政策文件的覆盖范围扩大到上市公司所有定期报告，遵循"遵守或解释"原则。

- 新加坡

新加坡的 ESG 政策法规的建设程度走在世界前列。2011 年，新加坡交易所发布《可持续发展报告政策声明》，首次建议上市公司披露其在 ESG 领域的表现。

随着越来越多的投资者关注上市公司的 ESG 表现，ESG 信息成为评判公司管理质量的重要依据之一。对此，新加坡交易所提升了对上市公司 ESG 信息披露的要求。2016 年，新加坡交易所发布了新版《可持续发展报告指南》并修订《上市规则》，要求各发行人编制年度可持续报告，根据"遵守或解释"的方式描述发行人的可持续发展实践。具体来看，需要披露的内容包含以下六个部分：重大 ESG 议题；采用的可持续发展报告框架；ESG 相关政策、惯例和绩效；ESG 相关管理目标；可持续发展报告框架；有关可持续发展实践的董事会声明和相关治理结构。

2021 年 12 月，新加坡交易所更新了信息披露要求。从 2022 年开始，在新加坡交易所上市的公司需要遵守以下规定：依据 TCFD 框架披露气候信息，所有董事需要接受可持续发展培训，制定涉及性别、经历、专业等的董事会多元性政策等。

新加坡的可持续金融发展完善，但其市场规模总体较小，未来仍有可提升发展的空间。

- 日本

日本的 ESG 监管政策类似美国，并以单一因素立法的发展为核心。在环境（E）、社会（S）和公司治理（G）三个议题中，企业环境信息披露立法开始较早，但更加强调公司治理与尽责管理。

1997 年，日本产业技术环境局首次提及企业应该如何进行环境信息管理。经过多年的完善，日本金融厅分别于 2014 年和 2015 年颁布《尽职管理守则》和《公司治理守则》，要求公司按照"遵守或解释"的原则对公司治理情况进行披露。2018 年，修订后的守则扩大了适用范围，鼓励更多上市与非上市公司自愿披露 ESG 信息，强调公司管理层对可持续发展的作用。2020 年，日本交易所集团发布了《ESG 披露实用手册》，旨在指导上市公司如何依据自身情况披露 ESG 信息。

总体来说，日本是亚太地区 ESG 实践比较成熟的国家，但与欧美相比，其信息披露的强制性仍不高，且对于气候变化和员工人权等议题关注不足。

- 加拿大

首个关于加拿大 ESG 信息披露的文件《环境报告指引》出台于

2010年，加拿大证券管理局有意识地要求市场参与者披露具有实质性的非财务信息，要求投资基金以外的报告发行人按照指引要求和定义披露投资中的以下内容：①具有实质性的环境信息；②与环境事宜相关的风险、趋势与不确定性因素，环境保护要求对财务和运营的影响；③股东和委员会对环境风险的管控信息等。

2014年3月，加拿大多伦多证券交易所颁布《环境与社会信息披露指引》，鼓励上市公司自愿披露ESG信息。同年10月，在加拿大安大略省出台的《安大略省条例第235/14条》中，将ESG信息披露的规定整合至养老基金的投资决策中。

1.4 本章小结

本章对ESG的兴起与发展进行了介绍。首先，本章介绍了ESG的概念与内涵。ESG是一种关注企业环境保护、社会责任和公司治理等非财务绩效的投资理念和评价标准。ESG体系包括ESG披露、ESG评价和ESG投资三个关键环节。ESG投资与其他相关投资理念存在差异，如伦理投资、社会责任投资、影响力投资、可持续投资和绿色金融等。这些概念与ESG投资在关注ESG问题和推动社会环境变革方面存在交叉，但在内涵和外延上有所不同。ESG投资策略主要分为ESG整合法、企业参与和股东行动、规范筛选、负面筛选/排除性筛选、正面筛选/同类最佳筛选、可持续主题投资以及影响力投资和社区投资七类。

其次，本章对ESG投资的发展历程进行了探讨，包括其起源和逐步成熟的过程，并分析了ESG投资的现状和面临的挑战。责任投资的历史最早可以追溯至与宗教活动相关的伦理投资。自20世纪60年代起，责任投资扩展至与更广泛的社会问题有关的社会责任投资。21世纪以来，在国际组织的推动下，形成了强调环境、社会和治理三类问题的现代ESG投资。随着投资者对可持续性的重视，ESG投资在全球范围内得到了越来越多的关注和应用。然而，ESG 投资发展仍面临一些挑战，包括数据可得性、非标准化数据、漂绿行为和 ESG 评级分歧等问题，需要通过制定合理的披露规则和框架、加强审计和监管以及提高评价透明度等方式来应对。

最后，本章还介绍了国际上 ESG 信息披露的进展情况，包括国际主流的 ESG 信息披露标准和各国的信息披露要求。为了提供企业 ESG 实践指南，国际组织制定了多项 ESG 信息披露标准和框架，包括 GRI、SASB、IIRC、CDP、TCFD 和 CDSB 等。不同国家和地区的 ESG 信息披露要求存在差异，分为强制披露、半强制披露和自愿披露。欧美国家的实践较早，亚太地区趋向强制化。

总体而言，ESG 投资作为一种可持续性投资的重要手段，不仅可以实现长期的财务回报，还可以对环境和社会产生积极影响。随着更多投资者和企业开始重视 ESG 因素，ESG 投资的发展前景变得非常广阔。然而，为了实现 ESG 投资的潜力，还需要不断加强信息披露、提高数据质量，并推动全球范围内的合作和标准化，以确保 ESG 投资的可持续性和有效性。

2 ESG 评价体系概览

ESG 评价体系提供了评价和比较企业 ESG 表现的工具,是 ESG 体系的重要环节之一。本章首先对 ESG 评价进行了基本的介绍,说明 ESG 评价是如何对企业在环境、社会和公司治理方面的表现进行评估的,以及如何采用评估结果进行 ESG 实践。其次,本章详细介绍了国内外第三方评级机构的 ESG 评价体系,重点介绍了指标体系、测算方法以及不同评价体系的特点。最后,本章对国内外的 ESG 评价体系进行了比较和总结,从评估目标、指标体系、参考要求、数据来源和发行人参与五个方面进行了综合分析。深入了解 ESG 评价体系有助于投资者更好地应用各种评价产品。同时,第三方评级机构也可以通过了解其他评价体系来改进和优化其评价方法和产品。

2.1 ESG 评价的介绍

2.1.1 ESG 评价的概念与流程

ESG 评价是评估企业在环境、社会和公司治理三个方面的表现和绩效的过程,评价结果主要以评级、评分和排名等形式展现。它关注企业在可持续发展和负责任经营方面的表现,旨在帮助投资者、利益相关者和市场参与者更全面地了解企业的非财务风险和机会。ESG 评价方法是指，用于根据特定数据源和指标体系创建评价产品的一套规则和算法。ESG 评级机构根据特有的 ESG 评价方法为市场提供 ESG 评价结果，主要包括 ESG 评级公司和非营利组织。大多数 ESG 评级机构提供不止一种评价产品，以满足不同的市场需求。不同的评价产品具有不同的指标体系及方法论。截至 2018 年，全球已有 600 多个 ESG 评级和排名，包括 MSCI、Sustainalytics、路孚特以及富时罗素等具有国际影响力的评价体系（Wong et al., 2020）。ESG 信息披露是 ESG 评价的前提条件，ESG 评价提供了评价和比较企业 ESG 表现的方法，而 ESG 投资则是基于两者的实践。

ESG 评价过程主要包括收集相关数据、构建评价体系、指标打分和综合评价结果四个过程，其一般的流程如下：

首先，评级机构综合考虑各个方面的 ESG 数据来评价企业的可持续发展表现，通过企业定期发布的年报和社会责任报告、政府部门发布的数据、媒体报道以及向企业发放的问卷等渠道采集相关信息和数据。除了 ESG 数据源的多样性，不同公司 ESG 披露的方式并不统一，且披露范围在不同地区差异显著，因此不同评级机构的基础数据存在一定差异。

其次，评级机构会构建一个评价体系，以确定评价的指标和考量因素。当前国际上广泛应用的 ESG 理念和框架主要分为两类，一是各国际组织和交易所制定的关于 ESG 信息披露和报告的标准及指引，如联合国全球契约组织（UNGC）、全球报告倡议组织（GRI）以及纽约证券交易所的 ESG 披露指南等；二是国际主要投资机构发布的 ESG 投资指引，如联合国负责任投资原则组织（UN PRI）的负责任投资原则、国际金融公司（IFC）的可持续金融指南等。评级机构参照这些标准或指引制定 ESG 评价体系。指标体系可以包括一系列关键的环境、社会和治理指标，用于评估企业在这些方面的表现，一种指标体系的指标通常超过上百个。构建指标体系的过程需要考虑指标的相关性和可行性等因素。指标体系通常会涉及一些负向指标，即对企业在环境、社会和治理方面的不良表现进行评估。这些负向指标可以揭示企业存在的风险和挑战。大部分评级机构只考虑 ESG 风险，也有一些评级机构会将 ESG 机遇和争议纳入考量。

再次，在评价体系构建完成后，评级机构会对每个指标进行打分或评分。在指标打分前，需要基于行业标准、可持续发展目标以及投资者的期望等因素设定每个指标的评分标准，包括不同分数范围的含义和评估要求。然后将收集到的数据与预设的指标标准进行对比和匹配，最后由 ESG 分析师给出相应的分数或等级。评分可以基于定量数据、定性描述或者一些主观判断，具体方法可能因评级机构而异。

最后，评级机构会综合所有指标的打分结果，得出综合的 ESG 评价结果。这可能涉及对不同指标的权重加权求和或其他综合评价方法。为了计算 E、S、G 三个维度以及 ESG 整体的绩效，评级机构通常采用加权平均法，考虑各个指标的重要性，并根据行业整体在不同领域的表现给予相应权重。在设定指标权重时，评级机构会考虑专家意见以及重要原则的指引，指标权重还会受到机构对待不同行业态度的影响。评级机构根据综合评分对企业的 ESG 表现进行评级或排名，并提供相应的评价报告和建议。

2.1.2　ESG 评价的意义与应用

ESG 评价在解决投资者与企业之间的信息不对称问题方面发挥着重要作用，具有重要的实践意义。ESG 评价结果是投资者进行 ESG 投资的重要工具，同时也可以作为实体企业管理和改进 ESG 绩效的参考。

随着利益相关者 ESG 理念的发展，投资者对 ESG 评级的需求越来越强劲。在 2022 年的调查中，50% 的投资受访者表明利益相关者需求是他们使用 ESG 评级的主要原因，包括客户在内的主要利益相关者越来越多地要求利用 ESG 评级信息进行可持续投资（Brock et al., 2023）。截至 2022 年，全球 ESG 投资者比例从 2021 年的 84% 上升到 2022 年的 89%，93% 的欧洲投资者在投资组合中会考虑 ESG 因素，这一比例在亚太和北美分别为88%和79%（Capital group，2022）。ESG评级是ESG投资的重要工具。利用ESG评级，投资者可以评估和比较不同企业或投资标的的ESG表现。投资者可以将ESG评级作为重要的参考因素，帮助他们做出符合可持续发展目标的投资决策。ESG评价的结果可以帮助投资者识别那些在环境、社会和治理方面表现较好或表现不佳的企业，从而构建有意义的投资组合。ESG整合法、负面筛选以及正面筛选等主要的ESG投资策略都将ESG评价结果作为基础。

许多国内外ESG评级机构基于ESG评价产品推出了ESG指数及衍生投资产品，以满足越来越多投资者对ESG投资的需求。ESG指数是根据企业的ESG绩效和表现进行构建和评估的指数。这些指数通常基于ESG评级数据，选择那些在环境、社会和治理方面表现较好的企业进行权重调整，以构建具有可持续发展特征的投资组合。ESG指数可以作为投资基准或投资工具，用于衡量和跟踪ESG投资的绩效。衍生投资产品则是基于ESG指数或ESG评级数据构建的投资工具，例如ESG指数基金、ESG指数衍生品等。这些产品旨在为投资者提供能够反映ESG价值观和可持续发展目标的投资机会。投资者可以通过投资这些衍生投资产品，获得与ESG相关的投资回报，同时推动可持续经济的发展。国际上较为知名的ESG指数产品包括MSCI世界ESG领导者指数（MSCI World ESG Leaders Index）、MSCI所有国家ESG指数（MSCI ACWI ESG Universal Index）、道琼斯可持续发展指数（Dow Jones Sustainability Indices）和富时社会责任指数系列（FTSE4Good Index Series）。国内ESG指数产品包括万得嘉实ESG系列指数、中证ESG 120策略指数、中证华夏银行ESG指数、中证嘉实沪深300 ESG领先指数以及博时中证可持续发展100指数等。此外，一些ESG评级机构还推出了ESG投资服务。如MSCI、道琼斯和路孚特等ESG评级机构都为全球投资者提供了ESG投资组合分析服务，帮助投资者评估其投资组合的ESG风险，并将ESG因素有效地融入现有投资管理策略。

一方面，投资者对ESG信息的需求正在促使越来越多的企业主动参与 ESG 评级。投资者对 ESG 绩效和风险的关注不断增加，他们希望了解企业在环境、社会和治理方面的表现，以便做出更明智的投资决策。因此，企业意识到通过接受独立第三方的 ESG 评估和评级，可以向投资者和利益相关者展示其在可持续发展方面的努力和成果，满足投资者的 ESG 需求。这有助于为企业建立良好的声誉和信任，并吸引更多的投资资金。2022 年，95%的企业受访者承认投资者需求是他们与 ESG 评级机构合作的一个原因，57%的企业受访者将其列为最重要的原因（Brock et al., 2023）。

另一方面，ESG 理念对于企业管理者来说也是一种更加先进和全面的公司治理思路。许多研究表明，具有良好的 ESG 绩效的企业往往更具有长期竞争力和稳定的财务绩效（Alareeni et al., 2020; Friede et al., 2015; Velte, 2017）。参与 ESG 评级可以帮助企业更好地管理 ESG 风险并创造长期价值。通过评估和改进在环境、社会和治理方面的表现，企业可以减少潜在的负面影响和风险。例如，企业如果能够及早发现其生产过程带来的负面环境影响，就能够降低未来因环境违规而面临监管机构高额罚款的风险。同样地，通过更快地建立产品质量控制和供应链管理监督体系，企业也能够减少未来产品质量安全问题和顾客投诉的可能性。提升 ESG 管理水平还有助于企业更好地把握可持续发展带来的商业机会。通过整合环境和社会因素到产品设计、供应链管理和市场定位中，企业可以满足不断增长的可持续性需求，并开拓新的市场和客户群体。ESG 理念的应用可以激发企业的创新能力，推动绿色技术和可持续解决方案的发展，鼓励企业在可持续发展领域寻找创新和业务机会。

2.2　国外 ESG 评价体系

2.2.1　明晟（MSCI）

明晟是一家美国的指数编制公司，成立于 1986 年。明晟 ESG 评级旨在帮助投资者了解公司的财务相关 ESG 风险和机遇。明晟 ESG 评级覆盖了全球 8 500 多家公司、14 000 家发行人以及超过 68 万种股票和固定收益证券。其 ESG 评价体系包含 3 个一级支柱指标、10 个二级主题指标、33 个三级关键问题指标和 1 000 多个具体数据点。明晟 ESG 指标体系如表 2.1 所示。明晟评级使用 AAA—CCC 的七级评分体系，评级从高到低依次为 AAA、AA、A、BBB、BB、B 和 CCC，评级越高表明公司越能够管理重大 ESG 风险和机会敞口。在环境和社会维度，每个关键问题得分都同时衡量了公司对于风险或机会的暴露程度以及公司对这种风险或机会的管理能力，一级指标分数和二级指标分数则是通过对三级指标得分的加权平均得到的。明晟对公司风险敞口管理能力的评估通常分为三大类：公司应对关键风险和机会的组织能力和承诺水平；为提高绩效而制定的举措、计划和目标的力度和范围；公司在管理特定风险或机会方面的业绩记录。在治理维度，一级指标得分、二级指标得分和三级指标得分都是采用扣分方法独立计算的，即每个公司初始分数为满分 10 分，根据三级关键问题的指标扣除分数得到公司的治理得分。

表 2.1　明晟 ESG 指标体系

一级指标	二级指标	三级指标
环境	气候变化	碳排放、产品碳足迹、融资环境影响、气候变化脆弱性
	自然资本	用水问题、生物多样性和土地利用、原材料采购
	污染和废弃物	有毒排放和废弃物、包装材料和废弃物、电子废弃物
	环境机会	清洁技术机会、绿色建筑机会、可再生能源机会
社会	人力资本	劳动力管理、健康与安全、人力资本发展、供应链劳动力标准
	产品责任	产品安全和质量、化学品安全、消费者金融保护、隐私与数据安全、责任投资
	利益相关者异议	争议性采购、社区关系
	社会机会	融资渠道、卫生保健渠道、营养与健康机会

表2.1（续）

一级指标	二级指标	三级指标
治理	公司治理	所有权和控制权、董事会、薪酬、会计
	公司行为	商业伦理、税务透明度

2.2.2 路孚特（Refinitiv）

路孚特是一家知名的金融数据和分析提供商，提供全球公司的ESG评分服务，旨在根据公司报告的数据，透明客观地衡量公司的相对ESG绩效、承诺和有效性。其ESG评分数据库涵盖了全球80%以上的市值，超过12 500家公司，历史可以追溯到2002年，按季度更新。

路孚特ESG评价提供ESG评分和ESG综合评分两种产品。ESG评分是根据环境、社会和公司治理三个维度下的超过630个指标汇总得到的，其评价体系涵盖了排放、创新、资源使用、社区、人权、产品责任、劳动力、企业社会责任战略、管理以及股东共10个主题。ESG综合评分将ESG评分与ESG争议叠加，根据全球媒体与ESG争议相关的报道，对公司ESG表现进行全面评价，共包含23个ESG争议主题。表2.2展示了路孚特ESG指标体系以及争议主体。路孚特根据0~100的评分给出12级的字母等级，最高为A+，表示相对ESG表现出色以及ESG数据透明度较高；最低为D-，表示相对ESG表现不佳以及ESG数据透明度不足。

路孚特的ESG评价方法并不预先定义何为"好"的ESG表现，而是基于数据驱动测算行业相对表现。在环境和社会维度，路孚特ESG评分是基于公司在行业内的相对表现计算的；在公司治理维度，则考虑了公司在注册国的相对表现。路孚特ESG评价方法有以下几个特点：首先，指标权重是依据行业分配的。由于ESG因素的重要性因行业而异，各行业有不同的权重比例。其次，透明度刺激是路孚特方法的核心原则。公司的披露在他们的评估过程中起着重要作用。对于"不重要"

的数据点，不披露对公司的评分影响较小，而对于"非常重要"的数据点，不披露将对公司的评分产生负面影响，体现了对相关 ESG 信息透明披露的重要性。再次，路孚特还在其评分方法中引入了 ESG 争议，以验证公司的行动是否符合承诺。为了解决大公司可能存在的市值偏见问题，它引入了严重性权重，根据公司规模调整争议得分。最后，对于每个数据点的得分，在行业和国家层面上制定基准，确保投资者和利益相关方能够评估公司相对于其所在行业和国家同行的 ESG 表现。

表 2.2 路孚特 ESG 指标体系

一级指标	二级指标	三级指标	争议
环境	排放	碳排放、废弃物、生物多样性、环境管理系统	—
	创新	产品创新；绿色收入、研发和资本支出	—
	资源使用	水资源、能源、可持续包装、环境供应链	环境
社会	社区	社区	反竞争、商业道德、知识产权、关键国家、公共卫生、税务欺诈
	人权	人权	童工、人权
	产品责任	责任营销、产品质量、数据隐私	消费者、顾客健康和安全、隐私、产品访问、负责任营销、负责任研发
	劳动力	多样性和包容性、职业发展和培训、工作条件、健康与安全	多样性和机会、员工健康和安全、工资或工作条件、罢工
治理	企业社会责任战略	企业社会责任战略、ESG 报告和透明度	—
	管理	结构（独立性、多样性、委员会）、薪酬	管理层薪酬
	股东	股东权利、接管防御	会计、内幕交易、股东权利

2.2.3 标普全球（S&P Global）

标普全球 ESG 评分衡量公司在关键的 ESG 风险和机遇方面的暴露和表现、公开披露的质量和完整性，以及对新兴但未充分报道的 ESG 问题的认知。评价结果采用 0 到 100 的评分标尺，其中 100 表示最高分。ESG 评价体系包含了与财务相关的或对利益相关者有重要意义的可持续性主题，如表 2.3 所示。由于可持续发展风险、机遇和技术通常是与特定行业相关的，不同的行业有不同的指标选择和权重设置，最终的综合评分反映了公司在其行业内的相对 ESG 表现。

标普通过全球企业可持续发展评估（CSA）项目收集公司的 ESG 信息，该项目每年向全球公司发放调查问卷，评估公司的可持续性表现，调查对象包括全球上万家上市公司，覆盖了 99% 的全球市值。截至 2022 年 3 月，超过 2 250 家公司选择参与 CSA，占全球市值的 45%。对于未回应的公司，由专家分析师团队根据公开信息填写评估问卷。在数值质量方面，标普设置了严格的数据审查过程，以确保收集 ESG 数据的有效性和准确性。CSA 数据的验证包括与内部文件或监管文件进行交叉检查和确认，要求公司公开这些文件，或者要求第三方进行验证。如果公司提交的信息或分析师在公开领域找到的信息可能存在问题，分析师会与公司联系以寻求进一步的说明。指标得分计算每年都会由独立的第三方进行审计，以确保评分过程的准确性和可靠性。

除此之外，标普还根据媒体报道对可能对公司声誉、利益相关者关系、财务表现和业务运营产生重大影响的 ESG 争议进行持续检测，并每月更新 ESG 评分和底层数据集。ESG 争议包括犯罪、腐败、欺诈、非法商业行为、侵犯人权、劳资纠纷和工作场所安全、灾难性事故或侵犯环境等问题。ESG 争议的评估同时考虑了争议的严重程度以及公司为解决问题、减少负面影响和减少争议再次发生而采取的措施。如果争议的负面影响足够大，可能会使公司 ESG 评分出现在常规年度研究之外的下降。

表 2.3 标普全球 ESG 指标体系

一级指标	二级指标
环境	气候战略、环境政策和管理体系、环境报告、运营生态效率、产品管理
社会	解决成本负担、企业公民和慈善事业、金融包容性、健康成果贡献、人力资本发展、人权、劳动力实践指标、职业健康与安全、社会报告、改善药品或产品获取的战略、人才吸引和保留
治理和经济	反犯罪政策和措施、商业行为准则、公司治理、客户关系管理、金融稳定性和系统性风险、信息/网络安全和系统可用性、创新管理、营销实践、重要性、政策影响、隐私保护、产品质量和召回管理、风险和危机管理、新兴市场战略、供应链管理

2.2.4 富时罗素（FTSE Russell）

富时罗素的 ESG 评分旨在从多个维度评估公司在 ESG 问题上的风险敞口和管理情况，涵盖了 47 个发达和新兴市场的约 7 200 只证券，包括富时环球指数、富时全股指数和罗素 1000 指数的成分股。富时罗素的 ESG 评价体系由 3 个一级指标和 14 个二级指标组成，其中包含了 300 多个三级指标。表 2.4 展示了 14 个二级指标。每个指标涵盖了 10 至 35 个三级指标，每家公司平均应用了 125 个三级指标数据点。为了与联合国可持续发展目标保持一致，富时罗素的 ESG 主题涵盖了所有 17 个可持续发展目标。对于每个主题，富时罗素分别测量了主题暴露和主题分数，通过这些指标可以帮助用户确定与特定公司最相关的 ESG 问题。在 ESG 信息收集方面，富时罗素仅使用公开资料，公司可以通过网络研究平台对评分结果进行反馈以获得可能的更正。评价过程由独立的外部委员会监督，该委员会由投资界、商界、非政府组织、工会和学术界的专家组成，以确保评分的准确性和可靠性。

表 2.4 富时罗素 ESG 指标体系

一级指标	二级指标
环境	生物多样性、气候变化、污染和资源、供应链、水安全
社会	客户责任、健康和安全、人权和社区、劳动标准、供应链
治理	反腐败、公司治理、风险管理、税务透明度

2.2.5 穆迪（Moody's）

穆迪的 ESG 评价方法将环境、社会和治理因素融入信用评价框架中，并分析它们对信用评级结果的影响。这一方法覆盖了全球 50 多个行业的约 5 000 家公司，并考虑了 273 个 ESG 数据点。穆迪的 ESG 评价包括两个独立的分数：发行人 ESG 分数和 ESG 信用影响分数。发行人 ESG 分数用于评估发行人在环境、社会和治理方面的风险敞口。对于私营部门，穆迪的发行人 ESG 评价体系包括 15 个二级风险类别和 61 个三级风险指标，如表 2.5 所示。每个维度的评价结果以 1 至 5 的分数表示，其中 E-1、S-1 或 G-1 代表公司在该维度有正面影响，而 E-5、S-5 或 G-5 代表公司在该维度有很高的负面影响。ESG 信用影响分数结合了 ESG 因素与其他信用评估指标，以反映发行人的 ESG 表现对其信用评级的正面或负面影响程度。将发行人 ESG 分数与其他信用评估项目指标一起输入信用评级模型，最终得出 ESG 信用影响分数。这些分数分为五个等级，CIS-1 表示发行人的 ESG 特征总体上对信用评级有积极影响，而 CIS-5 表示发行人的 ESG 特征对信用评级有极高的负面影响。

表 2.5 穆迪 ESG 指标体系

一级指标	二级指标	三级指标
环境	碳转型	碳转型的当前定位；技术、市场和政策风险；缓解风险的行动；对碳转型加速风险的长期适应能力
	气候物理风险	当前和未来的气候变化影响；对热压力、水压力、洪水、飓风、海平面上升和野火的暴露
	水资源管理	与气候无关的风险；经济活动的影响；可得性、可用性和消耗；对提高水资源使用效率的创新；与污染相关的监管违规风险
	废弃物和污染	非温室气体空气污染物；陆上事故和泄漏；危险和非危险废物；循环经济
	自然资本	对自然系统的影响（土壤、生物多样性、森林、土地、海洋等）；对自然商品和服务的依赖（农业、纤维、鱼类等）

表2.5(续)

一级指标	二级指标	三级指标
社会	客户关系	数据安全和客户隐私；公平披露和分类；负责分销和营销
	人力资本	劳动关系；人力资源；多样性和包容性
	人口和社会趋势	人口结构变化；可得性和可负担性；社会责任；消费者维权意识
	健康与安全	事故与安全管理；员工健康和福利
	负责任生产	产品质量；供应链管理；社区持股者参与；贿赂与腐败；废物管理
治理	财务战略与风险管理	杠杆政策；资本建模和压力测试；并购战略；股利及资本分配政策；风险管理政策和控制；内部控制
	管理信誉和业绩记录	收益和指引准确性；监管关系；继任计划和关键人物风险；管理素质与经验；项目或附属赞助商支持；损失准备金发展；服务人员或管理者的素质
	组织结构	组织复杂性；法律和所有权结构；内幕交易和关联方交易；资本结构与组织资金联系
	合规和报告	违反监管；民事及刑事调查；证券诉讼和调查；贿赂和腐败；会计政策和披露；财务报告的一致性和质量
	董事会结构和政策	所有权和控制权；管理层薪酬设计与披露；董事会的监督和有效性；金融监管和资本配置

2.2.6 CDP（Carbon Disclosure Project）

CDP 是一个专门评估公司环境行动表现的非营利组织，成立于 2000 年。CDP 每年通过向全球公司发放问卷评估公司在报告年度内的环境行动水平，包括气候变化、森林砍伐和水安全三个方面。CDP 评分反映了公司在采取环境行动方面对客户、投资者和其他利益相关方的承诺和进展。对于参与调查的公司而言，CDP 帮助它们确定可以从哪些领域改善环境战略，同时提升公司的声誉。其评价方法与气候相关财务信息披露工作组（TCFD）和其他主要环境标准相一致，提供了整个市场的可比数据。其评价结果分为四个级别：披露级别（D-/D 分数），表明公司披露了相关问题；意识级别（C-/C 分数），表明公司评估了其业务对环境的影响；管理级别（B-/B 分数），表明公司尝试对其业务产生的环境影响进行管理；领先级别（A 分数），表明公司展现了环境领导力，采取行动减少环境影响。如果公司被要求披露数据但未进行披露，或未向 CDP 提供足够的信息进行评估，将得到 F 分。问卷评分由经 CDP 培训的人员进行，内部评分团队会整理所有分数并进行数据质量检查，确保评分标准的准确性和一致性。

2.2.7 晨星（Sustainalytics）

晨星 ESG 风险评级旨在帮助投资者识别和理解证券和投资组合层面可能对财务产生影响的重大 ESG 风险。该评级反映了发行人对重大 ESG 风险敞口的管理情况。如果一家公司未管理的风险敞口越多，ESG 风险评级就越高。晨星在行业水平上对重大 ESG 问题进行定义，并建立了一个包含 20 个重大 ESG 问题的评价体系。这个评价体系被应用于晨星所定义的 138 个子行业中，每个子行业都涵盖了多达 10 个重大 ESG 问题。

晨星 ESG 风险评级过程主要分为 3 步。首先，估计每个发行人对重大 ESG 问题的暴露程度。特别地，在出现重大 ESG 争议时，风险敞口会增加。其次，评估发行人对 ESG 风险敞口的管理。在评估风险管理的过程中，晨星引入了可管理风险和不可管理风险的概念。其中，可管理风险是公司风险敞口中可通过其政策和计划进行管理的部分；不可管理风险是公司风险敞口中无法通过管理实践消除的部分。例如，烟草公司无法完全消除与其产品相关的健康风险。每个重大 ESG 问题的可管理和不可管理风险比例在子行业水平进行定义。此外，ESG 争议事件会导致管理得分的下降。最后，计算公司最终的 ESG 风险评分。公司的 ESG 风险评分通过对重大 ESG 问题的未管理风险进行加权求和得到，其中未管理风险为风险敞口减去已被管理的风险。晨星 ESG 风险评级结果分为五个等级：可忽略的风险水平、低风险水平、中风险水平、高风险水平和严重风险水平。每个级别都反映了 ESG 因素对财务的影响水平。

晨星在 ESG 风险评级过程中采用了两种发行人参与方式。一是，在年度评级更新前，分析师会与发行人联系，征求发行人的反馈。如果发行人在规定时间内提供反馈，晨星会整合相关数据并更新其ESG风险评级。二是，在出现重大ESG争议事件时，分析师会联系发行人，以对事实进行审查并得到管理层对争议的回应。

2.2.8 机构股东服务公司（ISS）

ISS是一家提供环境、社会和治理（ESG）解决方案和评级的公司。ISS ESG企业评级旨在为投资者提供高度相关的、重要的和前瞻性的ESG数据和绩效评估。截至2022年3月，ISS ESG企业评级范围覆盖全球约11 800家企业发行人。其评价体系包括3个一级支柱、约30个二级主题以及700多个三级指标，每个评级实体应用大约100个ESG指标，涵盖员工事务、供应链管理、商业道德、企业治理、环境管理、生态效益等方面。由行业专家确定每个行业最重要的ESG议题，并制定指标体系和加权方案。

ISS ESG评价体系具有以下几个特点：首先，评价体系综合考虑了企业整个价值链中的ESG风险、机遇和影响。其次，评价体系整合了联合国可持续发展目标。例如，分析师会根据产品和服务对实现可持续发展目标的贡献或阻碍程度以及其净销售额占比，来评估产品和服务的可持续性影响。第三，ISS在ESG研究中考虑了全球规范的潜在影响，评估企业对公认的国际准则和指南的遵守情况，作为对ESG绩效的压力测试。其评价体系与多项法规和准则相一致，包括联合国全球契约、联合国可持续发展目标、国际劳工组织公约、经合组织跨国企业指南、联合国负责任投资原则以及欧盟可持续金融相关法规等。最后，ISS将ESG争议纳入考量。对特定ESG主题和违反全球规范的争议事件进行监测，评估争议事件的严重性。

ISS ESG企业评级结果采用从A+（公司表现优异）到D-（公司表现不佳）的十二分制。ESG行业领导者被授予"最佳"（prime）地位，这些公司能够充分管理与其特定业务模式相关的关键ESG风险，同时利用可持续发展转型带来的机遇。不同行业的公司在获得最佳地位时需要达到不同的绩效标准，因为它们所面临的 ESG 风险和影响程度也是不同的。例如，石油和天然气等高 ESG 风险和影响行业的公司，必须在 ESG 方面表现得比房地产等低风险行业的公司更好，才能获得最佳地位。此外，分析师还为每家公司编写定性总结，分析其重要的可持续性机会和风险以及治理绩效。

2.2.9 RepRisk

RepRisk 是一家全球领先的 ESG 风险数据提供商，建立了全球最大的 ESG 数据集，并使用基于规范的方法系统地标记和监控全球范围内可能对公司声誉、合规性和财务产生影响的重大 ESG 风险和违反国际标准的行为。截至 2022 年 7 月，RepRisk 数据集涵盖了各个行业和市场的超过 23 万家与风险事件相关的公司，其中包括大约 4%的上市公司和 93%的非上市公司。随着最新 ESG 信息的收集，数据集平均每天增加 30~50 家新公司。同时，RepRisk 数据集还涵盖了超过 6.5 万个项目、全球大部分部门和国家、超过 2.5 万个非政府组织以及超过 1.9 万个政府机构的风险概况。RepRisk 从全球来源中检测 ESG 风险信息，其信息来源覆盖了 23 种语言的超过 10 万个公共来源和利益相关者，包括印刷媒体、在线媒体、社交媒体、政府机构、监管机构、智库、时事通信和其他在线资源。考虑到自我报告的风险信息可能存在偏见和不准确性，RepRisk 还避免采用公司的自我披露信息。

RepRisk 的研究框架由 28 个 ESG 问题、74 个 ESG 主题标签和 102 个 ESG 风险因素组成，如表 2.6 所示。RepRisk 还集成了多项国际标准和法案，包括联合国可持续发展目标、澳大利亚《现代奴隶制法案》、美国加利福尼亚州《供应链透明度法案》、可持续发展会计准则、可持续财务披露法规、联合国全球契约以及德国《供应链企业尽职调查法案》等。根据研究框架，RepRisk 开发了两项评价产品：RepRisk 指数和 RepRisk 评级。RepRisk 指数旨在衡量公司或项目面临的 ESG 问题声誉风险，是基于公司的风险事件的严重性和新颖性计算的，反映了公司的实际风险管理绩效，而不是其传达的目标和政策。其评价结果以 0～100 的数值表示，值越高代表风险暴露越高。RepRisk 指数提供当前风险水平、过去两年最高风险水平以及过去 30 天内风险水平变化三个指标。RepRisk 评级旨在帮助企业对同行和部门进行基准测试，并将 ESG 和业务行为风险整合到业务流程中。与 RepRisk 指数相比，RepRisk 评级不仅取决于公司自身的 ESG 风险事件，还取决于其所属国家和行业的风险。RepRisk 评级的风险水平是由公司特定 ESG 风险（RepRisk 指数）以及国家和行业 ESG 风险（包括所属国家和行业风险以及业务活动相关的国家和行业风险）加权求和得到的。评级结果采用 AAA 至 D 的十级评级体系，AAA 表示极低的风险暴露，D 表示极高的风险暴露。

表 2.6　RepRisk 的研究框架

维度	类别	ESG 问题
环境	环境足迹	气候变化、温室气体排放和全球污染；当地污染；对景观、生态系统和生物多样性的影响；过度使用和浪费资源；浪费问题；动物虐待
社会	社区关系	侵犯人权和企业共谋；对社区的影响；地方参与问题；社会歧视
社会	员工关系	强迫劳动；童工；结社自由和集体谈判自由；就业歧视；职业健康和安全问题；恶劣的就业环境
治理	公司治理	贪污、贿赂、勒索、洗钱；高管薪酬问题；误导性沟通；欺诈；逃税；税收优化；反竞争行为
多维度	跨领域问题	有争议的产品和服务；产品（健康和环境问题）；供应链问题；违反国家法律；违反国际标准

2.3　国内 ESG 评价体系

2.3.1　上海华证指数信息服务有限公司

上海华证指数信息服务有限公司（以下简称"华证"）是一家专业的指数与指数化投资综合服务公司。华证结合了国际实践经验和中国实际情况，提供了包含中国 A 股和港股等证券发行人的 ESG 评级产品。

华证 ESG 评价体系由 3 个一级支柱指标、16 个二级主题指标、44 个三级议题指标、70 多个四级底层指标以及超过 300 个底层数据指标构成。表 2.7 展示了华证 ESG 指标体系。华证基于其 ESG 评价体系，并综合运用了语义分析和自然语言处理等智能算法构建了针对中国市场的 ESG 大数据平台。华证 ESG 评价的指标赋值以定量和客观原则为指导，保证评价的客观性和可比性。基于文献研究、实践经验和国家标准设定各个指标的理论基准水平，并对指标进行标准化处理和赋值。对于底层数据，它区分了结构化数据和非结构化数据，并采用自然语言处理和语义分析等算法对基于非结构化数据的指标进行赋值。由于国内尚未建立上市公司 ESG 信息披露制度，底层指标存在数据缺失问题，华证采用统计方法对缺失值进行补充。在指标权重设置方面，华证参考国际机构的经验做法，遵循均衡和适用原则，并综合考虑各指标对各个行业的影响，为每个行业设置了相应的指标权重。华证 ESG 评级结果分为从 AAA 到 C 九个等级，ESG 评分和各指标得分范围为 0～100。评级和评分越高，说明发行人的 ESG 表现越好。

表 2.7 华证 ESG 指标体系

一级指标	二级指标	三级指标
环境	气候变化	温室气体排放、碳减排路线、应对气候变化、海绵城市、绿色金融
	资源利用	土地利用及生物多样性、水资源消耗、材料消耗
	环境污染	工业排放、有害垃圾、电子垃圾
	环境友好	可再生能源、绿色建筑、绿色工厂
	环境管理	可持续认证、供应链管理、环保处罚
社会	人力资本	员工健康与安全、员工激励和发展、员工关系
	产品责任	品质认证、召回、投诉
	供应链	供应商风险和管理、供应链关系
	社会贡献	普惠、社区投资、就业、科技创新
	数据安全与隐私	数据安全与隐私

表2.7(续)

一级指标	二级指标	三级指标
公司治理	股东权益	股东权益保护
	治理结构	ESG治理、风险控制、董事会结构、管理层稳定性
	信披质量	ESG外部鉴证、信息披露可信度
	治理风险	大股东行为、偿债能力、法律诉讼、税收透明度
	外部处分	外部处分
	商业道德	商业道德、反贪污和贿赂

2.3.2 嘉实基金

嘉实基金（以下简称"嘉实"）是国内率先投入ESG研究和ESG投资的公募基金。嘉实基于国际标准和中国本土特色建立了一套自主研发的ESG评价体系，该体系也是国内首个由资产管理机构发布的ESG评分体系。嘉实ESG指标体系包括3个一级主题指标、8个二级议题指标、23个三级事项指标以及超过110个底层指标，如表2.8所示。其ESG信息来源包括5 000多个省市县各级政府的监管信息发布平台、2 300多家新闻媒体、200多个公益组织以及行业协会等。嘉实每月对中国上市公司ESG表现进行评估，采用0~100的分数反映公司在重大ESG问题方面的表现和管理水平。其评价范围覆盖了全部A股和H股7 000多家上市企业以及境内7 000多家发债主体。

表2.8 嘉实ESG指标体系

一级指标	二级指标	三级指标
环境	环境风险暴露	地理环境风险暴露、业务环境风险暴露
	污染治理	气候变化、大气和水污染排放、环境违规事件
	自然资源和生态保护	自然资源利用、循环和绿色经济

表2.8(续)

一级指标	二级指标	三级指标
社会	人力资本	劳工管理和员工福利、员工健康和安全、人才培养和发展、员工相关争议事件
	产品和服务质量	产品安全和质量、商业创新、客户隐私和数据安全、产品相关争议事件
	社区建设	社区建设和贡献、供应链责任
治理	治理结构	股权结构和股东权益、董事会结构和监督、审计政策和披露、高管薪酬和激励
	治理行为	商业道德和反腐败、治理相关争议事件

2.3.3 润灵环球

润灵环球是一家专门从事企业社会责任评级的第三方评级机构,自2008年起开始追踪所有A股上市公司的社会责任报告并进行评估,2019年在原有企业社会责任报告评级的基础上研发了润灵ESG评价体系,对中证800成分股公司的ESG表现进行评价。润灵ESG评价体系包括11个环境议题、8个社会议题和4个治理议题,覆盖了300多个评估指标。表2.9展示了润灵ESG指标体系。对于环境和社会维度的每一项关键议题,润灵环球评估管理规划、管理执行和管理绩效三个子项。润灵环球根据国内外法规要求、标准要求和相关指南选择评估指标,如全球报告倡议组织、国家法规要求、ISO体系管理体系标准、证监会公司治理指引、国内交易所的信息披露要求等。润灵ESG指标评估标准依据国内外管理最佳实践、研究机构研究成果以及大数据分析结果设定。其评估数据和信息主要来源于企业自主披露的年报、社会责任报告、ESG报告、公司章程等,还包括证监会委托的上市公司信息发布平台上的相关信息。评级结果分为七个等级,从高到低依次为AAA、AA、A、BBB、BB、B、CCC。

表 2.9　润灵 ESG 指标体系

一级指标	二级指标
环境	温室气体排放、废水排放、水资源管理、有毒有害气体排放、噪音排放、固废/危废处理、供应链环境影响、产品环境影响、绿色金融产品、生态保护、业务活动对环境的影响
社会	员工管理、人力资源和发展、职业健康安全、信息安全、个人信息保护、供应链劳工、产品安全、普惠金融
治理	董事会有效性、高管薪酬、ESG 风险管理、商业道德

2.3.4　商道融绿

商道融绿是国内领先的绿色金融和责任投资专业服务机构，于 2015 年推出了中国本土的 ESG 评级体系和中国上市公司 ESG 数据库，旨在为投资机构、监管机构及其他利益相关方提供对中国公司全面价值判断的可靠依据。其 ESG 评级范围包括全部中国境内上市公司、港股通中的香港上市公司以及主要的债券发行主体。

商道融绿每年对发行人在环境、社会和公司治理 3 个维度的风险暴露和管理水平进行评价。其评价体系由 3 个支柱、14 个核心议题、近 200 个 ESG 指标以及近 700 个数据点组成，并且根据不同行业的特点确定行业 ESG 指标和指标权重，共建立了 51 个行业模型。商道融绿的 ESG 评估指标主要考虑了最具代表性、可搜集和重要的 ESG 指标，符合国际惯例和中国实际情况，以及投资者关注事项和行业特点。商道融绿根据这些因素开发出 ESG 指标长清单，并根据聚类分析确定了各 ESG 议题下的指标构成。评估指标分为通用指标和行业指标，通用指标适用于所有行业，而行业指标适用于部分行业。表 2.10 展示了商道融绿 ESG 指标体系。商道融绿评估企业的 ESG 风险暴露，旨在衡量已发生或潜在发生的 ESG 风险对企业价值的影响程度。由于同一行业的公司在 ESG 议题上都存在类似的风险和挑战，且每家公司在 ESG 方面的表现都是独特的，商道融绿综合考虑了企业所在行业基准风险敞口和企业个体风险敞口两个方面，以更全面地评估企业对特定 ESG 议题的风险敞口。最后，商道融绿的 ESG 评级总分由 ESG 主动管理总得分和 ESG 风险暴露总得分相加得到，也由环境、社会和公司治理三个一级指标分数加总构成，分数范围为 0~100。ESG 分数通过聚类分析的方式被转化为字母评级，共有 A+ 至 D 十个级别。分数和级别越高，代表企业的 ESG 管理水平越高，ESG 风险水平越低。

表 2.10　商道融绿 ESG 指标体系

支柱	ESG 议题	ESG 通用指标示例	采矿业行业指标示例	农林牧渔行业指标示例
环境	环境政策	环境管理体系、环境管理目标、节能和节水政策、绿色采购政策等	采区回采等	可持续农（渔）业等
	能源与资源消耗	能源消耗、节能、节水、能源使用监控等	—	—
	污染物排放	污水排放、废气排放、固体废弃物排放等	废弃物综合利用率等	污染物排放监控等
	应对气候变化	温室气体排放、碳强度、气候变化管理体系等	—	—
	生物多样性	生物多样性保护目标与措施等	生态恢复措施等	珍稀动物使用等
社会	员工发展	员工发展、劳动安全、员工权益等	职业健康安全管理体系等	职业健康安全管理体系等
	供应链管理	供应链责任管理、供应链监督体系等	—	—
	客户权益	客户管理关系、客户信息保密等	—	可持续消费等
	产品管理	质量管理体系认证、产品/服务质量管理等	—	—
	数据安全	数据安全管理政策等	—	—
	社区	促进社区就业、捐赠等	社区健康与安全等	社区沟通等

表2.10(续)

支柱	ESG议题	ESG通用指标示例	采矿业行业指标示例	农林牧渔行业指标示例
公司治理	治理结构	信息披露、董事会独立性、高管薪酬、审计独立性等	—	—
	商业道德	反腐败与贿赂、举报制度、纳税透明度	—	—
	合规管理	合规管理、风险管理等	—	—

2.3.5 万得

万得是一家中国领先的金融信息服务公司，于2021年推出万得ESG评级，旨在反映公司重大ESG风险和管理实践水平。其ESG评级覆盖了全部A股和港股上市公司。

万得ESG评级体系包括管理实践得分和争议事件得分两个方面。首先，管理实践得分侧重于反映企业的长期ESG管理实践水平。这一得分通过对环境、社会和治理3个维度的评估来计算，细分为27个议题和300多个具体指标。这些指标涵盖了各个方面的ESG要素，包括公司的环境影响、社会责任和治理结构，如表2.11所示。管理实践得分是根据指标的权重加权计算得出的，能够综合反映企业在ESG管理方面的整体表现和长期影响。其次，争议事件得分主要评估企业短期内面临的ESG风险和争议事件对其的影响。这一得分基于新闻舆情、监管处罚和法律诉讼等来源的事件信息，并加权计算得出。争议事件得分提供了有关企业短期内面临的ESG相关风险和问题的信息，帮助投资者了解企业的整体风险状况和应对能力。此外，万得ESG评级还通过环境风险暴露等级来补充企业的ESG风险信息，并通过股权穿透识别上市公司的全国运营地点，并结合地理定位和区域环境情况，识别企业的运营风险，包括大气、水等环境要素。这一补充信息有助于更全面地了解企业的 ESG 风险暴露情况。

万得 ESG 评级建立了庞大而多样的数据源，包括上市公司自主披露的报告、政府部门数据、新闻媒体、行业协会等。万得借助领先的人工智能和大数据技术识别、采集和分析 ESG 信息，并通过严格的数据处理流程确保数据的准确性和及时性。

综合得分是万得 ESG 评级的核心结果，该得分反映了企业的综合 ESG 表现和风险水平。综合得分由管理实践得分和争议事件得分构成，其中管理实践得分权重占 70%，争议事件得分权重占 30%。综合得分被转换为字母等级，评级范围从 CCC 到 AAA，共七个等级。

表 2.11　万得 ESG 指标体系

一级指标	二级指标	三级指标
环境	环境管理、能源与气候变化、水资源、原材料与废弃物、废气、废水、生物多样性、绿色建筑、绿色金融	环境管理体系与制度、能源管理体系与制度、范围一/二/三温室气体排放、节水用水相关措施等
社会	雇佣、职业健康与安全生产、发展与培训、研发与创新、供应链、产品质量、可持续产品、客户、隐私保护、社区、医疗可及性	员工流失率/离职率、人均培训时长、知识产权保护、社区公益投入等
治理	ESG 治理、董监高、股权及股东、审计、业务连续性管理、贪污腐败、反垄断与公平竞争	ESG 表现与高管薪酬挂钩、董监高离职率、独立董事比例、匿名举报机制等

2.3.6　中央财经大学绿色金融国际研究院

中央财经大学绿色金融国际研究院（以下简称"中财大绿金院"）于 2019 年发布了针对中国债券发行主体的 ESG 数据库，覆盖了超过 4 000 家中国公司，包括上市公司和非上市发债主体，其中上市公司涵盖了沪深 300、中证 500、中证 800、深港通、沪港通与科创板等股票，发债主体涵盖了 737 家上市主体和 2 028 家非上市主体。该数据库主要提供发债主体的 ESG 数据、ESG 评级、ESG 评级报告、ESG 指数和

ESG 研报等信息。

中财大绿金院 ESG 数据库由学术机构团队采用独立的方法学进行研发。其评价指标主要分为定性指标、定量指标和负面行为与风险 3 类，包括环境、社会和治理 3 个维度下的 30 项二级指标以及超过 160 项三级指标，如表 2.12 所示。关键指标根据行业特征进行适当调整。中财大绿金院通过科学的行业划分和评分方法、对负面新闻和风险的过滤、针对特殊企业的扣分机制以及计量汇总综合得分等方式，对企业 ESG 表现进行全面的评估。最终评级结果反映了评估对象在同类型企业中的相对 ESG 表现，分为 A+到 D-共 12 个等级，其中 A+代表 ESG 表现最好，D-代表 ESG 表现最差。在每年发布的企业 ESG 评级报告中，中财大绿金院会对每家上市公司从整体和分项 ESG 得分、在行业内的 ESG 表现、与同行竞争者的对比以及 ESG 亮点及风险点几个方面进行全方位的评估与分析。

此外，中财大绿金院还将 ESG 可持续投资理念应用于信用评价方法中，综合考虑 ESG 因素、宏观因素和财务因素，构建全面的信用分析体系。该信用分析体系可以提供更准确的信用评估和决策参考。

表 2.12 中财大绿金院 ESG 指标体系

一级指标	二级指标
环境	节能减排措施、污染处理措施、绿色环保宣传、主要环境量化数据、环境成本核算、绿色设计、绿色技术、绿色供应、绿色生产、绿色办公、绿色金融产品、环境风险管理、生物多样性、绿色收入
社会	综合、扶贫及其他慈善、社区、员工、消费者、供应商、公共卫生、社会责任量化指标
治理	组织结构、投资者关系、信息透明度、技术创新、风险管理、商业道德、财报品质、其他治理量化指标

2.3.7 中债金融估值中心有限公司

中债金融估值中心有限公司（以下简称"中债"）是一家专门为

债券市场提供估值、评级和相关金融信息服务的公司。中债于 2020 年推出了针对国内债券市场发债主体的 ESG 评价产品，评价范围覆盖约 5 000 家公募信用债发行主体，其中约 13% 是上市公司，其余大多为非上市公司。

中债 ESG 评价体系包括 3 个一级支柱指标、14 个二级主题指标、39 个三级指标以及超过 160 个四级底层指标。表 2.13 展示了中债 ESG 指标体系。综合得分和分项得分的范围为 1 到 10 分，其中 10 分说明发债主体 ESG 表现最好。在计算得分时，中债按照自下而上的顺序进行评价。首先对底层指标进行赋值，然后设置指标权重，并通过加权求和得到上一层级的分数，逐层向上加权求和以计算出 ESG 总分。在评价过程中，中债综合考虑了行业特征的因素。例如，在环境维度，中债首先将行业划分为 4 个类别，包括正向环境效应（林业、废物利用业等）、环境风险小且友好度较高（批发和零售业、金融业等）、环境风险较大且友好度较低（建筑业等）以及环境风险大且友好度低（采矿业、石油加工业等）。针对不同类别的行业，中债为其设定了不同的基础分数。随后，根据发行主体的表现，中债对基础分数进行相应的调整。

表 2.13 中债 ESG 指标体系

一级指标	二级指标	三级指标
环境	环境管理	环境政策与规划、环境管理外部认证情况、环保处罚
	绿色发展	环保投入资金、绿色收入情况、绿色融资情况
	资源利用	能源利用、水利用、土地利用
	污染防治	废水、废气、噪声、危废及废弃物
	生态保护与气候适应	生物多样性、气候适应变化
社会	员工	基本权益保障、职业成长、职业福利、利益保护
	供应商和客户	产品可持续性、质量保障、售后服务、客户隐私保护
	投资人	债券发行文件中投资人保护条款：事件类条款；债券发行文件中投资人保护条款：限制类条款
	社区与社会贡献	捐赠与投资、就业与纳税、重大技术研发、响应政策

表2.13(续)

一级指标	二级指标	三级指标
公司治理	股东权益保护	股东权益保护机制、股东决策
	董监高治理能力	人员素质、制衡机制、董监高内部独立性、董监高外部独立性、董监高构成合理性及稳定性
	激励机制	激励水平、激励形式
	信息披露	可靠性、及时性、完备性
	管理规范性	诉讼与仲裁、经营风险

2.3.8 中证指数有限公司

中证ESG评价是由中证指数有限公司（以下简称"中证"）开发的一种评估企业ESG（环境、社会和公司治理）绩效的产品，旨在反映ESG因素对企业可持续运营的影响，评估企业的ESG风险和机遇。评估对象涉及A股和港股上市公司。

中证ESG评价体系包括3个一级支柱指标、13个二级主题指标、22个三级单元指标和近200个指标。表2.14展示了中证ESG指标体系。中证还实时监测评估对象ESG争议事件的发生，捕捉突发事件反映的企业ESG风险。根据事件性质、影响程度与范围和发生时间等特征，对事件风险等级进行评估。在指标计算中，中证结合国际实践经验和国内实际情况，并根据行业特征确定各个指标的权重，最后由底层指标自下而上逐级加权得到ESG综合得分和各支柱得分。中证ESG评价结果根据分数进行等级划分，共分为AAA、AA、A、BBB、BB、B、CCC、CC、C和D十个等级，反映了被评估企业相对于所在行业内其他企业的ESG表现。

中证依据最新披露信息每月定期更新ESG评级结果。评价信息来源包括企业的年报、季报、不定期报告、企业社会责任报告等公开披露的信息，以及政府机构发布的产业规划、认证、处罚、监管评价等公开信息，还考虑了权威媒体发布的新闻舆论、事件调查等。同时，中证也会考虑一些特色信息，如企业的绿色收入和社会贡献值。在常规的月度更新之外，如果企业出现重大 ESG 争议事件，中证会对相关企业的 ESG 评级结果进行及时更新。

表 2.14　中证 ESG 指标体系

一级指标	二级指标	三级指标
环境	气候变化	碳排放
	污染与废物	污染与废物排放
	自然资源	水资源、土地使用与生物多样性
	环境管理	环境管理制度
	环境机遇	环境机遇、绿色金融
社会	利益相关	员工、供应链、客户与消费者
	责任管理	责任管理
	社会机遇	慈善活动、企业贡献
公司治理	股东权益	中小股东保护、控股股东与大股东行为
	治理结构与运作	机构设置、机构运作、激励与约束机制
	信息披露	信息披露质量
	公司治理风险	公司治理风险
	管理运营	财务风险、财务质量

2.4　国内外 ESG 评价体系的比较分析

CDP、明晟和富时罗素等国外机构早在 21 世纪初就推出了 ESG 评价相关业务。随着 ESG 投资的快速增长，越来越多的评级机构进入了这个领域，包括标普全球、穆迪、RepRisk 等。相较于国外，国内机构的 ESG 评价起步较晚。对比国外和国内现行的 ESG 评价体系，各评价体系有一些共通之处，也存在许多不同。区域差异是促成这些特点的原因之一，但相同地区不同机构的评价体系也有其独特之处。本节从评估目标、指标体系、参考要求、数据来源和发行人参与五个方面对比和总结各评价体系的特点。

2.4.1 评估目标的对比

不同的 ESG 评级机构在评估目标和侧重点上可能存在一些差异。ESG 评估目标主要包括 ESG 风险、机遇、管理水平和争议。大多数评级机构在确定评估目标和构建评价体系时都考虑了评估对象的 ESG 风险，一些评级机构也将 ESG 机遇、管理水平和争议纳入考量。

首先，ESG 风险是企业在可持续发展方面面临的挑战和潜在的负面影响，可能导致财务损失、法律诉讼、声誉受损、投资回报下降以及对环境和社会造成负面影响。晨星和 RepRisk 等机构的 ESG 评价主要聚焦于 ESG 风险的评估。其次，ESG 机遇是企业在可持续发展趋势中可能获得的商业机会，可以帮助企业创造长期价值和赢得市场竞争优势。在国外的 ESG 评价机构中，包括明晟、标普全球和 ISS 等，已将 ESG 机遇纳入其评估目标之一。在国内，中证在评估目标中明确考虑了 ESG 机遇的影响。不过，其他 ESG 评价体系虽然没有明确将 ESG 机遇作为评估目标，但在指标体系中也会涉及部分与 ESG 机遇有关的指标。再次，ESG 管理水平是指企业在可持续发展中的管理实践和能力，涵盖了企业对 ESG 相关议题的策略、目标设定、实施措施和绩效监测等方面的表现。良好的 ESG 管理水平有助于企业应对和降低 ESG 风险的影响，并抓住 ESG 机遇。例如，在国外机构中，明晟同时测量了公司对于风险或机遇的暴露程度以及公司对这种风险或机遇的管理能力，晨星的 ESG 风险评级反映了公司未管理的风险敞口。在国内机构中，商道融绿和万得的 ESG 得分都由风险和管理两部分得分组成。最后，ESG 争议指的是与 ESG 相关的负面事件，引起了公众、利益相关者或社会的关注和争议，是 ESG 风险和管理水平的具体表现。ESG 争议的出现往往代表着企业在过去面临着较高的 ESG 风险或 ESG 风险管理实践和能力不足。在国外机构中，路孚特、标普全球、晨星、ISS 和 RepRisk 都将 ESG 争议纳入评估过程，嘉实、万得和中证三家国内机构也对企业 ESG 争议进行监测。特别的，穆迪的 ESG 评级与其他机构的评价产品不同，主要考察 ESG 因素对信用评级的影响，中财大绿金院也构建了 ESG 信用评价体系。

总的来说，不同 ESG 评价体系的目的和侧重点有所不同，投资者和利益相关者应根据自身需求选择合适的评价产品，并综合考虑不同机构的评估结果做出更明智的决策。

2.4.2 指标体系的对比

在构建指标体系的过程中，一方面各个 ESG 评级机构具有一些共同特征。首先，各评级机构的指标框架整体上较为类似。一些典型的 ESG 问题，如环境维度的气候变化、社会维度的人力资本以及治理维度的股东权益等问题，通常被包括在 ESG 指标体系中。其次，由于不同行业在 ESG 问题上面临的挑战和影响因素各不相同，一些评级机构会根据行业特征调整指标体系。例如，标普全球、晨星、ISS、商道融绿以及中财大绿金院都在行业层面上确定重大 ESG 问题或选择关键指标。此外，在权重分配方面，很多 ESG 评价体系都依据行业来确定指标加权方案。

另一方面，不同 ESG 评级机构在构建指标体系时也各具特色。由于不同国家和市场的经济、社会和环境背景存在不同，不同地区的 ESG 评级机构在指标选择上可能存在差异。国外 ESG 评级机构通常需要评估来自不同国家和市场的证券发行人，而不同地区之间的差异性会增加构建指标体系的难度，构建考虑不同区域特征的指标体系存在一定挑战。然而，国内评级机构对中国的法律、政策和文化背景更加熟悉，且具备语言优势，在构建适应本土情况的指标体系上更具优势。润灵环球、万得、中财大绿金院以及中债等国内机构都在指标体系中纳入了有关绿色金融或融资的指标。近年来，一系列支持绿色金融的政策和监管措施在中国出台，中国的绿色金融市场正在逐步发展壮大，包括绿色债券、绿色信贷、绿色投资基金等产品的推出。因此，在中国市场和政策背景下，绿色金融指标能够对企业与环境相关的商业机会进行明确衡量。此外，华证指标体系中的海绵城市、润灵环球指标体系中的普惠金融以及中财大绿金院指标体系中的扶贫等指标也具有中国本土特色，与国内政策导向高度相关，能够有效反映中国市场证券发行人的 ESG 表现。

2.4.3 参考要求的对比

评级机构在构建 ESG 评价体系时通常会参考相关要求，包括国际 ESG 规范、区域 ESG 规范以及相关法规。为了满足特定目标和受众需求，不同的 ESG 评级机构在构建评价体系时可能会参考不同的要求。

一方面，国际 ESG 规范通常是由国际组织或跨国机构制定的，具有全球认可度和广泛适用性，被 ESG 评级机构广泛使用，主要包括 ESG 信息披露标准以及 ESG 投资指引两大类。ESG 信息披露标准旨在帮助企业向投资者、利益相关者和公众透明地传达其 ESG 绩效，参考国际 ESG 信息披露标准有助于增加评级机构的可信度和透明度，确保评估结果的规范化和可比性。例如，在国外评级机构中，ISS 和 RepRisk 的评价体系都参考了联合国全球契约。RepRisk 还支持可持续发展会计准则委员会和可持续财务披露法规。CDP 的评价方法与气候相关财务信息披露工作组相一致。在国内评级机构中，润灵环球强调其评级体系与 ESG 规范相一致，包括全球报告倡议组织和 ISO 标准质量管理体系标准。ESG 投资指引旨在帮助投资者将 ESG 因素纳入投资决策过程，参考 ESG 投资指引有助于评级机构满足投资者对 ESG 评估结果的需求，并提供与 ESG 投资策略相匹配的评级数据。ISS 表明，其 ESG 评价体系支持联合国负责任投资原则。除了国际 ESG 信息披露标准和投资指引，联合国可持续发展目标也属于被 ESG 评价体系广泛参考的国际规范，富时罗素、ISS 和 RepRisk 的评价体系都覆盖了 17 个可持续发展目标。

另一方面，ESG 评级机构也会参考区域规范，以适应不同地区和市场的特定情况和优先事项。例如，润灵环球表明，其评价体系支持证监会公司治理指引以及上交所、深交所、联交所的信息披露要求。此外，许多国家和地区已经出台了相关的 ESG 法规和政策措施，一些评级机构参考这些法规和政策以确保其评估结果与当地法规保持一致，帮助企业合规和适应当地要求。在国外评级机构中，ISS 评价体系支持欧盟可持续金融相关法规，RepRisk 的研究框架参考了澳大利亚《现代奴隶制法案》、美国加利福尼亚州《供应链透明度法案》和德国《供应链企业尽职调查法案》。国内的润灵环球强调其评级体系支持国家法规要求。

2.4.4　数据来源的对比

不同的 ESG 评级机构可能采用不同的数据采集渠道和方法，以满足其评估目标。

首先，一些评级机构依赖企业自主报告的数据，如上市公司的年度报告、社会责任报告和 ESG 报告等。这种数据来源的优势在于其详尽程度，尤其是社会责任报告和 ESG 报告提供了丰富的 ESG 信息，但可能存在企业选择性披露问题和漂绿风险。例如，RepRisk 考虑到自我报告的风险信息可能存在偏见和不准确性，避免采用公司的自我披露信息。

其次，评级机构还可以利用政府和监管机构披露的信息来评估企业的 ESG 表现。这些数据具有较高的可靠性和一致性，因为它们受到政府和监管机构的监督和审核。

再次，新闻媒体中经常涉及企业的 ESG 问题和事件，ESG 评级机构可以参考新闻媒体中的信息来了解企业的 ESG 表现。新闻媒体可以提供及时的信息，但可能存在主观性和偏见。通常在评估过程中主要考虑 ESG 风险和争议的评级机构，会采用大量的新闻媒体信息。例如，RepRisk 从全球来源中检测 ESG 风险信息，覆盖了 23 种语言的超过 10 万个公共来源和利益相关者，包括印刷媒体、在线媒体和社交媒体等。

最后，ESG 评级机构可以向企业发送调查问卷，要求其提供特定的

ESG 数据和信息。这种数据来源可以提供更具体和定制化的信息，但可能受到企业回应的主观性和选择性的影响。采取这种主动方式收集企业 ESG 信息的评级机构较少。标普全球通过年度调查问卷收集全球公司的 ESG 信息，从而评估公司的 ESG 表现。对于未回应的公司，他们的专家分析师团队会根据公开信息填写评估问卷。CDP 每年向全球公司发放气候问卷、森林问卷和水问卷，评估公司在报告年度内的环境行动水平，未提供足够信息的调查对象会得到最低的评级。

2.4.5 发行人参与的对比

在 ESG 评价中，发行人的参与是非常重要的。发行人参与 ESG 评价可以提供更准确和全面的信息，增加评价结果的准确性和可信度。相比国内的 ESG 评级机构，国外机构更加注重评估对象在 ESG 评价过程中的参与以及后续的反馈，它们会采取一系列措施来促进评价对象的参与，包括与发行人主动沟通以及建立专门的反馈渠道等方式。

首先，对于采用问卷形式收集 ESG 信息的评级机构，发行人可以直接通过填写问卷的方式来参与 ESG 评价。标普全球和 CDP 都依赖于企业问卷来收集 ESG 信息，这种评价方法加强了发行人的主动参与。其次，一些评级机构会在信息验证和评级更新前开展与发行人的沟通。标普全球在 ESG 数据验证过程中会主动联系发行人，以核实数据的准确性和可靠性。ISS 每两到三年会与被评级的发行人进行全面对话，以了解其 ESG 实践和策略，并获取更深入的信息。晨星在年度评级更新前会与发行人联系，征求他们的反馈和意见，以确保评级结果的准确性和客观性。在出现重大 ESG 争议事件时，晨星也会联系发行人，进行事实审查并寻求管理层回应。此外，在国内 ESG 评级机构中，万得相对注重与发行人的沟通。万得会定期向受评公司发送邮件，寻求受评公司对信息可靠性以及评级结果的反馈。最后，发行人在 ESG 评级过程中也可以通过与评级机构主动联系来提供、更正或更新其 ESG 信息，并对评价结果进行反馈。例如，富时罗素的网络研究平台提供了发行人反馈渠道；ISS 也支持公司发行人随时发送或更新有关 ESG 的信息。

总而言之，国外 ESG 评级机构有相对完善的发行人参与机制，国内评级机构也应该加强与评价对象的合作和反馈机制，以提供更全面和准确的评价结果。

2.5　本章小结

本章主要介绍了 ESG 评价体系。首先，本章阐明了 ESG 评价的概念与流程，并对 ESG 评价的意义和应用进行了说明。ESG 评价是评估企业在环境、社会和公司治理方面的表现和绩效的过程，涉及数据收集、评价体系构建、指标打分和综合评价结果等关键步骤。第三方机构根据收集的 ESG 数据和自主构建的评价体系，对评估对象的各项指标进行评分，最后得到综合的 ESG 评价结果。ESG 评价结果是投资者进行 ESG 投资的重要工具，能够帮助投资者识别企业 ESG 表现，从而构建有意义的投资组合。同时，ESG 评价结果也可以作为实体企业管理和改进 ESG 绩效的参考，从而获得更多的绿色融资机会和商业机会。

其次，本章介绍了国内外第三方评级机构的 ESG 评价体系。在国外 ESG 评级机构中，CDP、明晟和富时罗素等机构较早推出了 ESG 评价产品和服务。随着 ESG 投资的快速增长，又涌现出了一批领先的 ESG 评价机构，如路孚特、标普全球、穆迪、晨星、ISS 和 RepRisk 等。在中国绿色金融政策背景下，国内本土的 ESG 评价体系也开始发展，包括华证、嘉实、润灵环球、商道融绿、万得、中央财经大学绿色金融国际研究院、中债和中证等。本章对这些 ESG 评价体系的方法学和指标体系进行了详细的介绍。

最后，本章对国内外的 ESG 评价体系进行了比较。各个机构的评价体系存在一些相似点和不同点，本章从评估目标、指标体系、参考要求、数据来源和发行人参与五个方面对比和总结了各评价体系的特点。总而言之，了解 ESG 评价体系有助于投资者和企业更好地理解和应用不同评价产品，同时也可以帮助评级机构不断完善其评价方法和产品。

3 中国 ESG 的发展与实践

ESG 理念在中国的普及相对较晚，发展尚不完善。自 A 股市场于 2005 年发布首个 ESG 指数——国证治理指数以来，标准化 ESG 体系逐渐形成，但目前中国的 ESG 投资仍然面临很多风险和挑战。

3.1 ESG 中国化的进程

ESG 的概念最早是在 2005 年由联合国环境规划署和社会责任投资特别工作组提出的（Sonko et al., 2023）。随着 ESG 投资越来越受到全球投资者的关注，ESG 可以提高企业创新能力、企业绩效和可持续性的理念也逐渐普及到了中国（Awaysheh et al., 2020；Rajesh, 2020；Xu et al., 2020），越来越多的中国投资者和企业也开始重视 ESG 的问题，并在日常投资和经营中考虑 ESG 因素。同时，中国政府也在积极推动 ESG 标准化体系的建设，促进 ESG 理念的落地和推广。2002—2022 年，中国共颁布了 46 项现行有效的政策法规来规范和引导 ESG 实践，各级监管机构、证券市场和第三方机构通过支持和引导政策、评级和投资产品等手段，积极推进绿色金融和 ESG 在国内的发展，推动上市公司披露 ESG 信息。

3.1.1　ESG 政策体系不断完善

上市公司环境信息披露是构建 ESG 评价体系的重要举措（狄树仁，2022）。与很多发达国家早期依赖投资者需求不同，政策规范和监管助力是国内企业和机构 ESG 实践的强大动力，中国 ESG 的发展经历了四个阶段。

（1）萌芽阶段

2008 年以前是中国 ESG 的萌芽阶段，开始鼓励企业进行 ESG 披露。2003 年原国家环境保护总局发布了《关于企业环境信息公开的公告》，这是我国第一个有关企业环境信息披露的规范。2006 年，兴业银行推出了中国第一个绿色信贷产品；2008 年，上交所发布了《关于加强上市公司社会责任承担工作的通知》和《上市公司环境信息披露指引》，开始鼓励公司发布社会责任报告。

（2）初级发展阶段

2009—2012 年是 ESG 在中国的初级发展阶段，2009 年联合国气候变化大会前夕，中国政府主动公布温室气体排放控制目标。财政部、证监会、审计署、原银监会和原保监会于 2010 年发布《企业内部控制应用指引第 4 号——社会责任》，指出了企业在经营发展过程中应当履行的社会职责和义务。2012 年，原银监会发布《绿色信贷指引》，对银行业金融机构绿色信贷的执行做出了具体规定。

（3）政策完善阶段

2013—2016 年是推动绿色金融相关政策不断完善的阶段。2014 年，国内形成了以《绿色信贷指引》为核心，绿色信贷统计制度和考评机制为基石的绿色信贷政策体系。2016 年 8 月，七部委联合印发《关于构建绿色金融体系的指导意见》，着力推动构建覆盖银行、证券、保险、碳金融等各个领域的绿色金融体系，我国成为全球首个提出系统性绿色金融政策框架的国家。

（4）规模化发展阶段

2017 年至今，中国 ESG 经历了规模化的发展。首先，强化绿色金融体系建设的政策陆续出台。2017年，国务院在浙江、江西、广东、贵州、新疆五省设立了八个绿色金融试验区。同年，证监会发布《关于支持绿色债券发展的指导意见》《绿色债券评估认证行为指引（暂行）》，引导证券交易所债券市场进一步服务绿色产业健康有序发展，助推我国经济发展方式转变和经济结构转型升级。

其次，要求企业强制披露相关信息。《落实〈关于构建绿色金融体系的指导意见〉的分工方案》提出，分三步建立强制性上市公司环境信息的披露制度：第一步为2017年底要求上市公司进行自愿披露；第二步为2018年3月强制要求重点排污单位披露环境信息，未披露的需做出解释；第三步为2020年12月前强制要求所有上市公司进行环境信息披露。该方案要求2020年底所有境内上市公司强制性披露环境信息。2018年9月，证监会修订的《上市公司治理准则》中特别增加了环境保护与社会责任的内容；同年11月，基金业协会正式发布了《中国上市公司ESG评价体系研究报告》和《绿色投资指引（试行）》，提出了衡量上市公司ESG绩效的核心指标体系，致力于培养长期价值取向的投资行业规范，进一步推动了ESG在中国的发展（财新智库，2022）。2022年5月，国务院国有资产监督管理委员会发布《提高央企控股上市公司质量工作方案》，提出推动更多央企控股上市公司披露ESG专项报告，力争到2023年相关专项报告披露"全覆盖"。表3.1和表3.2分别对中国ESG、绿色投资的相关政策进行了梳理。

表3.1 中国ESG相关政策

年份	政策内容
2006	深交所发布《上市公司社会责任指引》，要求上市公司积极履行社会责任，定期评估社会责任履行情况，自愿披露企业社会责任报告
2008	上交所发布《上市公司环境信息披露指引》，要求上市公司加强社会责任工作，并对上市公司环境信息披露提出了具体的要求
2012	港交所发布《环境、社会及管治报告指引》，允许上市公司自愿披露ESG信息
2014	人大常委会修订通过《中华人民共和国环境保护法》，以法律形式对公司披露污染数据、政府环境监管机构公开信息提出明确规定

表3.1(续)

年份	政策内容
2015	港交所修订《环境、社会及管治报告指引》，将一般披露责任由"建议披露"提升至"不遵守就解释"
2017	联合国负责任投资原则正式进入中国，基金业协会积极推广，倡导ESG投资理念
2018	证监会修订《上市公司治理准则》，确立中国ESG信息披露基本框架；基金业协会发布《中国上市公司ESG评价体系研究报告》
2019	证监会设立科创板并强制上市公司披露ESG信息；港交所第三次修订《环境、社会及管治报告指引》
2020	中共中央办公厅、国务院办公厅发布《关于构建现代环境治理体系的指导意见》；上交所出台《上海证券交易所科创板上市公司自律监管规则适用指引第2号——自愿信息披露》；深交所修订《上市公司信息披露工作考核办法》
2021	港交所再次修订《环境、社会及管治报告指引》，要求《环境、社会及管治报告》必须提前至与年报同步刊发；证监会修订发布《上市公司信息披露管理办法》；生态环境部出台《企业环境信息依法披露管理办法》
2022	生态环境部办公厅印发《企业环境信息依法披露格式准则》

资料来源：根据国务院、生态环境部、各证券交易所、基金业协会网站等的公开资料整理。

表3.2　中国绿色投资相关政策

年份	政策内容
2012	原银监会发布《绿色信贷指引》
2015	中共中央、国务院印发《生态文明体制改革总体方案》，第一次提出"建立我国的绿色金融体系"
2016	央行等7部委联合印发《关于构建绿色金融体系的指导意见》；国务院办公厅印发《关于建立统一的绿色产品标准、认证、标识体系的意见》
2017	证监会发布《关于支持绿色债券发展的指导意见》；央行等5部委联合发布《金融业标准化体系建设发展规划（2016—2020年）》
2018	基金业协会发布《绿色投资指引（试行）》；中英机构携手发布《"一带一路"绿色投资原则》
2019	国家发改委等7部委联合印发《绿色产业指导目录（2019年版）》
2020	央行会同国家发改委和证监会起草《绿色债券支持项目目录（2020年版）（征求意见稿）》；生态环境部等5部门联合印发《关于促进应对气候变化投融资的指导意见》

表3.2(续)

年份	政策内容
2021	国务院出台《关于加快建立健全绿色低碳循环发展经济体系的指导意见》;央行等3部门联合印发《绿色债券支持项目目录（2021年版）》，将"清洁"煤炭及其他化石能源清洁利用等高碳排放项目排除在支持项目清单之外
2021	生态环境部等9部门联合印发《关于开展气候投融资试点工作的通知》
2022	央行等4部门联合印发《金融标准化"十四五"发展规划》

资料来源：根据国务院、生态环境部、各证券交易所、基金业协会网站等的公开资料整理。

2020年9月22日，习近平主席在第七十五届联合国大会上提出"中国将提高国家自主贡献力度，采取更加有力的政策和措施，二氧化碳排放力争于2030年前达到峰值，努力争取2060年前实现碳中和"的目标（以下简称"'双碳'目标"），"双碳"目标的提出进一步加速了国内ESG规模化发展的速度。自此之后，"双碳"目标成为ESG和绿色金融各项工作的引领和抓手。央行很快将"双碳"与绿色金融工作挂钩，2020年12月就提出要促进实现"双碳"目标、完善绿色金融体系。此外，央行还指导金融机构开展压力测试，逐步将气候变化相关风险纳入宏观审慎政策框架。各相关行业协会也在大力推动"双碳"工作。2021年5月，中国保险资产管理业协会发布《助推实现"碳达峰、碳中和"目标倡议书》；6月，中国保险行业协会发布《保险业聚焦碳达峰碳中和目标助推绿色发展蓝皮书》；同月，中国银行业协会设立中国银行业支持实现碳达峰碳中和目标专家工作组，拟定九大目标和任务。这些举措传递了明确的政策信号。2021年9月，"双碳"目标的"1+N"政策体系中的"1"文件——《中共中央 国务院关于完整准确全面贯彻新发展理念做好碳达峰碳中和工作的意见》正式发布。文件中专门论述了"积极发展绿色金融"，为ESG和绿色金融发展奠定了"双碳"基调。表3.3对中国"双碳"目标顶层设计及政策措施进行了梳理。

表 3.3 中国"双碳"目标顶层设计及政策措施

时间	政策措施
2021	《中共中央 国务院关于完整准确全面贯彻新发展理念做好碳达峰碳中和工作的意见》要求加快构建清洁低碳安全高效能源体系，强化能源消费强度和总量双控
	《国务院关于印发2030年前碳达峰行动方案的通知》提出，到2030年，非化石能源消费比重达到25%左右，单位国内生产总值二氧化碳排放比2005年下降65%以上，顺利实现2030年前碳达峰目标
	《冶金、建材重点行业严格能效约束推动节能降碳行动方案（2021—2025年）》《石化化工重点行业严格能效约束推动节能降碳行动方案（2021—2025年）》分别对行业内节能降碳行动提出行动目标和重点任务
	《中共中央 国务院关于深入打好污染防治攻坚战的意见》提出加快推动绿色低碳发展、打好蓝天保卫战、碧水保卫战、净土保卫战等
	《高耗能行业重点领域能效标杆水平和基准水平（2021年版）》明确高耗能行业能效标杆水平，在考虑碳达峰目标的基础上，科学划定行业能效基准水平
	《深入开展公共机构绿色低碳引领行动促进碳达峰实施方案》明确全国公共机构用能目标和绿色低碳发展举措
	《贯彻落实碳达峰碳中和目标要求 推动数据中心和5G等新型基础设施绿色高质量发展实施方案》对数据中心集约化、绿色化与智能化发展提出明确要求
	《"十四五"工业绿色发展规划》提出工业绿色低碳转型与工业赋能绿色发展的具体举措
	《"十四五"时期"无废城市"建设工作方案》提出推动100个左右地级及以上城市开展"无废城市"建设
	《"十四五"原材料工业发展规划》要求原材料工业发展绿色化水平大幅提升
	《"十四五"生态环境监测规划》提出，到2025年，由政府主导、部门协同、企业履责、社会参与、公众监督的"大监测"格局更加成熟定型
	《关于推进中央企业高质量发展做好碳达峰碳中和工作的指导意见》明确央企碳达峰、碳中和目标
2022	《"十四五"现代综合交通运输体系发展规划》要求综合交通运输绿色化取得实质性突破
	《促进绿色消费实施方案》提出，到2030年，绿色消费制度政策体系和体制机制基本健全
	《绿色交通"十四五"发展规划》要求到2025年初步形成交通运输领域绿色低碳生产方式
	《"十四五"节能减排综合工作方案》作为实现"双碳"目标的重要路径之一，明确"十四五"期间节能环保目标
	《"十四五"建筑业发展规划》要求在"十四五"期间，初步形成绿色低碳生产方式

表3.3(续)

时间	政策措施
2022	《"十四五"民航绿色发展专项规划》明确到2025年，中国民航碳排放强度持续下降，低碳能源消费占比不断提升，民航资源利用效率稳步提高等目标
	《"十四五"医药工业发展规划》提出促进全产业链绿色低碳发展、医药工业绿色低碳工程等行动
	《关于促进钢铁工业高质量发展的指导意见》提出力争2025年形成绿色低碳可持续的高质量发展格局
	《国家发展改革委 国家能源局关于完善能源绿色低碳转型体制机制和政策措施的意见》要求推动构建以清洁低碳能源为主题的能源供应体系
	《高耗能行业重点领域节能降碳改造升级实施指南（2022年版）》提出节能降碳改造升级的工作目标以及三大工作方向
	《关于促进工业经济平稳增长的若干政策》要求落实煤电等行业绿色低碳转型金融政策

资料来源：根据国务院、生态环境部、各证券交易所、基金业协会网站等的公开资料整理。

3.1.2 上市公司信息披露水平逐步上升

关于可持续发展、公司治理方面的更为严格的举措，促使更多上市公司开始积极了解ESG议题，研究ESG对公司业务及运营的影响。在环境信息强制披露制度下，上市公司面临着严格的法律监管。中国企业也在加快ESG的发展，企业正在采取一系列措施，以支持ESG投资，包括建立ESG投资政策、施行ESG投资模式、开展ESG投资信息披露等。这些措施旨在提高投资者的信心，并确保他们的投资活动能够更有效地支持ESG投资。

根据统计，近几年来上市公司在年报、可持续发展报告、ESG报告、企业社会责任（corporate social responsibility，CSR）报告中对环境信息披露的完整性、准确性较之前年度持续提升。如图3.1所示，截至2022年10月，A股市场共有1 467家上市公司披露CSR相关报告，较上一年增加328家。如图3.2所示，在2017—2022年的规模化发展阶段中，中国A股上市公司的社会责任报告披露率经历了大幅度的上涨，从22.98%增长至29.84%，尤其是2022年增幅最大，较上一年提升了

5.16 个百分点（中国责任投资论坛，2022）。

图 3.1　2011—2022 年 A 股上市公司 CSR 报告发布情况

数据来源：《中国责任投资年度报告 2022》，截止时间为 2022 年 10 月。

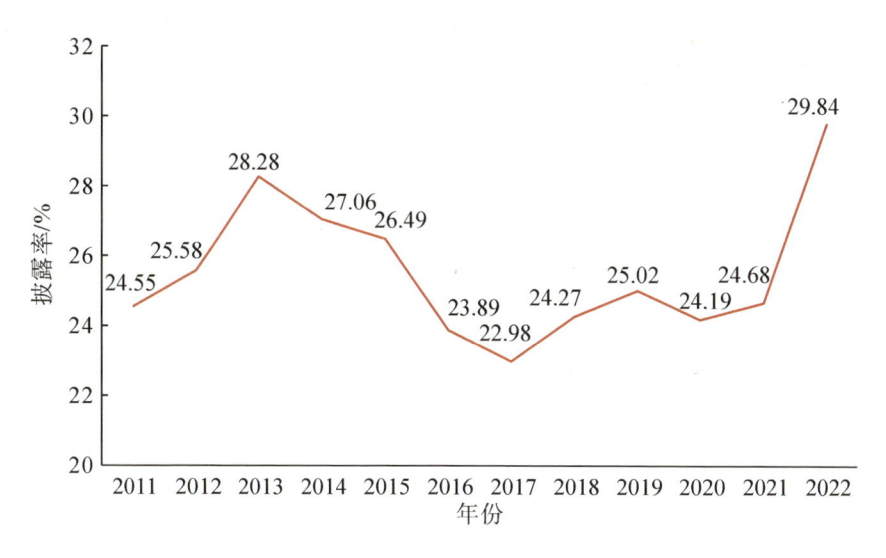

图 3.2　2011—2022 年 A 股上市公司 CSR 报告披露率

数据来源：《中国责任投资年度报告 2022》，截止时间为 2022 年 10 月。

此外，截至 2022 年 9 月，A 股上市公司中已有 1 626 家公司披露了温室气体排放管理的目标，占全部上市公司的 33%。其中，102 家公司披露了具体的定量目标，包括实现碳中和目标的时间节点、减排路径等。另外，有 469 家公司披露了温室气体排放量或减排量，占全部上市公司的 9.6%。与去年同期相比，增幅超过了 80%。然而，仅不到 50 家公司披露了范围三的温室气体排放数据，定量信息的披露现状仍处于初级阶段（中国责任投资论坛，2022）。

在 ESG 快速发展的环境下，上市公司也需逐步根据责任投资要求来调整公司战略。相较于原来的 CSR 报告，上市公司的 ESG 报告呈现的内容应更客观、量化和可验证。图 3.3 展示了 2018—2022 年中国上市公司 ESG 报告披露与主要 ESG 指标披露率情况。A 股上市公司的 ESG 报告披露数量逐年增加，信息披露质量也有所提升。从图中可以看出，2018—2022 年主要环境指标的披露率从 29.98% 提升到 57.78%；主要社会指标的披露率从 18.31% 提升到 32.80%；主要公司治理指标的披露率从 52.39% 提升到 60.57%。这表明我国部分上市公司的 ESG 理念已逐步完善，但整体水平仍有较大提升空间。根据《2022 年度中国上市公司 ESG 信息披露分析报告》的统计，我国 A 股上市公司 ESG 披露存在以下特征：

（1）从披露数量和披露率来看，2022 年披露 ESG 报告的 A 股上市公司增长至 1 700 多家，披露率超过 30%，相较于 2021 年上升 3.90 个百分点。从 2020 年到 2022 年连续三个年度 ESG 相关报告的披露情况来看，A 股市场的 ESG 报告披露率呈稳步上升的趋势。而 A 股上市板块不同，披露情况也存在差异，沪市企业 ESG 报告披露率比深市的披露率高约 20 个百分点，这与上交所主板公司占比高、国企数量多、披露优势显著等因素有关。

（2）从行业类别来看，A 股上市公司仅有银行业上市公司实现了近 100% 的披露率，非银行金融业、钢铁业等共 14 个行业的披露率高于 50%，但仍有部分行业披露率低于 30%。这一特点在《中国上市公司 ESG 发展白皮书》中也得到印证，金融行业发布 ESG 报告的公司数量、披露率均位居首位，其次是钢铁、运输等行业。金融业是对 ESG 理念与实践最为重视的企业群体，对引导资金流向环保低碳行业有至关重要的作用，而钢铁、运输等行业属于国家重点减排行业，监管层对其信息披露有严格要求。

（3）从公司产权属性来看，A 股中央国有企业、地方国有企业 2022 年的报告披露率与 2021 年相比分别增长 10.39%、7.41%。民营企业 2022 年的报告披露率仍与 2021 年接近。可见，国有企业在 ESG 信息披露方面优势明显，成为 ESG 实践的先锋模范。这与国资委要求中央企业在 2023 年实现 ESG 报告"全覆盖"的政策有关。国资委发布的报告显示，2022 年中央企业上市公司中，近三分之一在董事会设立 ESG 领导机构，超过六成公司明确 ESG 战略规划与 ESG 制度。而多数民营企业缺乏 ESG 专业人才培养体系，在支撑企业 ESG 信息披露和治理的需求方面相对薄弱。

图 3.3　中国上市公司 ESG 报告披露与主要 ESG 指标披露率情况

数据来源：商道融绿《A 股 ESG 评级分析报告 2022》。

3.1.3　逐步实现国际化接轨

近年来，中国一直在推广 ESG 和绿色金融理念，并参与了多项国际合作机制，如 G20 可持续金融工作组、央行与监管机构绿色金融合作网络、可持续金融国际平台、《"一带一路"绿色投资原则》、可持续金融与银行网络、国际标准化组织和负责任投资原则等。2022 年 9 月，由中国标准化研究院牵头完成的国际标准《支持绿色金融发展的项目、活动和资产环境准则指南》（ISO14100）正式发布。此标准是中国专家在 ISO 绿色可持续金融领域牵头制定的第二项国际标准。2016 年，在 G20 杭州峰会上，中国与英国担任联合主席设立了绿色金融研究小组（后更名为"可持续金融工作小组"）。该小组在 2021 年恢复并升级为工作组，由中国和美国担任联合主席，发布了《G20 可持续金融路线图》。该报告在 2022 年 10 月的 G20 财长和央行行长会议上得到批准。

中国在绿色金融领域不仅致力于完善国内标准体系，还推动国内标准与国际标准的可比性和一致性得到提升。中国积极参与国际标准化组织（ISO）的绿色金融标准制定工作，并在 2021 年初成立了 ISO/TC322 国内技术对口工作组。此外，中国监管部门鼓励中资金融机构积极参与国际倡议，如《负责任银行原则》（PRB）、赤道原则、负责任投资原则（PRI）和《可持续蓝色经济金融原则》等，其中已有 15 家银行签署了 PRB。

此外，中资机构也积极发起或联合发起国际倡导，如 36 家中资银行业金融机构、24 家外资银行及国际组织共同发表《银行业金融机构支持生物多样性保护共同宣示》，以进一步加大生物多样性保护支持力度。2022 年，中国人民银行与欧盟有关部门联合发布《可持续金融共同分类目录》，识别了 72 项对减缓气候变化有重大贡献的经济活动，为境内外绿色债券市场互联互通奠定了基础。自共同分类目录发出之后，中国建设银行、中国银行、中国农业银行、德意志银行先后在业务中参照了该目录。中国 ESG 的发展与实践在未来有望继续推动国内绿色金融体系的完善和国际交流合作的深入开展。

同时，中国也积极参与信息披露国际准则的相关工作。国际财务报告准则基金会（IFRS）2021 年成立了国际可持续准则理事会（ISSB）。中国积极参与和组织 ISSB 的相关工作，2022 年 6 月，中国财政部代表担任 ISSB 委员；8 月，ISSB 任命世界银行原副行长华敬东担任副主席。2022 年 3 月，财政部和证监会反馈意见表示认可 ISSB 发布的两份标准草案的价值和意义，并指出其中可能存在的技术问题，建议加强标准的灵活性，以适应发展中国家、中小企业等。

3.1.4 加快 ESG 中国化进程的建议

根据相关资料和国内 ESG 的发展现状，本书为加快 ESG 中国化进程提出了以下几点建议：

（1）推动 ESG 评价标准的国际化。建立符合国际通行标准的 ESG 评价指标和权重设置，以提高国内企业在国际资本市场上的融资能力和竞争力（郝臣 等，2022）。

（2）完善企业 ESG 信息披露制度。加强监管，推动企业自主披露 ESG 信息，并建立专门机构对 ESG 信息进行审核和认证，为投资者提供更加准确、全面和可比的 ESG 数据源（郝臣 等，2022）。

（3）鼓励 ESG 评价机构多元化发展。引入更多的专业机构参与到 ESG 评价中，以提高 ESG 评价的专业性和有效性。

（4）加强 ESG 培训和宣传工作。针对不同层级和行业开展 ESG 相关知识的普及和培训，提高各方的 ESG 意识和管理水平。

（5）借鉴国际经验，推动 ESG 评价体系与行业特点相结合。通过分析不同行业的特点和风险，制定更加符合实际情况的 ESG 评价标准和指标，提高评价结果的科学性和准确性。

（6）建立 ESG 投资基金和机制。鼓励资本市场参与 ESG 投资，建立 ESG 评价体系与投资决策之间的联系，为企业提供更多 ESG 相关的融资渠道（中央财经大学绿色金融国际研究院，2021）。

3.2 中国 ESG 标准化体系的发展

中国 ESG 标准化体系是指在中国境内，对企业的环境、社会、治理三大方面进行评价，以及对企业的 ESG 表现进行评价的一套标准化体系（中国标准化研究院，2023）。

ESG 评价体系在中国的发展趋势受到政策引导、投资需求和标准化建设等因素的推动而不断完善。在政策引导方面，随着我国环保政策的不断加强，越来越多的企业开始关注 ESG 评价体系。政府也在积极推动 ESG 标准化体系的建设，如不断完善《中华人民共和国环境保护法》《中华人民共和国公司法》等。此外，随着投资者对企业 ESG 表现的关注度不断提高，越来越多的投资者开始将 ESG 评价作为投资决策的重要因素之一，因此投资需求也间接促进了 ESG 评价体系在中国的发展。近年来，ESG 评价体系在全球范围内的应用越来越广泛，一些国际组织开始制定 ESG 评价标准，如联合国环境规划署、国际金融公司等，也催生了国内 ESG 评价体系的标准化建设。

3.2.1 中国已有的 ESG 标准和指南

目前，中国已有一些 ESG 标准和指南，以引导企业在环境、社会和治理等方面实现可持续发展。在环境保护方面，全国环境管理标准化技术委员会（SAC/TC207）等相关组织已制定数百项相关国家标准，涵盖了能效、能耗、环境管理体系、温室气体核算、碳排放、新能源等近 200 项国家标准，旨在全面地评估企业的节能减排和可持续发展表现。《社会责任指南》（GB/T 36000）、《中国企业社会责任报告指南》等国家标准规范了企业社会责任报告的编制和公开，并提出了履行社会责任的原则和方法。在公司治理方面，我国曾经制定发布《合规管理体系要求及使用指南》（GB/T 35770）等标准，相关内容涉及公司治理领域的多个方面。绿色金融的相关准则有由中国银行业监督管理委员会（China Banking Regulatory Commission，CBRC）和中国证券监督管理委员会（China Securities Regulatory Commission，CSRC）等部门联合制定的，旨在引导金融机构开展绿色金融业务、促进环保和可持续发展的《构建绿色金融体系的指导意见》。

直接规范指导企业 ESG 工作的国家标准方面，已有《上市公司

ESG 报告编制技术导则》《企业 ESG 评价指南》《企业 ESG 披露指南》《企业 ESG 信息披露通则》《企业 ESG 评价通则》《企业 ESG 评价体系》《企业 ESG 管理体系要求》等标准。其中,《企业 ESG 评价指南》通过明确 ESG 评价流程及指标体系,为企业全面评估自身 ESG 水平提供了指引,为中国 ESG 评级体系建设提供了方向;《企业 ESG 管理体系要求》则建立了统一的 ESG 管理体系认证标准,帮助企业规范 ESG 管理体系、提升 ESG 管理能力。

中国标准化研究院以目标和问题为导向,初步构建了中国钢铁、石化、建材、电力、民航等行业和领域的 ESG 标准体系框架,包括基础通用标准子体系、规划建设标准子体系、分析评估标准子体系、风险与机遇管理标准子体系和 ESG 投融资标准子体系五个部分。其中,规划建设标准子体系包括规划设计、建设要求和实施指南;分析评估标准子体系包括信息调查、信息披露与报告、信息验证、绩效评价与机构和人员能力五个方面;风险与机遇管理标准子体系包括风险与机遇识别、评估、管理三个部分;ESG 投融资标准子体系包括绿色资产识别、投资原则与实施、金融产品和服务、实施效果评估几个方面。目前具体内容尚未发布,预计在 2024 年左右,中国会拥有首个 ESG 标准体系框架(中国标准化研究院,2023)。

3.2.2 中国 ESG 评价体系的发展

我国 ESG 评价体系发展起步较晚,尚未形成统一标准。20 世纪 90 年代,海外已经涌现出多个 ESG 评价体系,而我国的 ESG 评价体系发展滞后于国际知名机构 20 余年。当前,我国仍处于 ESG 评价体系的探索阶段,ESG 评价体系呈现出多元发展格局,并各具特点。

截至 2022 年 12 月,国内已有上百家机构参与研发 ESG 评级,包括指标供应商、金融科技公司、资管机构、自律组织、咨询机构等。有几百家中介机构推出了 ESG 评级产品,包括国内的指数公司、基金公司、中介机构等,使得中国 ESG 评价体系更加丰富。此外,各大金融机构、学术机构、第三方评级机构也开发了多项 ESG 数据产品,包括 ESG 指数、ESG 数据库、ESG 报告等,提供了全面的 ESG 信息。表 3.4 介绍了国内主要 ESG 评价体系。

表 3.4 国内主要 ESG 评价体系

机构	覆盖范围	ESG 评价体系构成
中证	A 股和港股上市的公司	3 个一级支柱指标,13 个二级主题指标,22 个三级单元指标和近 200 个指标
国证	全部 A 股上市公司	3 个维度,15 个主题,32 个领域和 200 余个指标
华证	全部 A 股上市公司,2 000 余家债券主体	3 个一级支柱指标,16 个二级主题指标,44 个三级议题指标,70 多个四级底层指标以及超过 300 个底层数据指标
中债	近 5 000 家公募信用债发行主体,其中上市公司 700 余家,其余均为非上市公司	3 个评价分项,14 个评价维度,39 个评价因素,160 余个具体计算指标
社投盟	沪深 300 成分股	由"筛选子模型"和"评分子模型"2 部分构成。"筛选子模型"包括 6 个方面、17 个指标;"评分子模型"包括 3 个一级指标、9 个二级指标、28 个三级指标和 57 个四级指标
商道融绿	1 700 余家上市公司	3 个支柱,14 个核心议题,近 200 个 ESG 指标以及近 700 个数据点组
中诚信绿金	4 000 余家 A 股和 H 股上市公司,900 余家发债主体	3 个维度,16 个一级指标,50 余个二级指标,140 余个三级指标,240 余个四级指标;40 余个 ESG 行业评级模型
中财大绿金院	涵盖上市公司与债券发行主体两个层面共 4 000 余家企业	3 个维度;负面行为与风险的定性与定量指标
润灵环球	中证 800 成分股	11 个环境议题、8 个社会议题和 4 个治理议题,覆盖了 300 多个评估指标
微众揽月	711 家上市公司	3 个维度,41 个二级指标;短期 ESG 风险波动(脉动分)、长期 ESG 质量评价(洞察分)、近一年改善 ESG 表现的努力(动量分)
万得	800 余家上市公司	3 个维度,27 个议题,300 余个指标

表3.4(续)

机构	覆盖范围	ESG 评价体系构成
中国国新	A 股上市公司	环境、社会、治理三大议题，120 余个指标，400 余个底层数据点
中国ESG榜样	—	3 个一级指标，19 个二级指标，127 个三级指标

资料来源：根据公开资料整理。

目前仍有新的评价体系不断推出。2023 年 4 月，中国国新 ESG 评价体系发布，这是首个央企发布的 ESG 评价体系，其中，ESG 评价通用体系和 31 个行业模型，在环境、社会、治理三大议题下，设置 120 余个指标、400 余个底层数据点，覆盖 A 股 4 720 家上市公司主体。同期，《中国 ESG 榜样》技术方案及标准体系正式发布。该标准体系通过对标 22 个国内外标准和评价体系，以及 3 个国际主流标准和 6 个国内标准指引的指标体系，构建了包括 3 个一级指标、19 个二级指标、127 个三级指标的通用指标体系。

总的来说，不同评价体系的考察范围和底层指标并不相同，对争议事件和风险敞口的处理有不同的侧重（孙洁，2022）。所以，不同评价体系公司 ESG 评级结果并不一致，这使得投资者难以准确区分公司 ESG 表现的优劣，在一定程度上削弱了 ESG 评价的公信力和影响力（中国工商银行绿色金融课题组 等，2017；王凯 等，2022）。

3.2.3 中国 ESG 评价体系面临的问题

虽然 ESG 评价体系百花齐放，但是目前 ESG 评价体系在中国的应用依然存在很多问题。

（1）评级结果差异较大。各评级机构 ESG 评级结果的相关性不高，标准不统一，甚至不同的机构会给出截然相反的评级结果，评价存在分歧。国外的评价体系打分水平低于国内评价体系，国际国内标准的统一是未来需要解决的问题（操群 等，2019）。

（2）相关信息披露不足，披露主动性低，我国 ESG 评价体系的数据源受限。目前 A 股市场的披露率仍然只有 30%，距离 100% 的披露要求还有很大的差距。在 2020 年以来大量的监管要求下，相信未来这一情况会有所改善（操群 等，2019）。

（3）ESG 评价缺乏行业特色。不同行业具有不同的特点和风险，但目前大多数 ESG 评价体系未能充分考虑行业特色，评价指标和权重设置相对固定，难以准确反映企业所处行业的 ESG 风险和表现情况（王凯 等，2022）。

（4）ESG 评价标准缺乏国际认可度。当前国内 ESG 评价标准尚未获得国际通行认可，与国际主流市场标准存在差异，这可能会影响到国内企业在国际资本市场上的融资能力和竞争力。

（5）ESG 评价结果被过度关注。ESG 评价结果成为企业参与环保工作、承担社会责任等方面的主要动因之一，这可能会导致企业把精力过多地放在 ESG 评价结果上，而忽略了实质性的 ESG 改善和管理工作。

3.3　ESG 投资的风险挑战

3.3.1　中国 ESG 投资的特点和挑战

ESG 投资是指将环境（environmental）、社会（social）和治理（governance）等因素作为投资决策的一部分，以提高长期投资回报和减少投资风险为目的的投资策略（金融投资机构经营环境和策略课题组 等，2020）。它考虑了企业在环境、社会、治理领域的表现和影响，并通过股票、债券、基金等投资方式实施。前文介绍了 ESG 投资策略可以分为 ESG 整合法、企业参与和股东行动、规范筛选、负面筛选/排除性筛选、正面筛选/同类最佳筛选、可持续主题投资以及影响力投资和社区投资七类。目前整合法和负面筛选/排除性筛选是主流的 ESG 投资策略（第一财经研究院，2022；财新智库，2022）。

主动参与（engagement）是 ESG 投资区别于其他投资的主要特征之一，主要指投资人与当前或潜在投资对象、发行人进行沟通，以改善其 ESG 实践的情况，通常以会议、电话、邮件等形式展开。主动参与包括单独参与、协作参与、服务提供商参与三种形式。单独参与是指投资者单独对当前或潜在投资对象、发行人针对 ESG 相关问题开展讨论。协作参与是指投资者团体共同与投资对象或发行人进行沟通，团体内的投资者在其中扮演不同角色。如果协作参与行之有效，可以通过分担工作量和成本的方式提高参与过程的效率。在协作参与形式下，投资者集体行动所产生的影响力，远大于单独行动。服务提供商参与是指投资者委派商业服务提供商与投资对象、发行人讨论相关问题。通过主动参与，投资者或服务提供商可以与投资对象、发行人进行沟通，从而改善企业 ESG 实践、可持续性或公开披露的情况。

目前，中国的 ESG 投资还有很多挑战。比如中国的投资者对 ESG 投资理念认识尚有不足，很多投资者对于 ESG 投资理念和方法并不了解或存在误解，导致他们无法正确地进行 ESG 投资。中国企业在 ESG 信息披露方面存在一个问题，大部分企业仅侧重于披露 ESG 相关管理政策，而缺乏对于具体的执行方法和效果数据的披露。这使得投资者难以对企业的 ESG 表现进行准确评估，同时也反映出企业在将 ESG 理念落实到具体行动中还需要更多时间和努力（刘颖 等，2022）。此外，由于目前国内的 ESG 信息披露标准不够统一，企业披露 ESG 信息的形式也参差不齐，缺乏客观、可比、可量化的数据指标，这使得 ESG 信息的整体可比性和精准度较差，影响了投资者决策和 ESG 投资组合的表现。而且目前 ESG 数据来源主要是企业定期报告和 ESG 报告等，这使得 ESG 数据的披露频率相对较低，而动态数据，如在线监测、监管记录等，则没有得到充分利用。此外，ESG 评价结果与证券行业的信息需求频率相差较大，评价时效性低、准确度不高等问题依然存在。在前文中提到，中外 ESG 评级机构的方法论以及权重分配、数据选择等方面存在较大差异，这使得企业的 ESG 评分可能存在偏差，会影响投资者的决策（孙洁，2022）。

3.3.2 ESG 投资的风险

ESG 投资作为一种新兴的投资策略，也面临着一些风险，主要包括企业环境、社会和治理的传统违约风险、数据披露不准确风险、绿色套利风险、流动性风险、政策和监管风险等，下面将对于每一个风险的定义和相关案例进行解析。

3.3.2.1 ESG 违约风险

ESG 投资者面临的违约风险主要是指，投资对象在环境、社会和治理等方面出现不良行为或事件，导致其无法偿还债务或不能按时履行合同义务，从而给投资者造成损失的风险。这种风险可能源自企业与政府、客户、供应商等多方面的合同关系，也可能来自投资组合中的某个特定企业的表现。ESG 投资与环境、社会和治理紧密相关，企业在这些领域存在的问题可能会对企业的投资回报产生负面影响，如环境违规或劳工权益等问题都可能影响企业股票表现。

2010 年 4 月 20 日，英国石油公司（BP）和哈里伯顿公司在实施油井水泥工程时，为了降低成本，减少了注入油井的水泥量，导致油井出现安全性问题[①]。这场灾难不仅导致 11 名工作人员死亡、17 人受伤，而且在事故发生后的前 3 个月内，涌入墨西哥湾的石油数量达到了约 320 万桶，在至少 2 500 平方千米的海域内，海水被石油覆盖，生态系统遭到了巨大的破坏。此次事故造成了严重的环境污染，BP 公司的声誉和股价受到了重创。BP 公司被迫成立了 200 亿美元的基金来处理事故后果，同时面临庞大的罚款和赔偿责任。2012 年 11 月，BP 公司与美国政府达成和解，接受了 12.56 亿美元的刑事罚款，并支付 23.94 亿美元给世界野生动植物基金会用于环境补救行动，支付 3.5 亿美元给美国国家科学院。

---

① 资料来源：https://www.infzm.com/contents/54335。

BP公司是第一批于1997年宣布将着重解决气候变化和环境问题的主要能源公司之一。该公司在社会责任和信息披露方面获得较高分数，并被列入道琼斯公司的可持续发展指数样本。而这场事故之后，BP公司的股价3个月内下跌了约50%，市值缩水超过千亿美元。BP公司的声誉遭受了长期的损害，不仅从道琼斯公司的可持续发展指数样本中被删除，而且一些基金出于对健康和安全问题的担忧，在第一时间将其股票悉数抛售。

BP公司深水地平线油井事故作为ESG事件导致企业投资回报下降的典型案例，表明了公司在环境和社会责任方面的不当行为会对其财务状况、声誉产生严重的负面影响。尽管BP公司具有较强的抗风险性，但其在环境、社会、治理的负面表现也会导致严重的投资者损失。因此，ESG投资者应该谨慎选择投资标的，并充分了解其ESG表现，以免出现类似的投资失败情况。

3.3.2.2 数据披露不准确风险

ESG数据来源缺乏标准化和监管，数据可靠性和可比性不足，可能导致投资者难以评估企业的ESG表现。此外，ESG数据通常是基于自我披露，企业可能夸大或缩小自己的ESG表现，从而误导投资者。

中国与ESG数据不足或不准确有关的投资失败案例有2019年长春中天能源股份有限公司（以下简称"中天能源"）的数据夸大事件[①]。中天能源属于天然气行业，作为清洁能源运营企业，中天能源自上市起就提出了打造天然气全产业链的战略方向，力争实现覆盖天然气"开采—贸易—物流—分销"全链条布局。然而，据《中国证券报》报道，2019年中天能源因违规行为而被曝光，随后其股价大幅下跌吗，该公司涉嫌作假，夸大了其生产和销售数据。经北京证监局查明，中天能源的数据夸大事件所涉及的问题较为严重，包括披露的半年报、年报存在重大遗漏，虚增2019年、2020年利润等，构成《中华人民共和国证券

---

① 资料来源：https://www.cs.com.cn/xwzx/hg/202301/t20230105_6317364.html。

法》所述信息披露重大遗漏和虚假记载行为。这些问题引起了投资者的担忧，导致其股票价格暴跌。这一事件凸显了准确、透明的ESG数据对于投资决策和企业声誉的重要性。

中国的ESG披露尚不完善，目前距离强制性100%披露尚有较大的差距，因此，数据准确性核查的实现仍有较长的路要走。ESG数据的可靠性和准确性至关重要，投资者需要警惕企业的ESG表现并仔细研究ESG数据来源和准确性，以便做出更明智的投资决策。同时，监管机构应加强对ESG数据的监管和标准化工作，更加积极地管理和监督ESG数据，以提高其可靠性和可比性，并保障投资者的权益。

3.3.2.3 绿色套利风险

一些企业可能通过虚假宣传或表面绿色化，来获取ESG投资的资金支持，从而存在绿色套利风险。漂绿是常见的绿色套利风险，漂绿（greenwashing）一般指企业在日常生产、经营和管理等行为中并没有践行绿色环保措施却虚假宣传，夸大其在社会公益、生产安全、公司治理、环境治理方面的行为，做出未经证实的声明，并欺骗消费者公司的产品对环境无害或对环境的积极影响比实际情况更大。

漂绿行为会给投资者和ESG投资的发展带来负面效应，比如企业沉浸在漂绿带来的节能增效的虚假绩效中，会丧失在环保技术方面的竞争能力，从而导致财务业绩下滑，投资者利益受损。此外，由于漂绿企业不进行真正的环保绿化生产，所以其环境成本较低，短期内有经济效益。而这种恶意竞争会导致真正负责任的企业放弃一些绿色举措以减少运营成本，从而在整体上影响ESG投资者对国内市场的信心，阻碍中国ESG的发展进程。

举例来说，中石油就曾经三次登上《南方周末》中国企业漂绿榜单，让投资者对其企业社会责任履行情况的真实性存有怀疑。该企业在2010年发生数万吨原油泄漏入海事故后首次登上漂绿榜；在2013年被原环保部实行"区域限批"后再次入选；在2015年未经原环保部重新批准擅自扩大产能后第三次上榜。2010年原油事故发生后，中国石油并不直面回应问题，却召开抢险救援表彰大会表彰嫌疑责任人，引起了公众的怀疑。在 2013 年，中石油又因为减排未达标被原环保部通报，并被处以力度空前的处罚措施，但是同年中石油企业年度社会责任报告表明其四种污染物均同比下降，最严重的指标与原环保部的核查数据差 15 倍。这两次公然的"严重漂绿"使得中石油超额收益率大幅度下降。总的来说，虚假宣传行为使得其 ESG 表现受到质疑，引起了投资者的不信任，从而导致该公司的股票价格下跌（叶建木 等，2017）。

总的来看，绿色套利风险可能导致企业在 ESG 投资领域失去声誉，进而影响其股票表现。因此，ESG 投资者需要仔细研究企业的 ESG 实践和宣传，并对其真正取得的成果进行评估。同时，监管机构应该加强对 ESG 宣传的监管和制约，以遏制虚假宣传行为的发生。

3.3.2.4　流动性风险

ESG 投资通常关注长期发展和稳定回报，可能涉及较多流通性较低的投资对象，如私募基金或 ESG 主题基金。这也可能导致投资者难以在需要时迅速变现。

2019 年，英国私募基金管理公司伍德福德投资管理公司（Woodford Investment Management）的主要投资人之一凯普特斯公司提出退出和赎回要求，导致该公司无法满足投资者的赎回需求，并随后宣布关闭基金。这些基金主要投资于流通性较低的 ESG 主题股票和未上市公司，其中一些股票的表现不佳，这导致投资者产生损失。2020 年，电动汽车制造商特斯拉因其股价不断走高而吸引了许多 ESG 投资者，但由于该公司的市值较高，且未实施股票拆分，所以变现难度较大。如果小额投资者希望进行利润回吐或需要拨出资金，他们需要支付高昂的交易费用或依赖有限的流动性机会。而在 2020 年的股票波动中，特斯拉的股价也曾一度下跌，这使部分投资者面临损失风险。这两个案例说明，即使是备受追捧的公司，ESG 投资者在投资时也需要谨慎考虑流动性风险。

此外，在中国，ESG 投资者也面临流动性风险。随着 ESG 投资越来越普及，一些 ESG 投资产品如 ESG 基金、债券和 ETF 等，可能会面临出现大规模客户赎回的情况，从而导致投资组合产生流动性问题。而且由于中国股票市场流动性较弱，投资者在短时间内大量出售某个股票可能会引起价格的大幅波动，进而给投资者造成损失。中国的绿色债券市场的发行量远低于活跃债券，二级市场成交量较低，市场流动性偏弱，当国内利率上行时，绿色债券上行幅度相较于普通债券更大，容易给投资者造成更大的亏损。因此，ESG 投资者需要仔细评估相关投资产品的流动性风险，并根据自身的投资目标和风险承受能力做出相应的选择和决策。

在 ESG 投资领域，缺乏流动性是一个值得关注的问题，投资者需要谨慎选择投资标的，同时也应该注意将资产分散到不同类型的投资中，以减少任何一种投资的流动性风险。监管部门也应该加强对 ESG 产品的监管，并保护投资者的权益。

3.3.2.5 政策和监管风险

政策和监管的不确定性可能会对 ESG 投资产生负面影响。例如，政府可能意外地取消环保或能源补贴计划，使得相关企业的 ESG 表现受到影响。

比亚迪智利锂矿开采合同事件突显了 ESG 投资面临的监管、政策、治理风险的复杂性[①]。智利当地法院在比亚迪竞得智利 8 万吨锂矿开采合同两天后，接受了阿塔卡玛盐湖附近土著社区和科皮亚波州州长的上诉，要求立即暂停正在进行的锂矿开采合同竞标程序，比亚迪需要等待智利矿业部长提交相应报告后才能继续推进该项目（第一财经研究院，2022）。该事件的核心不确定因素在于智利领导人换届。新当选的总统主张强化国家调控和建立国营锂业公司，将外来跨国企业视为竞争对手和敌人，引发了社区对资源分配以及外来者的不满和抵触情绪。这也突出了 ESG 投资中的社会和治理风险，需要考虑到当地社会历史文化乃

---

① 资料来源：https://www.yicai.com/news/101540881.html。

至地区或者国家治理的层面。在跨国投资中，投资者需要警惕更高层次的 ESG 风险，特别是"S"型与"G"型争议，以及政策、监管等方面带来的不确定性。

政策和监管风险是 ESG 投资领域中需要考虑的一个重要问题。ESG 投资者需要密切关注政策和法规的变化，并考虑其对投资标的的影响。监管机构也应该加强对 ESG 领域的监管和评估，以降低投资者面临的风险。

除这几个风险之外，ESG 投资者可能还会面临 ESG 投资成本上升等风险，外部性的内部化势必会造成投资成本上升，例如气候成本内部化会提高化石燃料能源的成本，如果成本迟迟不能下降，要实现绿色目标所承担的碳成本将会非常高，可能会导致通货膨胀或能源短缺。总之，中国 ESG 的投资仍然面临着很多风险和挑战，需要在发展的过程中发现问题、解决问题并不断完善市场机制。

3.4 中国 ESG 投资的发展趋势

3.4.1 ESG 投资产品不断创新

随着人们对环境、社会和治理等方面问题的关注度不断提升，越来越多的投资者开始认识到 ESG 因素对企业长期价值的影响，也越来越倾向于在投资决策中考虑这些因素，ESG 投资产品不断创新也成了 ESG 投资领域的一大趋势。如表 3.5 所示，目前的 ESG 投资产品包括 ESG 指数基金、绿色债券基金、可持续投资基金、ESG 主题基金、ESG 领先型股票基金等。除此之外，还有一些创新型的 ESG 投资产品出现，如 ESG 对冲基金、ESG 私募基金等，这些产品更加注重 ESG 因素与风险管理的结合。目前，中国的 ESG 投资产品不仅采用传统的股票、债券、指数基金等投资方式，还开始尝试使用私募基金、量化投资等新型投资方式来实现 ESG 投资。而反过来，ESG 投资产品可以督促上市公司践行 ESG 理念，促进 ESG 评级、ESG 指数产品、ESG 基金的成熟化、规范化。此外，ESG 融资工具的创新和应用有助于推动企业向可持续性转型，实现经济效益、环境友好和社会责任的三重目标。

表 3.5　ESG 投资产品

产品类型	投资对象	特点	目的
ESG 指数基金	以符合 ESG 标准的企业为投资对象	通过 ESG 评级或其他方式筛选投资标的并进行投资	追求 ESG 优秀企业的价值增长
绿色债券基金	用于投资绿色债券	明确的环保主题	为环保项目提供低成本的融资支持
可持续投资基金	符合可持续发展目标的企业和项目	较高的社会责任感和环境友好性	为投资者提供较为长期的稳定收益
ESG 主题基金	以 ESG 相关主题为投资对象	清洁能源、可再生能源等主题	追求与 ESG 相关的主题收益
ESG 领先型股票基金	对 ESG 因素进行评估和筛选	挑选 ESG 表现优秀的企业投资	获取 ESG 优秀企业的长期价值增长

资料来源：根据公开资料整理。

如图 3.4 所示，截至 2022 年 10 月底，国内主要的指数公司共发布了 157 个涉及使用环境（E）、社会（S）或公司治理（G）因素筛选成分股的股票指数。目前，国内 ESG 指数投资产品有融绿-财新 ESG 美好 50 指数、博时中证可持续发展 100 指数、沪深 300 绿色领先股票全收益指数以及其他沪深 300 ESG 指数系列等。除此之外，还有上证碳效率 180 指数、中证 ECPI-ESG 可持续发展 40 指数、中证绿色投资股票指数等综合性指数，以及节能环保、新能源、新能源汽车、污染治理等环保产业指数。其中，中证 180 ESG 指数于 2018 年 12 月 10 日由中证指数有限公司正式发布，是国内首个 ESG 指数，该指数从沪市上市公司中选取在环境、社会责任、公司治理等方面具有较好表现的公司作为最终样本，以反映此类公司的整体表现。

图 3.4　国内 A 股 ESG 指数数量

数据来源：《中国责任投资年度报告 2022》，截止时间为 2022 年 10 月。

如图 3.5 所示，我国早期 ESG 公募基金产品数量发展缓慢，2014 年底仅有 33 只公募基金。2015 年开始，基金数量和规模的增幅扩大。2021 年和 2022 年，我国 ESG 公募基金出现指数级增长，达到 422 只和 606 只。2022 年，我国 ESG 主题概念基金共有 140 只，基金资产净值总规模约 2 117.04 亿元。

图 3.5　ESG 公募基金数量和规模增长情况

数据来源：《中国责任投资年度报告 2022》，截止时间为 2022 年 10 月。

目前，表现较好的主要 ESG 基金产品有兴全社会责任混合型证券投资基金（首只社会责任基金）、天治低碳经济中银持续增长 A 以及中银行业优选 A 等。2008 年 4 月 30 日，兴全基金成立了国内首只社会责任基金——兴全社会责任混合型证券投资基金，基金采用两维 ESGF 筛选评分体系进行股票筛选（ESGF，即 ESG 加上经济因素的投资策略），通过纳入绿色产业的环境因素、股东外其他利益相关者权益维护的社会因素以及公司内部治理和外部治理表现的治理因素，追求投资收益实现与长期资本增值的同时，强调上市公司的持续发展、法律、道德责任等因素，推动公司社会责任的履行，促进社会的和谐发展。兴全社会责任混合型证券投资基金 2022 年第三季度基金管理规模近 45 亿元，规模位列所在种类的基金之首。

3.4.2 越来越多投资机构践行 ESG 投资理念

随着社会责任投资理念的推广，企业 ESG 表现成为影响企业价值和股东回报的关键因素，关注企业的 ESG 责任表现也成为中国证券市场机构投资者的趋势（Deng et al., 2013；周方召 等，2020；Broadstock et al., 2021）。接受 ESG 理念的机构群体不断扩大，国内 UN PRI 签署机构数量逐年增加（郝臣 等，2022）。如图 3.6 所示，我国签署 UN PRI 的机构数量已由 2017 年的 7 家上升至 2022 年的 123 家，在全球的占比由 2018 年的 1%提升至 2.3%。其中，2022 年新签的机构数量为 39 家，是 2018 年的 3.5 倍。如图 3.7 所示，国内 UN PRI 签署机构投资者主要分为三类：第一类为资产管理者，如公募基金、私募基金、保险资管等；第二类为资产所有者，如养老基金、保险、基金会等；第三类为服务提供商，如评级公司、数据提供商和指数公司等。其中，资产管理者占比最高，为 73%。

股权投资机构和公募基金在中国的 ESG 投资方面表现积极。截至 2022 年底，52 家（约 40%的全国签约机构数量）在中国境内开展业务的股权投资机构签署了 PB 原则。此外，多家公募基金也加入了 UN

PRI 并践行 ESG 投资，其中华夏基金、华宝基金、中国平安、嘉实基金、易方达基金和中国南方基金 6 家中国金融机构加入了"气候行动 100+"倡议。同时，国内也有 10 家金融机构参与中英金融机构气候与环境信息披露试点项目，这些金融机构包括银行、资产管理机构和保险机构等，覆盖约 50 万亿元的资产。这些机构积极参与和践行 ESG 投资，将促进中国 ESG 可持续投资的发展（第一财经研究院，2022；财新智库，2022）。

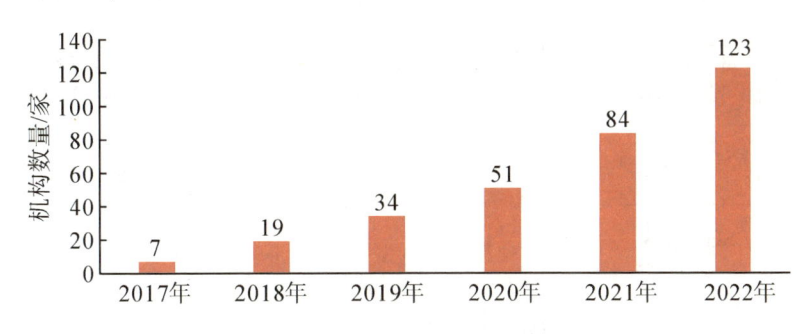

图 3.6 国内 UN PRI 签署机构数量

数据来源：UN PRI，截止时间为 2022 年 12 月。

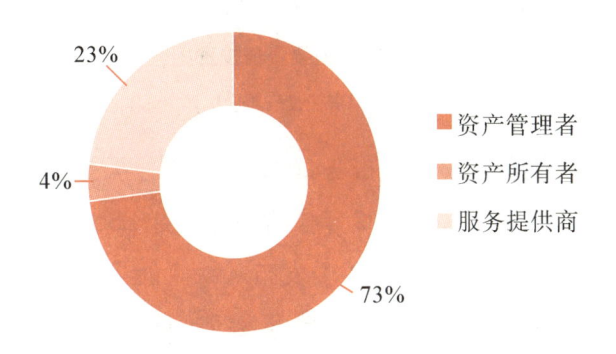

图 3.7 国内 UN PRI 签署机构构成

数据来源：UN PRI，截止时间为 2022 年 12 月。

3.4.3 ESG 投资规模不断扩大

2020 年以来，ESG 投资在中国步入快速发展阶段，其市场规模迅速扩张。国内的 ESG 投资早期主要在银行信贷业务上，近几年逐步发展到证券业、股权投资和产业基金实践中，ESG 股票指数、绿色债券、绿色基金银行理财等责任投资产品不断涌现。图 3.8 总结了中国主要责任投资类型。

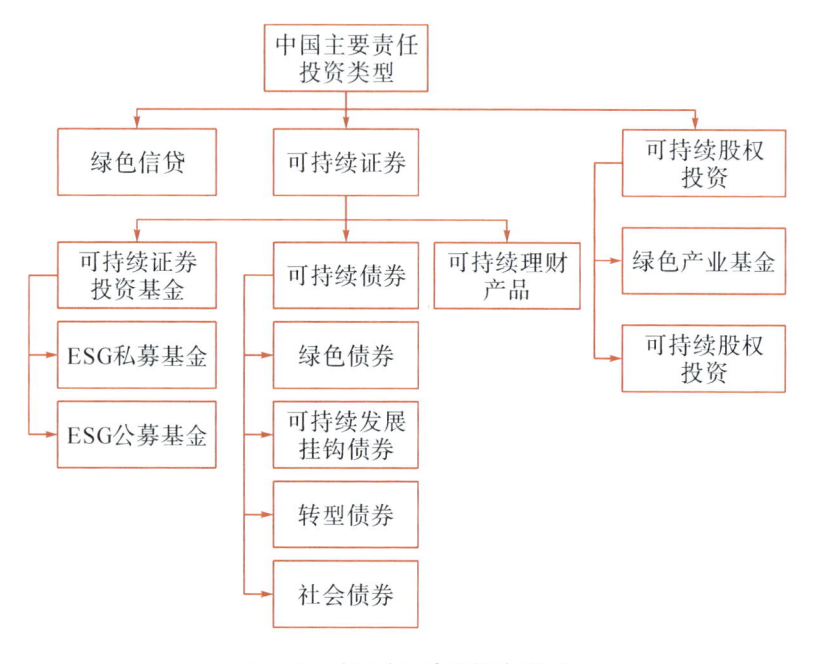

图 3.8　中国主要责任投资类型

资料来源：《中国责任投资年度报告 2022》。

根据《中国责任投资年度报告 2022》，中国主要类型的责任投资市场规模同比增长约 33.4%。2022 年国内新成立纯 ESG 基金共 36 只，同比增长 80%。自 2015 年国家发改委发布《绿色债券发行指引》和《绿色债券支持项目目录》以来，绿色债券发行也逐步驶上"快车道"。报告还强调了各种类型的责任投资规模，如余额为 20.9 万亿元的绿色贷款、规模为 4 984.1 亿元的 ESG 主题公募基金和发行额为 1.67 万亿元的绿色债券，均在 2022 年创下纪录。此外，报告显示，可持续发展债券的市场价值为 1 059.9 亿元，而社会债券则达到 6 620.2 亿元；转型债券达到 3 002 亿元，可持续财富管理产品达到 1 049 亿元。此外，ESG 股权基金规模约为 2 700 亿元，绿色产业基金约为 3 610.77 亿元。

下面我们分别对绿色信贷、可持续债券与 ESG 基金市场近两年的发展趋势进行分析。

绿色贷款和可持续贷款是一种专门用于支持符合环境保护和可持续发展标准项目的贷款，这些工具可以促进企业实现可持续性和社会责任目标，同时获得低成本的资金支持。由于起步较早，目前绿色信贷产品体系较为成熟。而且相比其他责任投资类型，绿色信贷市场规模最大。2021 年 11 月，中国人民银行创设碳减排支持工具和支持煤炭清洁高效利用专项再贷款 2 项工具，提高了银行绿色贷款积极性。截至 2022 年 6 月，实现了 3 045 亿元和 439 亿元贷款的撬动以及 6 000 万吨二氧化碳当量的减排效果。

可持续债券是一种专门用于筹集社会责任和可持续性项目资金的债券，其发行人承诺资金将用于支持符合可持续发展目标和 ESG 标准的项目。其中，绿色债券是一种专门用于筹集环境保护和可持续发展项目资金的债券，在发行人承诺和投资者权益下，用于支持或资助与环境相关的项目，如清洁能源、节能减排、废弃物处理等。绿色债券可以提高投资者对 ESG 风险和机遇的认识和关注，并帮助企业获得低成本的资金支持。2022 年，由于《中国绿色债券原则》的发布，中国绿色债券市场统一了品种分类，包括普通绿色债券（蓝色债券、碳中和债）、碳收益（环境相关权益）绿色债券、绿色项目收益债券、绿色资产支持证券 4 种。目前，绿色债券发展趋势向转型债券、蓝色债券和社会责任债券转型。主要表现在：2021 年 11 月，中国银行间市场交易商协会正式推出社会责任债券和可持续发展债券；2022 年 5 月，《关于开展转型债券相关创新试点的通知》推出转型债券；2022 年 3 月，深交所发行第一批蓝色债券，实现了蓝色债券覆盖银行间市场和交易所市场。

ESG 基金是一种以 ESG 因素为投资考虑基础的投资基金，通过选取 ESG 表现优秀的企业进行投资，以实现长期可持续的投资回报。2022 年，ESG 投资基金板块规模合计超过 3 600 亿元，规模超过 5 亿元的产品有 121 只，占比为 46%，而规模超过 10 亿元的产品有 89 只，占比为34%。ESG公募基金可以分为纯ESG主题基金和泛ESG主题基金2类，国内泛ESG主题基金较多，纯ESG主题基金较少。2022年共计有30只纯ESG主题基金存续，新增13只，总计规模为134.82亿元，达到近几年最高的水平。从投资类型来看，也可以分类为主动型和被动型2类。过去几年中，ESG主动、被动型基金的数量和规模都呈现出快速增长的趋势。根据一级分类标准，中国ESG公募基金投资市场最常见的是混合型、股票型和债券型基金，分别占58.2%、33.3%和6.1%（华宝财富魔方，2021）。

除这些产品之外，ESG主题的理财产品也成了投资者的主要选择。国内共有近200只名称中含有"ESG"的银行理财产品。从发行机构来看，目前发行ESG主题银行理财产品的机构包括民生银行、华夏理财、兴银理财、中银理财、杭州联合银行等公司。

总的来说，中国的ESG投资市场正在快速发展。投资者对ESG投资的认知逐渐深入、投资需求不断增加，越来越多的投资机构推出了ESG投资产品。近年来，绿色投资政策的发布也促进了我国绿色金融市场的发展，投资机构开始将ESG因素纳入投资决策中，推动了ESG投资理念在市场中的普及和实践。随着ESG投资市场的稳步发展，其规模也在不断扩大。预计未来，随着政策环境、投资理念等方面的不断推进，ESG投资市场仍将保持高速增长态势。

3.5 本章小结

本章主要探讨了中国ESG的发展与实践，包括ESG中国化的进程、中国ESG标准化体系的发展、中国ESG投资的风险挑战以及中国ESG投资的发展趋势。通过分析ESG在中国的发展历程和现状可以看到，中国的ESG市场呈现出快速增长的态势，并取得了一定的成果。

首先，ESG 中国化进程已经初具规模，各大机构和企业也在积极响应国家政策，加强 ESG 工作的实践。其次，中国 ESG 标准化体系逐渐完善，国内外多家机构纷纷推出本土化的 ESG 评级产品，ESG 数据产品也得到了广泛关注和应用。然而，中国 ESG 投资风险挑战依然存在，如 ESG 流动性风险、漂绿行为等问题，需要投资者和相关机构加强监管和风险控制。最后，中国 ESG 投资发展趋势向好，越来越多的投资者和机构开始关注 ESG 因素，并将其纳入投资决策中，这也为 ESG 市场的进一步发展提供了良好的基础和动力。

4　ESG 表现与股票收益

随着中国绿色金融和 ESG 责任投资政策的发展，投资者逐渐将企业 ESG 表现纳入其投资决策，探究中国股票市场 ESG 投资的有效性和经济后果具有重要意义。本章利用 2014—2021 年 3 326 家中国上市公司的数据，考察了企业环境表现对中国超额股票收益的影响。研究结果表明，环境表现较好的公司股票的超额收益显著较高，表明中国股市存在正绿色溢价。我们进一步揭示了气候变化关注度和气候政策对股票超额收益与企业环境表现之间关系的调节作用。研究结果表明，当投资者高度关注气候变化问题时，投资者倾向于购买环境表现良好的公司股票，从而推高了股票市场的绿色溢价，而气候政策则通过增加长期碳风险来降低股票市场的绿色溢价。在控制了潜在的内生性问题后，我们的发现仍然是稳健的，对投资者和政策制定者有很大的启示。

4.1　研究背景与研究现状

近年来，面对全球新冠疫情的冲击和实现碳中和的挑战，ESG 责任投资越来越受到重视。尤其是面临日益严峻的气候变化问题，作为最大的发展中国家，中国不断推动实现"双碳"目标，在全球气候治理中充分展现了大国担当。然而，中国要实现碳中和目标面临着巨大的风险和挑战，预计需要上百万亿元人民币的绿色投资。巨大的绿色资金需求为 ESG 责任投资发展带来了新的机遇，中国监管部门开始推行 ESG 信息披露，ESG 投资也正在成为主流可持续投资理念之一，国内 ESG 投资规模迅速增长。尽管 ESG 责任投资在我国还处于初步发展阶段，投资者对责任投资的了解仍然较为有限，但随着气候政策体系和投资者气候风险认知的发展，企业 ESG 表现，尤其是环境表现将更多地被纳入资本配置决策的考量之中。

2021 年，中国气候基金资产规模达到 467 亿美元，比上年增长 149%，成为仅次于欧洲的全球第二大气候基金市场。直观而言，气候政策体系和气候风险认知会促使投资者将企业环境表现评价纳入其投资决策。因此，阐明中国股票市场 ESG 投资的有效性和经济后果具有重要意义，可以为中国绿色金融政策设计提供见解，并为管理者制定企业可持续发展战略提供参考。研究还有助于理解投资者绿色偏好与气候政策之间的相互作用，为投资者在气候风险下的资产配置决策提供参考。

有关 ESG 投资的一个关键问题是，企业能否通过做好事来获利。越来越多的研究审查了发达国家公司环境表现对股票回报的影响。de Haan 等（2012）研究了 2004 年 3 月至 2008 年 9 月的美国大型公司，发现环境表现与股票回报之间存在负相关关系。Bolton 和 Kacperczyk（2021a）研究了 2005—2017 年美国公司碳排放对股票收益率的影响，发现碳排放量高的公司股票收益更高。Alessi 等（2021）基于企业排放和环境披露质量构建了一个定价因子，发现在 2006—2018 年，更环保、更透明的企业在欧洲市场上获得了负溢价。Luo（2022）在欧洲市场也发现了类似的证据。

然而，现有研究对于企业环境表现与股票收益之间的关系缺乏共识。许多研究表明，企业环境表现与股票收益存在负相关关系，并从环境风险尤其是碳风险的角度来解释这种关系。绿色资产意味着更低的环境风险或碳风险，投资者要求的风险补偿更低，则能够接受绿色资产更低的预期回报（Bolton et al., 2021a、2021b；Trinks et al., 2022）。然而，一些实证研究表明，环境表现良好的公司股票表现优于环境表现不佳的公司股票。例如，In 等（2017）研究表明，2005—2015 年，美国市场低碳强度公司的股票相对于高碳强度公司的股票具有溢价，传统的风险因素难以解释这种溢价。其他研究使用 ESG 评分（Stotz，2021）和环境评分（Pástor et al.，2022）在美国市场发现了类似的证据。Castro 等（2021）和 Ye 等（2022）发现，在欧洲国家的上市公司样本中，环境表现可以对股价产生积极影响。公司环境表现与股票收益之间的争议关系可能是由于政策和投资者偏好的复杂影响，这需要进一步验证。

如前所述，以往关于企业环境表现与资产价格关系的研究主要集中在发达市场。由于中国的环境信息披露尚处于起步阶段，企业环境数据质量不佳，关于中国上市公司 ESG 表现能否提升企业投资价值的研究较少。尽管 Bolton 和 Kacperczyk（2021b）基于 2005—2018 年的数据进行的全球研究表明，中国和美国的碳溢价都非常显著，且规模相似，但中国是全球企业排放数据集中缺失数据最多的国家。为了提供有效的证据，本书使用中国企业层面的 ESG 得分数据来检验企业环境表现与超额资产收益之间的关系。此外，本书进一步揭示了两种不同的机制，为关于公司环境表现与股票收益之间不一致关系的争论提供了额外的证据。

本章的贡献主要有以下两点：首先，本章搜集了 3 326 家中国 A 股上市公司的环境评分，以验证公司环境表现对股票超额收益率的影响。虽然有一些学者研究了企业环境表现与股票收益之间的关系，但主要集中在发达市场（de Haan et al.，2012；In et al.，2017；Bolton et al.，2021a；Alessi et al.，2021）。经济高增长的新兴经济体往往面临更严重的环境问题，其不发达的资本市场与发达市场存在诸多差异。因此，环境表现如何影响发展中国家的股票回报仍然是一个悬而未决的问题，本书利用中国市场数据提供了相关的经验证据。其次，本章构建了气候变化调节效应的宏观微观分析框架，从气候变化关注度和气候政策两个渠道分析气候变化对环境表现与股票超额收益之间关系的影响机理。鉴于现有研究对环境表现与股票收益之间的关系缺乏共识（In et al., 2017；Görgen et al., 2020；Bolton et al., 2021a；Alessi et al., 2021），本书从这两种机制分析了中国股票市场绿色溢价的原因，并为这种争议关系提供了可能的解释。特别地，我们利用文本挖掘技术构建了一个基于新闻的气候政策指数来衡量中国的气候政策动态。

4.2　研究假设与模型构建

4.2.1　研究假设

Sharpe（1964）提出的资本资产定价模型（CAPM）首次清晰地描绘出风险和收益率之间的关系。CAPM指出，资产的预期超额收益率由市场组合的预期超额收益率和资产对市场风险的暴露大小决定，而市场组合也被称为市场因子。Ross（1976）在CAPM的基础上提出了套利定价理论（APT），构建了多因子定价模型。自此，学界开始发掘更多影响资产预期收益的因子，如市盈率（Basu, 1977）、市值（Banz, 1981）、账面市值比（Fama et al., 1993）、动量（Carhart, 1997）和盈利（Novy-Marx, 2013）等。随着ESG投资的发展，一些研究开始关注ESG是否能够作为一种定价因子。例如，Maiti（2021）和Gregory等（2021）将ESG因子纳入资产定价模型。然而，Green等（2017）和Hou等（2020）检验了学术界提出的大量异象，发现真正能够有效解释预期收益的公司特征少之又少。这告诫我们对于公司特征与资产收益的研究需要有理论依据，避免研究本身成为对历史数据的数据挖掘。因此，在针对企业环境表现与股票收益的研究中，我们将回顾相关的理论基础，并从中提出我们的假设。

公司环境表现与资产定价的关系总体可以分为两类：① 投资者的绿色偏好导致绿色企业预期收益低（Pástor et al., 2021）；② 高碳企业存在与低碳经济转型有关的碳风险（Bolton et al., 2021a、2021b; Oestreich et al., 2015; Trinks et al., 2022）。首先，投资者除了拥有财务效用以外，还可能拥有与绿色相关的非财务效用（Fama et al., 2007; Riedl et al., 2017）。Pástor 等（2021）的均衡模型表明，如果投资者在投资决策时同时实现财务效用和绿色效用的最大化，对于环境表现好的公司资产，具有绿色偏好的投资者将需要更低的回报，而没有绿色偏好的投资者对环境表现存在差异的公司资产要求相同的回报。因此，在均衡状态时，绿色资产有更低的预期收益。其次，低碳经济转型存在不确定性风险，这种风险被称为转型风险或碳风险，会对资产定价产生影响（Bolton et al., 2021a、2021b）。各国监管部门推出的气候政策，如碳交易及碳税等碳定价政策，会增加碳密集型企业的生产运营成本，增加未来现金流的不确定性（Oestreich et al., 2015）。因此，投资者对环境表现不佳的企业要求更多的碳风险补偿，金融市场通过更高的未来现金流贴现率来惩罚碳密集型企业生产经营的环境负外部性（Oestreich et al., 2015; Trinks et al., 2022）。现有文献已经提供了很多有关碳风险溢价的证据（Alessi et al., 2021; Bolton et al., 2021a、2021b; Kim et al., 2015; Trinks et al., 2022）。也有类似的中国市场证据，如中国企业社会责任披露对资本成本的影响（Li et al., 2018; Xu et al., 2015），以及中国私营公司环境表现对债务利率的影响（Du et al., 2017; Ma et al., 2022）。总之，这两类关系都表明在理想状态下，绿色资产应该有更低的预期收益。因此，本章提出以下假设：

H1：环境表现与股票超额收益存在负相关关系。

然而，现有研究对于企业环境表现与股票超额收益存在不一致的证据（In et al., 2017; Görgen et al., 2020; Bolton et al., 2021a; Alessi et al., 2021）。一方面，气候变化得到全球的日益关注，各国也逐步推进气候政策，气候变化关注度和气候政策是两股相反的力量，它们共同影响企业环境表现与股票超额收益的关系，可能会导致不同市场和时间样本下不一致的结果（Cornell, 2021）。因此，我们讨论这两种机制的影响，为企业环境表现与股票超额收益的争议关系提供一种解释思路。

鉴于对气候变化的广泛关注，过度的绿色偏好可能导致企业环境表现的错误定价（Cornell，2021；Pástor et al.，2021）。这意味着，如果投资者意外地表现出更大的绿色偏好，绿色资产的价格将上涨，而棕色资产的价格将下跌，因此绿色资产可能优于棕色资产（Pástor et al.，2021）。有证据表明，近年来美国的高绿色回报部分源于对气候变化的日益关注所导致的绿色偏好的变化（Ardia et al.，2020；Pástor et al.，2022；Stotz，2021；Zhang et al.，2022）。在中国，随着人们越来越关注气候变化问题和可持续投资，我们预计气候变化问题将影响企业环境表现与股票超额收益之间的关系。因此，本章提出以下假设：

H2：在气候变化关注度较高的时期，企业环境表现对股票超额收益产生正向影响。

另一方面，越来越多的经济体开始推行气候政策，加强市场对碳风险的定价。碳定价等气候政策直接增加了碳密集企业面临监管冲击的风险，使得碳密集企业被要求更高的风险补偿。然而，从事低碳生产活动的公司不受这些风险的影响（Dutta et al.，2018；Kumar et al.，2012）。因此，在气候政策不断增加的情况下，相对于绿色资产的超额收益，棕色资产需要获得更高的超额收益，以获得更高的风险补偿（Seltzer，2022）。自《巴黎协定》签署以来，高碳企业的碳风险溢价和资本成本均有所增加，且这种影响在气候法规严格的地区更为明显（Bolton et al.，2021a、2021b；Seltzer，2022）。由于中国近年来推出了包括碳交易和气候投融资在内的一系列气候政策，我们预计气候政策的部署将增加中国股票市场的碳风险溢价，特别是在宣布"双碳"目标之后。基于以上分析，本章提出以下假设：

H3：在气候政策风险较高的时期，企业环境表现对股票超额收益产生负向影响。

4.2.2 模型构建

首先，为验证假设 H1，本书构建如下基准面板模型 I：

$$\text{RET}_{i,t} = a_0 + a_1 \text{LOGGREEN}_{i,t} + a'\text{Control}_{i,t-1} + \mu_i + \gamma_t + \varepsilon_{i,t} \tag{4.1}$$

式中，$\text{RET}_{i,t}$ 为股票 i 在时间 t 的月度超额收益率，$\text{LOGGREEN}_{i,t}$ 为股票 i 在时间 t 的环境表现。控制变量是一系列公司特征，见 4.5.3 小节。μ_i 和 γ_t 分别表示行业固定效应和年份固定效应。模型采用公司层面的聚类稳健标准误。如果假设 H1 成立，a_1 应该显著为负，表明环境表现越好的股票，超额收益率越低。

为了验证气候变化关注度对环境表现与股票超额收益关系的调节效应，本书在式（4.1）的基础上引入气候变化关注度与环境表现的交互项，构建如下扩展模型 II：

$$\text{RET}_{i,t} = a_0 + a_1 \text{LOGGREEN}_{i,t} + a_2 \text{CONCERN}_t + a_3 \text{CONCERN}_t \times \text{LOGGREEN}_{i,t} + a'\text{Control}_{i,t-1} + \mu_i + \gamma_t + \varepsilon_{i,t} \tag{4.2}$$

式中，CONCERN_t 代表气候变化关注度。如果假设 H2 成立，a_3 应该显著为正，表明气候变化关注度越高，市场上绿色股票表现越好。

为了验证气候政策对环境表现与股票超额收益关系的调节效应，本书在式（4.1）的基础上引入气候政策指数与环境表现的交互项，构建如下扩展模型 III：

$$\text{RET}_{i,t} = a_0 + a_1 \text{LOGGREEN}_{i,t} + a_2 \text{POLICY}_t + a_3 \text{POLICY}_t \times \text{LOGGREEN}_{i,t} + a'\text{Control}_{i,t-1} + \mu_i + \gamma_t + \varepsilon_{i,t} \tag{4.3}$$

式中，POLICY_t 代表气候政策指数。如果假设 H3 成立，a_3 应该显著为负，表明在气候政策指数越高的时期，环境表现越好的股票，其超额收益率越低。

最后，本书在模型 II 和模型 III 的基础上分别对调节变量进行滞后处理，以观察气候变化关注度和气候政策对股票市场的滞后影响。

4.3 数据与变量说明

4.3.1 企业环境表现数据

现有研究通常使用碳排放数据来衡量与气候变化相关的企业环境表现（Bolton et al., 2021a、2021b; Castro et al., 2021; In et al., 2017; Kim et al., 2015; Trinks et al., 2022）。目前，企业碳排放数据的披露仍以自愿披露为主。例如，碳信息披露项目（CDP）每年通过问卷调查的方式收集企业的温室气体排放信息。第三方评估的 ESG 数据具有可靠、样本覆盖全面等优点。此外，ESG 数据包含广泛的气候变化相关信息，可以反映企业面临的气候风险。例如，Engle 等（2020）使用环境评分对公司的气候风险敞口进行建模，发现基于环境评分构建的投资组合在对冲气候变化新闻方面表现良好。因此，考虑到数据的可获得性，本书采用秩鼎 ESG 数据集的环境评分来衡量中国上市公司的环境表现。秩鼎是一家中国本土 ESG 评级机构，通过公司披露、政府监管报告和第三方平台收集企业在 ESG 问题上的数据。它几乎涵盖了 A 股、H 股和中概念股的所有公司，从 2014 年开始每月提供 ESG 数据。在环境维度，从环境管理、节能政策、环境排放、气候变化 4 个方面对企业绩效进行综合评价。具体而言，秩鼎环境评分包括温室气体排放、能源消费总量、可再生能源消费、环保投资、环境处罚、排放许可、供应链气候风险、化石燃料收入、对生物多样性有害的业务等 52 项指标，表明秩鼎环境评分可以广泛反映企业的气候风险暴露和减缓气候变化的努力。环境评分是各指标的加权和，范围从 0 到 100。环境评分越高，表明该公司对环境越友好。

图 4.1 展示了秩鼎环境评分随时间变化的均值和样本量。A 股上市公司环境评分均值整体呈上升趋势，说明中国公司越来越重视与环境有关的企业责任履行。均值趋势包含不连续的间断，这可能是因为中国上

市公司被要求在每年的 1—4 月披露上一年度年报，因此秩鼎会在这期间集中调整公司评分。秩鼎 ESG 数据集在 2014 年 1 月至 2014 年 2 月覆盖的公司范围较小，之后覆盖的公司数骤增，为了避免样本选择偏差问题，本书选择 2014 年 3 月至 2021 年 11 月的月度数据作为研究周期，涵盖的上市公司数为 3 326 家，共 221 500 条样本观测值。

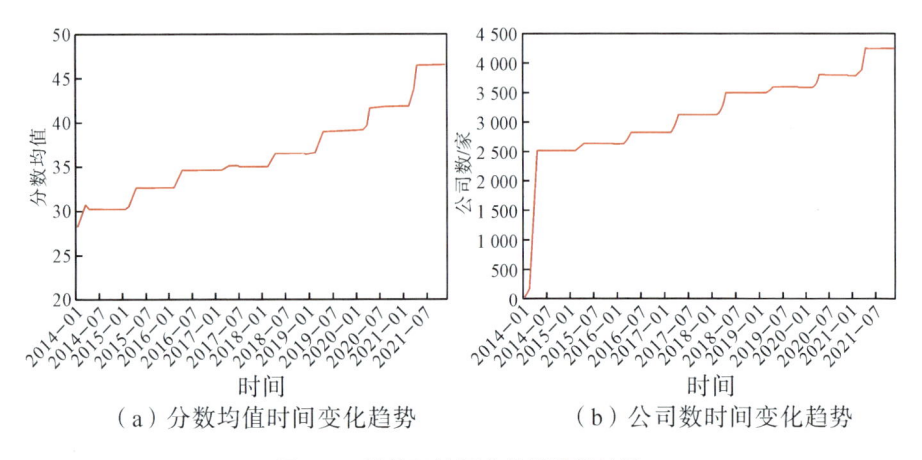

（a）分数均值时间变化趋势　　（b）公司数时间变化趋势

图 4.1　秩鼎环境评分的描述性统计

4.3.2　气候相关指数构建

越来越多的研究使用新闻指标来衡量政策信息。Faccini 等（2021）通过对 2000—2018 年的气候变化新闻进行主题模型分析，开发了美国气候政策、国际峰会、自然灾害和全球变暖 4 种新闻指数。Baker 等（2016）通过搜索新闻中的关键词，构建了经济政策不确定性指数。同样的方法也用于衡量货币政策的不确定性（Husted et al., 2020）、气候政策的不确定性（Gavriilidis, 2021）和环境政策的不确定性（Noailly et al., 2022）。我们使用 Baker 等（2016）的方法构建中国气候政策指数。我们选取了《人民日报》《经济日报》和《光明日报》三大报纸作为新闻来源，新闻文本数据来源于慧科新闻数据库。这三份报纸都是中国权威的中央综合性报纸，因此适合构建政策指数（Davis et al., 2019；Yu et al., 2021）。根据慧科数据，这三份报纸报道了大量的气候变化新闻，在 2021 年排名前十。我们进一步采用术语框架来描述气候政策，该框架将气候类别划分为三个维度——气候变化、温室气体排放和能源，并将政策维度划分为三个维度——政策术语、政府机构和国家领导人。我们对同时包含"气候变化"和"政策"的新闻进行词频统计，从高频词汇中人工筛选出与以上六个子维度相关的词语，补充关键词列表。具体选取的关键词如表 4.1 所示。接下来，筛选同时包含"气候"和"政策"两个维度关键词的新闻，计算匹配新闻数量占总发文量的比例，构建月度气候政策指数。此外，本书以"气候变化"作为关键词，利用百度搜索量构建气候变化关注度指数。

表 4.1　气候政策指数关键词

类别	关键词
气候	气候问题、气候变化、气候风险、全球变暖、温室气体、二氧化碳、碳排放、碳汇、可再生能源、清洁能源、新能源、低碳、节能、减排、碳达峰、碳中和、双碳、能源转型
政策	政策、制度、体制、机制、战略、改革、措施、规章、规划、条例、方案、办法、法规、法律、监管、试点、政府、国务院、人大、人民代表大会、中央、人民银行、央行、国家发展和改革委员会、国家发展改革委、发改委、生态环境部、环境保护部、国家能源局、国家主席、总书记、国家领导人、总理

图 4.2 展示了 2014—2021 年的气候政策指数和气候变化关注度指数。从图中可以发现，气候政策指数与气候变化关注度指数具有相似的趋势，即当国家气候政策集中发布的时候，气候变化的公众关注度也会随之上升，两者具有明显的正相关关系。由于联合国每年定期举办气候变化大会，两个指数在每年气候变化大会召开期间也会出现周期性上涨，指数的变化与预期基本一致。2020 年初，新冠疫情暴发，媒体成为突发公共卫生事件中重要的信息传播渠道，因此有关气候政策的新闻占比出现明显下降。2021 年后，中国政府围绕"双碳"目标出台发布了一系列有关顶层设计、环境信息披露、气候投融资和碳排放权交易等内容的气候政策，因此气候政策指数与气候变化关注度指数迅速上升，且远远高于 2021 年前的水平。

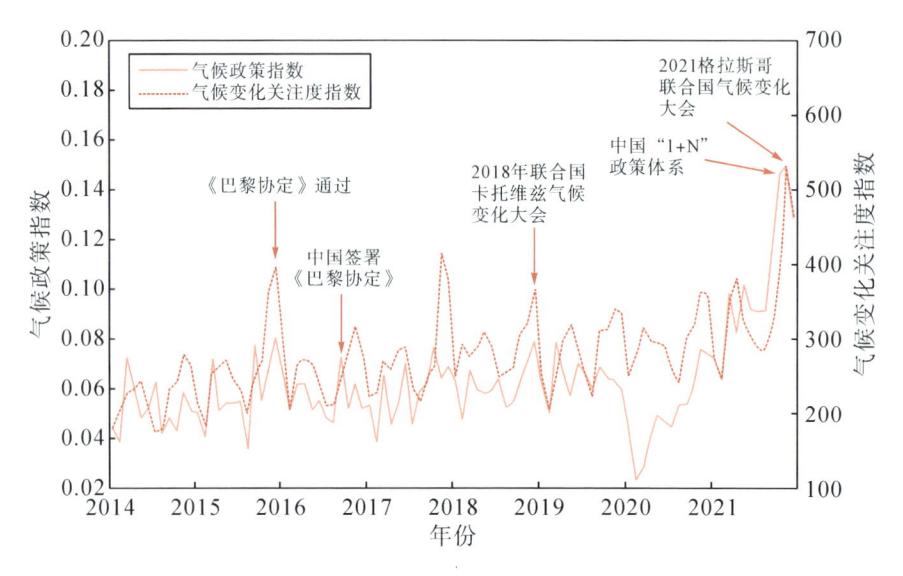

图 4.2　气候政策指数和气候变化关注度指数

4.3.3　变量说明

本书的被解释变量为 RET，是股票超额收益率，通过股票收益率对数减无风险利率的方式计算。核心解释变量为 LOGGREEN，是上市公司 ESG 评分中环境维度评分的自然对数。CONCERN 是经过对数调整的气候变化关注度指数，CONCERN = $\ln(1 + $ 气候变化关注度指数$_t)$，POLICY 为气候政策指数。

本书的控制变量选取了一系列描述公司特征的变量（Fama et al., 1993; Carhart, 1997; Fama et al., 2015; Liu et al., 2019），具体包括：BETA 是市场风险暴露，通过个股超额收益率对过去 36 个月的市场超额收益率滚动回归得到；LOGSIZE 是公司市值的自然对数；BM 是账面市值比，通过对市净率取倒数得到；MOM 是个股 $t-12$ 至 $t-1$ 的总收益率；ROE 和 INV 分别为净资产收益率和总资产增长率，采用年报数据（考虑到上市公司需要在每年 4 月 30 日前完成上一年年报编制工作，在 t 为 1—4 月时采用前年年报数据，在 t 为 5—12 月时采用上一年年报数据）；TURNOVER 为换手率，等于上月股票成交量与流通股总数之比。

BM、MOM、ROE、INV 和 TURNOVEAR 都进行了 1% 的缩尾处理。股票行情和财务数据均来自 Wind 数据库及 CSMAR 数据库。

4.3.4 描述性统计

本书对选取的变量进行描述性统计和相关性分析，结果如表 4.2 和表 4.3 所示。表 4.2 显示，上市公司环境评分位于 11~99，25% 分位点和 75% 分位点分别为 29 和 43，标准差为 0.266，说明上市公司环境评分分布较为集中，大多数公司环境表现处于中下水平，环境表现良好的公司较少。从表 4.3 可以观察到 RET（股票超额收益率）与 LOGGREEN（企业环境表现）显著正相关，表明企业环境表现的提升可能会增加股票超额收益率，为本书的模型检验奠定了基础。另外，虽然解释变量之间存在显著的线性相关性，但同一模型中解释变量的相关系数绝对值均不超过 0.4，说明解释变量之间较为独立。最后，近年来，中国气候政策体系不断完善，人们对气候变化的关注度也随之增加，CONCERN（气候变化关注度）和 POLICY（气候政策）之间较高的相关系数佐证了这一事实。

表 4.2 描述性统计

变量	说明	样本数	均值	标准差	最小值	中位数	最大值
RET	股票收益率对数-无风险利率	221 500	-0.133	0.132	-1.380	-0.138	1.243
LOGGREEN	公司环境评分对数	221 500	3.606	0.266	2.468	3.593	4.605
BETA	市场风险暴露	221 500	1.135	0.368	-2.022	1.127	3.548
LOGSIZE	市值对数	221 500	22.808	1.062	20.222	22.618	28.656
BM	账面市值比（1%缩尾）	221 500	0.444	0.296	0.034	0.373	1.464
MOM	$t-12$ 到 $t-1$ 总收益率（1%缩尾）	221 500	0.041	0.386	-0.804	0.009	1.166
ROE	净资产收益率（1%缩尾）	221 500	0.050	0.148	-0.890	0.064	0.328
INV	总资产增长率（1%缩尾）	221 500	0.135	0.263	-0.326	0.079	1.568
TURNOVER	换手率（1%缩尾）	221 500	0.437	0.428	0.027	0.288	2.252
CONCERN	ln（1+气候变化关注度指数）	93	5.615	0.193	5.170	5.606	6.274
POLICY	气候政策指数	93	0.063	0.020	0.023	0.060	0.150

表 4.3 相关系数矩阵

变量	RET	LOGGREEN	BETA	LOGSIZE	BM	MOM	ROE	INV	TURNOVER	CONCERN	POLICY
RET	1.000										
LOGGREEN	0.079	1.000									
BETA	-0.041	-0.074	1.000								
LOGSIZE	-0.034	0.304	-0.111	1.000							
BM	0.064	0.239	-0.021	0.003	1.000						
MOM	-0.103	-0.019	-0.046	0.232	-0.328	1.000					
ROE	-0.008	0.069	-0.111	0.267	0.011	0.059	1.000				
INV	-0.011	-0.031	-0.020	0.164	-0.111	-0.006	0.264	1.000			
TURNOVER	-0.106	-0.129	0.059	-0.110	-0.299	0.350	-0.111	-0.002	1.000		
CONCERN	0.073	0.259	-0.031	0.002	0.091	-0.073	-0.023	-0.043	-0.048	1.000	
POLICY	0.081	0.254	-0.059	-0.004	0.057	-0.032	-0.015	-0.029	-0.037	0.592	1.000

4.4 实证分析

4.4.1 企业环境表现与股票收益的关系分析

为了检验企业环境表现对股票超额收益率的影响，本书首先对基础模型 I 进行估计，结果如表 4.4 所示。从回归结果中可以看到，无论是否考虑行业固定效应和年份固定效应，核心解释变量企业环境表现（LOGGREEN）的系数都在 1% 的水平上显著为正。在控制行业和时间的情况下，每增加 1 标准差环境表现，股票超额收益增加 16 个基点。我们没有得到支持假设 H1 的证据。结果表明，环境表现良好的企业股票表现更好，中国股票市场存在显著为正的绿色回报，从投资者的角度来看，投资绿色股票能够获得更高的收益。

我们的结果与一些基于美国市场的研究一致。Kempf 和 Osthoff（2007）、In 等（2015）、Pástor 等（2021b）以及 Castro 等（2021）的研究表明，美国股票市场基于企业社会责任或环境表现的可持续投资能够获得异常回报。同时，我们的研究发现与一些基于中国市场的实证发现并不一致。原因可能有三点：首先，我们专注于对已实现回报的解释，而 Xu 等（2015）以及 Li 和 Liu（2018）则是研究事前权益资本成本，他们采用了各种方法估计权益资本成本，避免事后已实现回报中复杂因素的干扰。其次，不同于 Bolton 和 Kacperczyk（2021b）研究碳排放对股票收益的影响，我们采用 ESG 环境评分作为公司环境表现的代理变量，ESG 环境评分包含了更多有关公司环境表现的信息。目前中国只有少数上市公司披露了碳排放信息，因此，相比于采用碳排放数据的研究，我们的研究避免了样本选择偏差问题，覆盖了大多数 A 股上市公司。最后，气候变化关注度和气候政策很可能是导致企业环境表现和股票超额收益的关系存在争议的重要机制。气候变化关注度可以通过增加市场绿色偏好推高绿色资产的收益（Pástor et al., 2021、2022；Ardia et al., 2020）。气候政策会加强市场对碳风险的定价，从而降低绿色资产的收益（Oestreich et al., 2015；Bolton et al., 2021a、2021b）。近年来，人们对气候变化的日益关注以及应对气候变化行动在全球范围内的逐步推进，可能会导致基于不同市场和时间样本的研究结果存在差异。因此，我们将分别检验中国的气候变化关注度和气候政策的调节效应，旨在以中国市场为例为现有研究中企业环境表现和股票超额收益的争议关系提供一种解释思路。

表 4.4 企业环境表现与股票超额收益率

变量	(1)	(2)
LOGGREEN	0.008*** (7.812)	0.006*** (5.894)
BETA	−0.002*** (−3.204)	−0.003*** (−3.836)
LOGSIZE	−0.004*** (−15.866)	−0.005*** (−15.805)
BM	0.001 (0.955)	0.005*** (4.748)
MOM	−0.001 (−0.833)	−0.000 (−0.364)
ROE	−0.001 (−0.746)	−0.001 (−0.497)
INV	0.001 (0.816)	0.001 (0.761)
TURNOVER	−0.022*** (−27.345)	−0.023*** (−28.877)
常数项	−0.186*** (−26.644)	−0.164*** (−20.554)
行业固定效应	No	Yes
年份固定效应	Yes	Yes
样本容量	221 500	221 500
调整的 R^2	0.361	0.362

注：括号内为 t 统计量，*** 表示在 1% 的水平上显著。

4.4.2 气候变化关注度的调节效应

表 4.5 展示了模型 II 的估计结果，模型（1）、模型（2）是气候变化关注度对企业环境表现与股票超额收益率关系的同期调节效应，模型（3）、模型（4）以及模型（5）、模型（6）分别为气候变化关注度的滞后一期以及滞后两期调节效应。

表 4.5 显示，气候变化关注度与企业环境表现的交互项（CONCERN * LOGGREEN）的系数在 5% 的水平上显著为正，气候变化关注度与企业环境表现的滞后一期交互项（L1. CONCERN * LOGGREEN）与滞后两期交互项（L2. CONCERN * LOGGREEN）的系数在 1% 的水平上显著为正。这一结果与假设 H2 吻合。结果表明，由于绿色股票被认为有更低的气候相关风险，在人们更关注气候问题的时期，投资者倾向于配置更多绿色股票，因此良好的环境表现能够更大程度上推高股价。我们的发现证实了 Pástor 等（2021）的理论预测，即在投资者绿色偏好意外增加时，绿色资产的价格会上升，棕色资产的价格会下降。Ardia 等（2020）和 Pástor 等（2022）也在美国股票市场发现了类似的证据。另外，投资者对气候问题的关注度也具有一定的持续性，在两个月后，投资者对气候问题的关注度还会显著影响他们的投资行为，而且滞后一期和滞后两期的影响明显大于同期影响。表 4.5 显示 LOGGREEN 的系数显著为负。当 CONCERN = 0 时，每增加 1 标准差环境表现，股票超额收益降低 2%~8%。这说明如果人们不关注气候变化问题，投资者的绿色偏好没有发生变化，绿色股票会有更低的超额收益率。也就是说，中国股票市场的绿色溢价与高气候变化关注度有关。这一发现与 Pástor 等（2022）和 Stotz（2021）的发现一致，他们发现气候变化关注度提升，投资者绿色偏好增加，导致了美国股票市场的高绿色溢价。

表 4.5 气候变化关注度对环境表现与股票收益关系的调节效应

变量	(1)	(2)	(3)	(4)	(5)	(6)
LOGGREEN	−0.058** (−2.132)	−0.063** (−2.302)	−0.307*** (−9.233)	−0.314*** (−9.395)	−0.167*** (−5.195)	−0.175*** (−5.397)
CONCERN	0.224*** (11.969)	0.223*** (11.855)				
L1.CONCERN			0.156*** (6.829)	0.153*** (6.710)		
L2.CONCERN					0.286*** (13.091)	0.283*** (12.905)
CONCERN * LOGGREEN	0.012** (2.416)	0.012** (2.520)				
L1.CONCERN * LOGGREEN			0.056*** (9.388)	0.057*** (9.505)		
L2.CONCERN * LOGGREEN					0.031*** (5.408)	0.032*** (5.562)
常数项	−1.397*** (−13.236)	−1.366*** (−12.875)	−0.955*** (−7.526)	−0.918*** (−7.210)	−1.628*** (−13.348)	−1.589*** (−12.949)
控制变量	Yes	Yes	Yes	Yes	Yes	Yes
行业固定效应	No	Yes	No	Yes	No	Yes
年份固定效应	Yes	Yes	Yes	Yes	Yes	Yes
样本容量	221 500	221 500	221 500	221 500	221 500	221 500
调整的 R^2	0.361	0.362	0.361	0.362	0.361	0.362

注：括号内为 t 统计量，** 和 *** 分别表示在5%和1%的水平上显著。

4.4.3 气候政策的调节效应

表4.6展示了模型Ⅲ的估计结果，模型（1）、模型（2）是气候政策对企业环境表现与股票超额收益率关系的同期调节效应，模型（3）、模型（4），模型（5）、模型（6）以及模型（7）、模型（8）分别是气候政策滞后一个月、滞后半年和滞后一年的调节效应。

表 4.6 气候政策对企业环境表现与股票收益关系的调节效应

变量	(1)	(2)	(3)	(4)	(5)	(6)	(7)	(8)
LOGGREEN	0.010*** (3.219)	0.008*** (2.604)	0.002 (0.623)	0.000 (0.092)	0.040*** (9.357)	0.039*** (9.022)	0.022*** (4.876)	0.021*** (4.478)
POLICY	2.969*** (16.808)	2.978*** (16.855)						
L1.POLICY			1.713*** (8.724)	1.722*** (8.766)				
L6.POLICY					6.749*** (24.138)	6.787*** (24.250)		
L12.POLICY							115.420*** (54.530)	115.647*** (54.653)
POLICY * LOGGREEN		−0.023 (−0.534)	−0.024 (−0.554)					
L1.POLICY * LOGGREEN			0.093* (1.822)	0.092* (1.792)				
L6.POLICY * LOGGREEN					−0.541*** (−7.700)	−0.549*** (−7.807)		
L12.POLICY * LOGGREEN							−0.249*** (−3.207)	−0.251*** (−3.223)
常数项	−0.401*** (−28.124)	−0.380*** (−25.375)	−0.243*** (−17.872)	−0.222*** (−15.393)	−0.563*** (−29.949)	−0.544*** (−28.131)	−8.704*** (−55.313)	−8.699*** (−55.312)
控制变量	Yes	Yes	Yes	Yes	Yes	Yes	Yes	Yes
行业固定效应	No	Yes	No	Yes	No	Yes	No	Yes
年份固定效应	Yes	Yes	Yes	Yes	Yes	Yes	Yes	Yes
样本容量	221 500	221 500	221 500	221 500	221 500	221 500	221 500	221 500
调整的 R^2	0.361	0.362	0.361	0.362	0.361	0.362	0.361	0.362

注：括号内为 t 统计量，*和 *** 分别表示在 10%和 1%的水平上显著。

表 4.6 显示，气候政策与企业环境表现的同期交互项（POLICY ∗ LOGGREEN）的系数为负，但显著性不强，滞后一期交互项（L1. POLICY ∗ LOGGREEN）与股票超额收益呈弱正相关，而滞后半年交互项（L6. POLICY ∗ LOGGREEN）和滞后一年交互项（L12. POLICY ∗ LOGGREEN）的系数显著性和数值明显大于同期和滞后一期。结果表明，气候政策新闻一定程度上捕捉了人们对气候问题的担忧，也可能会影响市场的绿色偏好，因此，短期内，气候政策指数对市场绿色回报有正向影响。这一结果与 Bouri 等（2022）的研究结果一致，气候政策不确定性会增加市场对绿色资产的偏好。同时我们的结果也显示，在长期，气候政策体系的完善会大大降低股票市场的绿色回报，这种作用在半年到一年内都有非常显著的影响。这些结果证实了假设 H3。这是因为，碳定价和气候投融资等气候政策的实施会增加企业面临的碳风险，即气候转型风险中与温室气体减排有关的政策和法规风险。随着中国碳排放权交易的发展，碳密集型企业未来面临着碳配额收紧、碳价上升的风险，气候投融资政策的实施则会增加污染型企业的融资成本，降低它们的市场竞争力。在这种情况下，环境表现不佳的企业往往面临着更高的碳风险，投资者会要求更高的碳风险补偿。因此，气候政策通过提高市场上的碳风险溢价降低了中国股票市场的绿色回报。此外，政策的出台和落地往往需要一定时间，因此，气候政策对股票市场碳风险溢价的影响在长期更加显著。我们的发现与 Bolton 和 Kacperczyk（2021a、2021b）、Seltzer（2022）以及 Wen 等（2020）一致，即气候政策冲击会增加股票和债券市场的碳风险溢价。

自"双碳"目标提出以来，中国在应对气候变化方面着手采取一系列重大举措，包括启动全国碳市场、停止新建境外煤电项目等。"双碳"目标的提出标志着中国绿色低碳发展的决心。2020 年 9 月是中国提出"双碳"目标的时间，因此，本章以 2020 年 9 月为时间节点，检验了"双碳"目标提出前后气候政策的调节效应，结果如表 4.7 所示，模型（1）、模型（2）是 2020 年 9 月以前（包括 2020 年 9 月）气候政策对企业环境表现和股票超额收益率关系的调节效应，模型（3）、模型

（4）是 2020 年 9 月后气候政策的调节效应。从表中可以看到，模型（1）、模型（2）中 POLICY * LOGGREEN 的系数在 10%的水平上显著为正，而模型（3）、模型（4）中 POLICY * LOGGREEN 的系数在 1%的水平上显著为负，且绝对值大大增加，说明在"双碳"目标提出前，在同期，气候政策指数对中国股票市场绿色回报的影响主要源于市场绿色偏好的变化，而在"双碳"目标提出后，中国加快气候政策体系的建设和落实，气候政策在同期更大程度地加强了市场对碳风险的定价作用。

表 4.7 "双碳"目标前后气候政策的调节效应

变量	（1）	（2）	（3）	（4）
LOGGREEN	−0.007 (−1.305)	−0.007 (−1.322)	0.102*** (12.747)	0.093*** (11.872)
POLICY	−4.471*** (−12.277)	−4.478*** (−12.277)	4.108*** (13.766)	4.217*** (14.270)
POLICY * LOGGREEN	0.173** (1.976)	0.171* (1.960)	−0.846*** (−10.759)	−0.879*** (−11.313)
常数项	0.138*** (6.191)	0.167*** (7.289)	−0.406*** (−12.834)	−0.411*** (−12.677)
控制变量	Yes	Yes	Yes	Yes
行业固定效应	No	Yes	No	Yes
年份固定效应	Yes	Yes	Yes	Yes
样本容量	176 214	176 214	45 286	45 286
调整的 R^2	0.422	0.423	0.108	0.121

注：括号内为 t 统计量，*、** 和 *** 分别表示在 10%、5%和 1%的水平上显著。

4.5 进一步分析

4.5.1 混杂因素问题

尽管我们控制了影响股票超额收益的几个重要因素，但股票超额收益还可能受到更多混杂因素的影响，例如杠杆（Bhandari，1988）、现金流价格比（Lakonishok et al., 1994）、销售增长（Lakonishok et al., 1994）、换手率波动率（Chordia et al., 2001）、收益波动率（Ang et al., 2006）以及研发支出（Guo et al., 2006）等。为了减轻潜在的遗漏变量问题，我们增加了更多的控制变量，包括资产负债率（LEVERAGE）、现金流占市值的比例（CASHFLOW）、销售收入对数增长率（SALES-GR）、过去12个月的收益标准差（RETVOL）、过去12个月的换手率标准差（TURNVOL）以及研发投入占市值比例（R&D）。同时，我们还采用了企业固定效应来控制公司层面未被观察到的异质性。额外的控制变量以及企业固定效应的结果分别如表4.8的第（1）、（2）、（3）列所示。可以看到我们添加的控制变量都对超额收益有显著影响，所有回归结果调整的 R^2 增加，说明我们增加的控制变量和企业固定效应控制了企业层面的异质性。更重要的是，企业环境表现对股票收益的影响仍然在1%的水平上显著为正，且系数更大。企业固定效应的结果显示，企业环境表现每增加一单位标准差，股票超额收益会增加40个基点。这进一步说明了我们的结果的稳健性，即在2014—2021年，中国股票市场具有正的绿色溢价。

表4.8　额外的控制变量

变量	（1）	（2）	（3）
LOGGREEN	0.013 *** (10.897)	0.010 *** (8.163)	0.015 *** (7.777)
BETA	−0.003 *** (−3.484)	−0.003 *** (−3.901)	−0.005 *** (−4.103)
LOGSIZE	−0.005 *** (−15.831)	−0.005 *** (−14.148)	−0.043 *** (−25.088)
BM	0.005 *** (4.054)	0.014 *** (10.161)	0.028 *** (7.982)
MOM	−0.003 *** (−2.595)	−0.003 *** (−2.601)	0.000 (0.002)
ROE	−0.004 ** (−2.155)	−0.002 (−0.995)	−0.003 (−1.019)
INV	−0.001 (−0.774)	−0.002 ** (−2.269)	−0.002 (−1.508)

表4.8(续)

变量	(1)	(2)	(3)
TURNOVER	-0.020*** (-21.687)	-0.022*** (-23.121)	-0.021*** (-20.643)
LEVERAGE	-0.001 (-0.427)	0.009*** (5.934)	0.026*** (6.001)
CASHFLOW	-0.000 (-0.112)	0.008*** (3.361)	0.012*** (2.640)
SALESGR	0.003*** (3.682)	0.002** (2.561)	0.005*** (4.691)
RETVOL	0.019*** (2.865)	0.014** (2.016)	0.041*** (4.778)
TURNVOL	-0.005*** (-3.163)	-0.007*** (-4.156)	-0.011*** (-5.509)
R&D	-0.358*** (-19.245)	-0.674*** (-25.330)	-1.942*** (-26.371)
常数项	-0.189*** (-24.747)	-0.179*** (-19.041)	0.641*** (16.280)
企业固定效应	No	No	Yes
行业固定效应	No	Yes	Yes
年份固定效应	Yes	Yes	Yes
样本容量	221 356	221 356	221 356
调整的 R^2	0.362	0.365	0.383

注：括号内为t统计量，** 和 *** 分别表示在5%和1%的水平上显著。

4.5.2 反向因果问题

Waddock 和 Graves（1997）发现，企业社会表现与财务表现具有双向因果关系。一方面，良好的财务表现使得企业有更多的松弛资源用于提升社会表现。另一方面，企业能够通过提升社会表现改善与利益相关者的关系，从而提升财务表现。因此，在研究企业环境表现对超额收益的影响中可能也存在反向因果问题。我们使用两阶段最小二乘回归来解决这个问题。参考 El Ghoul 等（2011）以及 El Ghoul 等（2018）的做法，我们采用样本中第一年的行业平均 E 评分（EAVERAGE）和一个虚拟变量来衡量行业平均 E 评分是否位于所有行业的前50%（ERANK）作为企业环境表现的工具。行业的平均环境表现可能会影响公司的环境实践，但行业层面的环境表现滞后值以及行业层面的环境表现排名不太可能会影响同期股票超额收益。表 4.9 的第（1）、（2）列分别展示了两阶段最小二乘回归第一阶段和第二阶段的结果。第一阶段的 t 统计量和 F 统计量都表明 EAVERAGE 和 ERANK 是企业环境表现的重要决定因素。在第二阶段中，Sargan 过度识别检验的 p 值为 0.712，表明我们选择的两个工具变量是外生的，且企业环境表现与股票超额收益仍在 1% 的水平上显著正相关，说明我们的结果对反向因果问题仍具有稳健性。

表 4.9　两阶段最小二乘法

变量	第一阶段 （1）	第二阶段 （2）
EAVERAGE	0.009*** （28.946）	
ERANK	0.073*** （62.257）	
LOGGREEN		0.046*** （9.407）
BETA	0.005*** （4.120）	−0.002*** （−3.476）
LOGSIZE	0.076*** （155.530）	−0.008*** （−16.267）
BM	0.112*** （63.538）	−0.004*** （−3.556）
MOM	0.002 （1.463）	−0.001 （−1.291）
ROE	0.010*** （3.138）	−0.002 （−0.955）
INV	−0.022*** （−11.916）	0.002* （1.881）
TURNOVER	−0.019*** （−15.128）	−0.021*** （−32.920）
工具变量的 F 检验 （p 值）	1 305.790 （0.000）	
Sargan 过度识别检验 （p 值）		0.136 （0.712）
常数项	1.350*** （92.166）	−0.244*** （−24.532）

表4.9(续)

变量	第一阶段 （1）	第二阶段 （2）
年份固定效应	Yes	Yes
样本容量	221 500	221 500
调整的 R^2	0.373	0.357

注：括号内为 t 统计量，* 和 *** 分别表示在 10% 和 1% 的水平上显著。

4.5.3 ESG 数据替换

本节使用 Refinitiv 的 ESG 环境评分重新估计了本书的主要回归，由于 Refinitiv ESG 数据集年度更新，我们采用年度数据进行检验，结果如表 4.10 所示。表 4.10 的面板 A 显示，公司环境表现与股票超额收益存在正相关关系，说明中国股票市场存在正绿色回报。在面板 B 中，气候变化关注度与企业环境表现的交互项系数显著为正，说明气候变化关注度会推高市场绿色回报。同时，企业环境表现系数显著为负，说明如果人们不关注气候变化问题，公司环境表现与股票超额收益负相关。气候变化关注的影响在滞后一年后更加明显。在面板 C 中，尽管气候政策与企业环境表现的同期和滞后一年交互项系数均不显著，但滞后一期交互项系数为负，验证了气候政策推动了市场对长期碳风险的定价作用，降低了市场绿色回报。总的来说，采用更换 ESG 数据来源的结果与前文一致，进一步验证了结论的稳健性。

表 4.10　主要回归的重新估计：更换环境表现计量

面板 A：企业环境表现与股票超额收益

变量	（1）	（2）
LOGGREEN	0.018** (1.983)	0.017* (1.787)
BETA	−0.013 (−0.540)	−0.011 (−0.423)
LOGSIZE	−0.031*** (−4.051)	−0.036*** (−3.256)
BM	−0.044* (−1.803)	−0.014 (−0.417)

表4.10(续)

变量	(1)	(2)
MOM	0.007 (0.215)	−0.056* (−1.732)
ROE	−0.002 (−1.488)	−0.002* (−1.786)
INV	0.000 (1.035)	0.001** (2.253)
TURNOVER	−0.004 (−1.034)	−0.003 (−0.582)
常数项	−1.310*** (−6.938)	−1.110*** (−3.994)
行业固定效应	No	Yes
年份固定效应	Yes	Yes
样本容量	1 671	1 671
调整的 R^2	0.305	0.343

面板 B：气候变化关注度对企业环境表现与股票超额收益关系的调节效应

变量	(1)	(2)	(3)	(4)
LOGGREEN	−0.798* (−1.825)	−0.904** (−2.008)	−1.058* (−1.864)	−1.119** (−1.972)
CONCERN	1.044*** (3.809)	1.044*** (3.690)		
L1.CONCERN			1.376*** (3.771)	1.416*** (3.842)
CONCERN * LOGGREEN	0.143* (1.867)	0.161** (2.045)		
L1.CONCERN * LOGGREEN			0.191* (1.896)	0.201** (2.002)
常数项	−8.226*** (−7.02)	−8.432*** (−6.30)	−11.711*** (−7.97)	−12.439*** (−7.04)
控制变量	Yes	Yes	Yes	Yes
行业固定效应	No	Yes	No	Yes
年份固定效应	Yes	Yes	Yes	Yes
样本容量	1 671	1 671	1 671	1 671
调整的 R^2	0.306	0.345	0.306	0.344

表4.10(续)

面板 C：气候政策对企业环境表现与股票超额收益关系的调节效应

变量	(1)	(2)	(3)	(4)
LOGGREEN	−0.021 (−0.656)	−0.026 (−0.810)	0.084 (0.999)	0.100 (1.199)
POLICY	11.205*** (6.985)	11.536*** (7.026)		
L1.POLICY			−192.188*** (−13.823)	−198.771*** (−13.675)
POLICY * LOGGREEN	0.547 (1.326)	0.601 (1.438)		
L1.POLICY * LOGGREEN			−1.156 (−0.775)	−1.464 (−0.992)
常数项	−1.881*** (−8.464)	−1.687*** (−5.517)	8.720*** (12.305)	9.253*** (12.077)
控制变量	Yes	Yes	Yes	Yes
行业固定效应	No	Yes	No	Yes
年份固定效应	Yes	Yes	Yes	Yes
样本容量	1 671	1 671	1 671	1 671
调整的 R^2	0.306	0.344	0.305	0.344

注：括号内为 t 统计量，*、** 和 *** 分别表示在 10%、5% 和 1% 的水平上显著。

4.5.4　企业规模效应分析

大规模企业可能受到市场更多的关注，因此，公司环境表现与股票价值的关系会受到公司规模的影响（Cordeiro et al., 2015）。为了检验环境表现与股票超额收益关系的稳健性，本书根据年末公司总市值对每年样本股票进行排序，将总市值后 30%、中间 40% 和前 30% 的公司分为三组，分别记为 Small、Middle 和 Big，进行子样本回归，结果如表 4.11 面板 A 所示。我们还采用相同方法根据企业年末环境表现 E 分数将样本股票分为 Low、Middle 和 High 三组，分别进行回归，结果如表 4.11 面板 B 所示。子样本结果显示，无论公司市值和 E 分数大小，环境表现好的公司都有更高的股票超额收益。

表 4.11　子样本分析：按照市值和 E 分数分组

面板 A：按照市值分组

变量	Small		Middle		Big	
	(1)	(2)	(3)	(4)	(5)	(6)
LOGGREEN	0.005** (2.377)	0.005* (1.920)	0.007*** (4.172)	0.005*** (2.815)	0.007*** (4.109)	0.003* (1.779)
常数项	0.146*** (3.704)	0.185*** (4.574)	−0.027 (−0.945)	0.014 (0.473)	−0.246*** (−21.200)	−0.233*** (−17.019)
控制变量	Yes	Yes	Yes	Yes	Yes	Yes
行业固定效应	No	Yes	No	Yes	No	Yes
年份固定效应	Yes	Yes	Yes	Yes	Yes	Yes
样本容量	60 915	60 915	88 957	88 957	71 628	71 628
调整的 R^2	0.412	0.413	0.387	0.388	0.331	0.333

面板 B：按照 E 分数分组

变量	Low		Middle		High	
	(1)	(2)	(3)	(4)	(5)	(6)
LOGGREEN	0.007*** (2.752)	0.006** (2.489)	0.014*** (6.360)	0.012*** (5.356)	0.005** (2.212)	0.003 (1.235)
常数项	−0.157*** (−8.449)	−0.125*** (−5.894)	−0.188*** (−15.149)	−0.176*** (−13.124)	−0.202*** (−17.398)	−0.176*** (−12.778)
控制变量	Yes	Yes	Yes	Yes	Yes	Yes
行业固定效应	No	Yes	No	Yes	No	Yes
年份固定效应	Yes	Yes	Yes	Yes	Yes	Yes
样本容量	58 274	58 274	95 743	95 743	67 483	67 483
调整的 R^2	0.352	0.353	0.380	0.381	0.349	0.350

注：括号内为 t 统计量，*、** 和 *** 分别表示在 10%、5% 和 1% 的水平上显著。

4.5.5　行业异质性分析

低碳行业和高碳行业都是绿色低碳发展的关键行业，在经济转型中处于不同位置。因此，投资者对于低碳行业和高碳行业的环境责任履行可能会有不同需求。本节将 Wind 新能源板块股票作为低碳行业代表，将纳入中国碳排放权交易市场的八大行业定义为高碳行业，具体包括石油、煤炭及其他燃料加工业（行业代码为C25）、化学原料和化学制品制造业（行业代码为C26）、非金属矿物制品（行业代码为C30）、黑色金属冶炼和压延加工业（行业代码为C31）、有色金属冶炼和压延加工业（行业代码为C32）、造纸和纸制品业（行业代码为C22）、电力、热力生产和供应业（行业代码为D44）以及航空运输业（行业代码为G56），对比分析低碳行业和高碳行业的绿色回报，结果如表4.12所示。结果显示，新能源行业环境表现对股票收益没有显著影响，高碳行业存在与市场整体类似的绿色回报。这一结果说明，新能源行业已经是绿色低碳的代表性行业，新能源公司普遍具有良好的环境表现，因此投资者对于新能源公司的绿色表现差异并不敏感，而高碳行业作为重点减排行业，投资者会更加关注高碳行业公司的环境表现。

表4.12 行业异质性分析

变量	低碳行业 （1）	高碳行业 （2）
LOGGREEN	-0.006 (-0.552)	0.007*** -3.247
常数项	-0.157** (-2.550)	-0.157*** (-9.199)
控制变量	Yes	Yes
行业固定效应	No	No
年份固定效应	Yes	Yes
样本容量	2 786	36 489
调整的 R^2	0.438	0.357

注：括号内为t统计量，** 和 *** 分别表示在5%和1%的水平上显著。

4.5.6 绿色技术创新的调节效应

在能源转型过程中，绿色技术创新可以增加未来现金流、降低气候风险，从而激励投资者对绿色技术创新的正向反应（Srivastava et al.，1998、2009；Ba et al.，2013）。Dang 和 Xu（2018）发现，高市场情绪可以促进企业创新活动。绿色溢价一定程度上反映了投资者对气候变化的担忧，投资者是否能够以更高绿色溢价的形式奖励公司的绿色创新？本书使用 CSMAR 数据库中的绿色专利申请量数据来检验绿色溢价对企业绿色技术创新的经济影响。表 4.13 的结果显示，绿色技术创新对公司环境表现与股票超额收益关系有正向调节作用，说明绿色技术创新可以为公司带来更多低碳发展竞争力，降低公司的气候风险暴露，从而使市场给予更多的绿色回报。

表 4.13　绿色技术创新对环境表现与股票收益关系的调节效应

变量	(1)	(2)
LOGGREEN	0.004** (2.491)	0.004*** (2.720)
L. PATENT	-0.004** (-2.150)	-0.005** (-2.026)
L. PATENT * LOGGREEN	0.001** (2.471)	0.001** (2.320)
常数项	-0.132*** (-13.402)	-0.096*** (-8.499)
控制变量	Yes	Yes
行业固定效应	No	Yes
年份固定效应	Yes	Yes
样本容量	116 238	116 238
调整的 R^2	0.461	0.462

注：括号内为 t 统计量，** 和 *** 分别表示在 5% 和 1% 的水平上显著。

4.6　本章小结

为了应对气候变化，全球兴起了低碳经济转型热潮。金融市场能够在低碳经济转型中发挥重要作用，同时，低碳经济转型带来的系统性风险也会重塑金融市场，导致资本在绿色资产和非绿色资产之间的再分配。本章旨在研究低碳经济转型对中国股票市场的影响。本章通过分析公司环境评分对股票超额收益的影响，研究中国股票市场对环境和气候相关风险的定价，并通过研究气候变化关注度和气候政策的调节效应，解释市场定价机制。

结果表明，中国股票市场存在显著为正的绿色回报，也就是说，从历史收益来看，良好的环境表现有助于提高股票收益。这种绿色回报很大程度上是源于近年来人们对气候问题的高度关注和投资者绿色偏好的变化。在人们担心气候问题时，投资者倾向于购买环境表现好的股票，从而推高市场上的绿色回报，且投资者对气候变化的关注会持续影响其投资行为。气候政策则是通过增加长期碳风险降低了市场上的绿色回报。碳排放权交易和气候投融资等政策会增加碳密集型企业的生产运营和投融资成本，因此，在长期，投资者对环境表现不佳的公司股票要求更多碳风险补偿，对环境表现良好的公司股票可以接受较低的预期回报。在"双碳"目标提出后，气候政策对市场绿色回报的短期影响也越来越显著。我们有关绿色回报的发现与 Bolton 和 Kacperczyk（2021b）在中国市场发现的碳溢价不同，但我们对于气候变化关注度和气候政策的研究提供了一种方法来调和金融市场到底存在碳溢价还是绿色溢价的争议。我们还进一步分析了公司规模、行业异质性以及绿色技术创新的影响。最后，在增加了更多控制变量、控制反向因果问题以及替换 ESG 数据的情况下，我们的结论仍然稳健。

我们的证据向投资者强调了绿色资产良好的历史表现不代表未来的高收益，但企业环境表现仍可以作为管理气候相关风险敞口的重要标准。对于企业而言，承担环境责任具有短期和长期的好处。在市场高度关注气候变化问题时，改进环境表现有助于在短期内提高股权价值。如果政府有推行气候政策的决心，那么企业的环境实践在长期无论如何都会降低资本成本。我们的研究也为政策制定者提供了见解。首先，我们的证据支持政府推动气候政策，环境信息披露和气候投融资等政策有助于加强金融市场对碳风险的定价，降低绿色企业的资金成本，从而更有效地促进向低碳经济的转型。其次，我们的证据表明，政策制定者应该考虑市场对气候政策的反应，因为投资者基于政策预期对气候转型风险进行了定价。因此，政策制定者应确保气候政策的稳定性和连续性，以稳定市场参与者的气候政策预期，从而减少气候政策带来的不确定性。最后，监管机构应管理产品经理对 ESG 产品高预期回报的过度宣传，防止误导性广告增加市场不确定性，并指导 ESG 投资的理性发展。

受到样本期长度的限制，我们没有考虑新冠疫情对企业环境表现与股票超额收益之间关系的影响。新冠疫情对气候变化产生了复杂而深刻的影响，如改变了全球碳排放路径（Le Quéré et al., 2020）、增加了化石燃料投资（Le Billon et al., 2021）、加强了气候变化信念（Stefkovics et al., 2022）。未来的研究可以比较新冠疫情前后企业环境表现与股票超额收益之间的关系，以调查大流行对气候风险定价的影响。我们的研究还可以扩展到国际市场。通过全球样本能够发掘企业环境表现与资产收益关系的更多重要机制。现有研究已经很好地记录了国家之间的显著差异。例如，法律起源和语言都会影响企业社会责任（Liang et al., 2017；Liang et al., 2018）。进一步讨论企业环境表现与资产收益关系的国家层面因素，如文化因素，可以作为未来研究的一个方向。

5 共同机构持股
与企业 ESG 表现

　　面对日益严峻的气候危机，企业的环境、社会与治理（ESG）表现成为全球的热点，受到广泛关注。如何提高企业 ESG 表现也成为我国实现气候承诺和可持续发展的重要命题。在缺乏强制性要求的情况下，激发企业内在动机是关键，但在客观上需要我们理解背后的机理。本章从共同机构持股的视角，在现有文献的基础上引入企业 ESG 表现，建立了一个基础的理论模型，提出共同机构持股可能会存在协同治理和合谋舞弊两种对立的机制，影响企业的 ESG 表现；进而选取了 2007—2019 年 A 股上市企业对上述研究假设进行验证。结果表明，共同机构持股会降低企业的 ESG 表现，从而支持了合谋的观点，即当前我国共同机构持股会提升企业市场垄断地位，导致企业 ESG 投入减少。此外，本章发现共同机构持股的影响主要由主动型基金机构投资者造成；共同机构持股显著降低企业以绿色创新活动为代表的长期 ESG 投入。本章在反垄断与资本市场如何助力企业可持续发展方面具有重要的政策意义。

5.1 研究背景

气候变化以及其他环境问题对经济、社会的影响日益显著，在全球范围内广受关注。为了应对气候危机、实现可持续发展，我国在2020年9月的联合国大会上做出了2030年实现"碳达峰"和2060年实现"碳中和"的承诺。作为一个高速发展中的经济体，我国实现"双碳"目标存在重重困难，客观上需要多方面的努力，在发展和治理之间寻求最优路径。除了宏观政策的指导，企业在其中的作用也至关重要。在这样的大背景下，企业的ESG表现也就自然而然成为关注的热点。

如第3章所述，虽然起步较晚，但是国内资本市场近年来对企业社会责任及其相关信息披露的关注度和要求越来越高。ESG信息的披露给了我们一个衡量企业环境表现的客观指标，但是要实现我国气候目标和可持续发展，仍需要进一步考虑如何激发企业内在动力，提升ESG表现，从深层次理解企业ESG决策背后的机理。本章从我国资本市场发展的规律出发，选择共同机构持股这一视角分析企业ESG表现。首先在现有文献基础上（Azar et al., 2021），引入企业ESG表现，构建了一个基础的理论模型，提出共同机构持股可能会存在协同治理和合谋舞弊两种对立的机制，影响企业的ESG表现；进而选取了2007—2019年的A股上市企业对上述研究假设进行验证。

选择共同机构持股的原因如下：

首先，资本市场在我国经济和社会发展方面发挥了优化资源配置与提升市场效率的重要作用。随着经济的进步和市场的扩张，资本也在此过程中不断完成积累，形成规模日益庞大的利益集团，同时持有多家企业股份的机构投资者日益增多，共同机构持股现象越趋常见（Backus et al., 2021；潘越 等，2020）。

其次，由于共同机构投资者同时在多家企业中占有举足轻重的股份，能够为企业间信息交流与沟通搭建重要的桥梁，为企业合作与交换资源提供便利，这既可能有助于共同机构投资者发挥监督治理的职能，但同时也引起了业界和学界对于垄断的担忧。一方面，共同机构持股有效降低了投资者信息搜寻与处理成本，同时有效降低了企业间信息不对称，因此相较于其他投资者，共同机构股东可以扮演更为有效的监督者角色（He et al., 2019）。另一方面，共同机构投资者的目标不再是单个企业的利润最大化，而是资产组合收益最大化，那么企业激进的竞争策略会损害共同机构投资者从行业中所能获取的回报。因此，共同机构投资者有激励促成企业与竞争对手达成合谋，减少产出，提升产品价格，扭曲正常的市场秩序以获得超额收益（Gilo et al., 2006；Azar et al., 2021）。目前，国外学界对共同机构持股究竟扮演何种角色有丰富的讨论，但仍充满激烈争议，难以达成共识（Schmalz, 2021），而有关中国市场共同机构持股的讨论目前却比较匮乏。

最后，2022年3月中共中央、国务院联合印发《关于加快建设全国统一大市场的意见》，意见明确建设全国统一大市场是构建新发展格局的基础支撑和内在要求，强调进一步规范不当市场竞争和市场干预行为，着力强化反垄断，强化垄断风险识别、预警和防范。垄断对于正常的市场经济秩序会造成严重的干扰，影响市场价格信号的正常发挥，严重干扰经济运行效率和科技进步，造成消费者乃至社会福利的损失。随着共同机构投资者日益成长为无法忽视的群体，我们有必要对其究竟带来何种影响做出充分讨论，从而明确是否应当对共同机构持股做出相应的鼓励抑或是限制。

本章研究结果表明，共同机构持股降低了企业ESG表现，从而支持了垄断所蕴含的合谋舞弊假说。进一步的机制分析表明，共同机构持股提升了企业市场势力，从而扭曲了市场运行机制，减少了企业间的竞争，使得企业安于现状，改善ESG表现的意愿降低，最终导致其ESG表现变差。此外，我们发现共同机构持股的影响主要由主动型基金机构投资者造成；共同机构持股会降低企业长期ESG投入，使其绿色创新活动显著减少。

本章对已有文献主要有以下两点重要补充：首先，本章的研究丰富了有关中国企业 ESG 表现影响因素的文献。国内已有文献鲜有对共同机构投资者如何影响企业 ESG 表现的讨论。本章研究表明，作为资本市场重要参与者之一的共同机构投资者，对企业 ESG 表现具有明显的消极影响，同时也显著降低了企业后续 ESG 投入。其次，本章丰富了有关中国市场共同机构投资者的研究。国内外已有文献对共同机构投资者究竟扮演积极还是消极的角色存在不小的争议。本章研究表明，尽管共同机构投资者理论上可以扮演更为积极有效的监督治理角色，但在目前的市场条件下，共同机构投资者出于资产组合价值最大化的考虑，会促使企业合谋形成更强的市场势力，赚取超额利润，最终导致市场扭曲。

本章具有以下几点重要的政策意义：首先，本章的研究为政策制定者是否应当对共同机构持股加以限制以及如何加快建设全国统一大市场提供参考。本章表明，共同机构持股可能导致严重的垄断问题，最终使得市场效率缺失，社会和经济发展受到严重影响。因此，监管机构有必要对共同机构持股做出明确的规范和限制，避免资本盲目扩张。其次，本章的研究将为政策制定者如何激励资本市场参与绿色可持续发展提供参考。本章以共同机构持股为载体，探究了作为资本市场重要参与者之一的共同机构投资者，在支持企业绿色可持续发展过程中所承担的角色。结果表明，共同机构投资者未能充分支持与鼓励企业可持续发展。因此，政策制定者需要考虑在规范和制约共同机构持股的同时，如何引导共同机构投资者更加积极主动地支持企业可持续发展与绿色转型。最后，从包含共同机构投资者的整个机构投资者群体考量，本章的研究也为政策制定者是否应当继续加强机构投资者素质与能力建设、改善资本市场环境提供了参考。长期以来，中国资本市场存在"一股独大"、政府干预等诸多问题，这导致机构投资者参与公司治理的兴致不高、意愿不强。本章的研究同样表明，共同机构投资者未能充分发挥其监督治理职能。因此，监管者需要思考如何充分调动机构投资者参与公司治理的积极性，帮助企业实现长期高质量发展。例如，2022年4月，证监会召开机构投资者座谈会，围绕推进资本市场高质量发展、引导更多中长期资金入市，向部分机构投资者听取意见和建议。

5.2　相关文献述评

共同机构投资者相较于其他机构投资者主要有以下两个特点：首先是投资目标上的差异，共同机构投资者的目标不再仅仅局限于最大化其持有的某个企业股票的价值，而是关注其投资组合价值的最大化；其次是监督治理效率上的差异，共同机构投资者相较于其他投资者能获取更多企业与行业层面的信息和资源，充当着企业间交流的桥梁，从而在完善公司治理与促进企业协同合作上可以发挥重要作用。已有文献围绕上述特点展开讨论，发现了众多企业行为受到影响的证据，但对于共同机构投资者究竟扮演何种角色仍未达成共识。

具体而言，已有文献目前对共同机构投资者究竟如何影响企业行为仍存在较大争议。一方面，共同机构持股可能会使企业将竞争对手施加的外部性内部化，减少彼此间的竞争，最终导致市场垄断，扭曲市场价格机制。理论上，这是由于当机构投资者在许多企业中都持有股份时，资产组合价值最大化而非单个企业利润最大化，将成为其关注的重点（Gilo et al., 2006; Azar et al., 2021）。此时，企业通过激进的竞争策略（如打"价格战""广告战"等）而实现的利润最大化将会损害行业内其他竞争对手的利益，从而导致行业整体利润的损失，而这有悖于共同机构投资者最大化资产价值的目标。因此，共同机构投资者不大可能支持企业激进的市场竞争策略；相反，共同机构投资者有意愿促使企业形成合谋，减少产出，提升价格，从而获得超额利润。与理论预期一致，许多研究发现共同机构持股促进企业合谋。例如，Azar 等（2018）发现，随着共同机构持股的增加，产品价格出现显著上涨；He 和 Huang（2017）的实证证据表明，共同机构持股显著提升了被共同持股企业的市场份额与盈利能力。

另一方面，部分研究认为，共同机构持股并未引起严重的市场垄断问题，市场的运行机制未遭到扭曲。例如，Koch 等（2021）与 Lewellen 和 Lowry（2021）的研究均表明，共同机构持股并未显著影响企业的市场竞争行为。相反，共同机构投资者对于优化企业治理结构、促进企业信息共享与合作等均有显著的积极影响。首先，共同机构投资者作为联结各个企业的重要桥梁，通过其影响，使得企业间的信息流通更为顺畅，信息不对称显著降低。例如，Park 等（2019）发现，共同机构持股通过减少企业对于专有信息披露成本的担忧，促进了企业间的信息共享，增加了企业的自愿性披露意愿；Jang 等（2022）同样发现，共同机构持股促使企业披露更多内容，从而使得企业股价蕴含更多信息。

其次，共同机构持股有效降低了投资者的信息搜寻与处理成本，提升了对企业的监督效率。例如，He 等（2019）发现，共同机构投资者将更有可能在股东大会中对管理层提案做出否定决定，从而更好地履行监督职能；Ramalingegowda 等（2021）的实证研究表明，共同机构投资者能够提升公司的治理水平，有效减少企业的盈余管理。

针对中国市场而言，目前关于共同机构投资者的讨论还比较有限，但基于已有的研究同样表明，中国市场上共同机构投资者究竟扮演何种角色也存在争议。理论上，于左等（2021）证明，共同机构持股导致竞争企业合谋。实证上，潘越等（2020）发现，共同机构持股影响主要体现为减少企业市场竞争，提升市场垄断水平，而这最终导致企业安于现状，投资效率缺失。相反，杜勇等（2021）认为，共同机构持股影响主要表现为积极的监督治理效应，共同机构投资者的存在能够有效减少企业盈余管理，改善企业盈余信息质量。

已有文献对企业为何关注 ESG 表现也已经有了非常丰富的讨论，其中有两点重要的原因。首先，提升 ESG 表现有助于企业提升市场竞争能力，因此也被视为企业通常的竞争策略之一。具体来说，提升 ESG 表现有助于企业实施产品差异化战略（高勇强 等，2012）、建立政治关系（贾明 等，2010；张敏 等，2013；戴亦一 等，2014）、降低融资成本（李姝 等，2013；邱牧远 等，2019），减少融资约束（何贤杰 等，2012），以及巩固与利益相关方的关系（徐莉萍 等，2011；黄伟 等，2015）等。总而言之，企业积极提升 ESG 表现能够帮助其从多个方面获得市场竞争优势。

其次，提升 ESG 表现有助于提升企业价值。一方面，提升 ESG 表现能够提升企业的市场竞争力，从而使其获得更高的现金流，提升企业价值（Borghesi et al.，2014）。潘健平等（2021）的研究也发现，企业提升 ESG 表现不仅仅提高了其自身经营业绩，而且提升了股东财富水平。另一方面，尽管提升 ESG 表现短期内可能需要付出成本，但其能够改善公司治理结构，减少委托代理问题，从而提升企业长期价值（Ferrell et al.，2016）。李正（2006）研究表明，提升 ESG 表现虽然短期内会导致企业价值降低，但从长期看，企业将从中获益。

综上，共同机构投资者既可能改变企业市场行为，扭曲市场导致垄断，又可能改善企业治理结构，减少委托代理问题。那么，它究竟将如何影响企业 ESG 表现呢？目前，我们对该问题还没有确切的答案。因此，本章将从理论和实证两个维度，对该问题做出讨论。

5.3 理论模型与研究假设

本章基于 Azar 和 Vives（2021）的研究，构造了包括企业 ESG 投入在内的一个简化生产决策模型。具体来说，本章考虑一个仅包含 J 个企业的市场，且该市场为非完全竞争市场，企业对市场价格和产量有重要影响。进一步假设企业所有股份均由机构投资者持有，这些机构投资者被均匀分配为 J 组，每组对应一家企业。其中，第 j 组投资者持有 1 −

ø +ø/J 份额的企业 j 股份，持有 ø/J 份额的其他企业股份，ø ∈ [0,1]。因此，ø 可以表示投资者资产组合分散的程度，或共同持股占比。

基于此，j 组中的每一个机构投资者被赋予 (1 - ø + ø/J)/(1/J) 份额的企业 j 股份，以及 (ø/J)/(1/J) = ø 份额的其他每家企业股份。因为每组投资者总数为 1/J，则企业 j 中所有来自 j 组投资者的持有份额为 1 - ø + ø/J；而对于其他每家企业而言，来自 j 组投资者持有的份额为 ø/J。因此对于每一家企业而言，来自所有组别投资者的持股合计为 1：

$$\frac{1 - ø + \frac{ø}{J}}{\frac{1}{J}} \times \frac{1}{J} + (J - 1) \times \frac{\frac{ø}{J}}{\frac{1}{J}} \times \frac{1}{J} = 1 \tag{5.1}$$

若我们用 π_k 表示企业 k 的利润，那么 j 组投资者中机构投资者 i 的财富可表示为

$$W_i = \frac{1 - ø + \frac{ø}{J}}{\frac{1}{J}} \pi_j + \sum_{k \neq j} ø \pi_k \tag{5.2}$$

总财富为 $\sum_{k=1}^{J} \pi_k$，即所有企业利润之和。假设投资者的效用仅与其所获财富有关，简单起见，假设 $U(W_i) = W_i$。另外，我们假设企业生产仅使用资本 k 作为投入，而忽略人力资本的投入。

现在，我们假设企业在 ESG 上的投入为 s，根据已有文献证据，企业的 ESG 表现有助于企业提升运营效率与绩效、拓宽融资渠道以及提升投资效率（Allman et al., 2021；Aroul et al., 2022；Wang, 2022）。因此，资本 k 的使用会因 ESG 投入 s 的增加而变得更有效率，从而产出会相应得到提高。基于此，本章假设企业的生产函数为 y = sk，随着 s 的增加，企业单位资本相应的产出将会增加。此外，我们假设每单位资本投入的成本为常数 r，每单位 ESG 投入的成本为常数 w。因此，企业 j 的利润可表示为：$\pi_j = p y_j - r k_j - w s_j = p \times s_j k_j - r k_j - w s_j$，其中 p 为价格函数，

且有 $p'_k < 0$ 以及 $p'_s < 0$；假设 $p = A - \sum_m y_m = A - \sum_m s_m k_m = A - s_j k_j - \sum_{m \neq j} s_m k_m$，其中，$A$ 为正常数项。

假设企业 j 的目标函数是最大化其所有股份持有者的加权平均效用，且权重为各机构投资者所持有的企业 j 股份份额。在这种简化情况下，企业 j 的管理者的目标函数为

$$\left(1 - \phi + \frac{\phi}{J}\right)\left[\left(1 - \phi + \frac{\phi}{J}\right)\pi_j + \frac{\phi}{J}\sum_{m \neq j}\pi_m\right] + \sum_{m \neq j}\frac{\phi}{J}\left[\left(1 - \phi + \frac{\phi}{J}\right)\pi_m + \frac{\phi}{J}\sum_{n \neq m}\pi_n\right] \tag{5.3}$$

经过换算，可将该目标函数整理为

$$\left[\left(1 - \phi + \frac{\phi}{J}\right)^2 + (J-1)\left(\frac{\phi}{J}\right)^2\right]\pi_j + \left[2\left(1 - \phi + \frac{\phi}{J}\right)\frac{\phi}{J} + (J-2)\left(\frac{\phi}{J}\right)^2\right]\sum_{m \neq j}\pi_m \tag{5.4}$$

再经过一些代数处理，可以得到，对于企业 j 的管理者而言，目标函数可以简化为最大化其自身与其他公司的利润（以 ρ 折现）。具体的，目标函数可简化为：

$$\pi_j + \rho \sum_{m \neq j} \pi_m \tag{5.5}$$

其中，

$$\rho = \frac{(2 - \phi)\phi}{(1 - \phi)^2 J + (2 - \phi)\phi} \tag{5.6}$$

此时，ρ 可以视为每家企业，由于共同机构持股的原因，目标函数中其他企业利润相对于自身利润所占的权重。该权重 ρ 会随着 ϕ 增加，即随着共同机构持股的增加而增加。当 $\phi = 0$ 时 $\rho = 0$，当 $\phi = 1$ 时 $\rho = 1$。

因此，企业 j 的管理者最大化目标函数，则有：

$$\max L(k_j, s_j) = \max_{(k_j, s_j)} \left[\pi_j + \rho \sum_{m \neq j} \pi_m\right] \tag{5.7}$$

$$= \max_{(k_j, s_j)} \left\{p(k_j s_j) - rk_j - ws_j + \rho \sum_{m \neq j}[p(k_m s_m) - rk_m - ws_m]\right\} \tag{5.8}$$

式（5.8）分别对 k_j 和 s_j 求一阶偏导，则有：

$$\frac{\partial L}{\partial k_j} = p'_k(s_j k_j) + p s_j - r + \rho \sum_{m \neq j} p'_k(s_m k_m) \qquad (5.9)$$

$$\frac{\partial L}{\partial s_j} = p'_s(s_j k_j) + p k_j - w + \rho \sum_{m \neq j} p'_s(s_m k_m) \qquad (5.10)$$

令 k^* 和 s^* 分别表示最优资本投入与最优 ESG 投入，且有 $p = A - s_j k_j - \sum_{m \neq j} s_m k_m$，则有：

$$k^* = \frac{r}{p'_k s^*} - \frac{p^*}{p'_k} - \frac{\rho}{s^*} \sum_{m \neq j} s_m k_m \qquad (5.11)$$

$$s^* = \frac{w}{p'_s k^*} - \frac{p^*}{p'_s} - \frac{\rho}{k^*} \sum_{m \neq j} s_m k_m \qquad (5.12)$$

经代数处理，可得：

$$2 s^* k^* = A - \frac{r}{s^*} - (1 + \rho) \sum_{m \neq j} s_m k_m \qquad (5.13)$$

$$2 s^* k^* = A - \frac{w}{k^*} - (1 + \rho) \sum_{m \neq j} s_m k_m \qquad (5.14)$$

式（5.14）减去式（5.13）可得：

$$\frac{w}{k^*} = \frac{r}{s^*} \qquad (5.15)$$

即

$$k^* = \frac{w}{r} s^* \qquad (5.16)$$

将式（5.16）代入式（5.14）消去 k^* 可得：

$$2w(s^*)^3 + [(1+\rho)z - A] r s^* + r^2 = 0 \qquad (5.17)$$

其中，$z = \sum_{m \neq j} s_m k_m$。

对式（5.17）求 s^* 关于 ρ 的一阶导则有：

$$\frac{\mathrm{d}s^*}{\mathrm{d}\rho} = -\frac{s^* z}{(5-\rho)\frac{w}{r}(s^*)^2 + \rho A - (1+\rho)p} \qquad (5.18)$$

令 $\alpha = (5-\rho)\dfrac{w}{r}(s^*)^2 + \rho A - (1+\rho)p$，则存在以下两种情形：

（1）当 $p < \dfrac{(5-\rho)w}{(1+\rho)r}(s^*)^2 + \dfrac{\rho}{1+\rho}A$ 时，有 $\alpha > 0$，$\dfrac{\mathrm{d}s^*}{\mathrm{d}\rho} < 0$。此时，当共同机构持股增加（$\phi$ 增加），ρ 随之增加，最终导致 s^* 降低。这意味着，随着共同机构持股的增加，企业将减少 ESG 投入，产出相应减少，此时，共同机构持股体现为合谋舞弊效应。

这是由于，共同机构投资者的目标不再是单个企业利润最大化，而是投资组合价值最大化，因此，其有动机促使企业减少过度的竞争策略，避免企业间竞争导致的两败俱伤。同时，共同机构投资者能够促进企业间达成合谋，以此提升市场份额与议价能力，从而获取更高回报。在这种情况下，由于市场竞争强度的降低，一方面，企业不再需要依靠提升 ESG 表现来提升市场竞争能力（Cheng et al.，2022）；另一方面，从增加企业价值而言，提升 ESG 表现需要承担成本，但其无法再为企业提供激烈竞争市场条件下所能带来的好处，因此也变得不再具有吸引力。于是，随着共同机构持股的增加，市场竞争强度的降低，企业提升 ESG 表现的动机将会减少，这将导致企业 ESG 表现变差。在此基础上，本章提出以下假设：

H1a：共同机构持股会降低企业 ESG 表现。

（2）当 $p > \dfrac{(5-\rho)w}{(1+\rho)r}(s^*)^2 + \dfrac{\rho}{1+\rho}A$ 时，有 $\alpha < 0$，$\dfrac{\mathrm{d}s^*}{\mathrm{d}\rho} > 0$。此时，当共同机构持股增加（$\phi$ 增加），ρ 随之增加，最终提升 s^*。这意味着，随着共同机构持股的增加，企业将增加 ESG 投入，产出相应增加，此时，共同机构持股体现为协同治理效应。

首先，共同机构投资者作为联结各个企业的重要桥梁，通过其影响，企业间的信息流通更为顺畅，信息不对称显著降低，因此能够起到促进企业开展合作的作用。一方面，提升 ESG 表现不是"免费的午餐"，需要企业在短期内投入应有的成本，在竞争激烈的市场中这可能导致企业处于竞争的不利地位。另一方面，当企业采取的 ESG 行动具有正外部性时，如碳减排等，就会遭遇严重的"搭便车"问题。此时，企业承担了成本却无法获得与之对应的全部好处。由于上述两点原因，企业在事前缺乏激励采取行动提升 ESG 表现。这种情况下，共同机构投资者能够起到促进企业共同合作，将外部性内部化的作用，从而使得企业更有意愿采取行动。

其次，共同机构持股有效降低了投资者的信息搜寻与处理成本，提升了对企业的监督效率，从而有效减少了企业委托代理问题，使得企业行为更加符合股东价值诉求。在这种情况下，共同机构投资者将更有效率地监督管理者行为，使得企业采取行动提升 ESG 表现，从而增进企业长期价值。总而言之，共同机构持股促成企业内部化外部性和治理结构优化，其 ESG 表现将会随之变好。本章在此逻辑下提出以下假设：

H1b：共同机构持股会提升企业 ESG 表现。

通过以上论述可以发现，本章理论模型中存在一个结构性拐点，该拐点反映了企业通过合作采取 ESG 行动所能内部化的外部性收益大小。当外部性收益不足时，企业无法从 ESG 行动中获利，因此其 ESG 投入随竞争强度降低出现下降；相反，当外部性收益足够大时，此时共同机构持股起到促进企业合作采取 ESG 行动的作用，从而使得其 ESG 投入上升。接下来，本章将通过实证分析，对我国市场中究竟哪种效应占据主导地位进行验证。

5.4 数据与变量说明

5.4.1 数据来源

本章选取 2007—2019 年中国沪深 A 股制造业上市企业作为初始样本，在此基础上，本章剔除资产负债率大于等于 1 或小于等于 0 的样本、剔除存在数据缺失的样本，最终得到来自 2 371 家企业的共 19 295 个观测值。企业 ESG 数据来自中国研究数据服务平台（CNRDS）公司特色库 CESG 数据库；本章用以构建共同机构持股有关指标的数据来自 CNRDS 基础库 IORD 数据库；公司财务数据来自 CNRDS 基础库 CNFS 数据库；公司治理数据来自 CNRDS 基础库 CCGD 数据库。为排除极端值的影响，本章对财务数据变量进行前后 1% 缩尾处理。

5.4.2 变量定义

（1）被解释变量

为了获取企业 ESG 表现情况，本章从 CNRDS 数据库收集有关信息。CNRDS 子库 CESG 数据库将企业 ESG 表现划分为以下六大类：慈善、多样性、雇员、环境、公司治理和产品。对于每个子类，CESG 数据库定义了一系列的判定项用于捕捉企业好的（又称"优势项"）或差的（又称"关注项"）ESG 表现。基于这些判定项，CESG 数据库从上市公司公布的企业社会责任报告、年报、公告等地方，通过专业人士人工收集和判断相关字段是否符合前述判定项；若符合，则企业在该判定项上评分为 1，否则为 0。将所有判定项得分加总，即可得到企业 ESG 总体表现情况[①]。

从结构上看，CESG 数据库的构造参考了国际知名 ESG 数据库——MSCI ESG Stats Database（又称"MSCI KLD Database"）。MSCI ESG Stats Database 被学术界广泛运用于针对企业 ESG 表现的研究中（如 Chava，2014；Lins et al.，2017），因此，本章参考已有文献构造指标反映企业 ESG 表现。具体来说，对于每家公司，本章首先将各子类中优势（关注）判定项得分加总得到各子类优势（关注）表现得分；其次，将各子类优势表现得分减去相应子类关注得分即可得到该子类净优势得

---

① 构建指标时，我们对 CNRDS 数据库中存在的极少数非判定项指标（如捐赠总额）进行了剔除。

分；最后，将各子类净优势得分加总可以得到企业 ESG 净优势得分（esg_net_str），该指标被用以体现企业总体 ESG 表现水平，即本章研究的被解释变量。

（2）解释变量

参照已有文献（He et al.，2017；潘越 等，2020；杜勇 等，2021），本章从三个方面构造共同机构持股指标，用于反映企业共同机构持股情况。第一个指标是企业是否被共同机构投资者持股的虚拟变量（crsdum）：若企业当年任一季度存在共同机构投资者持股，则值为 1，否则为 0。其中，共同机构投资者是指至少在某一行业内两家企业中同时持有不低于 5% 股份的机构投资者[①]。本章对行业的定义参照证监会 2012 年的分类标准。第二个指标是企业自身存在的共同机构投资者数量（numcrs），构建该指标时，首先在季度层面计算企业存在的共同机构投资者数量，再在年度层面取均值，最后加 1 并取自然对数。第三个指标是企业股份中由共同机构投资者所持有的比例（tcrsown），与构建 numcrs 类似，首先在季度层面计算企业股份中由共同机构投资者所持有的比例，再在年度层面取均值。根据 IORD 数据库提供的机构投资者持股明细数据，本章中提及的机构投资者包括基金、券商、保险、合格境外机构投资者（QFII）、社保基金、信托公司、企业年金以及财务公司等。

（3）控制变量

参考已有关于公司治理与企业社会责任的文献，本章在实证回归分析中对以下变量加以控制：资产负债率（lev）、固定资产比率（ppe）、现金比率（cash）、资产回报率（roa）、企业规模（size）、第一大股东持股比例（shrholder1）、机构投资者持股比例（total_io）、企业董事会成员数（drcnum）和企业董事会独董占比（indrcrat）等。

[①] 已有文献表明，持有较多公司份额（不低于 5%）的机构投资者能够有效地通过多种途径影响公司决策（Edmans et al.，2011；Park et al.，2019），如在关键事项上发声或是威胁退出持股等。因此，本章将共同机构投资者定义为至少在两家同行业公司中持有不低于 5% 股份的机构投资者。

表 5.1 对本章使用的主要变量进行了详细说明。

表 5.1 变量定义

变量	变量定义	计算方式
esg_net_str	企业 ESG 表现	企业 ESG 各子类优势分数减去相对应子类关注分数得到各子类净优势分数，再加总
crsdum	是否被共同机构持股	若企业当年任一季度存在共同机构投资者持股，则值为 1，否则为 0
numcrs	存在的共同机构投资者数量	在季度层面计算企业存在的共同机构投资者数量，再在年度层面取均值，最后加 1 并取自然对数
tcrsown	所有股份中共同机构投资者所占的持股比例	在季度层面计算企业股份中共同机构投资者持股比例，再在年度层面取均值
lev	资产负债率	总负债除以总资产
ppe	固定资产比率	非流动资产除以总资产
cash	现金比率	现金及现金等价物除以总资产
roa	资产回报率	净利润除以总资产
size	企业规模	总资产对数
shrholder1	第一大股东持股比例	第一大股东持股比例
total_io	机构投资者持股比例	机构投资者持股比例
drcnum	企业董事会成员数	企业董事会成员数加 1 再取自然对数
indrcrat	企业董事会独董占比	企业董事会成员中独董占比

5.4.3 描述性统计

表 5.2 报告了本章主要变量的描述性统计情况。企业 ESG 表现均值约为 3.375，标准差为 6.778，最小值为 0，最大值为 35，这反映出当前我国上市企业整体 ESG 表现偏低，且企业间 ESG 表现差距较大。从共同机构持股的状况来看，在样本期内，仅有约 3.3% 的样本存在共同机构投资者，共同机构投资者整体占比不高。在未报告的结果中，我们同样观察了共同机构持股占比随时间的变化趋势，具体而言，存在共同机构持股的企业数量占比随时间存在明显的下降趋势：在 2007 年时，

存在共同机构持股的企业数量占比最高，达到约 12%；此后逐年降低，在 2019 年时，存在共同机构持股的企业数量占比仅约 1%。此外，numcrs 最大值为 1.179，表明一家企业最多存在约 2.25 个共同机构投资者；tcrsown 最大值为 0.192，表明一家企业的股份中最多有 19.2% 的股份被共同机构投资者持有。

从其他控制变量的描述性统计情况来看，本章的研究样本中，企业机构投资者持股占比平均约 34.2%，第一大股东持股比例平均约为 34.4%，这反映出目前我国企业中机构投资者占比仍偏低，与发达国家机构投资者持股占比情况还存在一定差距，随着机构投资者占比的逐步提高，我国机构投资者在未来将会在企业决策中扮演愈发重要的角色。

表 5.2　主要变量描述性统计

变量	样本数	均值	标准差	最小值	最大值
esg_net_str	19 295	3.375	6.778	0.000	35.000
crsdum	19 295	0.033	0.178	0.000	1.000
numcrs	19 295	0.023	0.129	0.000	1.179
tcrsown	19 295	0.002	0.014	0.000	0.192
lev	19 295	0.405	0.202	0.050	0.909
ppe	19 295	0.416	0.175	0.035	0.913
cash	19 295	0.189	0.138	0.011	0.690
roa	19 295	0.04	0.062	−0.261	0.198
size	19 295	21.87	1.177	19.298	25.994
shrholder1	19 295	0.344	0.145	0.030	0.900
total_io	19 295	0.342	0.234	0.000	1.000
drcnum	19 295	2.307	0.264	0.000	3.296
indrcrat	19 295	0.386	0.101	0.000	1.000

5.5 实证分析

5.5.1 基准模型

为了分析共同机构持股对企业 ESG 表现的影响，本章构建了如下普通最小二乘法（OLS）回归模型：

$$esg\_net\_str_{it} = \alpha + \beta \text{CmnOwn}_{it} + \gamma X_{it} + FixedEffect + \varepsilon_{it} \quad (5.19)$$

其中，i 表示企业，t 表示时间，$esg\_net\_str_{it}$ 表示企业 i 在 t 年的 ESG 表现。变量 CmnOwn_{it} 表示任一本章构建的共同机构持股指标（crsdum、numcrs 或 tcrsown），即企业 i 在 t 年的共同机构持股情况。X_{it} 表示所有控制变量的特征向量。为控制不可观测的不随时间、个体以及行业周期等情况变化的因素，本章选择以下两种方式控制固定效应：①企业+年份固定效应；②企业+行业*年份固定效应。最后，本章对基准回归中的标准误采取了企业层面的聚类调整。

5.5.2 基准回归结果

表 5.3 展示了基准回归模型的结果。表 5.3 第（1）、（2）列展示企业是否存在共同机构投资者对企业 ESG 表现的影响；表 5.3 第（3）、（4）列展示企业存在的共同机构投资者数量对企业 ESG 表现的影响；表 5.3 第（5）、（6）列展示企业股份中共同机构投资者所占比例对企业 ESG 表现的影响。结果表明，在所有共同机构持股衡量指标下，共同机构持股对企业 ESG 表现呈现显著的负相关关系。相较于不存在共同机构投资者的企业，存在共同机构投资者的企业 ESG 表现低 0.423~0.481 个单位；企业存在的共同机构投资者数量每增加 1%，则其 ESG 表现降低 0.756~0.842 个单位；企业共同机构投资者持股比例每增加 1%，则其 ESG 表现降低 0.061~0.068 个单位。因此，本章基准回归结

果支持合谋舞弊假说，即共同机构投资者的存在，促进同行业企业间进行市场合谋，提升市场垄断程度，扭曲资源配置，此时企业不再需要依靠提升 ESG 表现提升其市场竞争力，最终导致其 ESG 表现变差。

表 5.3　共同机构持股对企业 ESG 表现的影响

变量	（1）	（2）	（3）	（4）	（5）	（6）
crsdum	-0.481** (0.239)	-0.423* (0.238)				
numcrs			-0.842** (0.350)	-0.756** (0.348)		
tcrsown					-6.793** (3.390)	-6.133* (3.347)
lev	-1.606*** (0.494)	-1.554*** (0.507)	-1.608*** (0.494)	-1.555*** (0.506)	-1.610*** (0.494)	-1.557*** (0.507)
ppe	-0.894 (0.565)	-0.985* (0.565)	-0.895 (0.565)	-0.986* (0.565)	-0.896 (0.565)	-0.988* (0.565)
cash	0.694 (0.528)	0.567 (0.539)	0.707 (0.528)	0.579 (0.539)	0.698 (0.529)	0.571 (0.539)
roa	0.223 (0.776)	-0.043 (0.772)	0.229 (0.776)	-0.038 (0.772)	0.223 (0.776)	-0.043 (0.772)
size	1.152*** (0.157)	1.170*** (0.155)	1.149*** (0.156)	1.167*** (0.155)	1.151*** (0.157)	1.168*** (0.155)
shrholder1	0.620 (0.954)	0.663 (0.963)	0.630 (0.954)	0.672 (0.962)	0.622 (0.954)	0.664 (0.963)
total_io	-0.203 (0.282)	-0.167 (0.286)	-0.188 (0.282)	-0.153 (0.286)	-0.199 (0.282)	-0.162 (0.286)
drcnum	-0.229 (0.165)	-0.190 (0.166)	-0.228 (0.165)	-0.189 (0.166)	-0.228 (0.165)	-0.189 (0.166)
indrcrat	0.493 (0.415)	0.463 (0.416)	0.494 (0.415)	0.463 (0.416)	0.493 (0.415)	0.463 (0.416)
常数项	Yes	Yes	Yes	Yes	Yes	Yes
企业固定效应	Yes	Yes	Yes	Yes	Yes	Yes
年份固定效应	Yes		Yes		Yes	
行业*年份固定效应		Yes		Yes		Yes
R^2	0.751	0.759	0.751	0.759	0.751	0.759
样本容量	19 295	19 295	19 295	19 295	19 295	19 295

注：括号内为 t 统计量，*、** 和 *** 分别表示在 10%、5% 和 1% 的水平上显著。

5.5.3 内生性检验

本章基准回归结果证实，共同机构持股与企业 ESG 表现间存在显著的负相关关系，然而该结果可能存在内生性问题。一方面，机构投资者基于自己的资产配置理念，可能主动去持有 ESG 表现较差的企业进而获取更充分的短期利润，而非在持有企业后再影响企业决策进而降低企业的 ESG 表现。在这种情况下，共同机构持股不是造成企业 ESG 表现变差的原因，而是企业 ESG 表现变差的体现，此时存在样本自选择问题。另一方面，内生性问题还可能产生于未观测到的因素，若此因素既影响机构投资者资产配置决策又影响企业 ESG 表现，则本章观察到的共同机构持股与企业 ESG 表现的负相关关系实则是由该未观测到的因素造成的。因此，我们分别使用 Heckman 二阶段回归和工具变量法分别对上述样本自选择问题和遗漏变量问题进行修正。

(1) Heckman 二阶段回归

针对潜在的样本选择偏误问题，我们参照潘越等（2020）和杜勇等（2021）的研究，采用 Heckman 二阶段回归模型对该内生性问题进行讨论。具体来说，在第一阶段回归中，本章采用 Probit 模型观察企业上一期财务变量与其下一期是否存在共同机构股东之间的相关性，模型如下所示：

$$\mathrm{crsdum}_{it} = \alpha + \gamma X_{i,t-1} + \varepsilon_{it} \qquad (5.20)$$

其中，crsdum_{it} 是表示企业 i 在 t 年是否存在共同机构持股的虚拟变量，$X_{i,t-1}$ 是一个包含企业 i 在 $t-1$ 年财务指标的特征向量。在式（5.20）中，本章包含以下企业层面的财务变量：企业规模（size）、资产负债率（lev）、资产回报率（roa）、固定资产比率（ppe）以及现金比率（cash）。将特征变量滞后一期的原因是，机构投资者在选择是否投资上市企业时只能根据已经披露的信息做出判断。在式（5.20）的回归结果基础上，本章计算相应的逆米尔斯比率（IMR），并以此观察企业上一期特征变量是否会影响机构投资者共同持股的决策，接下来再将该比率作为新增控制变量加入本章基准回归之中,从而达到纠正基准回归中潜在样本自选择偏误的目的。

表5.4展示了Heckman第二阶段回归结果。可以发现,逆米尔斯比率(IMR)的系数在所有回归中均在1%的水平上显著,这表明本章基准回归结果的确存在样本自选择所导致的内生性问题,因此通过Heckman二阶段回归对自选择问题加以控制是有必要的。同时,共同机构持股指标的系数仍然显著为负,这表明,在控制样本选择性偏差后,本章的基准回归结果依然稳健,结论依然成立。

表5.4 Heckman二阶段回归

变量	(1)	(2)	(3)	(4)	(5)	(6)
crsdum	-0.543** (0.246)	-0.405* (0.245)				
numcrs			-0.880** (0.369)	-0.679* (0.367)		
tcrsown					-7.171** (3.571)	-5.592 (3.527)
IMR	-0.793*** (0.213)	-0.684*** (0.213)	-0.797*** (0.213)	-0.688*** (0.214)	-0.793*** (0.213)	-0.685*** (0.213)
控制变量	Yes	Yes	Yes	Yes	Yes	Yes
企业固定效应	Yes	Yes	Yes	Yes	Yes	Yes
年份固定效应	Yes		Yes		Yes	
行业*年份固定效应		Yes		Yes		Yes
R^2	0.796	0.802	0.796	0.802	0.796	0.802
样本容量	16 926	16 926	16 926	16 926	16 926	16 926

注:括号内为t统计量,*、**和***分别表示在10%、5%和1%的水平上显著。

(2)工具变量法

若存在未观测到的因素能促使机构投资者更加偏好低ESG表现的企业,那么本章基准回归结果将存在遗漏变量所导致的内生性问题。因此,本章参考Crane等(2016)、潘越等(2020)和杜勇等(2021)的研究,以①企业是否属于沪深300或中证500指数、②企业是否被中证500指数向下剔除至非沪深300指数成分股,作为本章采用的两个工具变量。此处的逻辑是，一方面，沪深 300 与中证 500 指数合在一起囊括了沪深市场中市值最大、流动性最优的前 800 家上市企业。因此，对于机构投资者而言，成为入选上述指数成分股企业的共同机构股东将会付出相较持有其他非成分股企业更大的成本。基于此，入选上述指数成分股的企业，共同机构持股存在的概率及其持有的股份比例将更低；相反，在非上述指数成分股的企业中，共同机构持股存在的概率及其持有的股份比例将更高。另一方面，沪深 300 与中证 500 指数成分股及其变动并不会对上市企业 ESG 表现造成直接影响，因为指数成分股的编制与企业 ESG 表现无关。具体来说，本章设置两个虚拟变量，e300｜500 和 out500，若企业上一期属于沪深 300 或中证 500 指数，则 e300｜500 取值为 1，否则为 0；若企业当期被中证 500 指数向下剔除至非沪深 300 指数成分股，则 out500 取值为 1，否则为 0。

表 5.5 展示了工具变量回归结果。从一阶段回归结果来看，e300｜500 的系数显著为负，out500 的系数显著为正，这与本章的预期一致。进一步的统计检验表明，本章工具变量结果不存在识别不足、弱识别或过度识别的问题。从二阶段回归结果来看，共同机构持股对企业 ESG 表现的影响估计系数仍显著为负，这表明在一定程度上控制潜在遗漏变量导致的内生性问题后，本章的基准回归结果仍然稳健。

表 5.5 工具变量回归

变量	(1)	(2)	(3)	(4)	(5)	(6)
Panel A：一阶段回归，被解释变量：共同机构持股指标						
e300｜500	−0.035*** (0.007)	−0.034*** (0.007)	−0.025*** (0.005)	−0.024*** (0.005)	−0.003*** (0.001)	−0.002*** (0.001)
out500	0.019** (0.008)	0.019** (0.008)	0.013** (0.005)	0.013** (0.005)	0.001** (0.001)	0.001** (0.001)
Panel B：二阶段回归，被解释变量：esg_net_str（对数值）						
$\widehat{crsdum}$	−3.881*** (1.196)	−4.122*** (1.276)				
$\widehat{numcrs}$			−5.360*** (1.666)	−5.717*** (1.790)		

表5.5(续)

变量	(1)	(2)	(3)	(4)	(5)	(6)
$\widehat{tcrsown}$					−53.237*** (16.915)	−56.252*** (17.961)
控制变量	Yes	Yes	Yes	Yes	Yes	Yes
企业固定效应	Yes	Yes	Yes	Yes	Yes	Yes
年份固定效应	Yes		Yes		Yes	
行业*年份固定效应		Yes		Yes		Yes
Underidentification test：H0：underidentified						
P-value	0.000	0.000	0.000	0.000	0.000	0.000
Weak identification test：H0：weakly identified						
F-value	13.487	13.266	13.211	12.861	12.434	12.193
Overidentification test：H0：instruments are valid instruments						
P-value	0.254	0.326	0.189	0.245	0.125	0.168
样本容量	14 340	14 337	14 340	14 337	14 340	14 337

注：括号内为t统计量，** 和 *** 分别表示在5%和1%的水平上显著。

5.5.4 稳健性检验

除了上述内生性检验之外，本章还针对基准回归结果进行了下述稳健性检验。

(1) 剔除2018年及以后的样本

本章发现，企业ESG表现在2018年出现跳跃式提升。究其原因，该趋势可能与沪深交易所先后在2017年下半年加入联合国可持续证券交易所倡议（UN Sustainable Stock Exchange Initiative）有关。加入该倡议意味着沪深交易所将大力推动沪深上市企业在可持续发展方面的建设，从而使得企业在2018年ESG表现出现显著提升。因此，这种趋势可能导致本章的基准回归结果仅仅是对2018年变化而非整个样本期情况的反映。基于此，为验证基准结果的稳健性，本章将2018年及之后年份的样本剔除，并重新进行基准回归和内生性检验。结果表明，在剔除该影响后，共同机构持股对企业ESG表现影响的估计系数依然显著，本章的基准回归结果稳健。

（2）替换 ESG 表现衡量指标

由于 CNRDS 的 CESG 数据库主要依据企业披露的社会责任报告以及其他公开信息获取企业 ESG 信息，因此，未通过企业社会责任报告或其他公开渠道披露有关信息的企业 ESG 表现得分为 0。这在一定程度上可能导致以 CESG 数据库构造的 ESG 评价体系无法真实反映企业 ESG 表现。因此，本章在进行稳健性检验时，将 ESG 表现衡量指标替换为和讯网企业社会责任（CSR）总评分，并考察基准结果是否改变。和讯网企业社会责任评价体系不仅依据企业公开披露的社会责任信息，还包括企业在财务、供应链等多方面的信息，因此能更加全面地反映企业 ESG 表现。

表 5.6 展示了相应的回归结果。结果表明，共同机构持股对企业和讯网 CSR 评分的影响估计系数仍显著为负。因此，本章的基准结果在不同评价体系下依然稳健，这说明共同机构持股对企业 ESG 表现的负面影响不是由特定的 ESG 评价体系驱动的，而更有可能是具有一般性的结论。

表 5.6　稳健性检验：和讯网 CSR 评分

变量	（1）	（2）	（3）	（4）	（5）	（6）
crsdum	-1.041* (0.570)	-1.042* (0.566)				
numcrs			-1.605** (0.788)	-1.598** (0.783)		
tcrsown					-17.179** (6.806)	-16.831** (6.751)
控制变量	Yes	Yes	Yes	Yes	Yes	Yes
企业固定效应	Yes	Yes	Yes	Yes	Yes	Yes
年份固定效应	Yes		Yes		Yes	
行业*年份 固定效应		Yes		Yes		Yes
R^2	0.610	0.620	0.610	0.620	0.610	0.620
样本容量	16 870	16 870	16 870	16 870	16 870	16 870

注：括号内为 t 统计量，*和**分别表示在 10% 和 5% 的水平上显著。

（3）考虑行业特征

不同行业拥有各自的特点，而这些特点也可能导致不同行业企业之间 ESG 表现存在固有的差异，同时机构投资者对不同行业也可能会有不同的资产配置偏好，因此，行业固有特征也可能导致本章基准回归结果的偏误。为了控制这些不随时间变化的行业固有特征，本章在基准 OLS 回归模型的基础上进一步控制行业 * 年份固定效应，结果表明，共同机构持股对企业 ESG 表现影响的估计系数仍显著为负，本章的基准回归结果稳健。

5.5.5 机制分析

共同机构持股对企业 ESG 表现产生负面影响的"竞争合谋假说"认为，当机构投资者在多家企业中持有股份时，其投资的首要目标不再是企业自身价值最大化，而是其资产组合价值最大化。而在激烈的市场竞争中，企业往往为了抢占市场份额与实现自身价值最大化而采取过度的竞争策略，如与同行企业大打"价格战"与"广告战"等，而这种过度竞争行为很有可能导致两败俱伤，最终使得投资者资产组合价值受损。因此，共同机构投资者有意愿促成其持股企业间进行合谋，以达到控制产量、提升价格、扭曲市场体系，从而赚取超额利润的目的（Azar et al.，2021；Azar et al.，2018）。在此基础上，由于市场竞争强度显著下降，一方面，企业不再需要依靠提升 ESG 表现来提升产品竞争力；另一方面，提升 ESG 表现不太可能再在短期内显著提升企业价值。接下来，本章将从共同机构投资者市场势力和共同机构投资者类型两个维度进行探讨，验证"竞争合谋假说"的合理性。

（1）共同机构投资者市场势力

当通过共同机构投资者联结的同行企业数量越多，那么这些企业通过合谋能形成更大的市场势力并产生更大的收益，竞争强度将会越弱，此时，企业通过提升 ESG 表现来提升竞争力的意愿就会越弱，因此其 ESG 表现将会越差。本章从两个维度构造指标来衡量共同机构投资者的市场势力。第一个指标是企业通过其所有共同机构投资者所联结的同行业企业数量（numcon）；第二个指标是企业平均通过一个共同机构投资者所联结的同行业企业数量（avgnum）[①]。我们将这两个指标代入本章的基准模型中，回归结果如表 5.7 所示。结果表明，共同机构投资者市场势力与企业 ESG 表现呈现显著的负相关关系。这意味着，通过共同机构投资者联结的企业数量越多，形成的市场势力越大，合谋的收益越高，企业提升 ESG 表现以增进市场竞争力的意愿就越低，最终导致企业 ESG 表现越差。

表 5.7　共同机构投资者市场势力的影响

变量	（1）	（2）	（3）	（4）
numcon	-0.631** (0.290)	-0.552* (0.289)		
avgnum			-0.556* (0.288)	-0.476* (0.286)
控制变量	Yes	Yes	Yes	Yes
企业固定效应	Yes	Yes	Yes	Yes
年份固定效应	Yes		Yes	
行业*年份固定效应		Yes		Yes
R^2	0.751	0.759	0.751	0.759
样本容量	19 295	19 295	19 295	19 295

注：括号内为 t 统计量，*和**分别表示在 10%和 5%的水平上显著。

（2）共同机构投资者类型

当共同机构投资者更加关注短期资产组合价值最大化时，其更有意愿促进所持有的同行业企业减少长期投入，从而增加短期收益，这将导致企业 ESG 表现更差。为验证共同机构投资者风格偏好对企业 ESG 表现的影响，本章将共同机构投资者细分为七种，分别是财务公司、基金、券商、信托，以及通常被认为具有长期偏好的三类机构投资者：QFII、保险和社保基金[②]。紧接着，本章针对这七种机构投资者分别构

[①] 同样的，本章对这两个指标原始数据加 1 并取自然对数。
[②] 在本章样本中，被动型基金在共同机构投资者中占比很低，主要为主动型基金。

造与基准回归中相同的共同机构持股指标，并代入基准回归模型中，替换原本的共同机构持股指标。表5.8展示了回归结果中共同机构持股对企业ESG表现影响的估计系数。结果表明，共同机构持股对企业ESG的负向影响，主要由主动型机构投资者中的基金驱动；相反，长期机构投资者对企业ESG表现无显著影响。究其原因，这可能与基金机构投资者面临严重的短期业绩压力和资金流量压力有关（冯旭南 等，2013；李祥文 等，2018），这导致基金机构将其所面临的压力传导至其持有的企业，迫使企业更加关注短期利润最大化。这意味着，共同机构投资者最大化短期资产组合价值的目标，将会影响企业的生产和投资决策，在扭曲市场运行机制的同时，也会抑制企业的长期价值投入，最终导致企业ESG表现更差。

表5.8 分类别共同机构持股的影响

变量	(1) crsdum	(2) crsdum	(3) numcrs	(4) numcrs	(5) tcrsown	(6) tcrsown
财务公司	0.368 (0.422)	0.219 (0.443)	0.531 (0.608)	0.316 (0.640)	0.034 (0.051)	0.018 (0.052)
基金	-0.612** (0.267)	-0.566** (0.265)	-1.017*** (0.386)	-0.945** (0.383)	-0.091** (0.038)	-0.085** (0.038)
券商	1.866* (1.130)	1.780 (1.127)	2.692* (1.630)	2.569 (1.627)	0.376* (0.223)	0.366 (0.225)
信托	1.528*** (0.207)	0.872 (0.702)	2.205*** (0.298)	1.259 (1.013)	0.172*** (0.021)	0.091 (0.076)
QFII	1.571 (1.182)	1.580 (1.414)	2.267 (1.706)	2.280 (2.040)	0.263 (0.167)	0.265 (0.202)
保险	-0.590 (0.914)	-0.590 (0.927)	-0.850 (1.318)	-0.851 (1.337)	-0.037 (0.056)	-0.034 (0.059)
社保基金	-0.755 (0.755)	-0.390 (0.797)	-1.090 (1.089)	-0.562 (1.149)	-0.068 (0.102)	-0.014 (0.108)
企业固定效应	Yes	Yes	Yes	Yes	Yes	Yes
年份固定效应	Yes		Yes		Yes	
行业*年份固定效应		Yes		Yes		Yes

注：括号内为t统计量，*、**和***分别表示在10%、5%和1%的水平上显著。

5.5.6 作用途径

(1) ESG 表现中受到影响的部分

本章构建的企业 ESG 表现指标依据企业在六个子项中的表现加总而来。因此，我们在本节进一步探讨共同机构持股究竟通过影响企业在哪些子项上的表现，从而最终影响企业总体 ESG 评价。具体而言，参照变量 esg_net_str 的构建方法，我们构建了下列六个子项评价指标：环境净优势 (env_net_str)、公司治理净优势 (gov_net_str)、产品净优势 (pdt_net_str)、慈善净优势 (cha_net_str)、多样性净优势 (div_net_str) 以及雇员净优势 (emp_net_str)。并且分别用这六个评级指标替换基准回归中的 esg_net_str 进行检验，共同机构持股对各子项表现影响的估计系数如表 5.9 所示。结果表明，共同机构持股主要从环境、公司治理以及产品这三方面对企业 ESG 表现产生影响。首先，共同机构持股直接导致企业合谋，扭曲其产品市场行为，因此对产品子项评价造成负面影响，这与本章的"合谋舞弊假说"预期一致；其次，共同机构投资者短期资产组合价值最大化目标扭曲了企业自身生产与投资决策，从而对企业公司治理子项评价造成负面影响，这同时也拒绝了本章的"协同治理假说"；最后，共同机构持股同样导致企业环境表现显著变差，这同样表明，企业并未内部化环境外部性，拒绝了本章的"协同治理假说"。

表 5.9 共同机构持股对企业 ESG 子项表现的影响

Panel A：影响较强的子项						
变量	env_net_str		gov_net_str		pdt_net_str	
	(1)	(2)	(3)	(4)	(5)	(6)
crsdum	−0.114** (0.054)	−0.103* (0.054)	−0.069** (0.029)	−0.063** (0.029)	−0.091** (0.043)	−0.073* (0.043)
numcrs	−0.199** (0.079)	−0.183** (0.078)	−0.116*** (0.042)	−0.108** (0.042)	−0.157** (0.062)	−0.130** (0.061)
tcrsown	−1.731** (0.752)	−1.629** (0.742)	−0.929** (0.395)	−0.866** (0.395)	−1.373** (0.575)	−1.145** (0.568)

表5.9(续)

变量	cha_net_str		div_net_str		emp_net_str	
	(7)	(8)	(9)	(10)	(11)	(12)
crsdum	-0.041 (0.042)	-0.040 (0.042)	-0.047* (0.025)	-0.039 (0.025)	-0.120* (0.073)	-0.105 (0.072)
numcrs	-0.080 (0.060)	-0.078 (0.060)	-0.078** (0.037)	-0.067* (0.037)	-0.213** (0.106)	-0.190* (0.105)
tcrsown	-0.407 (0.582)	-0.419 (0.578)	-0.639* (0.360)	-0.547 (0.357)	-1.714* (1.015)	-1.528 (0.998)
企业固定效应	Yes	Yes	Yes	Yes	Yes	Yes
年份固定效应	Yes		Yes		Yes	
行业*年份固定效应		Yes		Yes		Yes

Panel B：影响较弱的子项

注：括号内为 t 统计量，*、**和***分别表示在10%、5%和1%的水平上显著。

(2) 对 ESG 有关实际行动的影响

本章以企业绿色创新为例，讨论了共同机构持股对企业 ESG 有关实际行动的影响。习近平总书记在党的十八届五中全会提出"创新、协调、绿色、开放、共享"新发展理念，并在党的十九届五中全会中强调，要坚定不移贯彻新发展理念，以改革创新为根本动力，推动高质量发展。由此可见，绿色与创新在实现习近平总书记提出的到2035年"生态环境根本好转，美丽中国建设目标基本实现"的社会主义现代化远景目标中占有重要位置。正如刘金科和肖翊阳（2022）所述，创新是推动绿色发展、建设美丽中国的核心力量和重要支撑，是企业实现绿色低碳转型与可持续发展的重要抓手。因此，基于绿色创新在企业可持续发展中占据的重要地位，本章在此探讨共同机构持股对于企业绿色创新行为的影响。

具体来说，参考齐绍洲等（2018）以及刘金科和肖翊阳（2022）的研究，我们将企业绿色创新定义为企业绿色创新申请数量占当期全部创新申请数量的比例。此外，我们还将企业绿色创新细分为企业独立创新申请和联合创新申请两大类，最后再将每个大类依专利申请类型划分为发明专利申请与实用新型专利申请。在构建完毕上述企业绿色创新指标后，本章将其代入基准回归模型中，替换掉企业 ESG 表现指标，从而观察共同机构持股对企业 ESG 有关实际行动（以企业绿色创新为例）的影响。

估计系数结果如图 5.1 所示。结果表明，共同机构持股对企业绿色创新有动态渐进式的负面影响，随时间发展，共同机构投资者对企业绿色创新的负面影响越来越显著且范围逐步扩大[①]。具体来说，共同机构持股主要影响企业独立绿色创新活动，而对企业联合他方的创新活动没有影响。这与"合谋舞弊"效应相符，共同机构持股导致竞争减少，企业安于现状，忽视 ESG 投入所蕴含的长期价值，减少绿色创新等 ESG 有关实际行动，最终导致企业 ESG 表现变差。

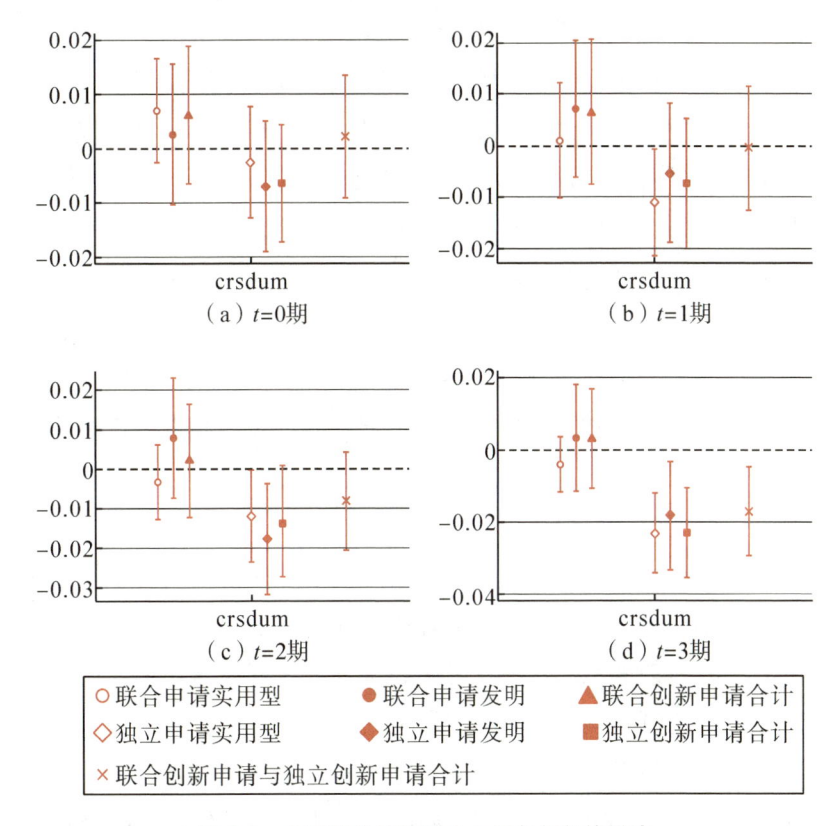

图 5.1　共同机构持股对企业绿色创新的影响

---

① 因篇幅所限，图 5.1 仅报告 crsdum 的估计结果，numcrs 与 tcrsown 的估计结果一致。

5.6 本章小结

共同机构持股已然成为资本影响企业行为的一种重要方式，但目前对于其究竟表现为"合谋舞弊"效应还是"协同治理"效应仍存在不小的争议。本章以2007—2019年A股上市制造业企业为研究样本，以企业ESG表现为切入点，细致讨论了共同机构持股对企业ESG表现的影响。结论表明，共同机构持股主要体现为"合谋舞弊"效应，企业ESG表现显著降低。机制分析表明，共同机构持股能够提升企业市场势力，从而扭曲市场运行机制，降低企业间竞争，令企业更加安于现状，采取行动改善ESG表现的意愿降低，最终导致其ESG表现变差。此外，我们发现共同机构持股的影响主要由主动型基金机构投资者造成；共同机构持股会降低企业长期ESG投入，亦使其绿色创新活动显著减少。

基于上述研究发现，本章有如下几点重要的政策意义：首先，共同机构持股将会导致严重的垄断问题，不利于全国统一大市场的建设和发展。建设全国统一大市场是构建新发展格局的基础支撑和内在要求，在此过程中，要着力强化反垄断，强化垄断风险识别、预警和防范。因此，监管机构有必要对共同机构持股做出明确的规范和限制，避免其盲目扩张。

其次，共同机构投资者未能充分发挥资本对于企业绿色转型与可持续发展的重要支撑作用。当前，绿色与可持续发展已经成为中国高质量可持续发展的必由之路，资本市场作为优化资源配置、提升资源使用效率的重要平台，能够且应当在企业可持续发展过程中扮演重要的支撑角色。因此，政策制定者需要在规范和制约共同机构持股的同时，思考如何引导共同机构投资者更加积极主动地支持企业可持续发展。

最后，以共同机构投资者为代表的机构投资者群体，未能充分发挥其应有的对企业监督治理的职能。监管者应当继续加强机构投资者素质与能力建设、改善资本市场环境、培养以中长期投资为主的机构投资者。

6　ESG 披露与企业可持续增长

ESG 从环境（environmental）、社会（social）、公司治理（governance）三个维度揭示企业的内在价值，因此 ESG 披露在推动企业可持续增长的过程中发挥何种作用成为学术界探讨的前沿问题之一。本章以 2012—2022 年中国 A 股上市公司为研究样本，实证检验了 ESG 披露对企业可持续增长率（sustainable growth rate，SGR）的影响。研究结果表明：①企业 ESG 披露显著提高了 SGR，而且 ESG 披露表现越好，企业的可持续发展能力越强；②媒体关注度对 ESG 披露水平较高的企业调节作用更加显著；③区域数字化水平和企业所属行业影响企业 ESG 对 SGR 的直接效应和媒体调节效应。异质性检验结果表明，企业 ESG 披露对 SGR 的促进作用在高数字化水平的地区和非重污染行业的企业中更加显著。研究结论为全面理解 ESG 披露对企业可持续发展的影响，推进 ESG 体系建设在中国的实践提供了理论支持与经验证据。

6.1　中国可持续发展现状

中国经济发展进入新常态，正处于高速增长阶段转向高质量发展阶段的转型关键期，可持续发展成为微观企业乃至宏观经济的转型新方向。ESG 与现阶段中国绿色可持续发展理念高度契合，为经济社会转型发展、实现国家"双碳"目标提供了新的方法和依据，是实现经济高质量发展的有效工具。

可持续发展是国际公认的综合发展方式，强调经济、社会、环境的协调统一，要求人类在发展中讲究经济效率、追求社会公平、关注生态和谐。可持续发展是破解当前全球性问题，如气候变暖、地缘冲突、经济下行等问题的突破口。面对多重压力，追求可持续发展已刻不容缓。2022年11月，第二十七届联合国气候大会加深了国际社会对于全球正在面临的气候风险的认识，推动了可持续发展的全球实践。

在2023年全球聚焦可持续发展的背景下，越来越多的国际组织和国内有关部门积极采取行动，为实现更可持续的未来而贡献力量。2023年6月26日，国际可持续准则理事会（ISSB）正式发布《国际财务报告可持续披露准则第1号——可持续相关财务信息披露一般要求》（IFRS S1）和《国际财务报告可持续披露准则第2号——气候相关披露》（IFRS S2）。两项准则的发布标志着可持续信息披露进入新纪元，对于推动经济、社会和环境的可持续发展意义重大。以上准则从2024年1月1日起的年度报告期间开始执行。

近年来，我国也在积极践行可持续发展理念。党的二十大报告着重讲述"可持续发展"，并从推进美丽中国建设，加快发展方式绿色转型，深入推进环境污染防治，提升生态系统多样性、稳定性、持续性以及积极稳妥推进碳达峰碳中和等方面，全面分析和科学规划了我国实现"可持续发展"的重点部署和路径。2023年8月2日，联合国全球契约组织、生态环境部、中国人民银行、金融机构、跨国公司、头部企业等不同领域部门共同发起"21世纪'活力·ESG'创新论坛"，提出"ESG可持续行动倡议"，要求企业把ESG纳入核心价值理念、不断强化ESG信息披露从而助力企业可持续发展。

近年来，我国上市公司在可持续发展方面的实践呈现出快速增长态势。根据《A股上市公司可持续发展价值评估报告（2022）》的统计分析，有121家上市公司在非财务报告披露中提及可持续发展目标

（SDGs），对 17 项目标的平均覆盖率为 81.59%，有 11 项目标的覆盖率超过 90%。其中，受关注度最高的目标是 SDG3（良好健康与福祉）、SDG8（体面工作和经济增长）、SDG12（负责任的消费和生产）和 SDG13（气候行动），均有超过 96% 的企业在报告中提及。这些目标或与企业经营的关系更为紧密，或更具明确的政策指引。根据《2022 可持续发展投资报告》《2022 年可持续投资的趋势》和《中国可持续金融发展洞察白皮书》的分析，当前我国可持续发展实践存在以下特征：

（1）可持续投资助力"双碳"目标实现，对高比例可再生能源如风电、光伏的投资增长。我国风电投资持续增长，截至 2021 年，风电累计装机量达 328.5 GW，占国内发电装机总量的 13.8%，仅次于水电和火电；光伏方面，2021 年我国新增光伏装机容量达 54.88 GW，预计 2022—2025 年将持续增长；储能方面，国家发改委、国家能源局预计到 2025 年实现新型储能从商业化初期向规模化发展转变，可持续投资空间广阔。

（2）投资机构积极践行可持续发展。近年来，碳中和主题概念公募基金申请成立愈发火热，均取得不错的业绩表现，平均年化收益率达 30% 左右。伴随新基金的不断成立，碳中和基金规模经历迅速的增长，截至 2022 年 9 月 30 日，国内碳中和公募基金合计 1 976 亿元，相较 2017 年的 300 亿元增长了 559%。随着国内 ESG 基金市场的不断发展及政策完善，ESG 主题基金规模经历迅速的增长，截至 2022 年 9 月 30 日，国内 ESG 主题公募基金合计 225.1 亿元，相较 2017 年的 164.2 亿元增长了 37%。可见，围绕可持续发展主题的金融产品受到市场追捧认可。

（3）上市公司可持续信息披露的透明度提升。近年来，国内上市公司在可持续投资披露方面取得一定进展，越来越多的企业开始发布可持续投资报告。截至 2022 年底，A 股市场共有 3 279 家上市公司发布企业社会责任报告，占比为 67.89%。一些大型国有企业和知名品牌企业已经形成比较完善的企业社会责任管理制度和报告发布机制，报告质量相对较高；而另一些中小型企业或新上市企业在企业社会责任报告的编制及发布方面存在不足。同时，监管层不断释放积极信号，推动更多公司披露可持续信息，指导各类企业进行可持续投资治理实践和信息披露。随着监管的披露要求趋严，国内企业的可持续发展信息披露将逐渐规范。

（4）可持续融资市场氛围良好。国内多部门联合出台政策措施，积极引导各类金融机构开展绿色金融实践，为企业可持续发展提供巨大资金支持。在绿色贷款方面，截至2022年底，全国本外币绿色贷款余额为22.03万亿元，同比增长38.5%，增速较上年末提高5.5个百分点，全年新增6.13万亿元。在绿色债券方面，2022年中国境内外绿色债券新增发行规模约为9 838.99亿元，发行数量为568只。我国实现"双碳"目标需约153.2万亿元资金，而当前以绿色信贷和绿色债券为主的绿色融资仅约23万亿元，整体存在130.2万亿元的较大资金缺口。可见，可持续融资市场氛围渐入佳境，未来发展空间广阔，金融机构面临新机遇、新挑战。

6.2 研究背景与研究现状

可持续发展已成为国际趋势，近年来许多国家越来越重视企业ESG信息披露（Chen et al., 2022）。ESG作为一种投资理念和评价企业社会责任履行情况的标准，能够推动可持续发展（Brooks et al., 2017），成为国际共识。ESG是可持续发展体系的具象化体现，从环境（E）、社会（S）、公司治理（G）三个维度探讨企业在可持续发展目标下的表现。可持续发展过程中最重要的步骤之一是信息披露。公司选择披露信息来证明他们对可持续发展的承诺。虽然环境、社会和治理信息作为非财务指标曾经仅是一项可选的自愿性披露事项，但现在变得越来越重要。ESG促使企业更加重视环境、社会责任和公司治理议题，体现了可持续发展理论的精髓。ESG 信息披露是企业创造长期价值的能力体现，同时也反向促进企业的 ESG 实践深化。越来越多的上市公司将可持续发展理念融入企业发展战略中，以"双碳"目标、可持续发展目标等作为企业经营的行动方向。

当前中国处于新发展阶段，政策鼓励和监管规则引导作用固然重要，但将 ESG 作为企业的内生性动力，使企业通过良好的 ESG 披露提高可持续增长水平，实现企业的可持续发展，至关重要。根据可持续投资理念，企业面临着环境、社会和治理的机会和风险，这些机会和风险可能会对企业绩效产生重大影响，从而影响股东价值（Humphrey et al., 2012）。然而，ESG 与企业可持续增长之间的内在联系机制仍然模糊不清，这与管理政策的制定息息相关（de la Fuente et al., 2022）。针对 ESG 对企业价值影响的研究，学者们分别从 ESG 整体表现与 E、S、G 各个单一维度两方面展开研究（Chen et al., 2022），具体的文献评述如下：

（1）ESG 整体表现对企业价值的影响。Aboud 和 Diab（2018）认为 ESG 披露对提高企业绩效有积极作用，ESG 评分较高的公司价值更高，公司在 ESG 评分中的排名与公司价值呈正相关。Khan（2022）通过计量分析，梳理了 ESG 披露与企业绩效的关系。大多数文献得出一致性结论：良好的 ESG 披露能显著降低融资成本，减轻企业的财务负担（Cheng et al., 2014），缓解企业的财务风险（Broadstock et al., 2020），提高企业运行效率，增加企业利润（Yoo et al., 2022）。王双进等（2022）认为，工业企业 ESG 披露能够显著促进企业绩效的提高。与工业企业类似，ESG 披露与金融行业的企业绩效也呈正相关（Brogi et al., 2019）。Wu 等（2022）强调，ESG 的价值优势主要来源于无形资本。虽然大多数文献支持 ESG 对企业价值的正向作用，但仍然有一些研究得出了相反的结论，如 Ruan 和 Liu（2021）认为 ESG 披露给企业带来更大的成本压力，从而对企业绩效产生了显著的负面影响。

（2）环境（E）、社会（S）、治理（G）各个单一维度指标对企业价值的影响。①在环境（E）维度方面，Ambec 和 Lanoie（2008）以及 Lee 等（2016）指出，企业环境信息披露与企业绩效之间的关系是正向的。究其原因，上市公司披露环境信息，无论是正面还是负面信息，都体现了企业对环境责任的主动承担，能够帮助企业树立良好的企业形象，提升其市场竞争力，还能够实现企业与政府监管部门的有效沟通，能够减少潜在的环境诉讼和惩罚带来的损失，降低企业的运营风险（唐勇军 等，2021）。②在社会（S）维度方面，Kim M 和 Kim Y（2014）认为，企业社会责任通过增加托宾 Q 来增加股东价值，企业的社会责任绩效越好，其市场评价越高，会计盈余信息含量越高。Gangi 和 D'Angelo（2016）得出相似的结论，即企业社会责任与企业绩效之间存在良性循环。③在治理（G）维度方面，Xie 等（2019）指出，公司治理信息披露与企业绩效的正相关最强，其次是社会披露和环境披露。Bhagat 和 Bolton（2008）以及 Wang 等（2022）研究发现，公司治理与公司财务绩效存在显著的正相关关系。尽管以上文献支持环境（E）、社会（S）、治理（G）各个单一维度指标对企业价值具有正向作用的观点，但仍然有一些研究得出了相反的结论，如 Song 等（2017）的研究结果表明，环境（E）与企业价值之间不存在显著相关性；Surroca 等（2010）认为，社会责任（S）对企业绩效不存在显著影响。

通过对相关文献的系统梳理发现，现有文献主要探讨 ESG 披露对公司总价值（或财务绩效）的影响，缺乏对 ESG 如何影响公司可持续发展的考虑。然而，ESG 作为一种以人与自然和谐共生为目标的可持续发展价值理念，将公共利益引入公司价值评估体系之中，将单一企业的行为映射到整个社会体系，更注重每个公司在发展过程中带来的公司与社会价值的共同创造与相互促进，而非仅考察公司财务表现的提升。其设计初衷是为了寻找既创造经济效益，又创造环境、社会价值的具有可持续发展潜力的标的，因此对企业长期绩效的关注显得尤为重要（刘柏 等，2023）。

现有文献主要考虑了公司的短期价值，而企业战略的重要价值取决于未来的可持续增长（de Andres et al., 2017）。未来可持续发展理论为长期战略重塑企业价值提供了重要机制（Trigeorgis et al., 2017）。企业目前正处于高度竞争的环境中，面临着将可持续发展纳入管理规划以实现可持续增长的压力（Sanoran，2023）。因此，探索 ESG 与企业可持续增长率（SGR）之间的关系对企业的长期发展目标意义重大。忽视 ESG 与 SGR 之间的关系可能会降低企业推动 ESG 披露的积极性，最终难以实现可持续发展目标。现有文献缺少对 ESG 与企业未来价值之间关系的实证分析，导致该领域对 ESG 的理论分析框架不够完善。为填补这一空白，本章探讨中国 A 股上市公司的 ESG-SGR 关系以及媒体关注度对 ESG-SGR 关系的调节效应，进而分析不同区域数字化水平以及不同行业下 ESG-SGR 关系的异质性，以丰富 ESG 相关主题研究的经验证据。

　　本章研究的主要贡献包括以下几个方面：①已有研究较少从企业未来发展角度探究 ESG 对企业长期可持续增长的影响，因而本章选取可持续增长率（SGR）作为表征企业可持续发展能力的指标，探究 ESG 披露与企业可持续增长率之间的关系。②目前鲜有研究考察媒体关注度对 ESG-SGR 关系的调节效应，本章创新性地引入媒体关注度这一调节变量，通过考察媒体关注度对 ESG-SGR 关系的影响，在一定程度上拓展了媒体关注微观主体经济后果的相关研究。③数字化水平影响信息流的传播以及媒体关注度的效果，本章进一步分析不同区域数字化水平下 ESG-SGR 关系的作用机制，丰富了外部环境不确定性背景下 ESG 对企业可持续增长的影响研究。④本章通过对重污染企业以及非重污染企业进行分组对比分析，探讨行业异质性对企业 ESG-SGR 关系的影响。本章内容是对企业 ESG 披露研究的一个有益补充，具有一定的实践价值。研究结果为企业重视 ESG 披露，实现可持续增长提供了实证依据。

6.3 理论分析与研究假设

由于中国 ESG 实践和相关理论分析尚处于起步阶段,企业 ESG 信息披露是否有利于企业可持续增长还没有确定性结论,因而迫切需要从理论机理层面和实证分析层面探究二者的关系。学术界有三种经典理论为解释 ESG-SGR 关系提供了分析框架:信号传递理论、利益相关者理论和企业声誉理论。①信号传递理论认为,市场上的信息由处于信息优势的一方传递给处于信息弱势的一方,从而使市场更加有效率。ESG 披露可以提高信号传输的透明度(Lagasio et al.,2019),并通过信号传递作用向投资者传达良好的企业责任信息(Tsang et al.,2023)。②利益相关者理论认为,公司的发展离不开各利益相关者的投入或参与,包括股东、债权人、供应商、客户、雇员、管理者、政府部门等,企业追求的是利益相关者的整体利益。ESG 披露为利益相关者提供了所需的信息,并帮助公司获得利益相关者的大力支持(Aluchna et al.,2022)。利益相关者与企业之间的良好合作关系有助于公司发展(Tsang et al.,2023)。相反,利益相关者对公司的不满将不利于企业的持续经营(Clarkson,1995)。③企业声誉理论是指,企业品牌在市场领域中的效应不仅包括企业对其商业行为中最基本的产品质量和售后服务等事项的履行情况,还包括对顾客的承诺、对生态环境的保护与建设行动,以及对社会责任的承担等。研究表明,ESG 披露提升了公司的声誉,有助于公司未来的可持续发展(Wang et al.,2022)。

从企业应承担的社会责任方面考虑,企业在注重其利润增长的同时,也应兼顾环境与社会效益(Zheng et al.,2022)。企业应积极承担社会责任、塑造更好的企业形象,从而吸引投资者的关注(Bolognesi et al.,2023),而 ESG 作为企业非财务评价体系,责任履行的良好评价会提升市场关注程度,释放更多的积极信号,进而有利于提高企业的绩效

(Díaz et al., 2021)。ESG 披露一方面能够反映企业在环境、社会方面的行动，有利于提高投资者对于企业的满意度；另一方面能够促使企业完善其内部治理结构，规范企业行为以及提升其风险管理能力（Albuquerque et al., 2019），从而最终实现企业可持续发展能力的提高。基于上述分析，本章提出以下假设：

H1：ESG 披露有利于提高企业可持续增长率（SGR）。

媒体对公司的报道是利益相关者了解公司的重要途径。媒体在当今社会中发挥着不可或缺的作用。Bloomfield 和 Wilks（2000）认为，一家公司获得的媒体报道越多，该公司披露的相关信息水平就越高。媒体首先发挥传播的作用，通过对企业经营状况的关注和向社会传播相关信息，吸引社会各界的关注，进而影响公众对企业的印象，从而影响企业的声誉。目前国内 ESG 披露主要遵循自愿性原则，暂时还未到要求同步国际 ESG 准则或者强制披露的地步，披露的质量对其可靠性影响很大，媒体关注的监督作用显得极为重要（Zhang et al., 2022）。在大数据与媒体融合的背景下，媒体在传播信息和监督企业行为方面的作用越来越明显（Zyglidopoulos et al., 2012），来自媒体的相关报道将会引起社会公众尤其是潜在投资者的高度关注（李百兴 等，2018）。媒体报道逐渐成为企业 ESG 信息传播的重要渠道。饶育蕾等（2016）认为，一家公司获得的媒体报道越多，该公司披露的相关信息水平就越高。媒体报道的正面 ESG 新闻往往会带来公司股价的提升，而负面 ESG 新闻往往会造成公司业绩波动（Capelle-Blancard et al., 2019），因此媒体关注具有一定的财务意义。良好的 ESG 声誉有助于提高企业的财务绩效（Chen et al., 2022）、增强企业发展能力（Wong et al., 2022）、抵御负面新闻带来的风险（He et al., 2022；Wang et al., 2023）、树立更好的公司形象（Akhtaruzzaman et al., 2021）。张琛等（2019）将媒体关注作为调节机制，发现其能够促进环境信息披露与企业环境绩效之间的正相关关系。基于上述分析，本章提出以下假设：

H2：媒体关注度对 ESG-SGR 关系具有调节作用。

尽管媒体关注影响 ESG-SGR 关系,但存在一定的地区差异性,媒体对企业信息传播的影响受区域数字化水平的影响,主要包括以下两个方面:在直接效应方面,数字化对传统产业进行更新升级,实现了产业间的信息共享,激发了企业经营活力(Mu et al.,2023)。在间接效应方面,区域数字化水平的提高影响媒体传播的效率,通过媒体报道,企业的新闻会更快地传递给公众。一些学者已经证实,数字化水平的提高将对企业绩效产生积极影响(Nigam et al.,2020)。数字化可以提高企业信息透明度和问责制水平,激发企业未来发展潜力,从而促进企业可持续发展(Broccardo et al.,2023)。基于上述分析,本章提出以下假设:

H3:区域数字化水平的异质性会影响 ESG-SGR 关系和媒体调节效应。

不同的行业所受到的监管力度不同,投资者对其未来发展持有的态度也不尽相同。重污染行业破坏生态环境,与国家可持续发展目标相违背,而清洁能源等行业是国家大力扶持的产业,清洁能源、新能源等行业可以通过申请绿色贷款、绿色债券等融资渠道降低企业成本(Wang et al.,2022)。在中国"双碳"目标下,重污染企业受到更严格的环保法规约束,利益相关者和公众对于不同行业企业的 ESG 披露可能有不同的要求,更有可能感知到环境问题的影响(Tan et al.,2022)。利益相关者认为提高重污染企业 ESG 披露要求的做法是合理的,这导致在一定程度上会降低重污染企业 ESG 绩效的敏感度,从而影响企业价值的提升(Zheng et al.,2022)。因此,本章提出以下假设:

H4:相比于重污染行业,非重污染行业的企业 ESG 披露对 SGR 的促进作用更显著。

6.4 研究设计

6.4.1 样本选取

本章以 2012—2022 年中国 A 股上市公司为研究样本。为了提高研究结果的可靠性和有效性，初始样本筛选方法如下：①剔除金融类上市公司；②剔除 ST、*ST、PT 公司，这些上市公司大多出现财务异常，其数据有效性无法得到保证，因此将其剔除；③剔除相关变量数据缺失的样本。此外，为了消除极值的影响，对所有连续变量进行 1% 的双向缩尾处理，最终得到 3 164 家企业的 26 717 个观测值作为实证检验样本。本章使用的 ESG 披露得分来自 Wind 金融数据库，媒体关注度数据来自中国研究数据服务平台（CNRDS），中国分省份数字化水平来源于百度指数，其他控制变量如偿债能力、成长能力、股权集中度等财务数据均来自国泰安数据库（CSMAR）。

6.4.2 变量定义

（1）被解释变量

公司的可持续增长率（SGR），是指公司在不发行股票、不改变经营战略和资本结构的情况下所能达到的最大销售增长率（Higgins, 1977；Sanoran, 2023）。根据 Higgins（1977）的定义，考虑在不发行新股情况下保持目标派息率和资本结构且期望快速增加销售额的公司，其可持续增长率 SGR 的计算公式如下：

$$\text{SGR} = \frac{\Delta s}{s} = \frac{p(1-d)(1+L)}{t - p(1-d)(1+L)} \qquad (6.1)$$

其中，p 表示税后新销售额和现有销售额的利润率；d 表示目标股利支付率，$1-d$ 即目标留存率；L 表示目标总负债与权益的比率；t 表示新销售额和现有销售额的总资产与净销售额的比率；s 表示年初销售额；

Δs 表示当年销售额的增长。

（2）解释变量

Wind 数据库结合 ESG 核心内涵和国内市场的发展水平，使用上市公司综合信息披露得分的三个维度作为企业环境、社会和治理得分，这些得分在 [0, 100] 的范围内变化。我们选取 Wind 数据库中的华证 ESG 评分来衡量企业 ESG 信息披露，评分越高，表示企业 ESG 披露水平越高。

（3）调节变量

媒体关注度（Media），是指通过媒体报道的数量来反映媒体治理的程度（Liu et al., 2023），本章涵盖了 CNRDS 中所有网络和报纸的媒体报道。

（4）控制变量

控制变量包括偿债能力（Lev）、成长能力（Growth）、股权集中度（Large）、独立董事占比（Ind）、企业年龄（Age）、企业规模（Size）。同时，设置行业（Industry）与年度（Year）虚拟变量，以控制行业与时间对回归结果的影响。

变量的具体度量和定义说明如表 6.1 所示。

表 6.1　主要变量说明

变量分类	变量名称	变量符号	变量定义
被解释变量	可持续增长率	SGR	$SGR = \dfrac{\Delta s}{s} = \dfrac{p(1-d)(1+L)}{t - p(1-d)(1+L)}$
解释变量	ESG 披露	ESG	Wind 数据库中的 ESG 得分
调节变量	媒体关注度	Media	网络和报纸媒体的报道数量
控制变量	偿债能力	Lev	负债总额/资产总额
控制变量	成长能力	Growth	收入年增长率
控制变量	股权集中度	Large	直接控股股东的股份数/股份总数
控制变量	独立董事占比	Ind	独立董事/董事会成员人数
控制变量	企业年龄	Age	公司成立时间的自然对数
控制变量	企业规模	Size	总资产的自然对数

6.4.3 模型构建

以可持续增长率（SGR）作为被解释变量，ESG 披露（ESG）作为解释变量，借鉴（Li et al., 2018）的研究建立基准回归模型验证假设 H1：

$$SGR_{i,t} = \alpha_0 + \alpha_1 ESG_{i,t} + \alpha_2 control_{i,t} + \sum Year + \sum Industry + \varepsilon_{i,t} \tag{6.2}$$

其中，$SGR_{i,t}$ 表示 i 公司在 t 期的可持续增长率；$ESG_{i,t}$ 表示 i 公司在 t 期的 ESG 披露得分；$control_{i,t}$ 表示所有控制变量；Year 表示年份虚拟变量；Industry 表示行业虚拟变量，$\varepsilon_{i,t}$ 表示随机扰动项。如果 α_1 显著，则表明 ESG 披露对企业 SGR 具有显著的促进作用，假设 H1 成立。

为检验假设 H2，媒体关注度是否对企业 SGR 存在直接影响以及在 ESG-SGR 关系中存在调节效应，我们引入媒体关注度（Media）作为自变量，加入 ESG 与媒体关注度的一阶相乘交互项，建立如下模型：

$$SGR_{i,t} = \alpha_0 + \alpha_1 ESG_{i,t} + \alpha_2 Media_{i,t} + \alpha_3 ESG_{i,t} \times Media_{i,t} + \alpha_4 control_{i,t} + \sum Year + \sum Industry + \varepsilon_{i,t} \tag{6.3}$$

其中，$Media_{i,t}$ 表示媒体关注度；$ESG_{i,t} \times Media_{i,t}$ 表示公司 i 在 t 期的 ESG 披露和媒体关注度之间的相互作用。如果 α_3 显著，则说明媒体关注度在 ESG-SGR 关系中具有调节效应，假设 H2 成立。

6.5 实证分析

6.5.1 描述性统计

表 6.2 展示了主要变量的描述性统计结果。其中，SGR 的均值为 0.067，标准差 0.062；企业 ESG 披露得分平均值为 73.550，最小值为 58.450，最大值为 84.530，表明不同企业之间的信息披露质量存在较大

差异，ESG 活动的参与率仍然属于较低水平，企业对 ESG 的重视程度有待提升；媒体关注度的均值为 0.273，标准差为 0.430，最小值为 0.017，最大值为 3.074，表明上市公司间受到的媒体关注度有较大差异。

表 6.2　变量描述性统计

变量	样本数	均值	中位数	标准差	最小值	最大值
SGR	26 717	0.067	0.053	0.062	−0.021	0.347
ESG	26 717	73.550	73.830	5.153	58.450	84.530
Media	26 717	0.273	0.143	0.430	0.017	3.074
Lev	26 717	0.405	0.397	0.198	0.054	0.853
Growth	26 717	0.363	0.139	0.880	−0.606	6.067
Ind	26 717	0.376	0.364	0.053	0.333	0.571
Large	26 717	38.610	38.030	17.560	0.000	77.320
Age	26 717	3.197	3.219	0.224	2.565	3.664
Size	26 717	22.240	22.050	1.297	20.050	26.300

6.5.2　ESG-SGR 关系的基准回归分析

为了探讨 ESG 对企业 SGR 的影响，我们首先对基准回归模型进行估计，结果如表 6.3 所示，第（1）至（4）列展示了假设 H1 的实证结果。第（1）列是未放入控制变量且未考虑媒体关注度调节作用的回归结果，第（3）列是放入控制变量却未考虑媒体关注度调节作用的回归结果。第（1）、（3）列展示了 ESG 披露对企业 SGR 的直接影响，如果 ESG 披露（ESG）的系数显著为正，则意味着 ESG 对 SGR 有明显的促进作用。从回归结果中可以看到，无论是否考虑控制变量，解释变量企业 ESG 披露（ESG）的系数都在 1% 的水平上显著为正，假设 H1 得到验证。

表6.3 基准回归分析与媒体关注度的调节效应

变量	(1) SGR	(2) SGR	(3) SGR	(4) SGR
ESG	0.001*** (12.031)	0.001*** (9.143)	0.001*** (8.784)	0.001*** (8.447)
Media		0.053*** (3.914)		0.050*** (3.700)
ESG×Media		-0.000** (-2.415)		-0.000** (-2.453)
Lev			0.008*** (3.067)	0.011*** (4.370)
Growth			0.002*** (4.276)	0.002*** (4.183)
Ind			0.002 (0.275)	-0.004 (-0.529)
Large			0.000* (1.870)	0.001** (2.343)
Size			0.005*** (13.337)	0.002*** (5.809)
Age			-0.004** (-2.301)	-0.002 (-1.165)
Constant	-0.012* (-1.787)	-0.010 (-1.368)	-0.101*** (-9.175)	-0.058*** (-4.843)
年份固定效应	Yes	Yes	Yes	Yes
行业固定效应	Yes	Yes	Yes	Yes
样本容量	26 717	26 717	26 717	26 717
R^2	0.218	0.236	0.331	0.341

注：括号内为t统计量，*、**和***分别表示在10%、5%和1%的水平上显著。

6.5.3 媒体关注的调节效应

为考察媒体关注度对ESG-SGR关系是否存在调节效应，我们引入媒体关注度（Media）作为自变量，加入ESG与媒体关注度的一阶相乘交互项，进行回归分析，结果如表6.3第（2）、（4）列所示。第（2）列是未放入控制变量却考虑媒体关注度调节作用的回归结果，第（4）列是放入控制变量且考虑媒体关注度调节作用的回归结果。第（2）、

(4) 列展示了媒体关注度的调节作用，结果表明，ESG 对企业 SGR 的正向促进作用在媒体关注度的调节效应下仍然显著，而交互项的系数显著为负，说明媒体关注度在 ESG-SGR 的关系中表现出了负向调节效果，假设 H2 得到验证。

6.5.4　分位数回归分析

为了更全面地描述被解释变量的条件分布，探究 ESG 披露水平的高低可能会对公司可持续增长率（SGR）造成的差异化影响，我们采用分位数回归模型进行分析。传统的普通最小二乘法从单一角度计算系数的大小，相比之下，分位数回归基于解释变量的分布进行估计，能够使用来自不同分位数组的多样信息来进行模型的回归分析（Teng et al., 2021）。表6.4 展示了采用分位数回归考察 ESG-SGR 关系的估计结果。按照企业 ESG 信息披露的得分数值从小到大选出了四个分位数，分别为 25%、50%、75%、90%，进行分位数回归，测算影响拐点。

表 6.4　ESG-SGR 关系分位数回归结果

变量	(1) SGR 25	(2) SGR 25	(3) SGR 50	(4) SGR 50	(5) SGR 75	(6) SGR 75	(7) SGR 90	(8) SGR 90
ESG	−0.000 (−0.931)	−0.001* (−1.723)	−0.000 (−0.363)	−0.001 (−0.503)	0.001** (2.983)	0.001*** (3.020)	0.001*** (3.594)	0.002*** (4.376)
Media		−0.088 (−1.469)		−0.044 (−0.311)		0.408*** (2.974)		0.107** (2.236)
ESG× Media		0.002 (1.803)		0.001 (0.453)		0.006*** (3.114)		0.001* (1.963)
Lev	0.036*** (7.311)	0.036*** (7.368)	0.010** (2.004)	0.012*** (2.600)	−0.007 (−1.477)	−0.003 (−0.692)	−0.020*** (−3.833)	−0.008 (−1.554)
Growth	0.003*** (3.036)	0.003*** (3.077)	0.003*** (3.391)	0.003*** (3.535)	0.000 (0.297)	0.000 (0.084)	0.001 (1.362)	0.002** (2.279)
Ind	0.018 (1.120)	0.013 (0.804)	−0.001 (−0.031)	−0.004 (−0.223)	0.016 (1.155)	0.011 (0.822)	−0.021 (−1.598)	−0.025** (−1.981)
Large	0.000 (1.583)	0.000* (1.761)	0.000 (0.184)	0.000 (0.363)	0.000 (1.199)	0.000 (1.618)	0.000 (1.096)	0.000 (0.482)
Size	0.001 (1.231)	−0.001 (−0.736)	0.006*** (7.513)	0.003*** (4.085)	0.007*** (8.752)	0.004*** (4.621)	0.008*** (11.485)	0.003*** (3.679)

表6.4(续)

变量	(1) SGR 25	(2) SGR 25	(3) SGR 50	(4) SGR 50	(5) SGR 75	(6) SGR 75	(7) SGR 90	(8) SGR 90
Age	0.011*** (2.929)	0.013*** (3.313)	-0.011*** (-3.179)	-0.009** (-2.477)	-0.009*** (-2.704)	-0.006* (-1.836)	-0.010*** (-2.854)	-0.008** (-2.261)
Constant	-0.016 (-0.570)	0.033 (1.076)	-0.043 (-0.767)	0.013 (0.171)	-0.129** (-2.087)	0.051 (0.709)	-0.154*** (-4.659)	-0.112*** (-3.083)
年份 固定效应	Yes	Yes	Yes	Yes	Yes	Yes	Yes	Yes
行业 固定效应	Yes	Yes	Yes	Yes	Yes	Yes	Yes	Yes
样本容量	6 687	6 687	6 702	6 702	6 691	6 691	6 695	6 695
R^2	0.243	0.250	0.229	0.242	0.228	0.243	0.247	0.238

注：括号内为 t 统计量，*、** 和 *** 分别表示在 10%、5% 和 1% 的水平上显著。

实证结果表明，随着分位数的增加，ESG-SGR 的正相关关系逐渐显著增强，表明良好的 ESG 披露会更有效地促进 SGR 提升。在较高的 ESG 披露水平下，媒体关注度与 ESG-SGR 关系呈明显的正向关系。而在较低的 ESG 披露水平下，媒体关注度对 ESG-SGR 关系无明显调节作用，表明只有在较高的 ESG 披露水平下，媒体关注度才会对 ESG-SGR 关系有明显的促进作用。这可能是由于只有当 ESG 披露得分较高时，公众才会认为企业积极履行社会责任，对公司的未来发展持积极态度。相反，较低的 ESG 水平不利于企业树立正面的形象，会导致公众对公司的未来发展产生怀疑。

6.5.5 稳健性检验

为保证研究结论的可靠性，我们从以下三个方面对稳健性进行检验，结果如表 6.5 所示。

（1）替换被解释变量

以企业的经济增加值（Eva）代替可持续增长率（SGR）进行稳健性检验，结果如表 6.5 中第（1）、（2）列所示。第（1）列的结果表明，ESG 对 SGR 存在显著的促进作用，假设 H1 依然成立。第（2）列的结果显示，媒体关注度对 ESG-SGR 关系起到调节作用，再次验证了假设 H2 成立。

（2）滞后处理

为了避免反向因果关系对回归结果的偏离，并进一步检验结果的稳健性，我们参考了 Cai 等（2020）的做法，使用滞后 1 年的 ESG 披露作为解释变量重新进行回归估计，结果如表 6.5 中第（3）、（4）列所示。第（3）列的结果表明，ESG 披露对 SGR 的促进作用通过了 1% 的显著性检验。第（4）列的结果表明，媒体关注度对 ESG-SGR 关系起到调节作用，检验结果没有发生实质性变化，即假设 H1 和 H2 依然成立。

（3）工具变量法

潜在的内生性和遗漏变量的偏差，可能会削弱对 ESG-SGR 关系的解释。我们参考 Xu 等（2022）和 Zhang 等（2023）的做法，选取同行业、同年份 ESG 得分均值作为工具变量，进行 2SLS 回归，以减轻内生性问题。结果如表 6.5 中第（5）、（6）列所示。第（5）列的结果表明，ESG-SGR 的正向关系在 1% 的显著性水平上通过检验，假设 H1 依然成立。第（6）列的结果表明，媒体关注度对 ESG-SGR 关系的调节作用依然显著，再次验证了假设 H2 成立。

表 6.5 稳健性检验

变量	替换被解释变量		滞后处理		工具变量法	
	（1）Eva	（2）Eva	（3）SGR	（4）SGR	（5）SGR	（6）SGR
ESG	0.002*** (16.522)	0.002*** (16.025)	0.001*** (3.374)	0.001*** (3.670)	0.005*** (3.931)	0.006*** (3.844)
Media		0.093*** (5.304)		0.046*** (3.106)		0.430*** (3.740)
ESG×Media		-0.001*** (-4.154)		-0.001** (-2.158)		-0.005*** (-3.592)
Lev	-0.108*** (-33.692)	-0.105*** (-32.595)	-0.004 (-1.359)	-0.001 (-0.525)	0.029*** (3.984)	0.029*** (4.525)

表6.5(续)

变量	替换被解释变量		滞后处理		工具变量法	
	(1) Eva	(2) Eva	(3) SGR	(4) SGR	(5) SGR	(6) SGR
Growth	0.003*** (4.784)	0.003*** (4.716)	0.002*** (3.626)	0.002*** (3.590)	0.002*** (4.257)	0.002*** (4.252)
Ind	−0.019** (−2.083)	−0.026*** (−2.801)	0.002 (0.316)	−0.003 (−0.420)	−0.032** (−2.520)	−0.031*** (−2.746)
Large	0.000*** (5.394)	0.000*** (5.838)	0.000*** (7.435)	0.000*** (7.281)	0.000 (1.153)	0.000 (1.477)
Size	0.010*** (20.369)	0.007*** (12.842)	0.007*** (17.800)	0.005*** (11.223)	0.000 (0.154)	−0.002 (−1.225)
Age	−0.016*** (−7.034)	−0.014*** (−5.938)	−0.001 (−0.637)	−0.000 (−0.155)	0.001 (0.370)	0.004 (1.446)
Constant	−0.248*** (−17.342)	−0.206*** (−13.191)	−0.135*** (−10.986)	−0.095*** (−7.104)	−0.296*** (−5.060)	−0.350*** (−3.982)
年份固定效应	Yes	Yes	Yes	Yes	Yes	Yes
行业固定效应	Yes	Yes	Yes	Yes	Yes	Yes
样本容量	26 717	26 717	21 884	21 884	25 071	25 071
R^2	0.283	0.292	0.238	0.245	0.267	0.248

注：括号内为 t 统计量，*、**和***分别表示在10%、5%和1%的水平上显著。

6.6 进一步分析

6.6.1 区域数字化水平异质性分析

由于样本上市企业注册地不同，各地政府以及公众对于 ESG 信息披露的态度和要求也存在差异，因此研究企业 ESG-SGR 关系的地区异质性是必要的。企业所在地区数字化水平越高，信息越透明，信息传递速度越快，在开展 ESG 相关活动上的激励政策也越完善。因此，合理推测区域数字化水平有可能成为影响企业 ESG-SGR 关系的因素之一。我们将上市企业按照其所在地区数字化水平的高低进行分组对照检验。其中，将中位数及以上地区的企业划分为高数字化水平组，中位数以下地区的企业划分为低数字化水平组。表 6.6 的第（1）、（2）列展示了低数字化水平省份的回归结果，第（3）、（4）列为高数字化水平省份的回归结果。

表 6.6　区域数字化水平异质性分析

变量	低数字化水平		高数字化水平	
	（1）SGR	（2）SGR	（3）SGR	（4）SGR
ESG	0.001*** (5.230)	0.001*** (3.110)	0.002*** (7.420)	0.002*** (7.938)
Media		−0.011 (−0.575)		0.075*** (3.930)
ESG×Media		0.001* (1.843)		−0.001*** (−3.443)
Lev	0.010*** (2.947)	0.015*** (4.495)	0.004 (1.071)	0.006 (1.586)
Growth	0.004*** (6.450)	0.004*** (6.098)	−0.000 (−0.450)	−0.000 (−0.326)
Ind	−0.013 (−1.240)	−0.017* (−1.681)	0.014 (1.394)	0.010 (1.002)
Large	0.000*** (3.200)	0.000*** (3.791)	−0.000 (−0.121)	0.000 (0.023)
Size	0.004*** (7.007)	−0.000 (−0.180)	0.006*** (11.900)	0.005*** (8.412)
Age	0.008*** (2.685)	0.008*** (2.730)	−0.011*** (−4.900)	−0.009*** (−3.964)
Constant	−0.113*** (−7.018)	−0.020 (−1.105)	−0.087*** (−5.413)	−0.079*** (−4.554)
年份固定效应	Yes	Yes	Yes	Yes
行业固定效应	Yes	Yes	Yes	Yes
样本容量	13 291	13 291	13 426	13 426
R^2	0.238	0.259	0.238	0.242

注：括号内为 t 统计量，*、** 和 *** 分别表示在 10%、5% 和 1% 的水平上显著。

结果表明，媒体关注度对 ESG-SGR 关系的促进效应在数字化水平高的地区更为显著。与数字化水平高的地区相比，数字化水平低的地区媒体关注度的直接效应不明显，这可能是由于数字化水平较低的地区数字媒体不够发达。媒体关注度的调节效应在数字化水平低的地区为正，而在数字化水平高的地区为负，假设 H3 得到了验证。其原因是，在数字化水平较低的地区，公众的信息来源较少，难以辨别信息的准确性，更相信媒体的报道；而在高数字化水平地区，由于媒体渠道的多样化和互联网的发展，公众对媒体报道更加谨慎客观，会质疑媒体报道的真实性。

6.6.2 企业所属行业异质性分析

以往的研究表明，企业所属的不同行业可能会影响 ESG 与企业价值的关系（Wang et al., 2022），也会使媒体关注度的影响效果存在差异（翟胜宝 等，2022）。为了考察不同行业属性对 ESG-SGR 关系的异质性影响，我们将样本组分为重污染行业组和非重污染行业组，并进行分组回归。其中，按我国 2010 年《上市公司环境信息披露指引》认定的重污染行业规范，将 B07、B08、B09、C25、C26、C28、C29、C30、C31、C32 和 D44 等 11 个行业视为重污染行业（如钢铁、煤炭、冶金、化工、纺织、火电等），其余的行业为非重污染行业（如新能源、生态保护业、文娱业等）。

回归结果如表 6.7 所示。研究发现，非重污染行业的 ESG 披露对 SGR 的影响系数为 0.001，在 1% 的水平上显著为正，且媒体关注度的直接效应为正。第（3）、（4）列的结果表明，重污染行业的 ESG 披露对 SGR 没有显著影响。相比于重污染行业的企业，ESG 对于提高企业 SGR 的影响在非重污染行业的企业中更加显著，假设 H4 得到验证。究其原因，可能是重污染行业的企业更容易在 ESG 责任的履行方面出现"漂绿"风险，其相关表现与行为将更容易引起利益相关者的关注，且不少公众对重污染企业存在污染环境、不履行社会责任的刻板印象。因此，重污染行业企业 ESG 披露对企业 SGR 的促进作用并不理想。

表6.7 非重污染行业与重污染行业异质性分析

变量	非重污染行业		重污染行业	
	（1）SGR	（2）SGR	（3）SGR	（4）SGR
ESG	0.001*** (4.424)	0.001*** (4.421)	−0.002 (−0.473)	−0.001 (−0.355)
Media		0.017* (1.331)		0.115 (0.197)
ESG×Media		−0.001 (−1.020)		−0.001 (−0.125)
Lev	0.018*** (3.774)	0.019*** (3.855)	0.558*** (4.614)	0.578*** (4.736)
Growth	0.000 (0.282)	0.000 (0.274)	−0.002 (−0.422)	−0.002 (−0.441)
Ind	0.024* (1.684)	0.022 (1.587)	0.425 (1.151)	0.414 (1.116)
Large	0.001 (0.515)	0.001 (0.924)	0.000 (0.013)	−0.000 (−0.062)
Size	0.005*** (6.081)	0.004*** (4.539)	−0.067*** (−3.786)	−0.077*** (−4.018)
Age	−0.005 (−1.493)	−0.004 (−1.297)	0.178* (1.879)	0.183* (1.920)
Constant	−0.088*** (−4.180)	−0.071*** (−3.249)	0.759 (1.433)	0.900 (1.610)
年份固定效应	Yes	Yes	Yes	Yes
行业固定效应	Yes	Yes	Yes	Yes
样本容量	21 544	21 544	5 173	5 173
R^2	0.125	0.134	0.292	0.292

注：括号内为t统计量，*、**和***分别表示在10%、5%和1%的水平上显著。

6.7 本章小结

本章基于2012—2022年中国A股上市公司的数据，实证考察了ESG信息披露与企业可持续增长之间的关系，以及媒体关注度的调节作用,得出以下结论:①ESG 信息披露有助于企业可持续增长率的提升,且 ESG 披露水平越高,对企业可持续增长率的贡献越显著。②媒体关注度对企业可持续增长率具有促进作用。此外,媒体关注度在 ESG-SGR 关系中具有负向调节作用。具体来说,媒体关注度的调节作用在 ESG 分数较高的情况下显著为正,而在 ESG 分数较低时不显著,这表明媒体关注度只对 ESG 披露水平较高公司的 ESG-SGR 关系有正向调节作用。③与低数字化地区媒体关注度的正向调节效应相比,高数字化地区媒体关注度的调节效应明显为负。④ESG 披露对企业 SGR 的促进效果在非重污染行业的企业中表现更为显著。基于以上结论,本章提出了一些政策启示:

(1) 政府层面,需要加强顶层设计,完善 ESG 制度政策体系,加强基础能力建设,加大示范推广力度。强化 ESG 的生态系统建设,明确各参与主体的职责,加强协同、合作发力,完善配套政策,最终形成具有中国特色、适应中国企业可持续发展的本土化 ESG 管理体系。

(2) 监管层面,要尽快制定分行业的上市公司 ESG 信息披露指引,解决同一行业内不同公司之间 ESG 报告披露内容相差大、横向比较难、指标不合理等问题。稳步推进 ESG 披露的监管工作,形成严格的 ESG 披露监管环境,重点监督那些只重视 ESG 报告而忽视 ESG 实际工作、披露流于形式的现象。

(3) 社会层面,强化多渠道新闻媒体对企业 ESG 披露的外部监督,充分发挥媒体监督在公司治理环节的作用。进一步加强数字化和信息化环境建设,优化新媒体运营环境,拓宽企业向利益相关者和公众传递 ESG 信息的外部渠道,充分发挥媒体的传播和监督作用。

(4) 企业层面,在制定 ESG 发展战略和行动计划时充分考虑长期可持续发展需关注的 ESG 议题,评估各项 ESG 议题的重要性,并根据 ESG 议题设定战略目标及追踪指标,制定实施行动路线。同时,基于业务需要、政策调整以及执行过程中出现的问题,适时修正 ESG 战略,以保证发展战略的持续有效性。

7 气候风险、企业 ESG 表现与绿色债券发行成本

人类经济社会的高速发展给生态环境造成了巨大的压力，随着近年来气候变化风险的加剧，生态文明建设和环境保护受到了全球主要国家的关注。在此背景下，欧洲投资银行率先于 2007 年 7 月向欧盟 27 个成员国的投资者发行了全球首只绿色债券——"气候意识债券"，主要用于可再生能源和能效提高的项目。2009 年，气候债券倡议组织（CBI，Climate Bonds Initiative）成立，其目的就是推动低碳和气候适应型经济快速转型的过程中所需要的项目和资产投资。近年来，全球绿色债券市场快速发展，2021 年全球绿色债券发行量已经超过 5 000 亿美元，主要投向可负担的清洁能源、可持续的城市和社区、气候行动，对经济社会的绿色转型发展起到了重要的资金支持作用。

中国绿色债券市场近年来快速发展，作为应对气候变化的气候投融资工具，一方面，其发行成本会同时受到近年来愈加严峻的各类气候风险的影响；另一方面，企业层面为了应对气候变化带来的相关风险，需要提高自身的环境管理能力（E）、社会责任（S）和治理能力（G），提升其应对气候风险的韧性，增强信息透明度，从而尽可能降低包括绿色债券发行成本在内的外部融资成本。

因此，本章将聚焦于企业的 ESG 表现与其绿色债券发行成本之间

的关系，特别是在气候变化和"双碳"目标的大背景下，中国绿色债券市场快速发展的阶段，深入探讨各类气候风险和企业 ESG 评级对绿色债券发行成本的影响机制并进行实证分析，从而针对中国当前的 ESG 体系和绿色债券发行机制提出相关政策建议。

7.1 中国绿色债券的发展

自改革开放以来，中国经济高速发展，但是产业结构和能源结构都对化石能源有较强的依赖性，高污染和高排放问题给经济的健康可持续发展带来了重要挑战。为了实现人与自然和谐共生的可持续发展理念，国务院 2015 年发布《生态文明体制改革总体方案》，首次在中国提出建立绿色金融体系，研究银行和企业发行绿色债券，并鼓励对绿色信贷资产试行债券化，对中国绿色债券的快速发展奠定了政策基础。特别是 2020 年中国"双碳"目标的提出，更是极大地促进了绿色债券在中国的快速发展。2021 年，中国在境内外市场发行的贴标绿色债券总规模同比增长 140%，达到 1 095 亿美元，居世界第二位，同时约 90% 以上的绿色债券发行期限在 3 年以上，并且主要投向可再生能源、低碳交通和低碳建筑领域，为中国经济的绿色低碳转型发展提供了中长期资金支持。

7.1.1 绿色债券的起源

随着人类社会经济高速发展，生态破坏、环境污染等挑战层出不穷。尽管各国已经意识到生态文明建设和环境保护的重要性，但传统的环境末端治理手段不足以完全抵消污染，有效将治理端口前移成为生态文明体系建设的重中之重。2007 年 7 月，欧洲投资银行向欧盟 27 个成员国投资者发行全球首只绿色类债券——"气候意识债券"，主要用于可再生能源和能效项目。2008 年 11 月，世界银行发行了第一笔真正意义上的标准化绿色债券,该债券由瑞典北欧斯安银行独立承销,用于斯堪的纳维亚国家养老基金支持气候项目。2009年,气候债券倡议组织成立,旨在推动在低碳和气候适应型经济快速转型的过程中所需要的项目和资产的投资。《联合国气候变化框架公约》确立了"气候融资"的概念,G20、国际货币基金组织正式确认了绿色债券市场的重要性,经济合作与发展组织和国际能源署也将绿色债券作为气候变化融资问题的解决途径之一,并建议政府使用。

自改革开放以来,中国经济高速发展,逐渐成长为世界经济增长的主要支柱。与此同时,中国产业结构、能源结构和交通结构对化石能源的依赖越来越强,经济增长导致高污染、高排放,环境污染和资源枯竭的挑战日益凸显。要想解决经济增长与环境保护之间的矛盾,必须提高绿色行业在全行业中的占比,鼓励资本进行绿色投资。中国积极响应联合国气候变化框架公约的号召,参与、推动和签署了应对气候变化的国际公约《巴黎协定》,并逐渐成为全球气候治理的引领者和中坚力量。2015年,国务院发布《生态文明体制改革总体方案》,首次提出建立绿色金融体系,研究银行和企业发行绿色债券,鼓励对绿色信贷资产试行债券化。2016年,《关于构建绿色金融体系的指导意见》应运而生,标志着我国从中央政府层面搭建了绿色金融的纲领性框架。

7.1.2 绿色债券的界定

国际上对绿色债券的定义是由经济合作与发展组织(OECD)给出的,是指一种由政府、跨国银行或企业发行的,为促进低碳经济和适应气候变化的项目筹集必要资金的固定收益证券。在国际资本市场协会(ICMA)的视角下,绿色债券被视为募集资金专用于为合格绿色项目提供融资或再融资的各类型债券工具。

中国人民银行对中国绿色债券的定义为,募集资金专门用于支持符合规定条件的绿色产业、绿色项目或绿色经济活动,依照法定程序发行并按约定还本付息的有价证券,包括绿色金融债券、绿色企业债券、绿色公司债券、绿色债务融资工具和绿色资产支持证券等。

在绿色项目认定方面，国际上要求至少 95% 的收益必须与绿色项目挂钩，中国要求 50% 到 70% 的收益用于偿还银行贷款或与绿色项目相关的一般资本投资。在募集资金投向方面，国际上要求绿色债券应至少将 95% 的募集资金与具体的绿色资产或项目挂钩；对于中国绿色债券，国家发改委和沪深交易所对该比例的要求分别是 80% 和 70% 以上。在外部审核认定方面，国际上，CBS、东盟、欧盟等绿色债券标准强制性要求第三方认证；中国对于外部审核认证仍采取自愿和鼓励的态度。

7.1.3 中国绿色债券发展现状

图 7.1 为近年来中国绿色债券发行额的变化情况。可以发现，绿色债券市场于 2021 年实现了强劲反弹，反映了中国在 2020 年向世界宣布其"双碳"目标后，金融市场的积极回应。中国在境内外市场的贴标绿色债券发行总额同比增长 140%，达到 1 095 亿美元（合 7 063 亿元人民币），符合 CBI 标准的绿色债券发行规模占比也有显著提升。尽管如此，贴标绿色债券在中国总体债券市场的占比只有约 1%，仍有巨大的增长空间。

图 7.1　中国绿色债券发行额的变化情况

数据来源：根据 CBI（Climate Bonds Initiative）的数据整理。

以 2021 年为例，中国绿色债券市场募集的 88.3% 资金投向了可再生能源、低碳交通和低碳建筑领域。如图 7.2 所示，用于可再生能源的募集资金增长了 3.6 倍，达到 413 亿美元，占 2021 年中国绿色债券市场整体募集资金的 60.6%。募集资金用于可再生能源用途的最大发行交易来自国家开发银行、国家电网和国家电投。用于低碳交通的募集资金也同比增长了 78%，达到 128 亿美元，占中国整体绿债发行量的 18.8%。用于低碳建筑的募集资金同比增长 83%，达到 61 亿美元，占中国整体绿债发行量的 8.9%。与此同时，2021 年中国绿色债券发行量主要来自企业发行人，特别是非金融企业的绿债发行量增长 482%，达到 312 亿美元，占整体中国绿债市场发行量的 46%。

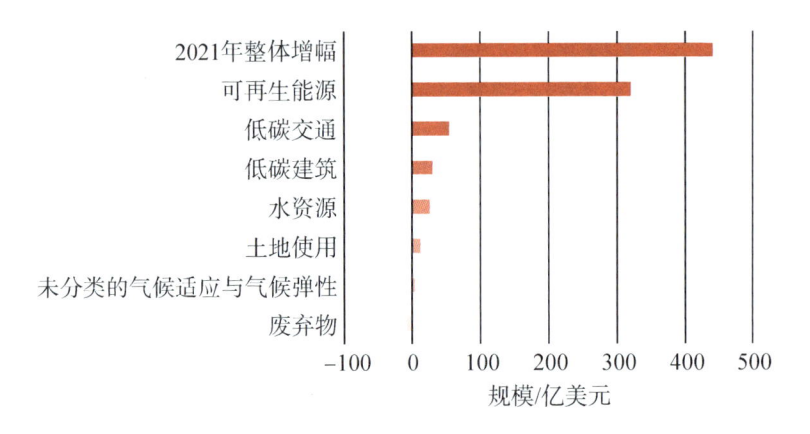

图 7.2　中国绿色债券募集资金各类投向增长规模

数据来源：根据 CBI（Climate Bonds Initiative）的数据整理。

国有企业在中国基础设施建设等重点经济领域发挥着重要作用。在《中共中央 国务院关于完整准确全面贯彻新发展理念 做好碳达峰碳中和工作的意见》当中指出，国有企业要加大绿色低碳投资，积极开展低碳零碳负碳技术研发应用。国有企业（包括金融和非金融企业）在绿色债券市场的发行主导地位明显。2021 年，按绿色债券发行数目算，国有企业在境内发行的绿债中占比为 97%，按发行金额算占比接近 99%，非国有企业或民营企业的绿债发行情况尚待改善。

当前，中国绿色债券的发展时间还较短，相关标准和市场机制还不够完善，市场参与主体的气候意识较弱。中国绿色债券发展主要存在以下几个问题：

首先，绿色债券发展的驱动力仍需提升。绿色金融在中国金融体系中的占比仍然比较低。2021年绿色债券发行规模约为3 000亿元，绿色债券发行总量占全国债券市场总量不到百分之一。原因主要在于绿色债的发行成本与一般信用债差别较小，同时金融业追求安全性、流动性和收益性，与绿色发展短期内无法确保收益等特性不可避免会产生矛盾，在缺乏内外部激励机制的情况下，金融机构主动开展绿色金融业务的积极性不高。

其次，绿色债券相关信息披露制度不完善。相较于国际市场，目前国内绿色债券信息披露主要存在以下问题：一是项目分类较为粗略，只是笼统描述债券投资的项目涉及的绿色债券支持项目类别；二是披露方式不够规范，超过20%的债券采用汇总方式对环境效益信息进行披露，很难反映不同项目具体的环境效益情况；三是披露内容不够完善，发行机构在披露环境效益信息时存在选择性披露、选择性量化等情况；四是未披露测算方法，2018年中国人民银行印发《绿色金融债券存续期信息披露规范》，鼓励发行人在年度报告中披露环境效益的测算方法或评估机构，但实际进行披露的发行主体还比较少。

最后，"洗绿""漂绿"导致募集资金并未全部投向绿色产业。"漂绿"行为主要是指以绿色项目为名义募集资金，最后却并未将资金用于绿色项目，或通过一系列操作将原本不符合绿色标准的项目提升为符合标准的项目，进而以绿色项目为名筹集资金，其产生的原因主要是绿色债券的评级普遍较高。2021年3月，欧盟专门针对"漂绿"行为的《可持续金融信息披露条例》正式生效，对投资公司、基金公司、保险公司等主要金融市场参与者在主体层面和金融产品层面均施加ESG相关信息强制披露义务，从而提高绿色投资产品的透明度，防止"漂绿"情况的发生。

7.2 绿色债券的相关文献述评

随着可持续投资的理念逐渐得到大量投资机构的认可，绿色债券也引起了学术界和实务界的广泛关注。国内外相关文献针对绿色金融已经有大量研究，大多研究从理论和实证的角度发现了绿色债券存在一定的绿色溢价，同时也对经济绿色转型起到促进作用；但是，国内绿色债券的起步较晚，数据积累相对不足，近几年才有学者针对中国绿色债券展开相关研究，并且鲜有研究从绿色债券自身的特征出发，研究其特有的影响因素。

从国外相关研究来看，Hachenberg 和 Schiereck（2018）通过匹配类似的绿色债券和一般债券，研究其定价上的差异，发现发行规模、期限和币种对二者利差没有显著影响，但所属行业和发行主体的 ESG 评级对利差有显著影响。Wang 等（2020）发现，中国绿色债券的定价溢价远大于国际上的绿色债券，企业绿色债券的定价溢价在高企业社会责任发行人和承销商发行的绿色债券中最为明显。Sheng 等（2021）通过 PSM 匹配研究得到，与传统债券相比，绿色债券的平均负溢价为 7.8 个基点，即绿色项目有着更低的发行成本。Immel 等（2021）研究发现，发行主体的加权平均 ESG 得分每增加 1 个百分点，会使得绿色债券发行利差减少 6 至 13 个基点，而这一影响并不是由绿色债券发行人的环境友好性导致的，而是通过公司治理能力的提高推动的。Zhang 等（2021）发现，中国的绿色金融政策通过降低信息不对称性、提高资产安全流动性和降低债券发行人的风险感知三个渠道，降低了绿色债券发行人的债务成本和整体资本成本。Li 等（2022）研究发现，仅凭债券的绿色特征并不能降低发行人的融资成本，只有贴标的绿色债券才可以有效降低其融资成本；同时，不同目的的绿色债券在发行定价上存在显著差异。García 等（2023）通过实证分析发现，发行绿色债券的公司二氧化碳排放量更低，在发行后的几年里会继续采取某些环保行动。Sangiorgi 和 Schopohl（2023）通过针对绿色债券发行方的调查发现，公司声誉、绿色债券的市场信号以及遏制气候变化的愿望是绿色债券发行的主要动机；同时，有受访者认为绿色债券的发行成本高于类似的普通债券，但发行方可以承担较高的成本，这是由于绿色债券的需求水平更高，投资者参与度更高，同时可以加强自身对可持续性的承诺。Su 等（2023）考察了承销商声誉在绿色债券融资成本中的作用，实证结果表明，债券承销商的声誉与绿色债券的发行成本呈负相关，对于绿色金融政策试点地区的企业来说，承销商声誉的作用更为明显。

从国内相关研究来看，杨希雅和石宝峰（2020）研究发现，公募绿色债券有利于企业降低融资成本，绿色政策支持是影响企业融资的主要因素，第三方绿色认证的存在对降低绿色债券融资成本没有显著影响。朱俊明等（2020）探讨了绿色项目的融资政策是否可以通过传递绿色信号从而更有效地吸引社会投资，发现绿色债券的发行并不能更好地吸引社会投资。张超和李鸿禧（2021）发现，绿色债券的一二级市场价格对项目的"绿色"资质已有所反映，绿色债券相比普通债券有一定的溢价。陈国进等（2021）研究发现，央行担保品类绿色金融政策可以显著降低绿色债券的信用利差，同时会提高棕色债券的信用利差，从而对绿色企业形成融资激励，对棕色企业的绿色转型形成倒逼促进作用。祁怀锦和刘斯琴（2021）研究发现，绿色债券的信用利差显著低于普通债券 21 个百分点，存在显著的绿色溢价，特别是来源于获得第三方绿色认证和绿色项目使用比例高的绿色债券拥有更高的绿色溢价。毛捷等（2022）研究表明，地方政府融资平台发行绿色城投债能够抑制企业排污，有助于发挥债务风险和环境污染统筹治理的协同效应。王营和冯佳浩（2022）研究发现，绿色债券能够显著提升发行主体的绿色创新水平，对绿色发明专利和绿色实用新型专利的促进作用都具有动态持续性。吴育辉等（2022）研究发现，企业发行绿色债券会通过带动其他企业采用更多有利于环境保护的行动而降低同行业其他企业的融资成本。陈志远等（2022）通过 Mann-Whitney 非参数秩和检验研究绿色债券和普通债券的发行利差，发现通过绿色认证能够降低发行利差但效果不显著，发行主体为国有企业、发行主体所在城市生态排名靠前以及发行规模较大都会显著降低绿色债券的发行利差。胡艳等（2022）研究发现，企业发行的各类绿色债券均可带来不同程度的利息费用节约，绿色债券较普通债券估值低约 2.3 BP。毛薇和杨德高（2023）研究发现，经过第三方绿色认证后，绿色债券的信用利差显著降低约 25 个基点，即第三方绿色认证有助于降低绿色债券融资成本。

综合已有相关研究可以发现，当前对于中国绿色债券市场的研究还相对较少，且更多的研究集中在绿色债券对绿色转型发展的推动方面，少量研究从不同的角度探讨了绿色债券所存在的绿色溢价或其在融资成本方面较普通债券的异质性。但是在对绿色债券发行成本的研究方面，目前已有研究探讨了绿色金融政策、第三方绿色认证和一些传统债券发行因素对其的影响，少有研究从绿色债券面向气候变化这一议题，从应对气候变化带来的各类风险和企业应对的角度展开。因此，本章聚焦于各类气候风险和企业 ESG 表现对绿色债券发行成本的影响及其作用机制展开研究，以期对中国绿色债券市场的融资决策和稳健发展提供重要理论支撑。

7.3 绿色债券发行成本的影响因素分析

7.3.1 一般债券发行成本的影响因素

绿色债券作为一类特殊的债券，其发行成本也会受到影响一般债券发行成本的债券自身特征、债券发行主体特征和外部宏观环境等传统因素的影响。

在债券自身特征方面，对发行成本起着决定性作用的就是债券自身的信用评级,作为对债券存续期内发行主体还本付息及经营能力的评估,债券信用评级越高,其信用风险就越低,因此发行时的信用利差也就越低。债券发行期限对发行成本也有较大影响,因为债券存续期限越长,受利率等因素的影响就越大,流动性相对短期债券越差,投资者面临的不确定性越高,所以会要求更高的风险报酬,因此将有着更高的发行成本。债券的发行规模越大,意味着企业的融资需求越多,经营情况越好,同时发行总额越大,债券的流动性就越强,风险就越小,因此将有更低的发行成本。与此同时,有些债券还存在第三方的担保,不管担保形式如何,都由担保人承担了部分债券发行和交易中的风险,也就降低了债券投资者所面临的风险,因此有担保的债券相对无担保的债券有着更低的发行成本。

在债券发行主体特征方面,对发行成本影响最大的则是发行主体的信用评级,该信用评级是对发行主体经营能力、偿债能力、发展前景等各方面的整体评价,发行主体的信用评级越高,发生债务违约的概率就越小,投资者要求的风险报酬就会相对较低,因此其债券发行成本也会相对较低。与此同时,对于我国发债主体来说,企业的性质也至关重要,一般认为,企业的性质决定了可以获得政府支持的力度和相对风险的大小,相较于民营企业,国有企业由于具有政府的隐形担保,其发行债券的违约风险也较低,因此债券的发行成本也相对较低。但由于各个行业的发展前景和所处商业周期也存在显著差异,在其他条件都相同的情况下,不同行业的融资成本会存在显著差异,比如近年来,我国的房地产行业融资成本显著高于其他行业。除此之外,企业的规模、资产负债率、盈利能力、流动性水平等财务因素也会影响其债券发行成本,一般认为企业规模较大的公司,盈利能力和经营状况更加稳定,未来发展前景也较为乐观,承担风险的能力也较强,因此拥有较低的融资成本。近年来,信息对于债券发行成本的影响也越来越显著,企业的信息披露情况反映了公司与投资者之间的信息沟通能力,信息披露质量高的公司可以有效减少信息不对称的情况,投资者可以针对公司发行债券做出更为科学和理性的判断，从而降低企业债券发行的成本。

在外部宏观环境方面，债券发行所在地区的经济发展水平，以及债券发行时宏观经济景气程度和宏观流动性水平也会影响债券发行的成本。

7.3.2　气候风险对绿色债券发行成本的影响

工业革命以来，人类的生产生活导致大气中二氧化碳浓度不断上升，气候变化对人类经济社会造成的影响和冲击愈发严峻。世界气象组织（WMO）报告显示，2021年，温室气体浓度、海平面上升、海洋热量和海洋酸化四个关键气候变化指标都创下新纪录；2021年的全球平均气温比工业化前水平约高出了1.11（±0.13）℃。中国近年来气候风险也在不断上升，气候异常凸显，极端事件多发，气象灾害频现。2021年，全国平均高温（日最高气温≥35.0℃）日数为12.0天，较常年偏多4.3天，为1961年以来次多，仅次于2017年，区域性干旱较为严重，全国气象灾害造成农作物受灾面积达1 171.8万公顷，死亡失踪737人，直接经济损失达3 214.2亿元。

全球对气候变化的重视程度不断加强，2015年，全球近200个缔约方共同签署通过《巴黎协定》，积极应对全球变暖的严峻趋势，目前全球已有近130个国家承诺在21世纪中叶前实现碳中和。2020年9月，习近平主席在第75届联合国大会上承诺中国二氧化碳排放力争于2030年前达到峰值，争取于2060年前实现碳中和。"双碳"目标为中国应对气候变化，实现经济社会绿色低碳转型发展指明了方向，同时也为各行业的节能减排带来巨大的挑战。

气候变化一方面会通过极端气象灾害和长期气候变迁直接作用于人类经济社会发展；另一方面，也会由于各国针对气候变化的适应与减缓政策和技术进步，从而间接影响生产和生活成本。绿色债券作为应对气候变化的气候投融资工具，会同时受到气候物理风险和转型风险的影响。根据我国当前绿色债券的投向，以公共基础设施为主，极端气候带来的物理风险会直接损坏相关设施或设备，造成项目直接经济损失，因此物理风险会增加绿色债券发行成本。

与此同时，随着气候灾害的频发和政府机构等各类经济主体应对气候变化的各种行动逐渐加强，气候风险也在引起更多投资者对气候变化的关注，可持续投资的理念将有所增强，相对于一般债券或棕色债券，投资者将更加青睐绿色债券，从而会降低绿色债券的发行成本。

7.3.3 企业ESG评级与绿色债券发行成本的关系

为了顺利实现"双碳"目标，我国从顶层设计方面激励企业进行低碳转型，使得大量企业面临生产成本提高、融资约束增加、技术要求提高等一系列问题，气候政策的不确定性将影响投资者对绿色债券未来收益和履约情况的预期，从而增加绿色债券发行成本。

与此同时，企业层面为了应对气候变化带来的物理风险和转型风险，需要提高自身的韧性。企业的ESG评级越高，其应对气候物理风险和转型风险的能力就越强，企业相关信息也越公开透明，因此提升其整体信用评级，有助于降低企业绿色债券的发行成本。

首先，在ESG中与气候风险和绿色债券最为相关的维度就是环境E（environment），企业需要应对当前气候变化对企业经营层面带来的直接物理影响和间接的转型压力，其环境管理能力越强，面对气候风险的韧性也就越高，因此其发行的绿色债券的投向越"绿色"，风险暴露程度也越低，就会有较低的发行成本。

其次，ESG中的社会责任S（social）越强，企业发行的融资工具，即绿色债券就越符合当前可持续投资的理念，越能吸引具有长投资久期的养老基金、保险资管等机构的青睐，从而会有较低的发行成本。

最后，ESG中的治理水平G（governance）越高，企业相关信息的透明度越高，企业与投资者也会有更好的关系，这可以在一定程度上提高企业的信用评级，从而降低企业发行绿色债券的成本。

7.4 研究假设与模型构建

根据上述分析，除了影响绿色债券发行成本的一般性因素（债券自身特征、债券发行主体特征、外部宏观环境等）外，绿色债券作为重要的气候投融资工具，还会受到气候风险的影响，债券融资项目受到的气候风险越大，绿色债券的发行成本将会越高，因此，本章提出以下假设：

H1：气候风险增大，将直接提高绿色债券的发行成本。

与此同时，企业的ESG评级作为企业应对气候风险能力和符合可持续投资理念的重要标志，拥有越高ESG评级的债券发行主体，其绿色债券发行成本将越低。因此，本章提出以下假设：

H2：企业的ESG评级提高，将直接降低其绿色债券的发行成本。

融资项目所承受的气候风险和发行主体的ESG评级除了会直接影响绿色债券的发行成本外，还会通过间接渠道对绿色债券的发行成本产生影响。一方面，当气候变化导致的物理风险增大时，投资者对于气候变化的关注程度就会提升，而可持续投资的理念将导致投资者更青睐于绿色金融资产，从而间接降低绿色债券的发行成本。因此，本章提出以下假设：

H3：气候变化导致的物理风险增大，会使公众对气候变化的关注度提升，从而间接降低绿色债券的发行成本。

与此同时，企业的ESG评级越高，企业的可持续发展能力越强，信息透明度就越高，因此会提升其信用评级，而信用评级的提高又可以降低债券的发行成本。因此，本章提出以下假设：

H4：企业的ESG评级提升，会提高企业的信用评级，从而间接降低绿色债券的发行成本。

基于以上假设，本章将首先构建只包含一般债券影响因素的基准模型：

$$IC_{it} = \beta_0 + \beta_1 \text{BASIC}_{it} + \text{Industry} + \text{Province} + \text{Year} + \varepsilon_{it} \quad (7.1)$$

其中，i表示第i个绿色债券；t表示债券发行的年份。模型的被解释变

量 IC_{it} 为绿色债券的发行成本，使用债券发行时的信用利差进行表征。基础模型的解释变量为向量 BASIC，包含了影响一般债券发行成本的典型因素，其中与债券自身特征相关的因素包括：债券信用评级（Credit_B）、发行规模（Scale_B）、债券期限（Duration）、是否存在担保（Guarantee）、是否含权（Option）、发行市场（Market）、是否城投债（Urban）；与债券发行主体特征相关的因素包括：发行主体信用评级（Credit_C）、企业性质（State_owned）、是否上市公司（Listed）、企业规模（Scale_C）、资产负债率（Leverage）、盈利能力（Profit）、流动性（Liquidity）。β_0、β_1 为模型系数，Industry、Province、Year 分别代表行业固定效应、地区固定效应和年份固定效应，ε_{it} 为模型残差。

在基础模型的基础上，为了检验假设 H1，即气候风险对绿色债券发行成本的影响，我们引入核心解释变量气候风险（CR），代表绿色债券所受到的气候风险大小，模型如式（7.2）所示。

$$IC_{it} = \beta_0 + \beta_1 BASIC_{it} + \beta_2 CR_{it} + Industry + Province + Year + \varepsilon_{it}$$
(7.2)

其中，CR_{it} 表示第 i 个绿色债券在其发行年份 t 所受到的气候风险大小。

为了检验假设 H2，即企业 ESG 评级对绿色债券发行成本的影响，我们进一步引入一系列与企业 ESG 评级相关的核心解释变量，包括发行主体的 ESG 整体评级和相关分项评级的情况，模型如式（7.3）所示。

$$IC_{it} = \beta_0 + \beta_1 BASIC_{it} + \beta_2 CR_{it} + \beta_3 ESG_{it} + Industry + Province + Year + \varepsilon_{it}$$
(7.3)

其中，ESG_{it} 表示一系列与第 i 个绿色债券发行主体 ESG 评级相关的变量。

在对气候风险和发行主体 ESG 对绿色债券发行成本的直接影响进行分析的基础上，我们进一步展开机制分析。为了验证假设 H3，我们引入中介变量气候风险的投资者关注变量（Climate_attention），进行机制检验，分别探讨气候风险对绿色债券发行成本的直接影响和通过气候风险关注的间接影响，模型如式（7.4）所示。

$$IC_{it} = \beta_0 + \beta_1 Climate\_attention_{it} + \beta_2 CR_{it} + \beta_3 Control_{it} + Industry + Province + Year + \varepsilon_{it}$$

$$\text{Climate\_attention}_{it} = \gamma_0 + \gamma_1 \text{CR}_{it} + \gamma_2 \text{Control}_{it} + \text{Industry} + \text{Province} + \text{Year} + \varepsilon_{it} \tag{7.4}$$

与此同时，为了验证假设 H4，我们将企业的信用评级（Credit_C）作为中介变量分析企业 ESG 评级对绿色债券融资成本的间接影响，模型如式（7.5）所示。

$$\text{IC}_{it} = \beta_0 + \beta_1 \text{Credit\_C}_{it} + \beta_2 \text{ESG}_{it} + \beta_3 \text{Control}_{it} + \text{Industry} + \text{Province} + \text{Year} + \varepsilon_{it}$$

$$\text{Credit\_C}_{it} = \gamma_0 + \gamma_1 \text{ESG}_{it} + \gamma_2 \text{Control}_{it} + \text{Industry} + \text{Province} + \text{Year} + \varepsilon_{it} \tag{7.5}$$

7.5 数据与变量说明

本章将通过构建面板回归模型进行实证研究，模型变量选择如表 7.1 所示。因变量为发行成本，使用绿色债券发行时的信用利差来表征；传统的债券自身特征包括债券信用评级、发行规模、债券期限、是否存在担保、是否含权、发行市场、是否城投债；传统的债券发行主体特征包括发行主体信用评级、企业性质、是否上市公司、企业规模、资产负债率、盈利能力、流动性。以上数据均来自 Choice 数据库。

气候变化导致的物理风险则使用债券发行主体所在省份在发行当年发生气候灾害的次数以及气候灾害带来的直接经济损失进行表征，原始数据来源于 EM-DAT 数据库，经过手工汇总加工得到。气候关注数据则选取了与气候变化、气候风险相关的关键词构建了气候关注指数，使用债券发行主体所在省份在发行年份的关注指数来表征公众对气候风险的关注程度。

气候变化导致的转型风险使用中债数据库中对于中国发债主体的 ESG 评价数据，不仅包括 ESG 整体评价，还包括分 E、S、G 三个维度的评分，以及从环境管理、绿色发展、信息披露方面的评价。

与此同时，在建模时考虑了控制所在省份、年份和所属行业的固定效应。

表 7.1　变量说明

变量类型	变量名称	变量说明
因变量	发行成本(IC)	发行时的信用利差
自变量 债券自身特征	债券信用评级(Credit_B)	发行时的信用评级由高到低用 4、3、2、1 表示
	发行规模(Scale_B)	用发行量的自然对数表征
	债券期限(Duration)	债券期限，以年为单位
	是否存在担保(Guarantee)	存在担保为 1，无担保为 0
	是否含权(Option)	含权债为 1，不含权为 0
	发行市场(Market)	银行间市场为 1，其他为 0
	是否城投债(Urban)	城投债为 1，其他为 0
自变量 债券发行主体特征	发行主体信用评级(Credit_C)	发行时的信用评级由高到低用 5、4、3、2、1 表示
	企业性质(State_owned)	国企或央企为 1，其他为 0
	是否上市公司(Listed)	上市公司为 1，其他为 0
	企业规模(Scale_C)	用发行年企业总资产的自然对数表征
	资产负债率(Leverage)	发行年企业资产负债率
	盈利能力(Profit)	发行年企业净利润/营业总收入
	流动性(Liquidity)	发行年企业经营性净现金流/营业收入
自变量 气候风险	灾害次数(CR_Q)	发行企业所在省份在发行年份发生自然灾害的次数
	灾害损失(CR_S)	发行企业所在省份在发行年份自然灾害造成的经济损失
	气候关注(Climate_attention)	发行企业所在省份在发行年份百度气候风险合成指数
自变量 企业韧性	ESG 评价(ESG)	中债 ESG 评级数据
	E 评价(E)	
	S 评价(S)	
	G 评价(G)	
	环境管理(EM)	
	绿色发展(GD)	
	信息披露(Info)	
固定效应	所在省份(Province)	发行企业所在省份
	年份(Year)	发行年份
	所属 GICS 行业(Industry)	一级行业分类

在样本选择方面，我们仅考虑将公司债和企业债作为样本，并剔除了超短融等不需要进行信用评级的绿色债券；由于 ESG 数据只覆盖 2018—2021 年，因此只选取了在此区间内发行的绿色债券；剔除了永续债、存在财务数据或 ESG 数据缺失的样本。最终样本共 383 个绿色债券。

变量描述性统计的结果如表 7.2 所示。可以发现，绿色债券的发行成本差异较大，从信用利差来看，最小仅为 22.670 BP，但最大达到 513.610 BP；债券信用评级和发行主体信用平均较高，基本大多处于最高评级水平；在 ESG 评级方面，样本的 S 评价和绿色发展评价相对较低；由于所选样本为公司债或企业债，发行市场大多为非银行间市场，发行主体大多是国企或央企，但上市公司的比例并不高。

表 7.2　变量描述性统计

变量	样本数	均值	标准差	最小值	最大值
发行成本	383	195.437	118.441	22.670	513.610
债券信用评级	383	3.428	0.716	1.000	4.000
发行规模	383	2.153	0.688	−1.204	3.912
债券期限	383	6.053	2.872	0.740	20.000
是否存在担保	383	0.274	0.447	0.000	1.000
是否含权	383	0.752	0.432	0.000	1.000
发行市场	383	0.342	0.475	0.000	1.000
是否城投债	383	0.057	0.233	0.000	1.000
发行主体信用评级	383	4.151	0.879	2.000	5.000
企业性质	383	0.958	0.200	0.000	1.000
是否上市公司	383	0.149	0.356	0.000	1.000
企业规模	383	6.554	1.290	2.912	9.851
资产负债率	383	58.241	12.346	26.522	88.416
盈利能力	383	13.311	17.042	−129.408	103.464
流动性	383	−12.449	87.322	−690.156	201.088
灾害次数	383	1.648	1.528	0.000	6.000
灾害损失	383	118.527	158.036	0.000	638.966
气候关注	383	14.619	0.580	12.639	15.431
ESG 评价	383	5.154	0.984	3.000	8.000
E 评价	383	4.979	2.184	1.000	10.000
S 评价	383	2.786	1.666	1.000	9.000
G 评价	383	6.621	0.819	4.000	9.000
环境管理	383	6.240	1.956	2.000	10.000
绿色发展	383	3.575	2.467	1.000	10.000
信息披露	383	6.084	1.701	2.000	10.000

此外，我们还进行了相关性分析，结果表明，发行成本与债券信用评级、发行规模、发行主体信用评级、企业规模、气候关注和ESG评价相关指标呈现显著负相关关系，即上述指标值越大，绿色债券发行成本越低；发行成本与是否存在担保、是否含权、灾害次数呈现正相关关系，即存在担保、含权和灾害次数越多，绿色债券发行成本越高；ESG评价及其相关维度之间存在较强的相关性，需要注意后续模型的共线性问题，其余指标间相关性相对较小。

如图7.3所示，从发行成本的分布图来看，绝大多数绿色债券的发行成本较低，分布图呈现出明显的偏峰特征。如图7.4所示，从发行成本的分组均值来看，存在担保、含权债、银行间发行的绿色债券、城投债的平均发行成本较高，是否上市公司对发行成本的影响不大。

如图7.5和图7.6所示，从发行成本的分行业和分地区的箱线图可以发现，不同行业和不同地区发行的绿色债券发行成本存在较大的差异。公用事业、医疗保健等与社会民生相关性更高的行业绿色债券发行成本相对较低；上海、北京、广东、江苏、福建等经济发达地区绿色债券发行成本相对较低。

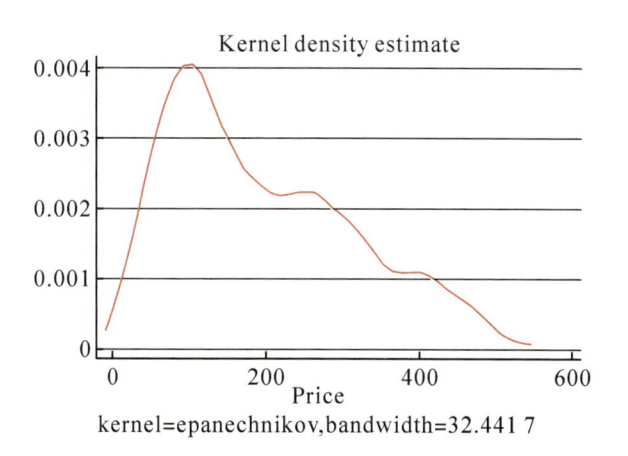

图7.3 发行成本的分布图

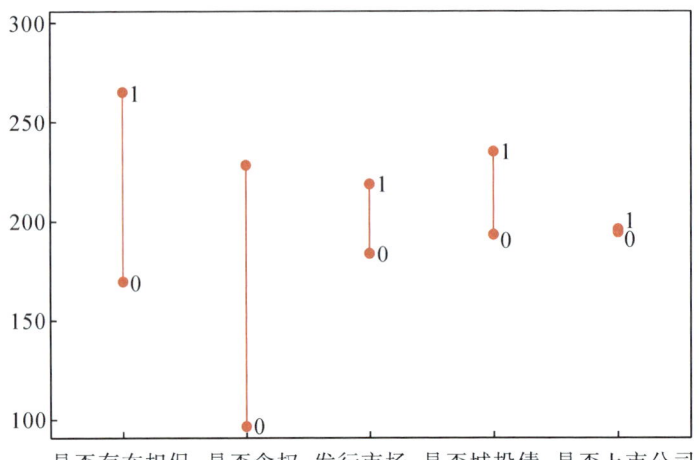

图 7.4　发行成本的分组均值

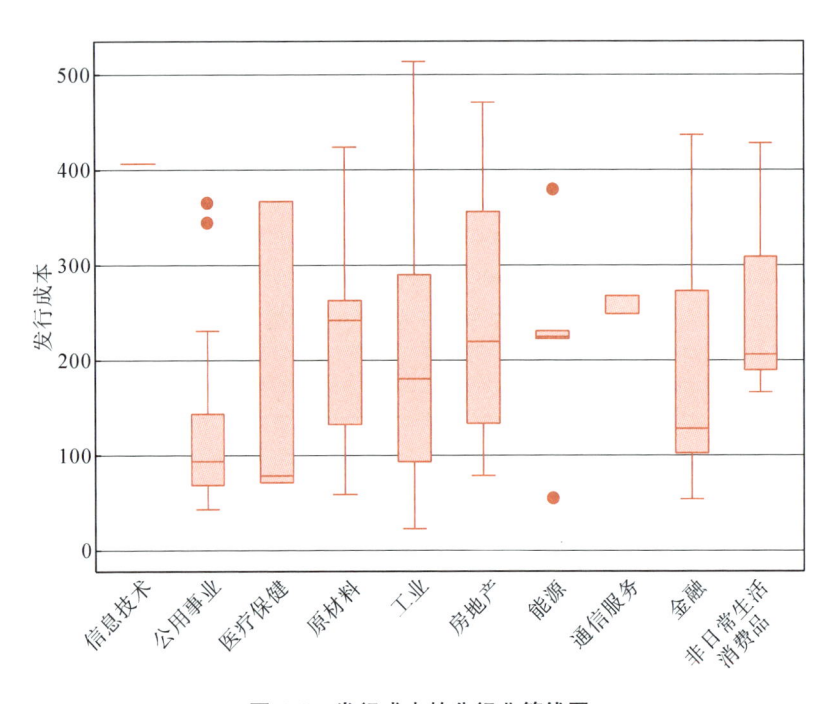

图 7.5　发行成本的分行业箱线图

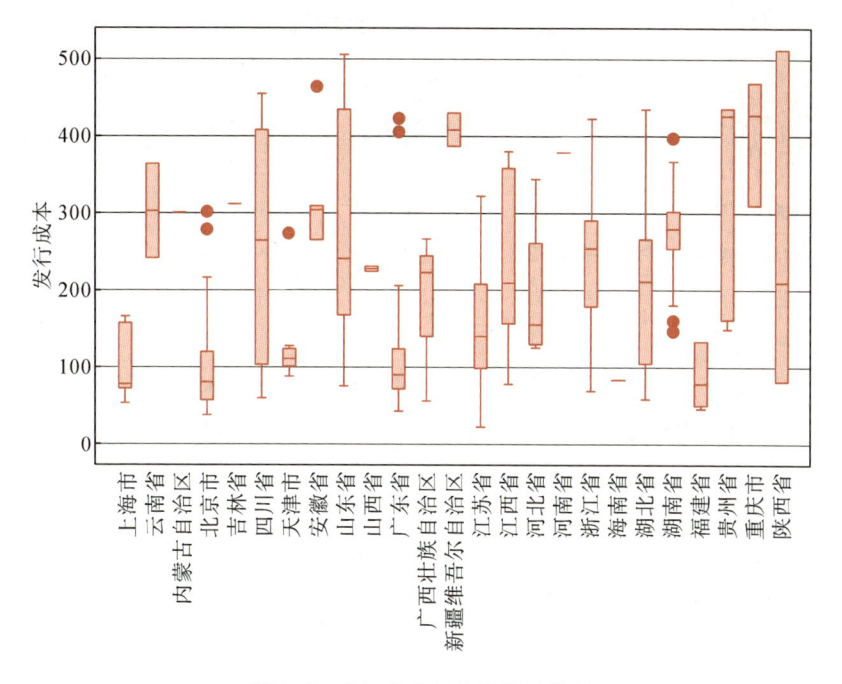

图 7.6　发行成本的分地区箱线图

7.6　实证分析

7.6.1　基础模型回归结果

如表 7.3 所示，为了考察典型债券发行成本因素对绿色债券的影响，仅考虑债券自身特征和债券发行主体特征构建基准模型，基准模型的回归结果与已有研究结论一致。债券及其发行主体的信用评级的系数都显著为负，即信用评级越高，绿色债券发行成本越低；此外，发行规模和企业性质的系数也显著为负，是否含权的系数显著为正，即发行规模越大，成本越低，国企和央企发行成本相对较低，含权债发行成本相对较高。上述结论在控制年份效应、地区效应和行业效应及其不同组合时结论均保持稳健。

表 7.3 基准模型回归结果

变量	模型（1）	模型（2）	模型（3）	模型（4）
债券信用评级	-51.213***	-56.180***	-57.556***	-54.248***
发行规模	-8.599	-13.155**	-16.145***	-12.644**
债券期限	-1.821	-1.552	-0.298	-0.186
是否存在担保	-13.821	-9.890	-9.450	0.286
是否含权	43.964***	31.709***	24.257***	16.738*
发行市场	2.754	2.830	3.265	4.294
是否城投债	6.931	-24.769	-29.335*	-2.754
发行主体信用评级	-57.927***	-56.774***	-58.294***	-61.375***
企业性质	-59.333***	-45.954***	-39.173*	-107.634***
是否上市公司	0.383	-10.901	5.246	-1.321
企业规模	-7.781*	-6.073	-4.135	-0.596
资产负债率	-0.192	-0.152	-0.317	-0.150
盈利能力	0.262	0.151	0.178	-0.005
流动性	-0.013	-0.014	-0.002	0.047
常数项	725.735***	773.466***	753.360***	749.340***
年份固定效应	No	Yes	Yes	Yes
行业固定效应	No	No	Yes	Yes
地区固定效应	No	No	No	Yes
R^2	0.693	0.716	0.734	0.831
调整的 R^2	0.681	0.702	0.714	0.806

注：所有模型均通过 VIF 检验，不存在共线性；*、** 和 *** 分别代表在 10%、5% 和 1% 的水平上显著。

分别和一起加入灾害次数、灾害损失两个变量，回归结果如表 7.4 所示。模型（5）的结果显示，气候灾害次数变量的系数为 -8.280，显著为负，即在控制了影响绿色债券发行成本的其他典型因素之后，灾害次数的增多反而会降低绿色债券的发行成本。与此同时，模型（6）的结果显示，气候灾害带来的经济损失对绿色债券发行成本并没有显著的影响。模型（7）同时放入气候灾害次数和灾害损失的结果表明上述结论依旧稳健。假设 H1 并不成立，气候灾害发生次数对绿色债券发行成本的整体影响显著为负，会降低发行成本；气候灾害造成的经济损失对绿色债券发行的整体影响并不显著。因此可以猜想，气候变化的物理风险升高会增加人们对气候风险的关注和对绿色可持续投资的重视，从而可能更多地通过间接渠道降低绿色债券的发行成本。

表 7.4 加入气候变化物理风险因素的回归结果

变量	模型（5）	模型（6）	模型（7）
灾害次数	−8.280**		−7.705**
灾害损失		0.036	−0.016
债券信用评级	−52.565***	−54.50***	−52.800***
发行规模	−13.202**	−12.301**	−13.004**
债券期限	−0.042	−0.331	−0.120
是否存在担保	0.820	0.916	1.075
是否含权	15.212	14.844	14.439
发行市场	5.556	4.648	5.633
是否城投债	1.288	−5.872	−0.438
发行主体信用评级	−61.809***	−62.234***	−62.177***
企业性质	−103.702***	−103.433***	−102.027***
是否上市公司	0.275	0.693	1.037
企业规模	−0.434	0.137	−0.106
资产负债率	−0.120	−0.189	−0.141
盈利能力	−0.031	−0.058	−0.053
流动性	0.049	0.043	0.047
常数项	778.482***	750.911***	777.189***
年份固定效应	Yes	Yes	Yes
行业固定效应	Yes	Yes	Yes
地区固定效应	Yes	Yes	Yes
R^2	0.835	0.832	0.835
调整的 R^2	0.809	0.806	0.809

注：所有模型均通过 VIF 检验，不存在共线性；*、** 和 *** 分别代表在 10%、5% 和 1% 的水平上显著。

进一步分别和分组加入 ESG 评价、E 评价、S 评价、G 评价、环境管理、绿色发展、信息披露，在控制了其他影响因素和年份、行业、地区效应后，相关模型结果如表 7.5 所示，仅环境管理和信息披露的系数显著为负，说明假设 H2 部分成立，即环境管理水平越高的发行主体，应对气候变化的能力越强，其绿色债券的发行成本越低；信息披露水平越高的发行主体，投资者会了解越多的企业信息，信息不对称的情况有效降低，其绿色债券的发行成本也会随之降低。而 ESG 整体评价和 E、S、G 的单项评价回归系数都不显著，即这些评价维度在整体上都没有直接显著影响绿色债券发行成本，因此可以猜想，企业的 ESG 评价可能更多通过影响企业信用评级来间接影响绿色债券发行成本。

表 7.5 加入企业 ESG 表现相关指标的回归结果

变量	模型(8)	模型(9)	模型(10)	模型(11)	模型(12)	模型(13)	模型(14)	模型(15)
ESG 评价	-4.984							
E 评价		-1.537						
S 评价			0.048					
G 评价				-5.446				
环境管理					-3.434 *			-3.350 *
绿色发展						-0.870		
信息披露							-4.322 *	-4.201 *
灾害次数	-8.300 ***	-8.581 ***	-8.282 **	-8.091 **	-8.814 ***	-8.847 ***	-8.360 ***	-8.879 3 ***
债券信用评级	-51.993 ***	-51.696 ***	-52.563 ***	-52.203 ***	-51.032 ***	-50.948 ***	-52.191 ***	-50.705 ***
发行规模	-13.781 **	-13.715 **	-13.207 **	-13.528 **	-14.243 **	-14.167 **	-13.329 **	-14.341 ***
债券期限	-0.074	0.011	-0.040	0.069	0.078	-0.122	-0.042	0.076
是否存在担保	-0.082	0.464	0.823	0.185	-0.561	-0.468	-0.272	-1.590
是否含权	15.364	14.819	15.200	15.074	13.591	15.839	15.997	14.393
发行市场	5.605	5.462	5.554	5.499	5.747	5.287	5.516	5.703
是否城投债	2.012	0.808	1.280	2.470	0.895	-1.729	5.505	5.005
债券发行主体评级	-61.193 ***	-61.138 ***	-61.814 ***	-61.470 ***	-60.191 ***	-59.943 ***	-60.540 ***	-58.996 ***
企业性质	-100.533 ***	-103.998 ***	-103.749 ***	-100.356 ***	-106.171 ***	-103.322 ***	-102.102 ***	-104.556 ***

表7.5(续)

变量	模型(8)	模型(9)	模型(10)	模型(11)	模型(12)	模型(13)	模型(14)	模型(15)
是否上市公司	8.512	1.185	0.150	8.326	1.689	-1.418	8.497	9.648
企业规模	0.205	-1.019	-0.454	-0.316	-1.369	-1.627	0.493	-0.445
资产负债率	-0.125	-0.102	-0.119	-0.100	-0.121	-0.081	-0.200	-0.198
盈利能力	-0.009	-0.005	-0.031	-0.026	0.016	0.083	-0.023	0.023
流动性	0.050	0.054	0.049	0.054	0.060	0.049	0.056	0.066
常数项	786.615***	785.760***	778.552***	794.868***	802.237***	777.788***	791.513***	814.329***
年份固定效应	Yes	Yes	Yes	Yes	Yes	Yes	Yes	Yes
行业固定效应	Yes	Yes	Yes	Yes	Yes	Yes	Yes	Yes
地区固定效应	Yes	Yes	Yes	Yes	Yes	Yes	Yes	Yes
R^2	0.835	0.835	0.835	0.835	0.836	0.836	0.836	0.838
调整的 R^2	0.809	0.809	0.809	0.809	0.811	0.810	0.810	0.812

注：所有模型均通过VIF检验，不存在共线性；*、**和***分别代表在10%、5%和1%的水平上显著。

7.6.2 进一步的机制分析

7.6.2.1 气候变化导致的物理风险通过气候关注的间接影响

将公众对气候变化的关注度作为中介变量，探讨气候风险经济损失对绿债发行成本的影响机制，中介模型的结果如表7.6所示。尽管模型(6)的回归结果表明灾害损失对绿色债券发行成本的回归系数不显著，但从影响机制来看，模型(17)的结果显示，灾害损失对气候关注的回归系数为0.001，显著为正；模型(18)的结果显示，同时加入灾害损失和气候关注后，二者回归系数分别为0.034和-42.430，但只有气候关注的系数显著为负，即公众对气候风险的关注度提高可以显著降低绿色债券发行成本。中介效应分析的结果也表明，灾害损失对绿色债券发行成本的总影响效应（Total effect）和直接影响效应（Direct effect）均不显著，即气候风险带来的经济损失的增大作为一种外生风险并不会直接提高绿债发行成本，这也是由气候风险的局部性特征所决定的，造成严重经济损失的气候风险频率较低；但是，可以发现，气候造成的经济损失也会通过提高公众对气候风险的关注度从而降低绿色债券的发行成本，即间接影响效用（Indirect effect）显著为负，为-0.051，中介效应的 Sobel 检验量显著为负。假设 H3 成立，即气候变化导致的物理风险增大，会使公众对气候变化的关注度提升，从而间接降低绿色债券的发行成本。

表 7.6　气候关注的中介效应模型

变量	模型（16）发行成本	模型（17）气候关注	模型（18）发行成本
灾害损失	-0.017	0.001***	0.034
气候关注			-42.430***
控制变量	Yes	Yes	Yes
行业固定效应	Yes	Yes	Yes
a coefficient		0.001***	
b coefficient		-42.430***	
Indirect effect		-0.051***	
Direct effect		0.034	
Total effect		-0.017	
Sobel		-0.051***	

注：所有模型均通过 VIF 检验，不存在共线性；*、** 和 *** 分别代表在 10%、5% 和 1% 的水平上显著。

7.6.2.2　ESG 评价通过发行主体信用评级的间接影响

将发行主体的信用评级作为中介变量，探讨发行主体 ESG 评价对绿债发行成本的影响机制，中介效应的模型结果如表 7.7 所示。尽管模型（19）的回归结果显示，ESG 评价对绿色债券发行成本的回归系数不显著，但从模型（20）的结果可以发现，企业 ESG 评价对该企业信用评级的回归系数显著为正，为 0.075，即 ESG 评价的提高可以提升企业的信用评级。模型（21）的结果也表明，发行主体信用评级的系数都显著为负，即发行主体信用评级的提高都可以降低企业绿色债券的发行成本。中介效应分析的结果也表明，ESG 评价对于绿债发行成本的间接影响效应（Indirect effect）和中介效应的 Sobel 检验显著为负，即企业 ESG 评价会通过影响发行主体的信用评级间接影响绿色债券的发行成本，假设 H4 得以验证。

表 7.7 发债主体信用评级的中介效应模型

变量	模型（19）发行成本	模型（20）发行主体评级	模型（21）发行成本
ESG 评价	-9.499	0.075*	-4.898
债券发行主体评级			-60.769***
控制变量	Yes	Yes	Yes
行业固定效应	Yes	Yes	Yes
地区固定效应	Yes	Yes	Yes
a coefficient	0.075*		
b coefficient	-60.769***		
Indirect effect	-4.601*		
Direct effect	-4.898		
Total effect	-9.499		
Sobel	-4.601*		

注：所有模型均通过 VIF 检验，不存在共线性；*、** 和 *** 分别代表在 10%、5% 和 1% 的水平上显著。

7.7 本章小结

本章在全球气候变化的宏观背景下探讨了绿色债券的发展，特别是其在中国的发展特征。在对国内外已有相关研究进行梳理分析的基础上，本章对影响绿色债券发行成本的债券自身特征、债券发行主体特征进行分析，并引入了气候风险和发行主体 ESG 评价对绿色债券发行成本的影响机制,从而提出了本章的四个关键假设及研究设计。利用中国企业绿色债券的相关数据进行实证研究的结果显示,气候风险在整体上并不会显著提高绿色债券的发行成本,绿色债券发行所在地区发生极端气候风险的次数不但不会提高其发行成本,反而会由于可持续投资的理念逐渐增强,显著降低债券的发行成本;而气候风险导致的经济损失整体上对绿色债券发行成本没有显著影响,这是因为灾害损失会直接导致相关项目受损,同时也会通过提高投资者对气候风险的关注度从而间接降低绿色债券的发行成本。绿色债券发行主体的 ESG 评价体系中,发行主体环境管理水平的提高可以显著降低绿色债券的发行成本,而 ESG 整体评价对绿色债券发行成本的影响更多是通过提升其信用评级的机制产生的。

"双碳"目标下,气候变化和气候风险已经是社会经济活动不可回避的问题,绿色债券的健康发展与 ESG 评价体系的完善都将对社会经济低碳转型起到至关重要的作用。但是,当前我国绿色债券的标准和 ESG 评价体系的标准都尚不完善。尽管绿色债券的规模快速扩大,但是在资金投向方面,其是否真正大部分投入绿色低碳发展领域还缺乏常态化的监管机制,这就导致了市场上的金融机构或机构投资者对绿色债券的认同感相对较低,往往是出于政策导向才使用绿色债券作为投融资工具。与此同时,在 ESG 评价方面,各个第三方机构针对企业的 ESG 评级框架、采用的指标、数据都存在巨大的差异,对 E、S、G 三个维度的界定和内涵的构成也并没有统一的标准,这就导致了 ESG 评级在行业间甚至行业内部都未必可比,从而影响了 ESG 评级对未来可持续投资起到的基础体系作用。因此,未来应当尽快完善企业层面的 ESG 评价体系,在对 ESG 的含义和内容进行基本界定的基础上,提供指导性 ESG 评价指标体系框架,并进一步提升企业在 ESG 信息披露方面的主动性和透明度,尽快完善 ESG 基础体系建设,从而为绿色金融的快速健康发展提供必要的基础支撑。

8 金融机构漂绿行为的监管对策分析

绿色金融为环境保护和低碳减排提供了重要的经济支持。但与此同时，在环境规制与"双碳"目标的约束下，金融机构的漂绿行为屡见不鲜。这不仅严重阻碍了绿色金融质量的提升，也充分暴露出现有监管体系不健全的弊端。因此，探究政府对金融机构漂绿行为的监管，对有效遏制与防范绿色金融漂绿风险，保障绿色金融切实赋能绿色发展和促进"双碳"目标的实现都具有重要的现实意义。

本章具体探讨了金融机构漂绿行为的形成机制和监管对策。首先，分析了金融机构漂绿行为的现状，指出了绿色金融机构漂绿行为的特征，并提出了目前监管体系存在的问题；其次，从信息披露的角度，在不完全信息条件下，构建了政府与金融机构之间的信号博弈模型，研究了金融机构选择不同策略的动态过程；再次，探究了分离均衡、混同均衡、准分离均衡下金融机构积极信息披露的相应条件，并进一步揭示了不同的监管措施，包括激励、惩罚、标准和认证对遏制漂绿行为的作用；最后，提出了促进金融机构承担环境责任与积极信息披露的对策。

8.1 金融机构漂绿行为的现状

(1) 金融机构漂绿行为愈演愈烈，屡禁不止

绿色发展作为一种以效率、和谐、持续为目标的经济增长和社会发展方式，已成为全球经济实现可持续发展目标的必然趋势。为了加快发展方式绿色转型，推动形成绿色低碳的生产方式，引导资金投入绿色产业方向，政府大力支持绿色低碳高质量发展。然而，与此同时，漂绿行为也蔓延至环保、绿色、低碳等领域。在国外，2022年英国广播公司（BBC）报道指出，环保主义者起诉荷兰航空公司漂绿，认为该公司报告中声称的"碳抵消"计划和广告会误导民众认为航空业不会加剧气候变暖。不仅如此，世界卫生组织和环保主义者纷纷爆出在石油行业、烟草行业也存在漂绿问题。在国内，2022年国务院新闻办公室举行的中央生态环境保护督察进展成效发布会指出，在公开的262个典型案例中，涉及环境污染问题的占48.5%，涉及弄虚作假问题的占18.3%。2022年《南方周末》推出的"中国漂绿榜"中，曾经获评国家级"绿色工厂"的新华制药，因排污口未纳入排污许可证管理、污染物排放方式和排放去向与排污许可证不相符，被处以罚款；同样以绿色环保为宣传理念的中铁集团，2022年因旗下陕西旬凤韩黄高速公路有限公司毁坏并占用林地被罚款，2022年年度报告更是显示全年度处罚事项涉及30个工程项目[①]。上述事件揭示了绿色、低碳方面的漂绿问题仍存在。

为绿色转型提供重要经济支撑的绿色金融已经驶入了发展快车道。绿色金融体系的构建日益完善，绿色信贷、绿色债券、绿色保险、绿色基金等各种绿色金融产品规模迅速增长。2014—2021年，绿色债券全球发行规模大幅提升。据气候债券倡议组织统计，2014—2021年，全

---

① 资料来源：https://cn.equalocean.com/analysis/202310011040540。

球绿色债券的发行规模从 370 亿美元不断增加到 5 090 亿美元。中国银行全球金融市场研究中心的数据显示，仅 2021 年上半年，全球绿色债券发行量就超过 2020 年全年发行总额，达到约 2 517 亿美元，较 2020 年同比增长 169%，创历史同期新高。绿色金融规模不断扩大的同时，金融领域中的漂绿行为也逐步凸显，部分金融机构开始进行漂绿来适应市场对绿色环保的要求。2018 年，中国农业银行股份有限公司宜城市支行、湖北宜城农村商业银行股份有限公司因不遵守审慎经营规则，不履行环保合规审查义务，向湖北襄大农牧集团股份有限公司发放流动资金贷款而成为共同被告，被要求承担连带赔偿责任[①]。这是国内银行第一次被要求承担环境法律责任，因此受到了法律、环保、金融等领域的广泛关注。2022 年 5 月，纽约梅隆银行因漂绿问题被美国证券交易委员会处以 150 万美元罚款；2022 年 6 月，高盛旗下的高盛资产管理公司的 ESG 基金，因其可能存在的误导性陈述而受到美国证券交易委员会立案调查。

金融机构漂绿行为的出现严重阻碍了绿色发展与金融创新的有效融合，导致绿色资金错配，削弱投资人对绿色项目的投资信心，抑制绿色金融发展。在经济利益的刺激下，金融机构的漂绿行为将进一步扩张，危害愈发严重。

(2) 金融机构漂绿行为隐蔽性强、实施难度低、利益相关者众多

绿色金融活动存在资本的逐利性与环境外部性、长期绿色效益与短期经济效益之间的矛盾。与企业漂绿行为相比，金融机构漂绿行为具有更为突出的特点，主要体现在以下三个方面：一是隐蔽性强。绿色金融领域信息不对称尤为严重，漂绿行为又属于金融机构故意为之，通过混淆、掩盖及隐瞒环境职责，致使绿色金融的漂绿行为愈发隐蔽（Du et al., 2015）。随着绿色金融的快速发展，金融机构漂绿的手段和途径也在不断变化和更新，因而金融机构漂绿更难以被发现。二是漂绿难度低。绿色项目整个过程更为复杂，涉及审批、实施及验收等多个环节。

---

① 资料来源：https://www.huanbao-world.com/a/zhengce/2018/0815/35321.html。

与此同时，绿色项目的投资规模不断扩大，根据中国人民银行发布的数据，截至 2022 年，本外币绿色贷款余额超 22 万亿元，同比增长 38%，其中，投向具有直接和间接碳减排效益项目的贷款分别为 8.62 万亿元和 6.08 万亿元，合计占绿色贷款的 66.8%（见图 8.1）。在缺乏统一的执行准则、缺少权威的绿色投资指引的条件下，金融机构审批绿色项目贷款具有较强的主观性，受趋利性和负外部性的影响，金融机构极易发生漂绿行为。三是涉及的利益相关者众多。金融机构是绿色金融产品发行的主体，此外，绿色金融产品还涉及政府、投资者、第三方机构及社会公众等众多利益相关者，各主体均有不同的利益诉求，使得识别和防范漂绿行为面临更大的挑战，进而也加大了金融机构漂绿行为的治理难度（Marquis et al., 2016；Yu et al., 2020）。

图 8.1 我国绿色贷款规模与增速

数据来源：根据中国人民银行发布的公开数据整理。

金融机构漂绿行为一旦败露，投资者接收到市场上的负面信息，就会对绿色项目失去信心，对金融机构的认知也会发生变化，进而严重影响金融机构的声誉，并阻碍绿色金融的发展（Leonidou et al., 2013）。即使漂绿行为未被披露，随着绿色金融市场规模不断扩大，漂绿的手段不断更新和发展，投资人更加难以分辨项目的绿色属性，这将导致"真绿"项目被逆向淘汰，出现"劣币驱逐良币"的柠檬市场。漂绿现象逐渐成为绿色金融稳定发展的巨大障碍，因此，加强对金融机构漂绿行为的监管显得尤为重要。

（3）金融机构漂绿行为治理体系不完善，监管难度大

保障绿色金融发展，科学监管先行。监管是控制金融机构环境行为最直接的模式（Liu C et al.，2020；Smith et al.，2014）。政府监管作为一种强有力的外部监督手段，更是在监督金融机构绿色环保行为方面扮演着不可忽视的角色。为了推动金融监管高质量发展，以适应快速发展的绿色金融，从图8.2可知，自2003年，我国金融监管机构就不断进行变更和调整。为了顺应监管新时代的要求，进一步提升政府监管的能力与水平，2023年我国对金融监管机构进行了改革，新成立了国家金融监督管理总局。

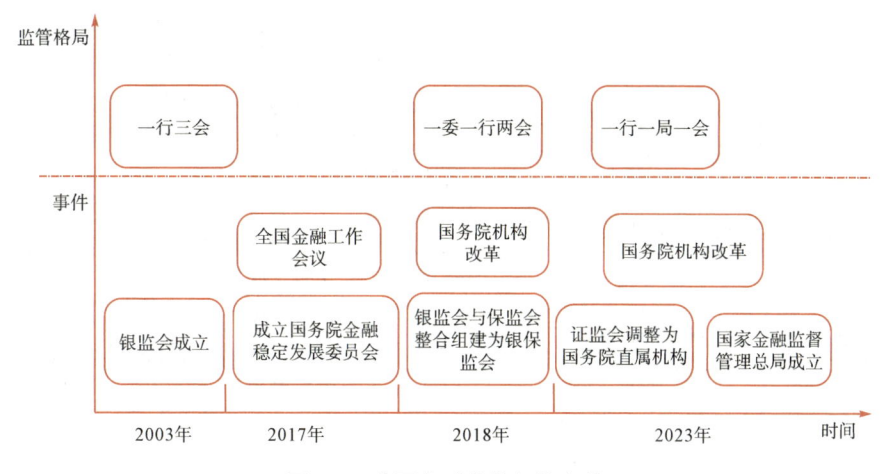

图 8.2　我国金融监管机构变革

监管先行推动了环境信息披露的发展，监管的不断完善也给环境信息披露提出了更高的要求。2021年3月，央行初步确立了"三大功能""五大支柱"的绿色金融发展政策思路。金融机构监管和信息披露要求作为绿色金融体系的"五大支柱"之一，已经成为绿色金融发展的重要支撑。从第3章有关内容和表8.1可知，国家陆续出台了多项政策促进金融机构环境信息披露的进一步完善，一系列环境信息披露的政策对控制漂绿产生了一定的作用，但对漂绿行为还没有明确严苛的处罚。

表 8.1　有关金融机构环境信息披露的部分相关法律和政策

时间	政策	相关内容
2012 年 2 月	《绿色信贷指引》	银行业金融机构应当公开绿色信贷战略和政策，充分披露绿色信贷发展情况。但对绿色信贷所产生的环境效益未作具体要求
2013 年	《绿色信贷统计制度》	要求 21 家主要银行统计环境安全重大风险企业、节能环保项目及服务的信贷情况，并每半年报送原银监会
2021 年 3 月	《深圳经济特区绿色金融条例》	规定在特区内注册的金融行业上市公司、绿色金融债券发行人、已经享受绿色金融优惠政策的金融机构的环境信息披露责任，并明确了环境信息披露的内容、形式、时间和方式等要求以及未按要求披露环境信息企业的法律责任
2021 年 3 月	《金融机构环境信息披露指南》	从治理结构、政策制度、产品与服务创新、风险管理、风险量化、环境影响等方面对披露内容提出建议，促进了更多金融机构特别是银行业金融机构编制环境信息披露报告
2021 年 5 月	《银行业金融机构绿色金融评价方案》	对银行业金融机构绿色金融业务开展情况进行综合评价，并依据评价结果对银行业金融机构实行激励约束
2022 年 6 月	《上海市浦东新区绿色金融发展若干规定》	浦东新区银行业金融机构法人应当按照中国人民银行发布的《金融机构环境信息披露指南》等标准要求，发布年度环境信息报告
2022 年 6 月	《银行业保险业绿色金融指引》	鼓励银保机构积极运用大数据、区块链、人工智能等科技手段去提升绿色金融的投资管理水平，建立有效的考核评价体系和奖惩机制
2023 年 2 月	《最高人民法院关于完整准确全面贯彻新发展理念 为积极稳妥推进碳达峰碳中和提供司法服务的意见》	明确提出，审理企业环境信息披露案件，强化企业环境责任意识，依法披露环境信息，有效遏制资本市场"洗绿""漂绿"不法行为

资料来源：根据最高人民法院、原银保监会、各级地方政府等的公开资料整理。

综上所述，我国绿色金融发展尚处于起步阶段，目前仍未形成统一的环境信息披露标准和框架，差异化的治理体系尚不健全，大规模快速增长的绿色金融产品又进一步加重了监管任务。漂绿行为的屡禁不止充分表明，现有的金融监管格局仍然无法满足绿色金融治理的现实需求。

此外，在我国的金融监管中，存在着社会公众—政府部门—金融机构的多层委托代理关系。从图8.3可知，政府部门与金融机构之间的委托代理是多层代理关系中的核心问题。因此，探究政府对金融机构漂绿行为的监管，对防范及遏制绿色金融漂绿风险具有重要意义，也能够为推进绿色金融发展夯实基础。

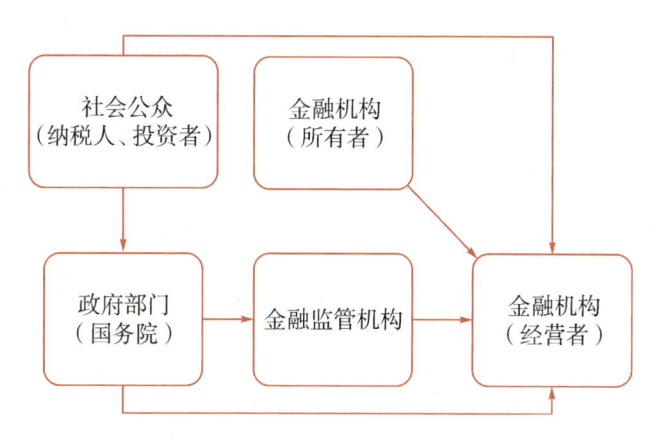

图 8.3　金融监管多层委托代理关系

8.2　研究背景与研究现状

"漂绿"一词最早于1986年被提出，在1999年被收入《牛津词典》，起源于企业虚假绿色营销，经历了从形象漂绿、产品漂绿到环境漂绿的演变。2009年，国内开始出现围绕"漂绿"相关问题展开的研究。2015年，环境保护、绿色金融、低碳建筑领域漂绿行为的治理逐渐成为研究焦点。

与传统金融相比，绿色金融将环境行为与金融市场相结合，更注重生态效益（Zhang et al., 2019）。金融机构在为绿色发展提供融资方面发挥着重要作用（Yu et al., 2021）。近年来，随着政府对环境监管的日益严格，金融机构开发出不同类型的绿色金融产品，以帮助企业投资于可再生能源等绿色项目。然而，绿色金融的发展面临着诸多挑战，主要障碍是信息不对称和绿色金融产品的发行成本较高（Chang et al.，2021）。此外，缺乏统一的标准和第三方认证也在一定程度上限制了绿色金融的规模（Hafner et al.，2020）；监管制度不健全也是限制绿色金融进一步扩张的重要原因（Zhao et al.，2022）。绿色金融的上述弊端导致金融机构更有可能进行漂绿。越来越多的金融机构为了获得优惠而实施漂绿行为，严重阻碍了经济的绿色、可持续发展。

对于绿色金融而言，漂绿的核心属性是将利用绿色金融产品筹集到的资金投入非绿色项目中，因此其预期的环境目标最终难以实现（Zhang，2022a）。此外，绿色金融产品定义模糊和缺乏透明度的问题也进一步推动了漂绿行为的出现和扩散（Jankovic et al.，2022）。气候债券倡议组织发布的报告称，我国2020年新发行的绿色债券中约有45.8%没有遵循国际公认的定义（Xu G et al.，2022）。金融机构漂绿的动机是摆脱财务困境，实现利润最大化，同时改善企业形象（Baldi et al.，2022）。此外，ESG评级也会给金融机构带来市场和政治压力，机会主义行为随之出现，进而导致出现漂绿现象（Wang J et al.，2023）。可见部分金融机构虽然宣传绿色环保理念，但是并没有真正关注环境问题。

许多研究者指出，绿色金融的多样化效应只有在具备完善的法律法规时才会存在。有效的治理体系有利于保护投资者的权利，指导金融机构履行其环境责任（Hilscher et al.，2021）。但与绿色金融相关的治理机制尚未建立（Xu Y et al.，2022），对政府而言，不完善的治理机制加大了识别和预防金融机构漂绿行为的难度。在缺乏有效监管的情况下，金融机构的漂绿行为会进一步扩散，并扰乱绿色金融市场的正常运行，最终导致绿色金融产品的逆向选择（Zhang，2023）。虽然政府治理能力的提高对打击漂绿行为有着显著影响，但很少有研究关注不同监管措施的协同效应（Lu et al.，2022）。因此，研究政府对金融机构漂绿行为的监管对策，有助于为漂绿行为监管提供理论依据，并为绿色金融的有效治理模式提供新思路。

博弈论在环境和质量治理领域得到了广泛的运用（Wang et al.，2021）。在各种参与者中建立古诺博弈、斯塔克尔伯格博弈和演化博弈等不同模型，研究不同利益相关者之间的行为策略已成为当下重要的研究课题（Liu C Y et al.，2020；Li et al.，2018）。例如，Ye 等（2021）和 Cui 等（2020）建立了演化博弈模型来研究金融机构中的互动行为策略和影响机制；Yang 等（2019）建立了动态博弈模型来证明银行绿色金融实施的有效性。

如前所述，由于对绿色金融监管政策的研究仍处于起步阶段，所以对金融机构漂绿行为的研究十分匮乏。一方面，很少有学者对金融机构漂绿行为的形成机制进行分析，特别是政府与金融机构之间策略选择的研究。与此同时，对不同监管工具治理漂绿行为的比较分析则更为匮乏。另一方面，大多数研究都在探讨完全信息条件下漂绿行为的治理（Huang et al.，2020），但监管金融机构漂绿行为的难度正是因为信息不对称而加剧。因此，本章从信息披露的角度，建立不完全信息下的信号博弈模型对金融机构漂绿行为和政府监管进行研究。

本章的贡献主要有以下三点：首先，本章提出了治理金融机构漂绿行为的针对性措施。以往研究主要集中在企业漂绿行为上，涉及绿色金融尤其是金融机构漂绿行为的研究较少（Lee et al.，2023）。金融机构的利益相关者与企业不同，因此监管企业的相应措施并不完全适用于金融机构（Habib et al.，2015）。本章探讨了金融机构漂绿行为，并进一步验证了不同的监管措施，如经济激励、政府惩罚、质量标准和统一认证的有效性，为政府促进金融机构履行环境责任提供了对策。其次，本章采用动态信号博弈模型，来研究政府与金融机构的策略选择。传统的博弈方法主要立足于完全信息条件下，如演化博弈和斯塔克尔伯格博弈（Wang X et al.，2023；Xu et al.，2019），但是绿色金融中导致金融机构漂绿行为的主要原因就是信息不对称。而当面对高度的信息不对称性时，不完全信息博弈模型更为合适。因此，本章引入了动态信号博弈模型来探讨金融机构和政府之间的策略选择。通过求解该博弈的不同均衡点，进一步研究了博弈策略的影响因素。最后，本章提供了金融机构漂绿行为研究的新视角。金融机构环境信息披露是漂绿行为的主要形式，但很少有研究直接探讨这一问题（Envelope et al., 2022）。鉴于金融机构漂绿行为的特点，本章从信息披露的视角，通过构建信号博弈模型，将金融机构分为积极信息披露和消极信息披露两种类型，并从信息披露的角度详细分析了金融机构漂绿行为的形成机制。

8.3 研究假设与模型构建

8.3.1 研究假设

漂绿监管是典型的多方博弈问题（Sun et al., 2019）。在此博弈中，金融机构通过发行不同的绿色金融产品提高其竞争力，并为绿色项目提供经济支持（Ji et al., 2019）。为促进绿色金融发展，政府会制定各项针对性的政策，并对金融机构进行监管。图8.4描述了政府与金融机构的博弈关系。金融机构的环境行为信息多为隐私信息，加之政府和金融机构之间的信息不对称，都为金融机构的投机行为提供了机会（Galeotti et al., 2020）。因此，政府往往难以准确预测金融机构的环境行为，导致其政策体系难以执行。

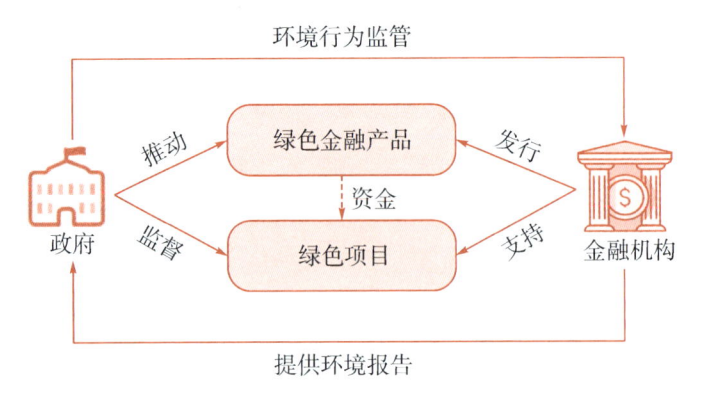

图8.4 政府与金融机构的博弈关系

金融机构和政府是绿色金融中漂绿行为治理的关键参与者。在信号博弈模型中，金融机构是信号发送者，政府是信号接收者，两者都是理性的，并且都以利润最大化为目标。本章提出了相应的假设来阐述政府和金融机构在绿色金融方面的收益和成本。

假设1：本章将金融机构分为两种类型。金融机构的初始类型为 $T=\{t_1, t_2\} = \{$不履行环境职责(PB), 履行环境职责(GB)$\}$。金融机构的策略集为 $M=\{k_1, k_2\} = \{$积极信息披露(PT), 消极信息披露(NT)$\}$。

假设2：金融机构实施PT所得到的经济激励为 E，如政府为绿色金融产品制定的各项利率优惠政策（Wan et al., 2022）。信息披露的成本是 C_2，如绿色项目贷款的筛选和及时披露环境信息的费用。

假设3：金融机构漂绿行为被描述为 $k*|_{t_1} = $ PT，即金融机构 t_1 实施 k_1。漂绿成本是 C_1，如绿色项目获得虚假认证的成本，其中 $C_1 > C_2$。金融机构实施PT的隐性损益为 F，这取决于政府是否发现金融机构漂绿行为。

假设4：绿色金融产品质量标准为 g_s。与 Liu C Y 等（2019）一样，本章将金融机构的漂绿程度 m 定义为 $m = \dfrac{g_s - g_a}{g_s}$，其中 g_a 为漂绿绿色金融产品的实际质量，显然 $g_s > g_a$。D 代表了漂绿对社会造成的危害，如资源错配和环境污染等（Yang et al., 2020）。

假设5：作为信号接收者，政府根据金融机构发出的信号决定自身采取的策略。政府的策略集为 $A=\{a_1, a_2\} = \{$监管(V), 不监管(NV)$\}$。PT和NT的监管成本分别记为 R_1 和 R_2。当金融机构选择PT时，政府需要付出更多的监管成本，因此，$R_1 > R_2$。

假设6：漂绿行为被发现的概率为 ε，此时金融机构将受到惩罚 P，$P(f, m) = fm^2$，P 与漂绿程度 m 呈正相关，其中 f 为惩罚系数。若及时发现漂绿行为，政府将获得声誉效益 G。具体的参数及其定义如表8.2所示。

表 8.2 信号博弈模型的参数设置

政府参数	定义	取值范围
G	发现漂绿行为的声誉效益	$G>0$
R_1	PT 的监管成本	$R_1>0$
R_2	NT 的监管成本	$R_2>0$
g_s	绿色金融产品质量标准	$g_s>0$
ε	发现漂绿行为的概率	$0<\varepsilon<1$
P	漂绿惩罚	$P>0$
f	惩罚系数	$f>0$
金融机构参数	定义	取值范围
E	PT 的经济激励	$E>0$
C_1	漂绿成本	$C_1>0$
C_2	信息披露成本	$C_2>0$
D	漂绿对社会的危害	$D>0$
F	漂绿的隐性损益	$F>0$
g_a	漂绿绿色金融产品实际质量	$g_a>0$
m	漂绿程度	$0 \leqslant m \leqslant 1$

8.3.2 模型构建

为了形象地描述政府和金融机构的整个博弈过程，图 8.5 基于上述模型假设构建了信号博弈树。信号博弈的策略序列如下：首先，自然在 $T=\{t_1, t_2\}=\{\text{PB, GB}\}$ 中随机选择一种金融机构的类型。其次，作为信号发送者的金融机构从 $M=\{k_1, k_2\}=\{\text{PT, NT}\}$ 中选择一种信息披露策略。该策略的选择对政府而言构成了一种信号，政府接收到金融机构发出的信号后，从 $A=\{a_1, a_2\}=\{\text{V, NV}\}$ 中选择自身的策略，但政府并不知道金融机构的真实类型。

在信号博弈中，金融机构 PB 和 GB 的先验概率分别为 $u(t_1)=P_g(0<P_g<1)$，$u(t_2)=P_b(P_g+P_b=1)$。根据贝叶斯法则得到政府对金融机

构的后验概率如下（Pu et al.，2011）：

$$u(t_1 \mid k_1) = \tilde{p},\ u(t_2 \mid k_1) = 1 - \tilde{p},\ (0 < \tilde{p} < 1)$$

$$u(t_1 \mid k_2) = \tilde{q},\ u(t_2 \mid k_2) = 1 - \tilde{q},\ (0 < \tilde{q} < 1)$$

因此，政府与金融机构之间的信号博弈模型的收益矩阵，如图 8.6 所示。

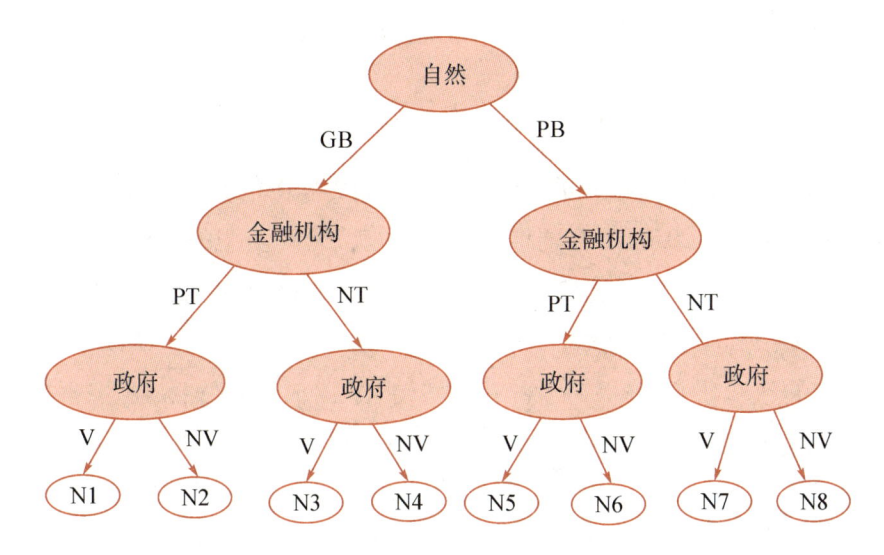

图 8.5　信号博弈树

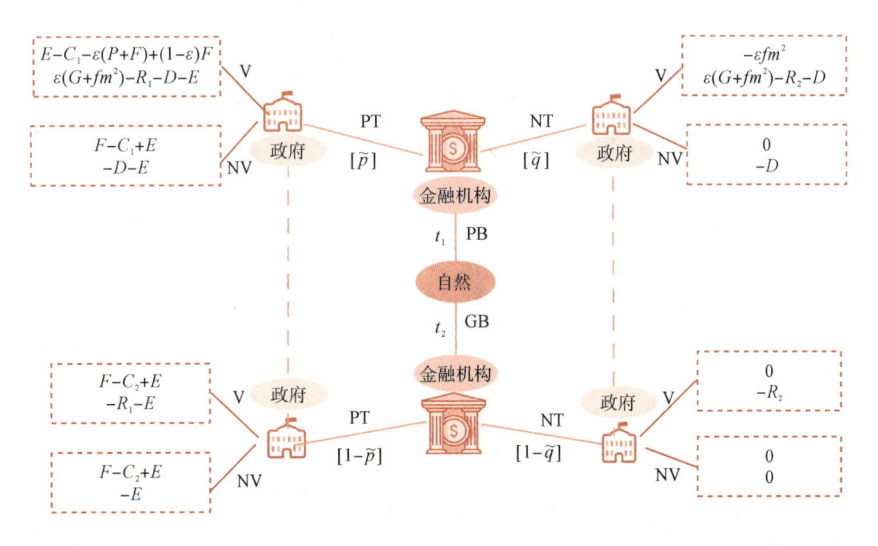

图 8.6　信号博弈模型的收益矩阵

8.4　信号博弈均衡分析

本章使用逆向归纳法来求解信号博弈的分离均衡、混同均衡、准分离均衡，从而得出达到上述不同均衡点所需的条件。

8.4.1　分离均衡

分离均衡意味着不同类型的信号发送者都以 1 的概率发送不同的信号（Gao et al., 2020）。在这种均衡条件下，两种类型的金融机构将选择不同的策略。因此，分离均衡根据信号的组合可以分为两种情况。

（1）t_1 选择 PT，t_2 选择 NT

在此条件下，t_1 将选择 PT，t_2 将选择 NT。通过贝叶斯法则得到政府的后验概率如下：

$$\tilde{p} = u(t_1 \mid \mathrm{PT}) = \frac{u(\mathrm{PT} \mid t_1) \cdot P_g}{u(\mathrm{PT} \mid t_1) \cdot P_g + u(\mathrm{PT} \mid t_2) \cdot P_b} = 1$$

$$1 - \tilde{q} = u(t_2 \mid \mathrm{NT}) = \frac{u(\mathrm{NT} \mid t_2) \cdot P_b}{u(\mathrm{NT} \mid t_2) \cdot P_b + u(\mathrm{NT} \mid t_1) \cdot P_g} = 1$$

由图 8.6 可得，当政府采取 a_2 的收益大于采取 a_1 的收益时，即 $\varepsilon(G + fm^2) - R_1 - D - E < -D - E\varepsilon(G + fm^2) - R_2 - D < -D \rightarrow \varepsilon < \frac{R_2}{G + fm^2}$，此时政府选择不监管 a_2。在这种情况下，因为 $\pi_{t_1} \mid_{\mathrm{PT, NV}} > \pi_{t_1} \mid_{\mathrm{NT, NV}}$，$\pi_{t_1} \mid_{\mathrm{PT, NV}} = F - C_1 + E$，$\pi_{t_1} \mid_{\mathrm{NT, NV}} = 0$，所以 t_1 选择 PT 的条件为 $F + E > C_1$。因此，当 $\varepsilon < \frac{R_2}{G + fm^2} F + E > C_1$ 时，政府选择不监管，金融机构 t_1 选择 PT。

根据 $\pi_{t_2} \mid_{\mathrm{NV, PT}} = F + E - C_2$，$\pi_{t_2} \mid_{\mathrm{NV, NT}} = 0$ 可得，t_2 选择 NT 的条件是 $C_2 > F + E$。但因为 $C_1 > C_2$，所以分离均衡 $(t_1, t_2) = (\mathrm{PT, NT})$ 不

能实现。

当政府采取 a_2 的收益小于采取 a_1 的收益，此时 $\varepsilon(G+fm^2)-R_1-D-E > -D-E\varepsilon(G+fm^2)-R_2-D > -D \to \varepsilon > \dfrac{R_2}{G+fm^2}$，政府选择监管 a_1。

t_1 选择 PT 的条件为：$\pi_{t_1}|_{\text{PT, NV}} > \pi_{t_1}|_{\text{NT, NV}}$。因为 $\pi_{t_1}|_{\text{PT, V}} = E - C_1 - \varepsilon(fm^2+F) + (1-\varepsilon)F$，$\pi_{t_1}|_{\text{NT, V}} = -\varepsilon fm^2$，所以需满足 $\varepsilon < \dfrac{F+E-C_1}{2F}$。因此，当 $\varepsilon > \dfrac{R_1}{G+fm^2} \varepsilon < \dfrac{F+E-C_1}{2F}$ 时，政府选择监管，金融机构 t_1 选择 PT。

在此情况下，t_2 选择 NT 的条件是 $C_2 > F+E$，但因为 $0 < \varepsilon < 1$，所以分离均衡 $(t_1, t_2) = (\text{PT}, \text{NT})$ 也不能实现。

命题 1 当 $\dfrac{R_2}{G+fm^2} < \varepsilon < \dfrac{R_1}{G+fm^2}$ 和 $\varepsilon > \dfrac{C_1-E-F}{fm^2}$ 时，分离均衡 $(t_1, t_2) = (\text{PT}, \text{NT})$ 可以实现。

证明：除上文分析的两种情况外，还有 $\dfrac{R_2}{G+fm^2} < \varepsilon < \dfrac{R_1}{G+fm^2}$。

当 $\varepsilon > \dfrac{R_2}{G+fm^2}$ 时，$\varepsilon(G+fm^2) - R_2 - D > -D$，此时政府采取 a_1 的收益大于采取 a_2 的收益，所以监管是政府的最佳策略。根据图 8.6 可知，此时金融机构 t_1 选择 NT。

当 $\varepsilon < \dfrac{R_1}{G+fm^2}$ 时，$-D-E > \varepsilon(G+fm^2) - R_1 - D - E$，此时政府采取 a_2 的收益大于采取 a_1 的收益，所以不监管是政府的最佳策略。在此情况下，金融机构 t_1 会选择 PT。t_1 选择 PT 的条件是 $\pi_{t_1}|_{\text{NV, PT}} > \pi_{t_1}|_{\text{V, NT}}$，所以只有当 $F-C_1+E > -\varepsilon fm^2 \to \varepsilon > \dfrac{C_1-E-F}{fm^2}$ 时，该均衡条件才能实现。

命题 1 表明，漂绿分离均衡的实现条件与实际情况不符，因为现实中金融机构选择漂绿获得的收益要大于漂绿的成本。因此，该分离均衡仅在理论上是可行的，不能用于确定金融机构漂绿行为的形成机制。

（2）t_1 选择 NT，t_2 选择 PT

在此条件下，t_1 将实施 NT，t_2 将实施 PT。在无漂绿行为的条件下，政府对 NT 的信息集进行 (1，0) 的贝叶斯推断，对 PT 的信息集进行 (0，1) 的贝叶斯推断。即政府观察到 NT 时可判断金融机构实施了漂绿行为。而当政府观察到 PT 时可判断金融机构没有实施漂绿行为。

命题 2　当 $\varepsilon > \dfrac{F + E - C_1}{2F}$ 和 $F + E > C_2$ 时，可以达到无漂绿分离均衡 $(t_1, t_2) = (NT, PT)$。

证明：因为政府监管和不监管的收益分别为 $\pi_{\text{gov}}|_{t_2, V, PT} = -R_1 - E$，$\pi_{\text{gov}}|_{t_2, NV, PT} = -E$，并且 $-R_1 - E < -E$，所以 $\pi_{\text{gov}}|_{t_2, V, PT} < \pi_{\text{gov}}|_{t_2, NV, PT}$，此时政府将选择不监管。

当金融机构类型为 t_2 时，$\pi_{t_2}|_{V, PT} = \pi_{t_2}|_{NV,PT} = F - C_2 + E$，$\pi_{t_2}|_{V,NT} = \pi_{t_2}|_{NV, NT} = 0$。因此，当 $F - C_2 + E > 0 \rightarrow F + E > C_2$ 时，金融机构 t_2 将选择 PT。而要确保金融机构 t_1 采用 NT，则必须满足以下不等式：

$$-\varepsilon fm^2 > E - C_1 - \varepsilon(fm^2 + F) + (1 - \varepsilon)F \rightarrow \varepsilon > \frac{F + E - C_1}{2F}$$

从命题 2 可以得到无漂绿分离均衡的条件，此时政府可以根据信号准确地识别出金融机构的类型，这是最有效的均衡。

根据上述分析，将分离均衡的条件进行总结，如表 8.3 所示。

表 8.3　分离均衡的条件

t_1 选择 PT，t_2 选择 NT	$\varepsilon > \dfrac{C_1 - E - F}{fm^2}$，$\dfrac{R_2}{G + fm^2} < \varepsilon < \dfrac{R_1}{G + fm^2}$	漂绿分离均衡
t_1 选择 NT，t_2 选择 PT	$\varepsilon > \dfrac{F + E - C_1}{2F}$，$F + E > C_2$	无漂绿分离均衡

8.4.2 混同均衡

混同均衡表现为两种类型的信号发送者选择相同的信号,接收方根据贝叶斯法则从先验概率得到后验概率(Jin et al., 2022)。后验概率具体表示如下:

$$\tilde{p} = u(t_1 \mid \text{PT}) = \frac{u(\text{PT} \mid t_1) \cdot P_g}{u(\text{PT} \mid t_1) \cdot P_g + u(\text{PT} \mid t_2) \cdot P_b} = P_g \quad 1 - \tilde{p} = P_b$$

在漂绿条件下,各类金融机构在混同均衡中都选择策略 PT。因此,政府在接收到金融机构发出的信号后,无法判断其类型。

命题 3 当 $F + E > C_2$ 时,混同均衡存在,此时金融机构 t_2 选择 PT,而政府选择不监管。

证明:政府监管和不监管的收益计算如下:

$$\begin{cases} \pi_{\text{gov}} \mid_{\text{V,PT}} = \tilde{p}[\varepsilon(G + fm^2) - R_1 - D - E] + (1 - \tilde{p})(-R_1 - E) \\ \qquad\qquad = P_g(\varepsilon G + \varepsilon fm^2 - D) - R_1 - E \\ \pi_{\text{gov}} \mid_{\text{NV,PT}} = \tilde{p}(-D - E) + (1 - \tilde{p})(-E) = -E - P_g D \end{cases}$$

当金融机构 t_2 选择 PT 时,$P_g = 0$。所以 $\pi_{\text{gov}} \mid_{\text{V, PT}} = -R_1 - E < \pi_{\text{gov}} \mid_{\text{NV, PT}} = -E$。因此,对政府来说,最佳策略是不监管 a_2。

在此条件下,金融机构 t_2 选择 PT 和 NT 的收益分别是 $\pi_{t_2} \mid_{\text{V, PT}} = \pi_{t_2} \mid_{\text{NV, PT}} = F - C_2 + E$ 和 $\pi_{t_2} \mid_{\text{V, NT}} = \pi_{t_2} \mid_{\text{NV, NT}} = 0$。为实现漂绿条件下的混同均衡,$t_2$ 应选择 PT,即 $F - C_2 + E > 0 \rightarrow F + E > C_2$。

命题 3 表明,当金融机构采取 PT 所获得的收益超过其信息披露成本时,无论政府是否选择监管,金融机构 t_2 都会选择 PT。

命题 4 当 $\varepsilon < \dfrac{R_1}{G + fm^2}$ 和 $F + E > C_1$ 时,金融机构实施漂绿行为,此时混同均衡存在。

证明:当金融机构 t_1 选择 PT 时,$P_g = 1$。此时,如果 $\pi_{\text{gov}} \mid_{\text{V, PT}} < \pi_{\text{gov}} \mid_{\text{NV, PT}} \rightarrow \varepsilon < \dfrac{R_1}{G + fm^2}$,政府会选择不监管。在此条件下,金融机构

t_1 选择 PT 和 NT 的收益分别是 $\pi_{t_1}|_{NV,PT} = F - C_1 + E$，$\pi_{t_1}|_{NV,NT} = 0$。为了达到漂绿条件下的混同均衡，$t_1$ 应选择 PT，即 $F - C_1 + E > 0 \rightarrow F + E > C_1$。

命题 4 表明，当政府发现金融机构实施漂绿行为的概率较低时，政府的监管能力很弱，无法对金融机构的漂绿行为起到遏制作用。因此，通过信息披露来识别金融机构类型的初衷难以实现。

综上所述，在混同均衡条件下，无论金融机构是否真实履行环境职责，t_1 和 t_2 都会选择 PT 信号，此时政府无法区分金融机构是否实施漂绿行为，这种情况在现实中会导致监管资源的浪费。因此，政府应加强监管能力，完善监管体系，以提高发现金融机构漂绿行为的概率。

8.4.3 准分离均衡

准分离均衡被定义为其中一种类型确定地选择一种行为策略，而另一种类型将随机选择行为策略。本小节将金融机构 t_1 实施漂绿行为的概率定义为 $b[b = u(PT|t_1)]$，t_2 则以 1 的概率选择 PT，两种金融机构的策略选择分别表示为 $k|t_2 = b \cdot PT + (1-b) \cdot NT$ 和 $k|t_2 = PT$。当政府接收到 NT 信号时，可以确定该信号是由金融机构 t_1 发送的。因此，实现准分离均衡的条件是金融机构 t_1 选择 PT 并且政府选择 NV。根据混同均衡分析可知，参与者双方都只选择纯策略，而当 $\dfrac{R_1}{G + fm^2} < \varepsilon < \dfrac{R_1}{P_g(G + fm^2)}$ 时，政府会采取混合策略来增加收益和遏制金融机构的漂绿行为。当 t_1 选择 PT 时，$F + E - C_1 > 0 \rightarrow F + E > C_1$。

政府监管和不监管的收益计算如下：

$$\begin{cases} \pi_{gov}|_{V,NT} = \tilde{q}(\varepsilon G + \varepsilon fm^2 - R_2 - D) + (1-\tilde{q})(-R_2) = -R_2 + P_g\varepsilon G - P_g D + P_g\varepsilon fm^2 \\ \pi_{gov}|_{NV,NT} = \tilde{q}(-D) = -P_g D \end{cases}$$

当 $\pi_{gov}|_{V,NT} > \pi_{gov}|_{NV,NT} \rightarrow -R_2 + \varepsilon P_g G - P_g D + \varepsilon P_g fm^2 > -P_g D$

时，$\varepsilon > \dfrac{R_2}{P_g(G+fm^2)}$，即 $\dfrac{R_2}{P_g(G+fm^2)} < \varepsilon < \dfrac{R_1}{P_g(G+fm^2)}$，此时 t_1 选择 NT 而政府选择监管。为实现准分离均衡，金融机构 t_1 应选择 PT，因此金融机构 t_1 选择 PT 所获得的收益应该高于选择 NT 的收益，即 $F - C_1 + E > -\varepsilon fm^2 \to \varepsilon > \dfrac{C_1 - E - F}{fm^2}$。将准分离均衡的条件进行总结，结果如表 8.4 所示。

表 8.4 准分离均衡的条件

ε 的范围	$\dfrac{R_1}{G+fm^2} < \varepsilon < \dfrac{R_2}{P_g(G+fm^2)}$	$\dfrac{R_2}{P_g(G+fm^2)} < \varepsilon < \dfrac{R_1}{P_g(G+fm^2)}$
准分离均衡的条件	$F + E > C_1$	$\varepsilon > \dfrac{C_1 - E - F}{fm^2}$

从表 8.4 可以看出，准分离均衡的条件为 $F + E > C_1$ 和 $\varepsilon > \dfrac{C_1 - E - F}{fm^2}$，因为 $F + E > C_1$ 和 $0 < \varepsilon < 1$，所以无论 ε 取何值都可以满足。因此，只有当 $\dfrac{R_1}{G+fm^2} < \varepsilon < \dfrac{R_1}{P_g(G+fm^2)}$ 时，博弈模型才能达到准分离均衡。

在准分离均衡条件下，进一步探讨金融机构漂绿概率 b 与后验概率 $\tilde{p}$ 之间的关系。政府在接收到信号 PT 时，无论选择什么策略，都不影响政府的收益，因此政府的策略选择是随机的。对于金融机构，需要确定漂绿概率 b 与后验概率 $\tilde{p}$ 之间的关系。

$$\begin{cases} \tilde{p}(\varepsilon G + \varepsilon fm^2 - R_1 - D - E) + (1-\tilde{p})(-R_1 - E) = \tilde{p}(-D - E) + (1-\tilde{p})(-E) \\ \tilde{p} = u(t_1 \mid \text{PT}) = \dfrac{u(\text{PT} \mid t_1) \cdot P_g}{u(\text{PT} \mid t_1) \cdot P_g + u(\text{PT} \mid t_2) \cdot P_b} = \dfrac{b \cdot P_g}{b \cdot P_g + 1 \cdot P_b} \end{cases}$$

此时 $b = \dfrac{P_b R_1}{P_g[\varepsilon(G+P) - R_1]}$，可以将 b 视为金融机构在准分离均

衡中漂绿的概率。

由上式可得，漂绿的概率会随着漂绿被发现的概率 ε、漂绿惩罚 P 和政府监管成本 R_1 的增加而降低。在准分离均衡中，政府监管能力是发现金融机构漂绿行为的关键因素。此外，政府惩罚力度也是制约金融机构漂绿行为的关键措施。

根据上述三种均衡情况的分析，将金融机构均衡的边界条件及相应的漂绿概率进行总结，如表 8.5 所示。

表 8.5 均衡的边界条件和相应的 b 值

ε 的范围	$\varepsilon < \dfrac{R_1}{G+fm^2}$	$\begin{cases}\varepsilon > \dfrac{R_1}{P_g(G+fm^2)} \\ \varepsilon > \dfrac{F+E-C_1}{2F}\end{cases}$	$\begin{cases}\varepsilon > \dfrac{R_1}{P_g(G+fm^2)} \\ \varepsilon < \dfrac{F+E-C_1}{2F}\end{cases}$	$\dfrac{R_1}{G+fm^2} < \varepsilon < \dfrac{R_1}{P_g(G+fm^2)}$
均衡类型	混同均衡	无漂绿分离均衡	混同均衡	准分离均衡
b 值	1	0	1	$b = \dfrac{P_b R_1}{P_g(\varepsilon G + \varepsilon fm^2 - R_1)}$

8.5 不同监管措施的效果分析

由于不同类型的监管措施对漂绿行为有不同的影响，因此应针对不同的监管措施分别进行讨论。本节主要研究经济激励、政府惩罚、质量标准和统一认证四种监管措施。

8.5.1 经济激励

从表 8.5 可以看出，在漂绿概率 b 中不存在经济激励 E。当 $\varepsilon < \dfrac{R_1}{G+fm^2}$，$\dfrac{R_1}{G+fm^2} < \varepsilon < \dfrac{R_1}{P_g(G+fm^2)}$，$\begin{cases}\varepsilon > \dfrac{R_1}{P_g(G+fm^2)} \\ \varepsilon > \dfrac{F+E-C_1}{2F}\end{cases}$ 和 $\begin{cases}\varepsilon > \dfrac{R_1}{P_g(G+fm^2)} \\ \varepsilon < \dfrac{F+E-C_1}{2F}\end{cases}$ 时，

经济激励只会影响发现漂绿概率 ε 的范围。

这表明，金融机构积极信息披露的经济激励不能起到遏制漂绿行为的作用。在实际情况中，如果没有完善的监管机制，政府对金融机构积极信息披露的经济激励可能会反向导致非绿色的金融机构通过积极信息披露骗取经济激励。因此，为确保经济激励的有效性，政府应加强监管，对金融机构披露的详细环境信息进行核实，防止欺诈。

8.5.2 政府惩罚

从表 8.5 可以看出，准分离均衡条件下的均衡边界条件和金融机构漂绿的概率都包含 fm^2，即与政府惩罚有关。

当 $\varepsilon < \dfrac{R_1}{G + fm^2}$，$\begin{cases} \varepsilon > \dfrac{R_1}{P_g(G + fm^2)} \\ \varepsilon > \dfrac{F + E - C_1}{2F} \end{cases}$ 和 $\begin{cases} \varepsilon > \dfrac{R_1}{P_g(G + fm^2)} \\ \varepsilon < \dfrac{F + E - C_1}{2F} \end{cases}$ 时，金融机构实施漂绿行为的概率分别为 1 和 0，此时，金融机构实施漂绿行为的概率是确定的。增加政府惩罚只会影响混同均衡和无漂绿分离均衡条件下 ε 的范围，而金融机构实施漂绿的概率不会改变。

当 $\dfrac{R_1}{G + fm^2} < \varepsilon < \dfrac{R_1}{P_g(G + fm^2)}$ 时，金融机构实施漂绿行为的概率为 $b = \dfrac{P_b R_1}{P_g [\varepsilon(G + P) - R_1]}$。对 P 求偏导数可得 $\dfrac{\partial b}{\partial P} = -\dfrac{P_b R_1 \varepsilon}{P_g (\varepsilon G + \varepsilon P - R_1)^2} < 0$。

为便于分析政府惩罚和漂绿概率之间的关系，设定如下参数：$P_g = P_b = 0.5$，$\varepsilon = 0.5$，$R_1 = 10$，$G = 40$。从图 8.7 可知，b 相对于 P 有所下降，即随着政府惩罚力度的加强，金融机构实施漂绿行为的概率逐渐降低。从上述分析可以看出，政府惩罚措施在防范金融机构实施漂绿行为方面发挥了重要作用。

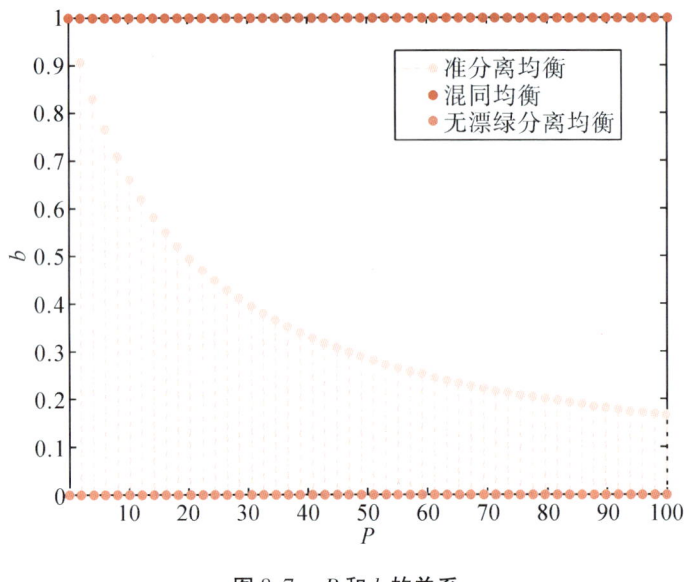

图 8.7 P 和 b 的关系

8.5.3 质量标准

本节进一步分析绿色金融产品质量标准对遏制漂绿行为的影响。政府惩罚是 $fm^2 = f\left(\dfrac{g_s - g_a}{g_s}\right)^2$，因此当政府惩罚系数确定时，随着标准 g_s 的提高，金融机构受到的惩罚也会逐渐增加。为便于分析绿色金融产品质量标准和漂绿概率之间的关系，设定如下参数：$P_g = P_b = 0.5$，$\varepsilon = 0.5$，$R_1 = 10$，$G = 40$，$f = 10$，$g_a = 5$。从图 8.8 可以看出，绿色金融产品质量标准越高，金融机构实施漂绿行为的概率越小。因此，金融机构应努力提高绿色金融产品实际质量 g_a，以减少处罚，进而减低金融机构实施漂绿行为的概率。从上述分析可知，推进绿色金融产品质量标准建设有利于遏制漂绿行为。

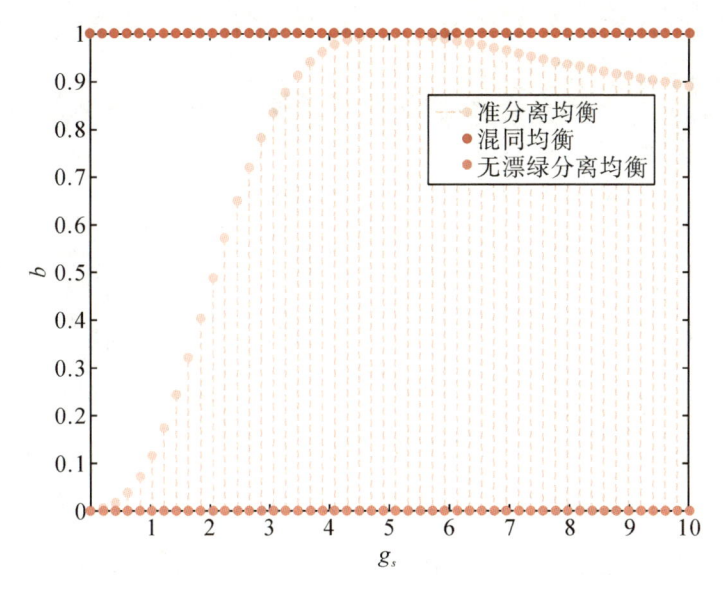

图 8.8　g_s 和 b 的关系

8.5.4　统一认证

绿色金融产品的统一认证有利于政府实施监管（Lazaro et al.，2023），也可以有效地降低监管成本 R_1、R_2。本节将认证标准记为 q。为便于模型分析，根据 He 等（2020）的研究，假设漂绿成本每增加 2 个百分点，监管成本减少 1 个百分点。因此，政府和金融机构的收益改善如下：

$$\begin{cases} \pi_{\text{fin}} \mid_{V,\ t_1 \to \text{PT}} = -(1+2q)C_1 - \varepsilon fm^2 - \varepsilon F + (1-\varepsilon)F + E \\ \pi_{\text{gov}} \mid_{V,\ t_1 \to \text{PT}} = -(1-q)R_1 + \varepsilon G - D + \varepsilon fm^2 - E \\ \pi_{\text{gov}} \mid_{V,\ t_1 \to \text{NT}} = -(1-q)R_2 + \varepsilon G - D + \varepsilon fm^2 \\ \pi_{\text{gov}} \mid_{V,\ t_2 \to \text{PT}} = -(1-q)R_1 - E \\ \pi_{\text{gov}} \mid_{V,\ t_2 \to \text{NT}} = -(1-q)R_2 \end{cases}$$

此时，可以计算出均衡的边界条件和相应的 b 值（见表 8.6）。从表 8.6 中可以看出，ε 受到了认证标准 q 的影响。在混同均衡和准分离均衡条件下，ε 的取值范围随着 q 的增加而减小，说明漂绿行为受到一定程度的遏制。在无漂绿分离均衡条件下,随着 q 的增加, $\frac{F+E-(1+2q)C_1}{2F}$ 的值逐渐减小,即漂绿的概率相应扩大。

表 8.6 相应均衡下的边界条件和 b 值

ε 的范围	$\varepsilon<\frac{(1-q)R_1}{G+fm^2}$	$\frac{(1-q)R_1}{G+fm^2}<\varepsilon<\frac{(1-q)R_1}{0.5(G+fm^2)}$	$\begin{cases}\varepsilon>\frac{(1-q)R_1}{0.5(G+fm^2)}\\ \varepsilon<\frac{F+E-(1+2q)C_1}{2F}\end{cases}$	$\begin{cases}\varepsilon>\frac{(1-q)R_1}{0.5(G+fm^2)}\\ \varepsilon>\frac{F+E-(1+2q)C_1}{2F}\end{cases}$
均衡类型	混同均衡	准分离均衡	混同均衡	无漂绿分离均衡
b 值	1	$b=\frac{(1-q)R_1}{\varepsilon(G+fm^2)-(1-q)R_1}$	1	0

设定如下参数:$P_g = P_b = 0.5$,$\varepsilon = 0.5$,$R_1 = 10$,$G = 40$,$p = 30$。从图 8.9 可知,统一认证有利于遏制漂绿行为。统一认证对漂绿行为的遏制程度也取决于政府的监管能力。在政府监管能力较低的情况下,统一认证无法发挥作用。因此,政府应完善相关法律法规建设以提高统一认证的效率。

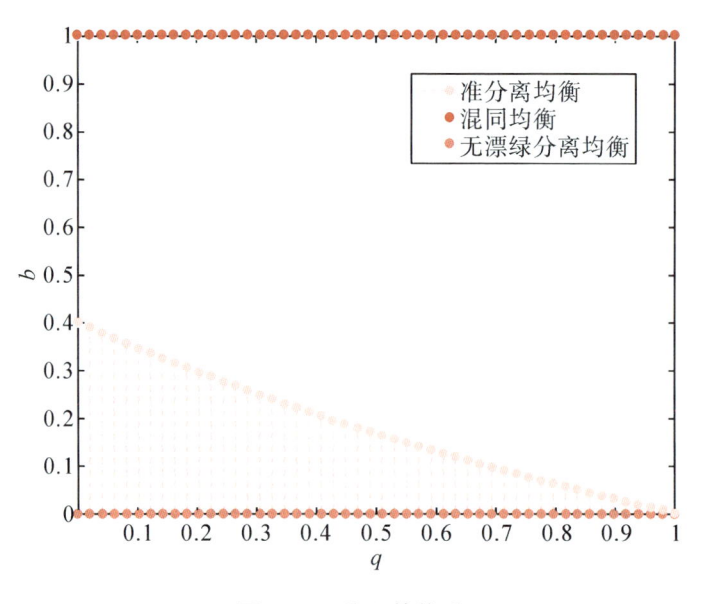

图 8.9 q 和 b 的关系

8.6 本章小结

本章以金融机构漂绿行为为研究对象，首先构建了信息不对称条件下的政府与金融机构之间的信号博弈模型；其次，通过对该模型的各项均衡情况进行分析，得到了金融机构选择漂绿策略的条件；最后，进一步比较分析了不同的监管措施在治理漂绿行为时的作用。研究结果表明，政府惩罚、质量标准和统一认证对遏制漂绿行为有显著影响，而经济激励的作用并不明显。因此，为提升绿色金融发展水平，对政府监管提出以下建议：

（1）完善绿色金融的监管体系

加强政府监管能力是遏制漂绿行为的重中之重。一方面，随着绿色金融的发展，政府应该加快立法进程，建立一套健全的法律体系。另一方面，政府应加强数字监管能力建设，利用大数据、区块链等新信息技术，全流程跟踪监管，对金融机构的漂绿行为进行严格监管。此外，应建立公众、媒体等多方参与的监督平台，通过发布绿色金融数据库提高信息披露的透明度，并增加利益相关者的参与度。

（2）加大对金融机构漂绿行为的惩罚力度

金融机构选择实施漂绿行为是因为采取投机行为所获得的收益要远大于其所付出的代价。因此，加强对漂绿行为的处罚将提高政府的监管效率。通过加大处罚力度，政府可以促进金融机构改善内部控制，有效防范金融机构实施漂绿行为。政府还应将实施漂绿行为的金融机构予以公示，从而起到一定的威慑作用，进而促进金融机构重视积极信息披露。

（3）加强绿色金融信息披露标准体系的建设

环境信息披露是绿色金融市场稳定发展的基础，因此完善绿色金融信息披露的标准体系十分关键。针对绿色金融产品信息披露标准不统一的问题,政府应在绿色金融产品信息披露标准的建设和完善中发挥主导作用,制定明确的定量指标、考核标准和计算方法。同时,从项目进度、资金使用情况、环境效益指标等方面提出具体的信息披露要求,帮助金融机构建立规范化、统一化的信息披露体系。

(4) 加强绿色金融产品的认证

为了缓解绿色金融中的信息不对称,应加强绿色金融认证机构服务的专业性。为了提高第三方认证的权威性,政府应统一第三方认证的标准,使得第三方机构出具的认证报告利于投资者理解和比较。此外,政府可以定期对第三方认证机构进行评估,以实现绿色金融认证市场的健康竞争。

本章基于博弈论,从信息披露的角度探讨了绿色金融中金融机构漂绿行为的形成机制,研究结论为政府完善绿色金融治理提供了决策参考。然而,本章的研究尚存在一定的局限性,如只考虑了政府和金融机构两方参与者。在未来的研究中,我们将运用博弈模型进行多主体分析,包括投资者、公众等。此外,本章的研究中漂绿博弈参与者是同质的,因此未来的研究方向可以考虑异质参与者,如金融机构的风险偏好和规模。

9 ESG 表现与企业债务融资

9.1 研究背景

近年来,保护环境、低碳发展等积极应对气候变化的理念已深入人心。在绿色金融的投资体系下,投资者的绿色偏好深刻影响着微观企业的融资决策。投资作为经济增长的保证(Campello et al., 2010),其能否实现绿色转型关系到新时代中国经济是否能继续迸发活力,而投资的基础则是微观企业的融资行为(吴华强 等, 2015)。然而,由于存在着信息不对称,良好的 ESG 表现有助于企业赢得外部利益相关者的信任,降低企业经营成本以提升经营效率(Houston et al., 2022);此外,ESG 优势也可以减少企业在融资过程中面临的安全审查或环境保护等隐形壁垒(谢红军 等, 2022),从而获得更为优质、稳定的资金,实现"降本增量"。

随着 ESG 评级成为评价企业环境与社会责任承担的重要指标,其能否反映真实 ESG 表现备受争议。一方面,一些企业为了获得相关合规的认证而采取"漂绿(greenwash)"或"洗棕(brownwash)"的行为,导致 ESG 评级无法真实客观地评价企业(Eun-Hee et al., 2015)。另一方面,不同于信用评级,各个第三方机构往往会给出不同的 ESG 评级(Chatterji et al., 2016; Sindreu et al., 2018; Berg et al., 2020),这种ESG评级的分歧引发了投资者和监管机构的担忧。不同第三方机构ESG评级的分歧主要来自范围偏移、度量差异、权重分化等方面，此外，不同机构不仅对于ESG有着不同的定义，更重要的是其可获得基础数据的巨大差异（Berg et al.，2022）。例如，万得作为一个完整准确、以金融证券数据为核心的大型金融工程和财经数据仓库，其能够从股票、债券、基金、外汇、金融衍生品、大宗商品、宏观经济、财经新闻等各个市场更为完备地评价企业的ESG表现；华证则基于当前中国的发展阶段（如信息披露质量、违法违规情况等），对ESG关键指标进行动态更新，并基于机器学习及文本挖掘算法，爬取并处理政府及相关监管部门网站的数据、新闻媒体数据等，以实现对不同行业的不同企业进行更精细化的ESG评价；商道融绿ESG评价体系则基于负面信息监控及筛查系统，更大程度上依赖于分析师对各类环境、社会和公司治理相关的负面事件的严重程度进行评价和打分，以评估企业的ESG表现。由此可见，出于不同的数据来源、技术手段和评价方法，目前市面上的各大ESG评级机构给出的评级之间很有可能出现较大的分歧。更为直观地来看，如图9.1所示，本章随机选取了50家上市公司，并分别绘制了华证、万得、中债、富时罗素、商道融绿和盟浪6家第三方评级机构对这50家上市公司2022年的ESG评级。可以直观地发现，不同评级机构对于同一家上市公司的ESG评级之间存在着较为显著的差异。

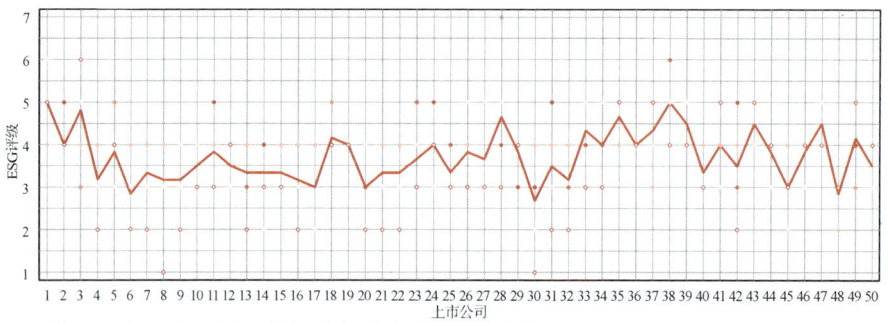

图9.1 6家评级机构对随机50家上市公司的ESG评级

注：为了统一量纲，本章将上述评级机构提供的ESG评级或得均转化为1~7的整数，具体处理方式见下文。

在上述背景下，本章以企业债务融资为视角，采用 2018—2022 年 A 股上市公司为样本，研究了企业 ESG 表现对其外部融资的影响。研究发现，企业 ESG 表现良好可以显著降低企业债务融资成本和扩大债务融资规模，即实现"降本增量"，并且 ESG 表现主要是通过影响企业社会声誉和信息披露质量的渠道对企业债务融资产生影响。进一步分析中，本章又将样本分为四个象限，研究了 ESG 评级及其分歧对企业债务融资的影响。

本章的贡献主要有以下三点：首先，基于五家评级机构给出的不同 ESG 评级，构建了企业平均 ESG 表现，丰富了 ESG 表现的度量方法；其次，已有文献对 ESG 表现如何影响企业外部融资仍存在分歧，本章以企业债务融资为视角，从成本和规模两个方面检验了 ESG 表现对企业债务融资的影响，为有关 ESG 表现与企业外部融资的相关文献提供了新的研究证据；最后，本章依据 ESG 评级高低及其分歧，创新性地将企业分为四个象限，从评级高低和评级分歧程度两个维度研究了 ESG 表现对企业债务融资的影响，为有关 ESG 分歧相关的文献提供了新的研究思路。

9.2 相关文献述评

与本章研究内容相关的已有文献主要分为以下三类：第一类是有关 ESG 表现与企业融资之间关系的相关研究；第二类是有关企业 ESG 评级度量方法的相关研究；第三类是有关 ESG 评级分歧及其影响的相关研究。

目前，已有文献对企业 ESG 表现与外部融资关系的研究仍存在争议。一部分研究认为，投资者倾向于给致力于 ESG 表现良好的企业更高的估值（Xu et al., 2016），并且非财务绩效表现好的企业越容易获得更稳定的资金来源和更低的融资成本（El Ghoul et al., 2011；Goss et al.，2011；Dhaliwal et al.，2011；Eccles et al.，2011；Cheng et al.，2014；吴红军 等，2017；邱牧远 等，2019），ESG 优势是改善企业融资渠道和缓解企业融资约束的重要途径（吴红军 等，2017；邱牧远 等，2019）；另一部分研究则认为，更积极的 ESG 表现会导致企业忽视财务绩效（Pástor et al.，2021），不利于企业建立绿色声誉（Cho et al.，2012），并且更高的 ESG 评级还会提高投资者对企业环境表现的要求，增加其环境违约代价（Du，2015），进而使企业暴露在更高的声誉风险中（Oestreich et al.，2015；Bolton et al.，2021；Trinks et al.，2022），降低了企业的预期收益（Fama et al.，2007；Riedl et al.，2017）。本章通过研究 ESG 表现对 A 股上市公司债务融资的影响，发现 ESG 表现良好能够有效缓解企业债务融资约束，为上述文献提供了新的经验证据。

然而，以上研究大多基于单一机构给出的 ESG 评级作为企业 ESG 表现的代理变量（Houston et al.，2022；谢红军 等，2022；王双进 等，2022），在如今 ESG 评级体系多元化且缺乏统一标准的背景下，第三方机构的 ESG 评级结果是否能客观准确地表征 ESG 真实表现值得商榷。不同于已有文献，本章搜集了目前学界和业界普遍使用的五家不同机构给出的 ESG 评级，并将其纳入统一体系中构建企业 ESG 的平均表现，在一定程度上缓解了单一机构 ESG 评级的主观性偏差。

学术界认为 ESG 评级无法准确衡量企业 ESG 真实表现的一个重要原因是不同评级机构 ESG 评级之间存在分歧（Chatterji et al.，2016；Gibson Brandon et al.，2021），即 ESG 分歧。已有文献对于 ESG 分歧的研究主要分为对评级分歧来源的探讨与对分歧造成的后果分析。ESG 评级不同于信用评级，针对 ESG 信息披露较完全的企业，各机构给出的 ESG 分歧反而更加显著（Christensen et al.，2021），这主要是因为对于这类企业的相关信息更为丰富，评级机构会采用多元化的指标对企业 ESG 表现进行评价，从而抛弃原来统一的经验法则（Cookson et al.，2020）。此外，ESG 分歧还来自范围偏移、度量差异、权重分化，不同机构不仅对于 ESG 有着不同的定义，更重要的是其可获得的基础数据存在巨大差异（Berg et al.，2022）。近年来，有关 ESG 分歧后果的研究也层出不穷。ESG 评级分歧会显著影响企业的股价与超额收益，导致投资者对绿色证券的投资需求和风险容忍度降低（Avramov et al.，2022），不利于企业经营与创新（方先明 等，2023），进而导致企业不易获得外部融资，而更多地依赖企业内部资金（Christensen et al.，2021）。然而，尚未发现有文献研究 ESG 评级高低与 ESG 分歧对企业融资的共同影响，因此本章基于上述两个维度，将样本企业分为四个象限，考察了 ESG 表现与 ESG 分歧如何共同影响企业债务融资，为已有文献增加了新的研究内容。

9.3　理论分析与研究假设

9.3.1　"社会声誉"假设

大量实证研究证明，在信息不对称环境下，企业 ESG 表现有助于企业赢得金融机构、供应商、客户等利益关联者的信任，从而降低企业经营成本，提高企业经营效率（Houston et al.，2022）。企业往往能够通过 ESG 实践得到投资者和消费者的支持，从而获得显著的竞争优势（Flammer，2015），树立起负责任形象和良好声誉（谢红军 等，2022），逐步形成无形资产优势和社会声誉价值。例如，通过 ESG 实践，企业能够更快地推动技术和产品升级，提高绿色创新能力，并改善企业与员工、供应商以及其他利益相关者之间的关系（McWilliams et al.，2001）。尤其是在特殊时期（如新冠疫情时期），良好的社会责任表现能够帮助企业快速地与上下游生产商等利益相关者进行负责任的联系，成为该时期内企业经营的关键助力（谢红军 等，2022）。相反，ESG 表现较差的公司更有可能面临来自各利益相关者的强烈抵制（Houston et al.，2022）。这种抵制可能导致负面宣传、消费者反对、供应商抵制以及监管和诉讼的增加，从而使企业面临高昂的声誉代价。最终，银行等资金提供方也会将这些因素纳入贷款和投资协议中，使企业融资付出更高的资金代价。

综上，随着投资者愈发明显的绿色偏好，企业通过提升在环境、社会与公司治理方面的表现来提高自身社会声誉价值，从而拥有更高的社会地位和声誉、更低的信用风险，而债权人也更倾向于将资金资源配给这一类企业，从而帮助企业获得更稳定的融资来源，实现债务融资"降本增量"（如图9.2上半部分所示），本章基于此渠道的影响给出了"社会声誉"假设。

9.3.2 "信息披露"假设

ESG表现除了可以通过企业日常经营影响其债务融资，还可能通过缓释投资风险为企业债务融资带来红利。具有ESG优势的企业会积极披露环保、社会责任等非财务信息，而这些非财务信息的披露能够有效缓解融资过程中的信息不对称问题，降低企业与外部投资者、金融机构间的信息不对称程度（Goss et al., 2011；吴红军 等, 2017），提升其财务信息披露质量（如图9.2下半部分所示）。关于环境信息披露与财务信息质量之间的关系，一种解释是良好的ESG表现本身具有一定的正外部性，企业在进行ESG建设的同时也倾向于披露更高质量的财务信息，向外界传递了企业经营状况良好的积极信号（Huang, 2022），降低了企业管理层在财务披露中采取机会主义行为（如盈余管理）的概率（Rezaee et al., 2019）。根据信号传递理论，企业传递不同类型的信号具有一致性时，其信号可信度更高。因此，如果企业尝试利用良好的ESG表现来建设构建负责任的企业形象和社会声誉，那么在这个过程中其财务信息的披露质量也会得到提高（方先明 等, 2023）。

此外，更加完备的ESG信息披露也使得企业面临更低的特质风险。相反，信息披露较差的企业则更易出现产品安全、财务造假等问题，面临被消费者和投资者抵制及更强的政府规制风险，这些风险将进一步引发企业财务危机，导致企业被投资者和债权人排除在投资和放贷名单之外（谢红军 等，2022）。本章基于此渠道的影响给出了"信息披露"假设。

图 9.2　ESG 表现影响企业债务融资的渠道

根据以上理论分析，本章提出以下三个关键假设：

H1：良好的 ESG 表现能够降低企业债务融资成本并扩大企业债务融资规模，即实现债务融资的"降本增量"。

H2：ESG 表现良好主要通过提升企业社会声誉价值从而实现债务融资"降本增量"。

H3：ESG 表现良好主要通过提升企业信息披露质量从而实现债务融资"降本增量"。

9.4　研究设计

9.4.1　样本与变量

考虑到大部分评级机构的 ESG 评级覆盖期间起始于 2018 年，本章以 2018—2022 年所有沪深 A 股上市公司作为初始样本，并对其进行如下处理：由于经营性质的特殊性，本章剔除了银行、证券、保险等金融行业的上市公司；剔除"特殊处理"类（ST 和 ST＊）的公司；由于借款人必须拥有一定的资产才能获得贷款（Tirole，2010），而现实中公司获得贷款所必须拥有的最低资产又难以估计，本章将 0 作为获得贷款的最低资产门槛（Mclean et al.，2014；吴华强 等，2015），剔除了股东权益账面价值小于 0 的上市公司；剔除 ESG 评级或主要变量缺失的样本。经过上述处理，最终本章得到由 3 260 家上市企业组成、样本容量为 14 799 的非平衡面板数据。

基于数据可得性、连续性和样本覆盖度，本章采用的 ESG 评级包括华证、Wind、中债、富时罗素和盟浪提供的 ESG 评级（或得分）。在稳健性检验中，本章又进一步纳入了商道融绿的 ESG 评级。所有 ESG 评级数据均来源于 Wind 数据库或各第三方评级机构官方数据库；企业层面的基本信息和财务数据均来自 Wind 数据库和 CSMAR 数据库；省份层面的数据来自中经网统计数据库；进一步分析中使用的企业社会责任报告来自 Choice 数据库。

9.4.2 回归模型

为考察 ESG 表现对企业债务融资成本和债务融资规模的影响，本章首先构建以下基础模型：

$$\text{Cod}_{it}(\text{Debt}_{it}) = \beta_0 + \beta_1 \text{ESG}_{it} + \eta X + \text{Industry} + \text{Province} + \text{Year} + \varepsilon_{it} \tag{9.1}$$

其中，下标 i 表示第 i 家上市公司，t 表示所处年份。模型的被解释变量分别为企业债务融资成本（Cod_{it}）和债务融资规模（Debt_{it}）。参考何德旭等（2022）的做法，本章采用利息支出与长短期总负债的比值作为企业债务融资成本的代理变量；参考 Covas 和 Haan（2011）、吴华强等（2015）的做法，本章采用有息债务的增加额与滞后一期总资产的比值作为企业债务融资规模的代理变量，其中有息债务包括短期借款、长期借款和应付债券。ESG_{it} 为模型的主要解释变量，为上市公司 i 在 t 年的 ESG 评级。本章采用华证、Wind、中债、富时罗素、盟浪 ESG 评级的算数平均值度量企业 ESG 的综合表现。具体来说，对于华证

ESG 评级[①]，本章将评级为 C、CC、CCC、B、BB、BBB 和 A 及以上的样本分别赋值为 1~7；对于万得 ESG 评级，本章将评级为 CCC、B、BB、BBB、A、AA 和 AAA 的样本分别赋值为 1~7；对于中债 ESG 评级[②]，本章将评分为 3、4、5、6、7、8 和 9 的样本分别赋值为 1~7；对于富时罗素 ESG 评分和盟浪 ESG 评分，本章将其标准化为 1~7 的整数。X 为控制变量向量，表示模型的所有控制变量，包括企业规模、资产负债率、营业收入、净利润率、固定资产比例、独立董事占比、双职合一等影响企业债务融资的其他公司财务和治理方面的因素，具体变量定义如表 9.1 所示。此外，本章还在模型中控制了行业、省份和年份层面的固定效应，模型标准误在行业层面聚类。

表 9.1　变量定义

	变量		定义
被解释变量	债务融资成本	Cod	利息支出/长短期总负债
	债务融资规模	Debt	有息债务的增加额/滞后一期总资产
核心解释变量	ESG 表现	ESG	五家不同评级机构给出的 ESG 评级的算术平均值
控制变量	企业规模	Asset	企业总资产的自然对数
	资产负债率	Lev	（总负债/总资产）×100
	营业收入	Income	企业营业总收入的对数的自然对数
	净利润率	Profit	（净利润/销售收入）×100
	固定资产比例	Fix	（固定资产/总资产）×100
	独董占比	Indep	（独立董事人数/董事会总人数）×100
	双职合一	Dual	若存在董事与经理兼任的情况则赋值为 1；反之为 0

---

① 对于华证 ESG 评级来说，被评为 AA 和 AAA 的样本较少，因此本章将其与评级为 A 的样本合并为一类并赋值为 7。

② 对于中债 ESG 评级来说，样本中不存在 ESG 评级为 1、2 和 10 的样本，因此本章将评级为 3~9 的样本分别赋值为 1~7。

9.5 实证分析

9.5.1 描述性统计

表 9.2 的变量描述性统计结果显示，企业 ESG 的平均评级为 3.345，标准差为 0.747，这表明当前中国上市企业整体 ESG 表现仍然较差，有较大的改进空间。企业的利息支出大约占其上年总资产的 1.703%，有息债务的增加额占上年总资产的比例大概为 2.583%，这两项指标相较于已有文献均偏低（吴华强 等，2015；何德旭 等，2022），可能的原因是本章的样本期包括了 2020—2022 年受新冠疫情影响的时期，这一时期内企业普遍存在经营受阻、融资困难的问题，因此其融资多依靠于政府提供的专项贷款等，这类贷款通常利率更低，同时，融资渠道的受阻也使得企业难以扩大其融资规模。其余指标的描述性统计结果基本与相关文献保持一致（何德旭 等，2022；谢红军 等，2022）。

表 9.2 变量描述性统计

变量	样本数	均值	标准差	最小值	P25	中位数	P75	最大值
ESG	14 799	3.345	0.747	1.000	2.800	3.200	3.800	7.000
Cod	14 799	1.703	1.261	0.003	0.640	1.529	2.527	5.518
Debt	14 799	2.583	8.904	−17.603	−1.673	0.699	5.362	41.016
Asset	14 799	13.306	1.313	10.832	12.363	13.124	14.065	17.245
Lev	14 799	44.545	18.879	6.916	30.123	43.906	58.064	88.716
Income	14 799	12.622	1.459	9.504	11.584	12.470	13.497	16.760
Profit	14 799	4.328	20.047	−103.324	1.831	6.102	12.170	49.252
Fix	14 799	20.264	15.088	0.170	8.400	17.233	29.036	65.927
Indep	14 799	37.809	5.585	11.111	33.333	36.364	42.857	80.000
Dual	14 799	0.276	0.447	0.000	0.000	0.000	1.000	1.000

9.5.2 基准回归

表9.3展示了基准回归的结果。控制了行业、地区和年份层面固定效应的模型结果显示,在以债务融资成本(Cod)为被解释变量的回归模型中,无论是否加入控制变量,ESG的系数均在1%的水平上显著为负;在以债务融资规模(Debt)为被解释变量的回归模型中,同样无论是否加入控制变量,ESG的系数均在1%的水平上显著为正。因此,良好的ESG表现显著降低了企业债务融资成本并扩大了企业债务融资规模,实现了"降本增量"。

表9.3 基准回归

变量	Cod		Debt	
	(1)	(2)	(3)	(4)
ESG	-0.249***	-0.188***	0.751***	0.834***
	(-8.160)	(-7.352)	(7.245)	(7.114)
Asset		0.370***		1.112***
		(7.336)		(4.849)
Lev		0.021***		0.131***
		(11.134)		(15.175)
Income		-0.375***		-1.384***
		(-8.191)		(-6.428)
Profit		-0.007***		0.060***
		(-8.940)		(9.766)
Fix		0.016***		-0.037***
		(6.926)		(-2.916)
Indep		0.004		-0.024**
		(1.637)		(-2.001)
Dual		0.025		1.101***
		(0.768)		(5.536)
Constant	2.535***	0.765**	0.070	-2.257
	(24.860)	(2.488)	(0.201)	(-1.553)
行业固定效应	Yes	Yes	Yes	Yes
地区固定效应	Yes	Yes	Yes	Yes
年份固定效应	Yes	Yes	Yes	Yes

表9.3(续)

变量	Cod		Debt	
	(1)	(2)	(3)	(4)
样本容量	14 799	14 799	14 799	14 799
调整的 R^2	0.154	0.301	0.028	0.085

注：括号中为双尾检验的 t 值；*、** 和 *** 分别表示在 10%、5% 和 1% 的水平上显著。

9.5.3 内生性分析

影响本章估计结果和所得结论准确性的一个重要原因就是内生性问题。参考谢红军和吕雪（2022）的做法，本节进一步采用 ESG 基金持股数据作为代理企业 ESG 表现的工具变量。具体来说，作为重要的机构投资者，ESG 基金可以采用"用脚投票"和持续督导的方式来影响公司经营（He et al.，2019），ESG 基金投资的上市公司的 ESG 表现应该好于其他公司，即满足相关性要求；同时，ESG 基金持股情况对上市公司融资决策产生直接影响的概率较小，主要是因为 ESG 基金无法直接干涉上市公司的日常经营，而是采取与上市公司高管的私人接触等方式改善 ESG 表现，其投资理念的实现也主要依赖于基金经理的选股等决策（方先明 等，2023），即满足排他性要求。因此，本节选取上市公司股票在当年被 ESG 基金持有的情况，即持有该上市公司股票的 ESG 基金数量（FQ）作为工具变量具有一定的合理性。

构建工具变量回归，第一阶段的模型形式如下：

$$\text{ESG}_{it} = \alpha_0 + \alpha_1 \text{FQ}_{it} + \eta X + \text{Industry} + \text{Province} + \text{Year} + \varepsilon_{it} \tag{9.2}$$

其中，ESG_{it} 为上市公司 i 在 t 年的 ESG 评级，FQ_{it} 为在 t 年持有上市公司 i 股票的 ESG 基金数量，其余变量的定义与模型（9.1）相同。在工具变量回归的第二阶段，采用 ESG 评级的拟合值作为被解释变量重新估计模型（9.1）。

表 9.4 第（1）至（3）列汇报了工具变量估计的结果。可以发现，采用工具变量估计后，ESG 的系数仍在 1% 的水平上显著为正，与基准回归结果一致。同时，第一阶段中工具变量的估计系数和显著性均与前文分析相符。根据 LM 统计量和 F 统计量，本节采用的工具变量估计并不存在不可识别问题和弱工具变量问题，能够在一定程度上缓解模型内生性问题。

此外，上市公司股票被 ESG 基金持有对于企业 ESG 表现也是一种外部认证，其代表了外部投资者对企业环境与社会责任承担的认可与肯定，因此上市公司的股票被 ESG 基金持有也是企业 ESG 表现的一种正向外生冲击，故本节还进一步将上市公司股票被 ESG 基金首次持股这一相对随机的事件作为外生冲击，构建多时点双重差分（DID, difference-in-differences）模型以缓解基准回归的内生性问题。具体模型设定如下：

$$Cod_{it}(Debt_{it}) = \gamma_0 + \gamma_1 Fund_{it} + \eta X + Industry + Province + Year + \varepsilon_{it} \tag{9.3}$$

其中，Cod_{it} 和 $Debt_{it}$ 分别代表企业债务融资成本和债务融资规模；$Fund_{it}$ 表示上市公司股票首次被 ESG 基金持有，首次持有之后取 1，反之取 0，其余变量的定义与模型（9.1）相同。

根据表 9.4 第（4）、（5）列展示的结果，代表上市公司首次被 ESG 基金持股的双重差分项（Fund）的系数分别显著为负和显著为正，表明在上市公司被 ESG 基金持股后，其债务融资成本显著下降且债务融资规模显著上升，因此企业 ESG 表现的提升有助于企业实现债务融资"降本增量"，双重差分模型的结果能够在一定程度上佐证本章在基准回归得到的结论。

表 9.4　内生性分析

变量	ESG （1）	Cod （2）	Debt （3）	Cod （4）	Debt （5）
FQ	0.021*** （6.202）				
ESG		−0.652*** （−6.166）	2.924*** （2.671）		
Fund				−0.242*** （−8.029）	0.801*** （4.477）
常数项与控制变量	Yes	Yes	Yes	Yes	Yes
行业固定效应	Yes	Yes	Yes	Yes	Yes
地区固定效应	Yes	Yes	Yes	Yes	Yes
年份固定效应	Yes	Yes	Yes	Yes	Yes
LM 统计量	18.067				
F 统计量	816.704				
样本容量	14 799	14 799	14 799	14 799	14 799
调整的 R^2	0.260	0.124	0.035	0.296	0.082

注：括号内为 t 统计量，*** 表示在 1% 的水平上显著。

9.5.4　稳健性检验

9.5.4.1　更换样本

（1）采用平衡面板数据

由于部分个体在某些年份的数据存在缺失，这可能会影响面板数据的估计结果，因此本章在稳健性检验中剔除了存在部分年份数据缺失的上市公司样本，采用了平衡面板数据进行回归模型估计。表 9.5 第（1）、（2）列的结果显示，剔除数据缺失的样本后，基准回归的结果依然成立。

（2）采用滞后一期的解释变量

由于投资者可能无法在当年观察到评级机构对企业当年 ESG 表现的评分，企业 ESG 评级的影响可能存在滞后效应（方先明 等，2023）。因此，本章在稳健性检验中采用滞后一期的 ESG 表现来研究 ESG 表现对于企业债务融资影响的稳健性。同时，将解释变量滞后一期也能在一定程度上控制企业 ESG 表现对其债务融资的滞后影响，从而缓解因反向因果导致的内生性问题（方先明 等，2023）。表 9.5 第（3）、（4）列的结果显示，将 ESG 滞后一期后，结论保持不变，滞后一期的 ESG 评级在以债务融资成本（Cod）为被解释变量的回归模型中，系数在 1% 的水平上显著为负；在以债务融资规模（Debt）为被解释变量的回归模型中，系数在 1% 的水平上显著为正。

表 9.5 更换样本的稳健性检验

变量	Cod	Debt	Cod	Debt
	采用平衡面板		将 ESG 滞后一期	
	（1）	（2）	（3）	（4）
ESG	−0.186*** (−6.696)	0.855*** (6.869)		
ESG_{t-1}			−0.155*** (−5.436)	0.614*** (4.506)
常数项与控制变量	Yes	Yes	Yes	Yes
行业固定效应	Yes	Yes	Yes	Yes
地区固定效应	Yes	Yes	Yes	Yes
年份固定效应	Yes	Yes	Yes	Yes
样本容量	13 105	13 105	11 321	11 321
调整的 R^2	0.286	0.087	0.291	0.082

注：括号内为 t 统计量，*** 表示在 1% 的水平上显著。

9.5.4.2 更换变量度量方式

（1）更换被解释变量的度量方式

一些文献认为，采用利息支出与长短期总负债的比值衡量企业债务融资成本存在一定的弊端。这主要是因为在利率没有完全市场化的背景下，利率上限受到管控，债权人由此很可能转嫁部分成本在手续费等其他科目上，从而形成债务人的综合融资成本（何德旭 等，2022）。因此，借鉴李广子和刘力（2009）的研究，本节采用利息支出、手续费及其他财务费用的总和与长短期总负债的比值（Cod2）来度量企业综合债务融资成本。根据表9.6第（1）列的回归结果，ESG的系数依然在1%的水平上显著为负。

类似地，本节也更换了企业债务融资规模的度量方式，采用总负债的增加额与滞后一期总资产的比值衡量债务融资。Covas和Haan（2011）认为，这种方法不仅衡量了债务合约融资，还包括了应付账款、递延税收等方式融资。根据表9.6第（2）列的回归结果，ESG的系数同样在1%的水平上显著为正，与前文结论相符。

（2）更换解释变量的度量方式

首先，本节在稳健性分析中仅采用单一的华证ESG评级（ESG_h）来衡量企业ESG表现。这是因为多数研究认为，该指标已得到业界和学术界的认可和应用（Lin et al.，2021；谢红军 等，2022；方先明 等，2023）。表9.6第（3）、（4）列的回归结果显示，将核心解释变量替换为华证ESG评级后，相关结论依然保持不变。

此外，由于商道融绿给出的ESG评级在2022年之前并未覆盖所有上市公司，为了增加样本容量，未在前文基准回归中将商道融绿的ESG评级结果纳入综合ESG表现的计算中。在稳健性分析中，进一步将商道融绿ESG评级加入研究框架中计算得到新的ESG平均表现（ESG2），表9.6第（5）、（6）列的回归结果显示，加入商道融绿ESG评级后结果依然稳健。

表9.6 更换变量度量方式的稳健性检验

变量	Cod2 (1)	Debt2 (2)	Cod (3)	Debt (4)	Cod (5)	Debt (6)
ESG	−0.258*** (−4.869)	1.628*** (7.862)				
ESG_h			−0.148*** (−11.778)	0.815*** (14.376)		
ESG2					−0.213*** (−7.253)	0.590*** (3.463)
常数项与控制变量	Yes	Yes	Yes	Yes	Yes	Yes

表9.6(续)

变量	Cod2 (1)	Debt2 (2)	Cod (3)	Debt (4)	Cod (5)	Debt (6)
行业固定效应	Yes	Yes	Yes	Yes	Yes	Yes
地区固定效应	Yes	Yes	Yes	Yes	Yes	Yes
年份固定效应	Yes	Yes	Yes	Yes	Yes	Yes
样本容量	14 799	14 799	14 799	14 799	6 243	6 243
调整的 R^2	0.240	0.112	0.307	0.090	0.336	0.095

注：括号内为 t 统计量，*** 表示在1%的水平上显著。

9.5.4.3 改变模型设定

（1）加入省份层面的控制变量

尽管在上文的基准回归模型中尽可能控制了影响企业债务融资的因素，但是仍有可能遗漏一些因素导致估计结果有偏，如地区层面的特征。上市公司的决策也可能受制于地区经济的发展，因此本节又进一步在模型中控制了上市公司所在省份的地区生产总值（GDP，取对数）、财政缺口（Deficit，取对数）、人均生产总值（PGDP，取对数）、生产者指数（PPI）和净出口（NX，取对数）。表9.7第（1）、（2）列的结果显示，加入省份层面特征后，结论依然稳健。

（2）改变模型固定效应

表9.7第（3）、（4）列中，进一步控制了地区和年份的交互固定效应，第（5）、（6）列则控制了企业个体层面的固定效应，以最大程度地避免不同模型设定对结果造成的影响。结果显示，无论如何设置模型固定效应的形式，所得结论与基准回归模型的结果依然保持一致。

表9.7 改变模型设定的稳健性检验

变量	Cod (1)	Debt (2)	Cod (3)	Debt (4)	Cod (5)	Debt (6)
ESG	−0.188*** (−7.345)	0.833*** (7.104)	−0.188*** (−7.288)	0.830*** (7.086)	−0.064*** (−2.805)	0.733*** (3.296)
常数项与控制变量	Yes	Yes	Yes	Yes	Yes	Yes
地区层面特征	Yes	Yes	No	No	No	No

表9.7(续)

变量	Cod (1)	Debt (2)	Cod (3)	Debt (4)	Cod (5)	Debt (6)
个体固定效应	No	No	No	No	Yes	Yes
行业固定效应	Yes	Yes	Yes	Yes	Yes	Yes
地区固定效应	Yes	Yes	Yes	Yes	Yes	Yes
年份固定效应	Yes	Yes	Yes	Yes	Yes	Yes
地区*年份固定效应	No	No	Yes	Yes	No	No
样本容量	14 799	14 799	14 799	14 799	14 650	14 650
调整的 R^2	0.301	0.085	0.299	0.085	0.713	0.243

注：括号内为 t 统计量，*** 表示在1%的水平上显著。

9.6 进一步分析

9.6.1 经济机制检验

9.6.1.1 "社会声誉"假设

根据前文的机制分析，良好的 ESG 表现能够帮助企业在外部利益相关者中树立企业形象，提升企业持续经营与抵御风险的能力，从而获得良好的声誉价值，最终能够促进企业得到更加稳定且低成本的资金，进而提出了企业 ESG 表现的"社会声誉"假设 H2。为了检验假设 H2，本节采用商业信用中的应收账款项目作为代理变量进行分析。

已有文献表明，商业信用的本质是经营性负债，其与金融性负债同属于企业重要的资金来源（何德旭 等，2022）。不同于金融性负债，经营性负债无须支付利息，因此地位较高、话语较权大的公司就有强烈的动机利用经营性负债挤占交易对手的流动性（张新民 等，2012）；相应地，地位低的企业应收账款规模大成为普遍现象。因此，采用应收账款规模来表征企业的社会声誉地位具备一定的合理性（Giannetti et al.,

2011；吴世农 等，2019）。那么，如果具有 ESG 优势的企业能够获得更多的社会声誉提升，其就更有可能扭转流动性被占用的被动局面，应收账款的规模就应当更小。

本节采用应收账款占总资产的比重（Rcv）作为模型被解释变量，考察企业 ESG 表现作为核心解释变量对其的影响，构建面板回归模型。如表 9.8 第（1）列的估计结果所示，ESG 的系数显著为负，因此良好的 ESG 表现能够降低企业应收账款，树立企业的社会声誉和地位，从而推动其融资"降本增量"，假设 H2 成立。

9.6.1.2 "信息披露"假设

此外，前文的理论分析表明，良好的 ESG 表现能够通过推动企业信息披露，释放信号效应来提高财务信息披露质量，从而实现债务融资"降本增量"，即前文提出的"信息披露"假设 H3。为了检验假设 H3，本节借鉴黎来芳等（2018）的做法，使用会计盈余来衡量信息披露质量。具体来说，首先使用修正的琼斯模型估计操控性应计项目（Dechow et al., 1995），其次对其取绝对值，得到会计盈余作为信息披露质量（DA）的代理变量，这一绝对值越大，表示公司越有可能进行盈余操纵，因此信息披露质量越差。

本节将信息披露质量（DA）作为被解释变量，考察企业 ESG 表现作为核心解释变量对其的影响，构建面板回归模型。如表 9.8 第（2）列的估计结果所示，ESG 的系数显著为负，因此良好的 ESG 表现能够减少企业的盈余操纵，对企业信息披露质量起到了积极作用，进而对企业债务融资起到"降本增量"的效果，假设 H3 成立。

表 9.8　经济机制检验

变量	Rcv	DA
	（1）	（2）
ESG	-1.062** (-2.218)	-0.003** (-2.522)
常数项与控制变量	Yes	Yes

表9.8(续)

变量	Rev	DA
	(1)	(2)
行业固定效应	Yes	Yes
地区固定效应	Yes	Yes
年份固定效应	Yes	Yes
样本容量	14 799	14 799
调整的 R^2	0.446	0.220

注：括号内为 t 统计量，** 表示在5%的水平上显著。

9.6.2 异质性分析

9.6.2.1 高碳行业的异质性特征

相较于低碳排放的行业，高碳行业会面临更高的低碳经济转型风险。绿色低碳发展是外部利益相关者对高碳企业的现实诉求（李青原等，2020），国家出台的微观环境治理政策主要针对的对象也是高碳企业，因此投资者（尤其是机构投资者）会格外关注这类企业的 ESG 绩效（黎文靖 等，2015）。如果上市公司所处的行业为高碳行业，那么投资者会更关注这类企业的 ESG 表现，进而关系到企业社会声誉的建立，因此良好的 ESG 表现对这类企业社会声誉的提升作用更明显。同时，投资者也会更加关注这类企业的信息披露质量，ESG 表现良好对于缓解这类企业环境信息不对称的作用也会更加明显。根据以上分析，本节进一步提出如下假设：

H4：ESG 表现良好对企业债务融资"降本增量"的作用应当在高碳行业的企业中更加明显。

本节构建了高碳行业虚拟变量（Carbon），若企业所处行业为八大高碳行业[①]则赋值为1，反之为0。本节将其与 ESG 的交互项（ESG ×

---

① 根据《上市公司环保核查行业分类管理名录》，将采掘业、纺织服装皮毛业、金属非金属业、水电煤业、石化塑胶业、食品饮料业、生物医药业以及造纸印刷业八大行业划分为高碳排放行业。

Carbon）作为主要解释变量，纳入模型中进行估计。根据表 9.9 第（1）、（2）列的回归结果，交互项的系数分别在 5% 的水平上显著为负和显著为正，假设 H4 成立。

9.6.2.2 民营企业的异质性特征

相较于民营企业，大部分国有企业都是关系国计民生重要行业的龙头企业，是中国经济强有力的支柱。国有企业在国民经济中占据着特殊的"排头兵"地位，在社会责任承担和信息披露机制等方面具备更高的自律意识与更完善的监管体制（祝继高 等，2019），因此国企通常面临更低的财务风险与转型风险。而对于民营企业来说，由于其背后没有中央政府与地方政府的隐性担保，因此其声誉受第三方信息的影响会更明显，同时民企较国企缺乏强有力的社会责任承担意识与信息披露质量监管，此时 ESG 评级对其信息披露的治理效应也会更加明显。根据以上分析，本节进而提出如下假设：

H5：ESG 表现良好对企业债务融资"降本增量"的作用应当在民营企业中表现得更加明显。

本节构建了民营企业虚拟变量（POE），若上市公司为民企则赋值为 1，反之为 0。进一步将其与 ESG 的交互项（ESG × POE）作为主要解释变量，纳入模型中进行估计。根据表 9.9 第（3）、（4）列的回归结果，交互项的系数分别在 10% 的水平上显著为负和 1% 的水平上显著为正，即相比国有企业，民营企业的债务融资成本和融资规模受 ESG 表现的影响更为显著，假设 H5 基本成立。

9.6.2.3 社会责任报告披露情况

企业环境与社会责任信息披露已成为影响其融资的重要因素（Du et al.，2010；Dhaliwal et al.，2011；钱明 等，2016；周宏 等，2016），企业社会责任报告（CSR）深刻影响到企业债券融资的规模与期限（李哲 等，2021）。定期发布 CSR 报告的企业通常拥有更加完备透明的信息披露机制，同时也在外部利益相关者中享有较好的声誉（郭晔 等，2019），此时 ESG 评级对上市公司社会声誉的提升作用与对信息不对称的缓解作用相对有限。相反，对于未定期披露 CSR 报告的企业，这种作用则更为显著。根据以上分析，本节进一步提出如下假设：

H6：ESG 表现良好对企业债务融资"降本增效"的作用应当在未定期披露 CSR 报告的企业中表现得更加明显。

本节构建了代表企业是否披露 CSR 报告的虚拟变量（CSR），若上市公司在当年披露了 CSR 报告则赋值为 1，反之为 0。进一步将其与 ESG 的交互项（ESG × CSR）作为主要解释变量，纳入模型中进行估计。根据表 9.9 第（5）、（6）列的回归结果，交互项的系数分别在 10%的水平上显著为正和 1%的水平上显著为负，即未定期披露 CSR 报告的企业的债务融资成本和融资规模受 ESG 表现的影响更为显著，假设 H6 基本成立。

9.6.2.4 环境污染物排放明细披露情况

企业污染物排放的种类与强度愈来愈成为投资者评价企业低碳转型与社会环境责任承担的重要因素。《关于构建现代环境治理体系的指导意见》明确要求，排污企业应通过企业网站等途径依法公开主要污染物名称、排放方式、执行标准以及污染防治设施建设和运行情况，并对信息真实性负责。因此，积极履行污染物排放明细披露责任有利于缓解上市公司与投资者之间的环境信息不对称，同时其积极应对环境保护的态度也有助于建立企业的声誉形象。对于这类企业，ESG 表现良好对于其社会声誉的提升作用与对信息不对称的缓解作用相对有限。根据以上分析，本节进一步提出如下假设：

H7：ESG 表现良好对企业债务融资"降本增量"的作用应当在未履行环境污染物排放明细披露责任的企业中表现得更加明显。

本节构建了代表企业是否披露环境污染物排放明细的虚拟变量（Disc），若上市公司在当年披露了环境污染物排放明细则赋值为 1，反之为 0。进一步将其与 ESG 的交互项（ESG × Disc）作为主要解释变量，纳入模型中进行估计。根据表 9.9 第（7）、（8）列的回归结果，交互项的系数分别在 1%的水平上显著为正和 5%的水平上显著为负，假设 H7 成立。

表 9.9 异质性分析

变量	Cod (1)	Debt (2)	Cod (3)	Debt (4)	Cod (5)	Debt (6)	Cod (7)	Debt (8)
ESG × Carbon	-0.078** (-2.340)	0.391** (2.325)						
ESG × POE			-0.047* (-1.726)	1.699*** (5.335)				
ESG × CSR					0.066* (1.756)	-0.906*** (-3.505)		
ESG × Disc							0.275*** (3.671)	-1.033** (-2.307)
常数项与控制变量	Yes	Yes	Yes	Yes	Yes	Yes	Yes	Yes
其他交互项单项	Yes	Yes	Yes	Yes	Yes	Yes	Yes	Yes
行业固定效应	Yes	Yes	Yes	Yes	Yes	Yes	Yes	Yes
地区固定效应	Yes	Yes	Yes	Yes	Yes	Yes	Yes	Yes
年份固定效应	Yes	Yes	Yes	Yes	Yes	Yes	Yes	Yes
样本容量	14 799	14 799	14 799	14 799	14 799	14 799	14 799	14 799
调整的 R^2	0.304	0.085	0.303	0.086	0.303	0.089	0.304	0.085

注：括号内为 t 统计量，*、** 和 *** 分别表示在 10%、5% 和 1% 的水平上显著。

9.6.3 ESG 分歧与企业债务融资的关系

根据前文分析，ESG 评级大多来自第三方独立机构，不同机构给出的 ESG 评级之间存在较为明显的分歧。近年来，学术界和投资界越来越多的相关人士对 ESG 评级提出了质疑（Chatterji et al., 2016；Berg et al., 2022）。例如，《华尔街日报》曾指出，环境、社会和治理标准很难定义；而国内的财经媒体也开始逐渐关注到 ESG 评级分歧的影响，如新浪财经媒体曾呼吁投资者应当关注到 ESG 评级之间存在的差异，并重新评估其背后的参考价值。

ESG 评级间存在的差异可能会影响 ESG 信息披露的质量。Christensen 等（2022）的研究表明，ESG 评级的分歧会给企业的可持续性发展带来不确定性，进而成为阻碍企业获得外部资本的市场摩擦，企业只能转而进行内部融资。那么，ESG评级的分歧究竟会给企业外部融资带来什么样的影响？

为了验证ESG分歧的影响，本节采用基准回归中的五家第三方评级机构给出的ESG评级的标准差作为ESG分歧的代理变量（ESG_sd）（Avramov et al., 2022；方先明 等，2023）。同时，进一步定义了企业ESG评级虚拟变量和ESG评级分歧虚拟变量。具体定义如下：若企业的平均ESG表现（ESG）高于所有企业的中位数，则High = 1，否则 = 0；若企业的平均ESG表现（ESG）低于所有企业的中位数，则Low = 1，否则 = 0；若企业的ESG分歧（ESG_sd）高于所有企业的中位数，则Disagree = 1，否则 = 0；若企业的ESG分歧（ESG_sd）低于所有企业的中位数，则Agree = 1，否则 = 0。据此，如图9.3所示，本节将样本分为四个象限，分别为分歧的高评级（High = 1；Disagree = 1）、分歧的低评级（Low = 1；Disagree = 1）、一致的高评级（High = 1；Agree = 1）、一致的低评级（Low = 1；Agree = 1），并分别以企业债务融资成本和债务融资规模作为被解释变量对这四个象限分别进行回归。

图9.3 ESG评级和分歧的四个象限

表9.10第（1）至（4）列和第（5）至（8）列分别为以企业债务融资成本和债务融资规模作为被解释变量的估计结果。

根据第（3）、(7) 列的回归结果可以发现，只有"一致的高评级"才能显著地降低企业债务融资成本，增加企业债务融资规模，帮助企业实现债务融资"降本增量"。

根据第（2）、(4)、(6)、(8) 列的回归结果可以发现，企业无论是被第三方 ESG 评级机构评定为"一致的低评级"还是"分歧的低评级"，其债务融资均会受到不利影响，导致其面临更高的债务融资成本及更低的债务融资规模。这也说明，对于投资者来说，企业的"负面信息"更容易受到其外部利益者的关注，一旦有第三方评级机构将企业评定为低评级，外部利益相关者均会对其 ESG 表现产生顾虑，导致其社会声誉受损，出于谨慎的考虑，贷款等资金提供方并不乐意为此类企业提供低成本、大规模的融资。

根据第（1）、(5) 列的结果可以发现，"分歧的高评级"并不能为企业债务融资带来益处，具体来看，其显著降低了企业债务融资规模，而对其融资成本并没有显著影响。这主要是因为，这种"分歧的高评级"更容易让外部利益相关者对企业 ESG 表现及信息披露的真实性产生怀疑，使企业背负上"漂绿"的嫌疑，因此，此时 ESG 评级对企业债务融资"降本增量"的作用将会失效，甚至可能会危害企业原有的融资条件。

总的来说，从本节的分析可以发现，仅有企业被评定为高 ESG 评级且这一评级受到多家外部 ESG 评级机构一致认可时，企业 ESG 表现情况才能够真正为企业债务融资起到"降本增量"的作用；而存在严重分歧的高评级反而会引起投资者对企业采取虚假行为进行评级提升的嫌疑，导致企业信誉受损，这种"分歧的高评级"会导致 ESG 表现原有的"降本增量"作用失效甚至对企业外部融资起到负面作用；对于被第三方 ESG 评级机构评定为低评级的企业来说，无论这种"低评级"是否受到多家评级机构的"一致认可"，其均会损害企业进行债务融资，导致其面临更高的资金成本和更低的融资规模，这一现象也说明相较于正面的 ESG 信息，外部利益相关者对于负面的 ESG 信息更加敏感，一旦企业被冠以低评级，出于谨慎投资的考虑，利益相关方并不乐意将资金流入此类企业，导致企业债务融资成本上升而不利于其进一步扩大债务融资规模。

表 9.10　ESG 分歧对企业债务融资的影响

变量	Cod				Debt			
	(1)	(2)	(3)	(4)	(5)	(6)	(7)	(8)
High × Disagree	−0.029 (−0.956)				−0.411** (−2.487)			
Low × Disagree		0.199*** (6.157)				−1.229*** (−6.235)		
High × Agree			−0.178*** (−7.323)				1.480*** (7.831)	
Low × Agree				0.087** (2.207)				−0.455* (−1.689)
常数项与控制变量	Yes	Yes	Yes	Yes	Yes	Yes	Yes	Yes
行业固定效应	Yes	Yes	Yes	Yes	Yes	Yes	Yes	Yes
地区固定效应	Yes	Yes	Yes	Yes	Yes	Yes	Yes	Yes
年份固定效应	Yes	Yes	Yes	Yes	Yes	Yes	Yes	Yes
样本容量	14 799	14 799	14 799	14 799	14 799	14 799	14 799	14 799
调整的 R^2	0.292	0.296	0.296	0.292	0.081	0.084	0.087	0.081

注：括号内为 t 统计量，*、** 和 *** 分别表示在 10%、5% 和 1% 的水平上显著。

9.7　本章小结

本章基于 2018—2022 年 A 股上市公司样本，以债务融资为视角，研究了 ESG 表现对企业外部融资的影响。研究发现，良好的 ESG 表现能够降低企业债务融资成本并扩大企业债务融资规模，实现"降本增量"，并且上述结论在经历了一系列内生性分析和稳健性检验后依然成立。经济机制分析表明，企业 ESG 优势主要是通过提升企业社会声誉与改善企业信息披露质量两种渠道促进企业债务融资。此外，本章还发现，良好的 ESG 表现对企业债务融资"降本增量"的作用在处于高碳行业的企业、民营企业、未定期披露 CSR 报告和污染物排放明细的企业中表现得更加明显。

进一步对不同机构 ESG 分歧的分析表明，只有"一致的高评级"才能够帮助企业实现债务融资"降本增量"，而"分歧的高评级"反而会引起投资者怀疑企业存在"漂绿"或"洗绿"等虚假披露 ESG 信息的情况，导致 ESG "降本增量"作用失效乃至进一步抑制企业债务融资；此外，一旦企业被评定为低 ESG 评级，无论该评级结果是否"一致"，利益相关方都会出于谨慎的原则而规避为这一类企业提供资金，导致其债务融资成本上升、融资规模下降。

当前，我国正处于实现"双碳"目标的关键阶段，研究企业 ESG 表现对其外部融资的影响能够有助于企业更好地进行经营和投融资决策，摆脱融资困难，实现外部融资的"降本增量"，从微观层面助力党的二十大报告提到的"推动经济社会发展绿色化、低碳化"。基于上述研究结论，本章提出以下展望：首先，市场应当积极发挥 ESG 评级缓解企业融资约束的正向效应，对于 ESG 表现优秀的企业可以给予适当的政策倾斜，助推企业低碳转型，推动企业实现融资"降本增量"；其次，随着 ESG 理念已深入投资者的决策当中，企业应当积极地针对 ESG 表现进行管理实践，以获得更好的社会声誉，提升信息披露质量，从而获得外部利益相关者的信任；最后，相关部门应当加强对于第三方机构进行 ESG 评级的流程体系监管，尽快推出企业 ESG 评级体系的相关标准或指引，努力发挥 ESG 信息披露的治理效应，避免因企业"漂绿""洗绿"等虚假、夸大的信息披露而造成的 ESG 分歧。

10 绿色债券市场与ESG市场的时频关联性

近年来,世界各国政府都制定了各种政策法规来应对气候变化,从而促进可持续发展,如遏制温室气体排放等。在这一背景下,ESG越来越受到关注。经济的高质量发展是当前我国经济发展的重要目标,因而,探索绿色债券市场与ESG市场的时频相关性对于加快绿色转型、实现可持续发展具有重要意义。本章选取绿色债券发行量最大的两个国家——中国和美国作为典型代表进行对比分析,综合运用连续小波分析、分位数对分位数回归(QQR)等方法,探讨在不同时间尺度和市场条件下绿色债券市场与ESG市场的时频关联性。研究表明,中美两国的绿色债券与ESG市场在受到外部冲击时均表现出强烈的关联性,两类市场在不同时间尺度和市场条件下的关联性存在明显差异。本章的研究旨在为绿色转型、可持续发展以及绿色金融发展提供政策参考,同时为投资决策提供信息支持。

10.1 中美ESG发展历程与现状

10.1.1 中国

我国的ESG政策起源于环境和社会责任信息的自愿披露。目前,我国 ESG 监管根据主体企业性质及业务不同，分别涉及国务院国资委、生态环境部门、中国人民银行、证监会和证券交易所（如上交所、深交所和港交所）等机构监管。从 ESG 披露现状来看，近年来我国企业的 ESG 披露意识逐步增强，披露率逐年提升；从 ESG 评价体系发展来看，我国 ESG 评价仍处于探索阶段，呈现出多元发展的格局；从 ESG 投资现状来看，在"碳中和"战略背景下，ESG 投资在我国发展迅速。

中国 ESG 发展历程与现状在第 3 章中有详细介绍，在此不再赘述。

10.1.2 美国

20 世纪六七十年代，随着经济高速增长所带来的环境影响不断增大，以美国为首的欧美国家领先开展了一系列公众环保运动，最终形成了 ESG 投资的前身——"责任投资理念"。而后经历半个多世纪的发展，美国完成了在 ESG 投资领域的探索，并在相关政策与法规日趋完善的基础上又开始着手收紧 ESG 概念基金信息披露要求，防止基金公司"漂绿"行为的发生。20 世纪 60 年代，横空出世的环保主义著作《寂静的春天》所描写的环境污染灾难发人深省。为表达相关诉求，部分投资者开始将企业在环境及人权方面的行为纳入投资考量，并由此诞生了责任投资概念。美国在 1971 年建立了美国首只责任投资基金——"和平女神世界基金"（Pax World Funds，又称"派克斯世界基金"）。从 20 世纪 70 年代到 20 世纪末，责任投资理念进一步发展，ESG 投资概念被不断完善。美国在 1990 年成立了首个 ESG 指数，并在 ESG 投资领域呈现出日渐增强的特点。根据美国社会投资论坛（USSIF）提供的数据，1995 年，美国可持续和负责任投资规模已经达到 6 390 亿美元；在 2006 年联合国成立负责任投资原则组织（UN PRI）后，与欧洲国家共同包揽了超 80% 的签署机构（建立初期），相关投资理念在全国范围内得到广泛认同；2018 年，美国 ESG 投资规模已高达 1.8 万亿美元。

近年来，美国市场的 ESG 投资快速发展，持续升温，美国 ESG 投资基金净流入连续 5 年创新高。其中，主动投资规模较大，但被动投资的占比也快速增加。2020年,美国以ESG为重点的开放式基金和交易所交易基金数量增加了30%,达到392只,吸引了511亿美元净流入,是2019年的2倍多。美国的可持续基金也在最近的3年内加速扩容。截至2021年底,534只可持续基金拥有超过3 570亿美元的资产,全年资金净流入达692亿美元。

从监管角度来看,美国证券交易委员会是美国公共市场的主要监管机构。美国劳工部作为私营部门员工福利计划的联邦监管机构,也负责监管相关的ESG。美国金融稳定监督委员会(FSOC)已提议其他联邦监管机构,包括联邦储备委员会、货币监理署、联邦存款保险公司、证券交易委员会、商品期货交易委员会和联邦住房金融局,对气候变化数据、披露和情景分析采取行动。表10.1总结了美国ESG相关主要政策法规,其具有以下几个方面的特点:

(1)信息披露愈发重要。除金融行业外,其他各行业上市公司的ESG信息披露均有不同程度的提升,信息披露的完整性和透明性的重要程度也在不断提高。

(2)ESG法律约束主体范围不断扩大。最初,美国ESG的相关法律只对上市公司有效,现已逐渐扩大至养老基金和资产管理者,并延伸到证券交易委员会等监管机构。

(3)多次强调董事会责任。

(4)对环境要素尤其是气候变化的考量越来越多。

(5)越来越注重国际标准。作为一个全球范围的投资趋势,美国ESG政策对国际、国内政策与报告框架的一致性尤为关注。

表10.1 美国ESG相关主要政策法规

时间	颁布机构	政策文件	基本内容
2010年2月8日	美国证券交易委员会	《关于气候变化相关问题的披露指导意见》	要求上市公司就环境议题从财务角度进行量化披露,并规定了公开遵守环境法的费用、与环保有关的重大资本支出等问题

表10.1(续)

时间	颁布机构	政策文件	基本内容
2015年10月	—	《解释公告 IB2015-01》	表明对ESG的支持立场,并鼓励投资决策中的ESG整合
2015年10月	美国参议院	《第185号参议院法案》	禁止加州公务员退休基金系统和加州教师退休基金系统对规定的电煤公司进行新的投资
2016年12月	—	《解释公告 IB2016-01》	强调了基于ESG考量的受托者责任,要求其在投资政策声明中披露ESG信息
2018年9月	美国参议院	《第964号参议院法案》	提升了此前《第185号参议院法案》中对两大退休基金的气候变化风险的管控及相关信息披露要求
2019年5月	纳斯达克交易所	《ESG报告指南2.0》	帮助公司掌握不断发展变化的ESG数据披露标准
2021年2月	拜登政府	行政命令	要求联邦政府在经济的每个部门推动对气候污染和气候相关风险的评估、披露和缓解
2021年3月	美国证券交易委员会	共同应对气候变化和其他ESG风险和机遇的方法	在执法部门建立一个气候和ESG工作组,并加强对气候相关风险的执法力度
2021年6月	美国众议院	《2021年ESG信息披露简化法案》	强制要求符合条件的证券发行者需要向股东和监管机构提供相关书面资料,推进ESG信息披露持续进步
2022年3月21日	美国证券交易委员会	《上市公司气候数据披露标准草案》	要求上市公司在注册声明以及定期报告中披露与气候相关的信息和内容

资料来源:根据美国参议院、众议院、证券交易委员会等的公开资料整理。

10.2 研究背景

随着气候变化加剧、资源约束、环境退化等问题的出现,人类面临着需要大规模减缓和适应的全球生态危机(Wang et al., 2021)。鉴于全球生态危机可能对经济高质量发展产生负面影响(Wang et al., 2022;Wang et al., 2019),探索如何推进绿色转型(Chen et al., 2023)、实现可持续发展目标(Goodland et al., 1986),具有重要的现实意义。同时,绿色转型以可持续发展理论为基础(Zhu et al., 2022),为经济、社会等各个方面注入可持续发展潜力,实现环境和生态平衡。除此之外,绿色治理也是实现可持续发展的重要途径,是一种经济、社会和环境的长期可持续发展(Li et al., 2018)。如今,世界各国政府都制定了各种政策法规来应对气候变化,从而促进可持续发展,如遏制温室气体排放(Bartram et al., 2022)。在此背景下,ESG 越来越受到关注。ESG 是一个长期的企业价值评价体系(Magill et al., 2015),它体现了微观企业对非财务目标的自愿承诺,可以指导企业调整战略和行为以实现绿色转型,提升企业的绿色治理能力,为宏观可持续发展目标做出贡献(Khaled et al., 2021;马小援,2010)。

与传统项目相比,企业和部门开展的致力于绿色转型的可持续项目投资风险更大,回报的不确定性更为明显(Bhutta et al., 2022)。因此,更需要绿色金融提供低碳资金,以缩小资金需求与减少生态退化之间的差距(Taghizadeh-Hesary et al., 2021)。然而,社会和生态环境责任承诺与财务现实之间存在脱节。关键问题是资金短缺(Barua, 2020; Peake et al., 2017; Hall et al., 2018)和可持续项目投资程度低(Sachs et al., 2019),尤其是在新冠疫情暴发后,全球经济增长受到负面影响,所使用的资金中支持绿色转型和可持续发展的资金也相应减少(Barbier et al., 2020)。

近年来,绿色金融已成为实现绿色转型和可持续发展的重要工具,可以缓解经济发展与气候变化之间的内部矛盾(Liu et al., 2022)。绿色债券作为绿色金融体系的重要组成部分,能够为可持续项目提供融资支持(Gianfrate et al., 2019)。国际资本市场协会发布的《绿色债券原则》(GBP)将绿色债券定义为:任何类型的债券工具,其收益专门用于为部分或全部新的和/或现有的合格绿色项目提供融资或再融资。同时,绿色债券收益率为先进技术的开发和应用提供资金支持,以减轻全球工业快速发展对环境造成的负面影响(Maltais et al., 2020)。根据国际金融公司(IFC)公布的数据,2021 年全球绿色债券发行总额达

4 527 亿美元，较 2019 年增长 105%。其中，美国是全球最大的绿色债券市场，发行规模达到 1 463 亿美元，占全球绿色债券市场的 32%；中国以 1 278 亿美元的绿色债券发行量紧随其后，占全球绿色债券市场的 28%；中美合计市场份额达到 60%，成为全球主要的绿色债券交易市场。

与此同时，中美两国绿色债券市场和 ESG 市场迅速崛起，两国绿色债券发行数量又位居全球前列。同时，中国和美国作为发展中国家和发达国家的典型代表，在政治制度和市场条件等方面存在巨大差异。因此，本章的研究尝试从中美比较的角度挖掘绿色债券市场与 ESG 市场的时频域关联性特征，旨在回答以下几个问题：绿色债券市场与 ESG 市场之间的时频域相关性是怎样的？在不同市场条件以及时间尺度下，绿色债券市场与 ESG 市场的相关性是否会发生变化？中国和美国市场的时频域相关性是否存在差异？作为典型代表，对中国和美国进行对比分析有助于理解全球绿色债券市场与 ESG 市场的相互关系，对绿色金融市场服务全球绿色转型和推进可持续发展进程具有重要的指导意义。

10.3 绿色债券市场与 ESG 市场互相关联的理论机制

绿色金融为绿色转型项目提供资金（Xu et al., 2022；贺丰果 等，2022），在实现可持续发展方面发挥着重要作用，通过提高绿色生产力（肖静 等，2022；Lee et al., 2022）、降低商业风险（Sartzetakis, 2021）、促进生物多样性（Gatti et al.）、减少碳排放（Leitao et al., 2021）、提高能源效率（Frydrych, 2021）、企业创新（林炳洪 等）等多方渠道，进而影响可持续发展。现有研究多集中于绿色债券在促进可持续发展方面的有效性和必要性（Agliardi et al., 2019；Lagoarde-Segot, 2020；Orzechowski et al., 2022）。

绿色债券市场的建立增加了对气候友好型、环境友好型和其他可持续项目的投资，促进了可持续发展（Xu et al.，2023；Tolliver et al.，2019），有助于实现绿色转型和 ESG 目标（Tolliver et al.，2019）。首先，绿色债券募集资金可用于支持符合环保标准的项目，如节能减排（WangGengRodríguez-Casallas，2021；Jiakui et al.，2023；Huang et al.，2022）、新能源发电（Qian et al.，2022）、资源利用（Böhringer et al.，2015）等，这些项目的实施可以直接降低企业的碳排放和资源消耗，提高企业的 ESG 水平。其次，绿色债券融资可以改善社会福利，如创造更多的就业机会（XuSheGaoSun，2023），进而提升企业的 ESG 绩效。同时，绿色债券的发行需要遵循严格的标准和规定（Ng，2018），这就要求企业提高透明度和披露环境数据等。这些要求可以促进企业加强内部治理，提高信息披露水平，减少环境和社会风险（Scholtens，2017）。同时，良好的 ESG 市场也将增强投资者信心，扩大其对绿色债券市场的需求（Prajapati et al.，2021），并通过多渠道对绿色债券市场产生影响（Dan et al.，2021）。

在可持续发展进程中，ESG 是其中重要的一环。根据风险缓解假说，致力于提升 ESG 的公司可以降低自身应对市场波动和政策不确定性的脆弱性（Hoang，2023），并且能够更好地应对意外冲击（Moalla et al.，2023）。同时，ESG 目标的实现也离不开绿色债券的支持。绿色债券作为绿色金融的重要创新工具，在实现 ESG 目标方面发挥着重要作用。现有文献主要从环境保护、社会责任、治理结构、企业价值、财政政策和投资者需求等方面探讨绿色债券市场如何影响 ESG 市场。企业在选择开展绿色转型生产前，会根据开展绿色项目的成本和相关政府规定进行选择（He et al.，2019），由于传统生产的成本会低于绿色生产，企业会将传统生产的部分利润回馈给消费者，即污染补偿（Silva，2021）。如果用绿色债券支持绿色转型生产，造成的污染补偿抵消了传统生产方式的收益，企业会选择开展绿色生产（Li et al.，2020）。在绿色债券的支持下，企业绿色转型生产成本不断降低。同时，绿色转型生产带来的良好声誉也不断鼓励企业开展绿色转型生产（Wang et al.，

2022），从而带来环境和社会效益，提升企业的 ESG 表现。

随着越来越多的投资者开始关注 ESG 因素，发行绿色债券将有助于企业吸引 ESG 投资者的资金（Amel-Zadeh et al., 2018；Cheng et al., 2014），从而改善融资渠道（El Ghoul et al., 2011）。同时，投资者会更倾向于投资 ESG 表现好的公司，因为他们认为这些公司更有潜力实现可持续发展，可以降低投资风险（Taghizadeh-Hesary et al., 2019）。在此过程中，企业要想发行绿色债券，就必须通过严格的审核和认证程序（Zhang et al., 2021），这就需要公司建立完善的治理结构，提高环境、社会和治理方面的透明度和公信力，加强 ESG 信息披露，从而提升 ESG 表现。此外，政府在此过程中出台的财政政策也被视为一项重要举措（Oliva et al., 2019）。政府对传统企业的税收等措施将对企业的绿色转型、技术创新和可持续发展产生影响（Wen et al., 2022；Lee et al., 2021）。但也有研究对这种积极作用提出质疑（Sinha et al., 2021），并建议应考虑生态调节等多种因素（Xiao et al., 2019）。同时，一些研究也表明，ESG 市场在一些国家受到相关制度干扰，尤其是国有企业（Li et al., 2010），存在与股票市场和债券市场相关性弱等现象（Zhang et al., 2020）。

相反，当企业努力提高其 ESG 表现时，将获得投资者的积极响应，从而推动绿色债券市场的发展（Kim et al., 2014；Saeidi et al., 2015）。Madaleno 等（2022）发现，市场对清洁能源的需求将推动绿色金融投资，这将对绿色债券市场产生影响。除此之外，ESG 市场将增强投资者的环保意识，从而促进其对绿色债券的需求。

10.4 模型构建

本章首先采用连续小波分析的方法探究绿色债券市场与 ESG 市场在时域和频域上的相关关系，进而采用离散小波分解将绿色债券指数收益序列分解为短期、中期和长期。其次，我们基于分解序列，进一步基于分位数格兰杰因果检验研究绿色债券市场和 ESG 市场的因果关系。最后，根据绿色债券市场和 ESG 市场之间的因果关系，使用分位数对分位数回归（QQR）探究在不同市场条件和时间尺度下自变量对因变量的影响。图 10.1 展示了本章研究的技术路线。

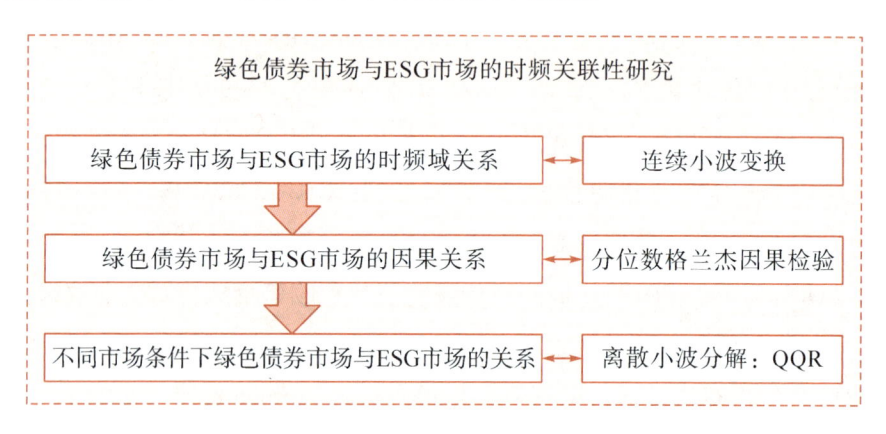

图 10.1　本章研究的技术路线

10.4.1　连续小波

小波是由名为母小波的单个小波创建的函数，它是一个实值平方可积函数，如下式所示：

$$\psi_{\varepsilon,s}(t) = \frac{1}{\sqrt{s}}\psi\left(\frac{t-\varepsilon}{s}\right) \quad (10.1)$$

其中，$\frac{1}{\sqrt{s}}$ 是保证小波具有单位方差的归一化常数，ε 和 s 是分别确定小波膨胀或拉伸的确切位置和尺度参数。小波需要满足可接受性条件，这意味着小波在时域和频域中都具有有用的时频定位。

每个小波都有特定的特征，这些特征有助于表征不同的数据特征。本章使用经济和金融领域应用中经常使用的 Morlet 小波来研究振幅和相位。Morlet 小波由正弦和余弦在中心频率振荡的高斯窗傅立叶变换组成，如下式所示：

$$\psi(t) = \pi^{-\frac{1}{4}} e^{iw_0 t} e^{\frac{-t^2}{2}} \qquad (10.2)$$

其中，$\pi^{-\frac{1}{4}}$ 是保证小波具有单位能量的归一化因子，$e^{\frac{-t^2}{2}}$ 是具有单位标准差的高斯包络，$e^{iw_0 t}$ 表示复数正弦曲线。在本章中，将 $w_0 = 6$ 设置为表示时间和频率之间的适当权衡。

我们可以使用连续小波变换 $W_x(s)$ 来分析给定时间序列的频率含量的时间演变，定义为

$$W_x(s) = \int_{-\infty}^{\infty} x(t) \frac{1}{\sqrt{s}} \psi^*\left(\frac{t}{s}\right) \qquad (10.3)$$

其中，* 表示复数共轭，尺度参数 s 决定了当满足可接受性条件时，小波是否能检测到序列 $x(t)$ 的高分量或低分量。

为了表征两个时间序列在时域和频域上的相关关系，我们应该使用三个具体的概念：小波功率谱、交叉小波功率和交叉小波变换。小波功率谱测量每个时间尺度对序列方差的贡献，而交叉小波功率捕获时频空间中的协方差贡献。具有连续小波变换 $W_n^X(s)$ 和 $W_n^Y(s)$ 的两个时间序列 $x(t)$ 和 $y(t)$ 的交叉小波定义为

$$W_n^{XY}(s) = W_n^X(s) W_n^{Y*}(s) \qquad (10.4)$$

其中，* 表示复数共轭。

使用小波相干性测量两个序列之间随时间和跨频率的共同运动，给出平方小波相干系数：

$$R_n^2(s) = \frac{|(s^{-1} W_n^{XY}(s))|}{(s^{-1} |W_n^X(s)|^2)(s^{-1} |W_n^Y(s)|^2)} \qquad (10.5)$$

其中，s 是时间和尺度的平滑算子；$R_n^2(s)$ 与相关系数非常相似，值接近 0 表明相关性弱，值接近 1 表明相关性强。小波相干系数的理论分布是未知的，因此使用蒙特卡洛模拟获得其值的统计显著性。

我们还使用小波相干相位差来捕捉时频空间中两个时间序列之间的负相关和正相关以及超前-滞后关系。我们将小波相干相位差定义为

$$\varphi_{xy}(s) = \tan^{-1}\left\{\frac{\omega[s^{-1} W_n^{XY}(s)]}{\mu[s^{-1} W_n^{XY}(s)]}\right\} \qquad (10.6)$$

其中，ω 和 μ 分别是平滑功率谱的虚部和实部。相干相位用箭头表示两个时间序列之间的相位关系：①当箭头指向右（左）时，序列同向（反向）正相关（负相关）；②当箭头向右上或者左下（右下或者左上）时，第二个（第一个）序列领先第一个（第二个）序列。

10.4.2 离散小波

我们使用离散小波，可以将一系列 $y(t)$ 分解为不同的时间尺度：

$$y(t) = \sum_k s_{J,k} \varphi_{J,k}(t) + \sum_k d_{J,k} \psi_{J,k}(t) + \sum_k d_{J-1,k} \psi_{J-1,k}(t) + \cdots + \sum_k d_{1,k} \psi_{1,k}(t) \tag{10.7}$$

其中，φ 和 ψ 是两个基本函数，分别称为父小波和母小波，分别代表序列的低频（平滑）和高频（详细）部分。系数 $s_{J,k}$，$d_{J,k}$，$\cdots$，$d_{1,k}$ 是衡量相应小波函数对总信号贡献的小波变换系数。因此，应用 J 级多分辨率分解分析，时间序列 $y(t)$ 可以根据这些信号表示为

$$y(t) = S_j(t) + D_j(t) + D_{j-1}(t) + \cdots + D_j(t) \tag{10.8}$$

其中，频率分量 $D_j(t)$ 对应于由时间尺度 2_j 出现的冲击解释的短期、中期或长期变化；S_j 是来自原始时间序列的去除 D_1，$\cdots$，D_j 后获得的残差。

10.4.3 分位数格兰杰因果检验

本节描述用于检验绿色债券市场和 ESG 市场之间因果关系的方法。简而言之，格兰杰因果关系表明，如果 X_T 不能预测 Y_T，则 X_T 不是 Y_T 的格兰杰原因，其中时间 T 可以根据研究目的进行调整。在数学上，解释向量 $I_t \underline{def} (I_t^Y, I_t^X)' \in R^d$，$d = s + q$。$I_t^X$ 是 X_t，$I_t^X := (X_{t-1}, \cdots, X_{t-q})' \in R^q$ 的过去信息集，格兰杰非因果关系的零假设定义如下：

$$H_0: F_Y(y | I_t^Y, I_t^X) = F_Y(y | I_t^Y), \quad \forall y \in R \tag{10.9}$$

这里，$F_Y(y | \cdot)$ 显示给定 $(I_t^Y, I_t^X) \cdot X_t$ 的条件分布不是 Y_t 均值的格兰杰因果，如果：

$$E(Y_t | I_t^Y, I_t^X) = E(Y | I_t^Y), \ a.s \quad (10.10)$$

其中，$E(Y_t | I_t^Y, I_t^X)$ 和 $E(Y | I_t^Y)$ 分别是 (I_t^Y, I_t^X) 和 $(Y | I_t^Y)$ 的平均值。但是均值的格兰杰检验结果并不能反映对不同分位数的影响，可能会受到多种因素的影响。如果我们将 $Q_T^{Y,X}(\cdot | I_t^Y, I_t^X)$ 定义为 $F_Y(\cdot | I_t^Y, I_t^X)$ 的 τ 分位数，我们将获得 $Q_T^Y(\cdot | I_t^Y)$ 的值。

我们将原假设改写如下（其中 T 指的是紧集，并且 $T \in [0, 1]$）：

$$H_0: Q_T^{Y,X}(Y_t | I_t^Y, I_t^X) = Q_T^Y(Y_t | I_t^Y), \ a.s \ \forall \in T \quad (10.11)$$

Y_t 的条件 τ 分位数满足以下限制：

$$Pr\{Y_t \leq Q_\tau^{Y,X}(Y_t | I_t^Y) | I_t^Y\}: \ = \tau, \ a.s \ \forall \in T \quad (10.12)$$

$$Pr\{Y_t \leq Q_\tau^{Y,X}(Y_t | I_t^Y, I_t^X) | I_t^Y, I_t^X\}: \ = \tau, \ a.s \ \forall \in T \quad (10.13)$$

给定自变量 I_t，概率为 $Pr\{Y_t \leq Q_T(Y_t | I_t) | I_t\} = E\{I[Y_t \leq Q_T(Y_t | I_t)] | I_t\}$。这里由示性函数 $I[Y_t \leq Y]$ 表示。因此，格兰杰非因果关系原假设可以改写如下：

$$E\{I[Y_t \leq Q_T^{Y,X}(Y_t | I_t^Y, I_t^X)] | I_t^Y, I_t^X\}$$

$$= E\{I[Y_t \leq Q_T^{Y,X}(Y_t | I_t^Y)] | I_t^Y\}, \ a.s \ \forall \in T \quad (10.14)$$

假设通过参数化模型适当地指定 $Q_T(\cdot | I_t)$，该参数模型引用由 $M = \{m(\cdot | \theta(\tau)) | \theta(\cdot): \tau \to \theta(\tau)\} \in \cdot \subset R^p$ 定义的函数族，那么格兰杰非因果关系是这样的：

$$H_0: E\{I[Y_t \leq m(I_t^Y, \theta(\tau))] | I_t^Y, I_t^X\} = \tau, \ a.s \ \forall \in T \quad (10.15)$$

其中，$m(I_t^Y, \theta(\tau))$ 是 $Q_T^Y(\cdot | I_t^Y)$ 的实际条件分位数。我们现在根据给出的无条件的力矩限制序列重写原假设，如下所示：

$$E\{I[Y_t - m(I_t^Y, \theta(\tau)) \leq 0] - \tau\} \exp(i\omega' I_t)\} = 0 \quad (10.16)$$

应用 Troster 提出的检验统计量，我们得到：

$$P_T: = \iint |v_T(\omega, \tau)|^2 d F_\omega(\omega) \, d F_\tau(\tau) \quad (10.17)$$

$$v_T(\omega, \tau) \cdot \frac{1}{\sqrt{T}} \sum_{t=1}^T \{I[Y_t - m(I_t^Y, \theta(\tau)) \leq 0] - \tau\} \exp(i\omega' I_t)\}$$

$$(10.18)$$

令 $\varphi_{\tau,j}(\cdot)$ 为满足 $\varphi_{\tau,j}(\tau) := 1(\varepsilon \leq 0) - \tau_j$ 的函数，并应用检验统计量，我们得到检验统计量的估计：

$$P_T = \frac{1}{T_n} \sum_{j=1}^{n} |\vartheta' Z \vartheta_j| \qquad (10.19)$$

其中，Z 定义为 $T \times T$ 矩阵，ϑ_j 是 φ 的第 j 列。虽然格兰杰因果检验并不能说明存在很强的因果关系，但先进行格兰杰因果检验，验证两者之间是否存在一定的相关性，这种关系是单向的还是双向的。

10.4.4 分位数对分位数回归

本节旨在描述（Sim et al.，2015）引入的分位数对分位数回归（quantile on quantile，QQR）方法的新特征，证明了绿色债券指数和 ESG 指数之间的双变量关系。分位数对分位数回归（QQR）方法包括分位数回归，主要考察自变量的分位数对因变量的分位数的影响。分位数对分位数回归集成了分位数回归和非参数估计的特征。本质上，非参数的分位数对分位数回归方法可以定义为

$$\text{ESG}_t = \beta^{\varepsilon}(\text{GB}_t) + \vartheta_t^{\varepsilon} \qquad (10.20)$$

其中，特定时刻 t 的绿色债券指数和 ESG 指数分别用 GB_t 和 ESG_t 表示；ESG 指数条件分布增长的第 ε 分位数用 ε 表示；$\vartheta_t^{\varepsilon}$ 表示具有零值的第 ε 个分位数的分位数残差项；$\beta^{\varepsilon}(\cdot)$ 表示自变量对 ε 分位数上因变量的影响。分位数对分位数回归模型足够灵活，可以探索和检查函数形式的变量之间的依赖程度。本章选择 $h = 0.05$ 的带宽参数。

10.5 数据样本与初步分析

本章使用了中国与美国绿色债券指数和 ESG 指数的 4 个长期系列数据集。基于指数编制方法与本章设计的契合度、时间窗的覆盖范围、数据的可获得性等因素，选取 4 个具有代表性的指数（中国绿色债券指数、中证 ECPI ESG 可持续 40 指数、Bloomberg US Green Bond Index、

MSCI USA ESG Leaders Index）每日的收盘价。中国原始数据来自 Wind 数据库，美国原始数据来自彭博数据库。对这些给定变量的每日观察涵盖 2015 年 1 月 5 日到 2021 年 12 月 31 日。由于金融指数的历史价格序列是非平稳的，因此我们计算了这些指数的每日回报：

$$R_{i,t} = \ln(P_{i,t}) + \ln(P_{i,t-1}) \tag{10.21}$$

图 10.2 展示了中美两国绿色债券指数和 ESG 指数的演化过程。不难看出，2020 年左右世界经济动荡和新冠疫情等对两国市场的影响。同时，绿色债券市场和 ESG 市场近年来在美国发展较为迅猛，而中国 ESG 市场呈现出强烈的波动趋势，两者差异较大。

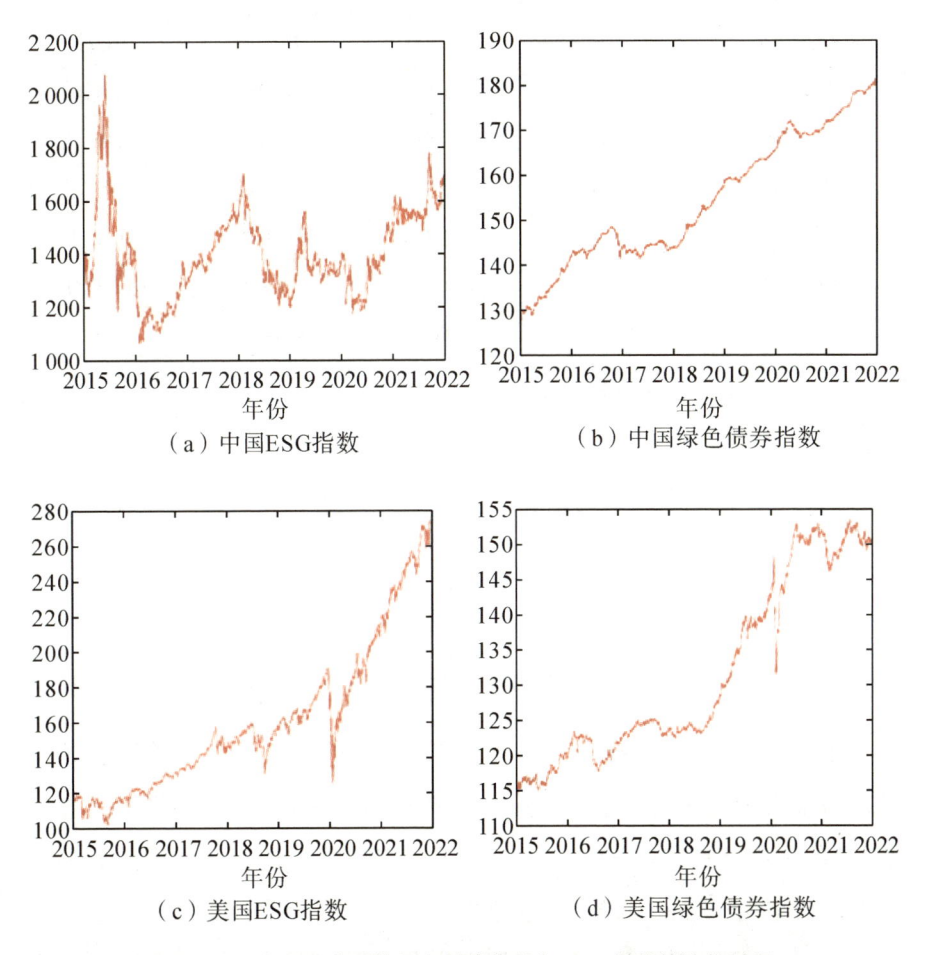

（a）中国ESG指数

（b）中国绿色债券指数

（c）美国ESG指数

（d）美国绿色债券指数

图 10.2 中国和美国的绿色债券指数与 ESG 指数的演化过程

所选指数的描述性统计如表 10.2 所示。峰度统计表明，所有系列在其分布中均呈现厚尾。从 Jarque-Bera 检验的结果可以明显看出所研究数据的非正态分布性质。这导致变量之间存在非线性联系的可能性，并且可以通过采用处理厚尾问题的分位数方法来检查变量。同时，ADF 检验表明数据具有较强的稳健性。

表 10.2　中国和美国的绿色债券指数与 ESG 指数的描述性统计

特征	中国		美国	
	绿色债券指数	ESG 指数	绿色债券指数	ESG 指数
Mean	0.000	0.000	0.000	0.000
Maximum	0.002	0.009	0.014	0.095
Minimum	−0.002	−0.013	−0.033	−0.129
Std. Dev.	0.000	0.002	0.003	0.011
Skewness	−0.421	−1.176	−1.512	−1.028
Kurtosis	17.868	11.161	21.674	25.383
Jarque-Bera	18 762.000***	3 860.200***	45 355.000***	34 612.000***
ADF	31.971***	25.862***	22.647***	24.030***

注：*** 表示变量在 1% 的水平上显著。

10.6　实证分析

10.6.1　连续小波分析

图 10.3 为绿色债券市场与 ESG 市场的连续小波变换功率谱，其中，横轴表示时间，纵轴表示频率（转换为时间单位）。阴影轮廓表示在 5% 的水平上具有显著性的区域，正如使用相位随机化代理序列的蒙特卡洛模拟所估计的那样，用实曲线的影响锥表示受边缘效应影响的区域。从图 10.3 可以看出，2015 年中期到 2016 年，中国 ESG 市场在中

短期尺度上表现出非常显著的波动，而此后波动较小。对于绿色债券市场，可以观察到从 2016 年到 2018 年和 2020 年左右，波动程度有较大的增加。同时，美国 ESG 市场和绿色债券市场在 2020 年左右的中短期尺度上波动较大，可能是受到了新冠疫情等国际事件的影响。

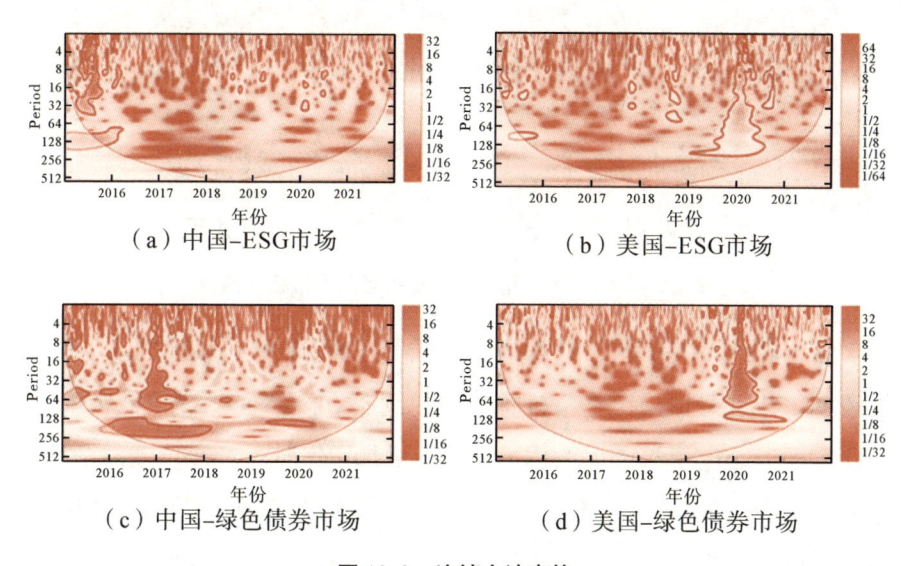

（a）中国-ESG市场

（b）美国-ESG市场

（c）中国-绿色债券市场

（d）美国-绿色债券市场

图 10.3　连续小波变换

图 10.4 展示了 ESG 市场和绿色债券市场的估计小波相干性和相位差，显示了 2 个指数在不同频率和时间上的不同相关性性的证据。频率显示在纵轴上，从刻度 1（1 天）到刻度 512（大约 2 个市场年）；时间显示在横轴上，从样本周期的开始到结束。使用蒙特卡洛模拟评估时频域中局部相关性的统计显著性，结果用实曲线表示。小波相干性的工作原理是识别时频空间中 2 个序列高度相关的区域。

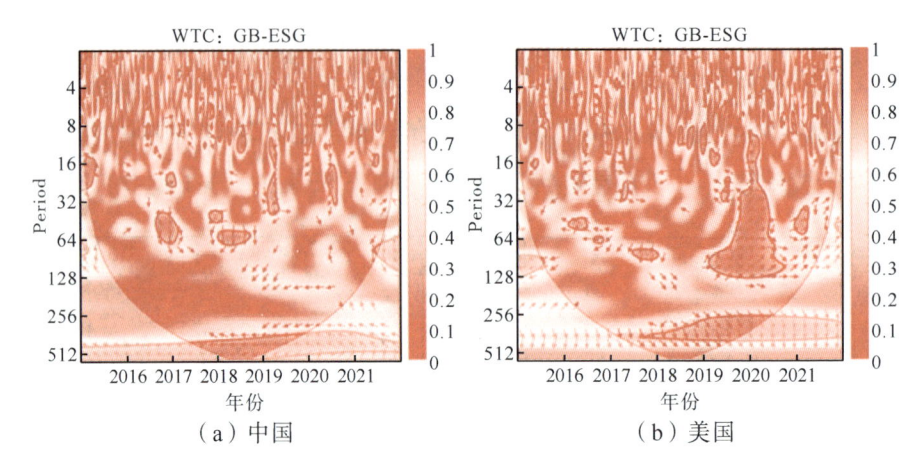

图 10.4　ESG 市场和绿色债券市场的小波相干结果

  结果表明，在中国，绿色债券市场和 ESG 市场在较高频率下相关性较弱，并且弱相关在整个样本期内持续存在。然而，在较低频率下，ESG 市场对绿色债券市场的相关性有所增加，尤其是在绿色债券市场快速发展之后（2018 年左右）。一方面，箭头指向左侧表明中国 ESG 市场与绿色债券市场存在负相关关系；另一方面，箭头水平方向表明绿色债券市场与 ESG 市场之前不存在领先与滞后关系。在 2019—2020 年、频率为 128 天左右时，ESG 市场和绿色债券市场显示出弱相关性，箭头指向左侧和下方，表明 ESG 市场引领绿色债券市场。相比之下，美国的情况发生了变化。对于 2019—2021 年、32~128 天的时间，ESG 市场和绿色债券市场表现出很强的相关性，箭头指向右上方，表明绿色债券市场和 ESG 市场存在正相关关系，ESG 市场领先绿色债券市场。总的来说，图 10.4 表明 ESG 市场和绿色债券市场之间的相关关系在中国和美国随时间和频率动态变化。与美国相比，中国的 ESG 市场和绿色债券市场在受到外部事件冲击时表现出弱相关性，这与现有研究结论相似。同时，在美国与中国绿色债券市场也可以预测 ESG 市场。

10.6.2 分位数格兰杰因果检验

在本节中，我们运用分位数格兰杰因果检验分析绿色债券市场与 ESG 市场的因果关联性。图 10.5 与图 10.6 分别展示了在不同分位数下的格兰杰因果检验结果，其中，红色横线上方的曲线代表显著性水平为 5% 的格兰杰因果关系。如图 10.5 所示，绿色债券市场在不同时间尺度上始终对 ESG 市场产生影响，这一结论对中美两国均成立，也与前文的分析相呼应。图 10.6 的结果则表明，ESG 市场对于美国绿色债券市场的影响是短期的，在中长期的尺度下，这一因果关系不复存在。然而，对于中国而言，ESG 市场无论在短期、中期还是长期，都无法影响绿色债券市场。换句话说，不论在何种时间尺度下，中国的 ESG 市场都无法预测绿色债券市场的发展。综上，分位数格兰杰因果检验的结果表明，在美国，绿色债券市场和 ESG 市场可以相互影响，但主要的影响机制是绿色债券市场引起 ESG 市场的变动。然而中国市场的结果显然不同，其唯一存在的影响机制是绿色债券市场引起 ESG 市场的变动。

10.6.3 分位数对分位数回归

图 10.7 展示了绿色债券市场对 ESG 市场的分位数对分位数回归（QQR）得出的实证结果，及其在中国和美国之间的全部分解序列的结果。我们可以从图 10.7 中观察到斜率系数 β 的估计值，预测绿色债券市场第 τ 分位数及其分解序列对 ESG 市场第 θ 分位数在 θ 和 τ 值不同时的影响。

（a）中国-总体指数 （b）美国-总体指数

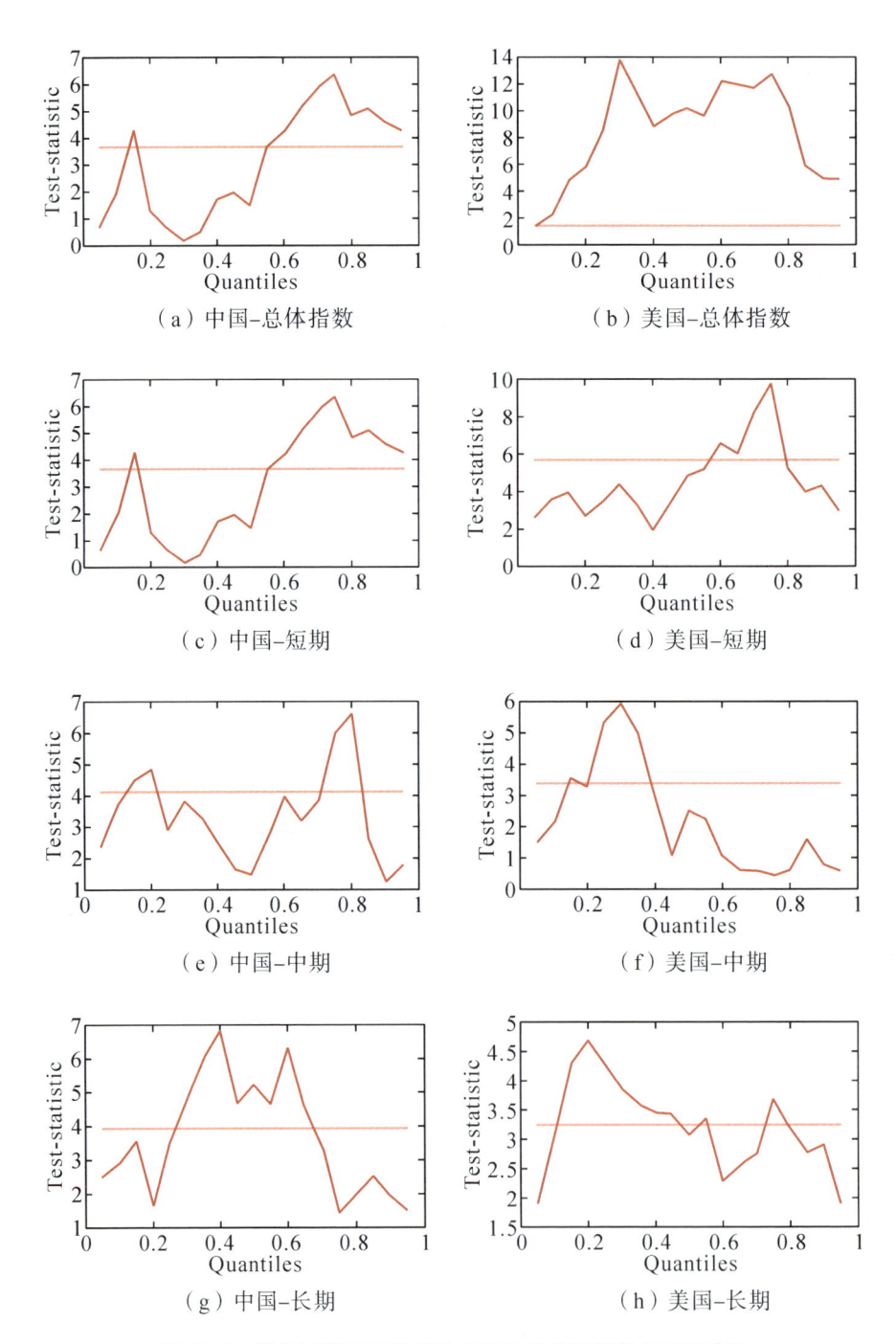

（c）中国-短期 （d）美国-短期

（e）中国-中期 （f）美国-中期

（g）中国-长期 （h）美国-长期

图 10.5 绿色债券市场对 ESG 市场的分位数格兰杰因果检验

（a）中国-总体指数

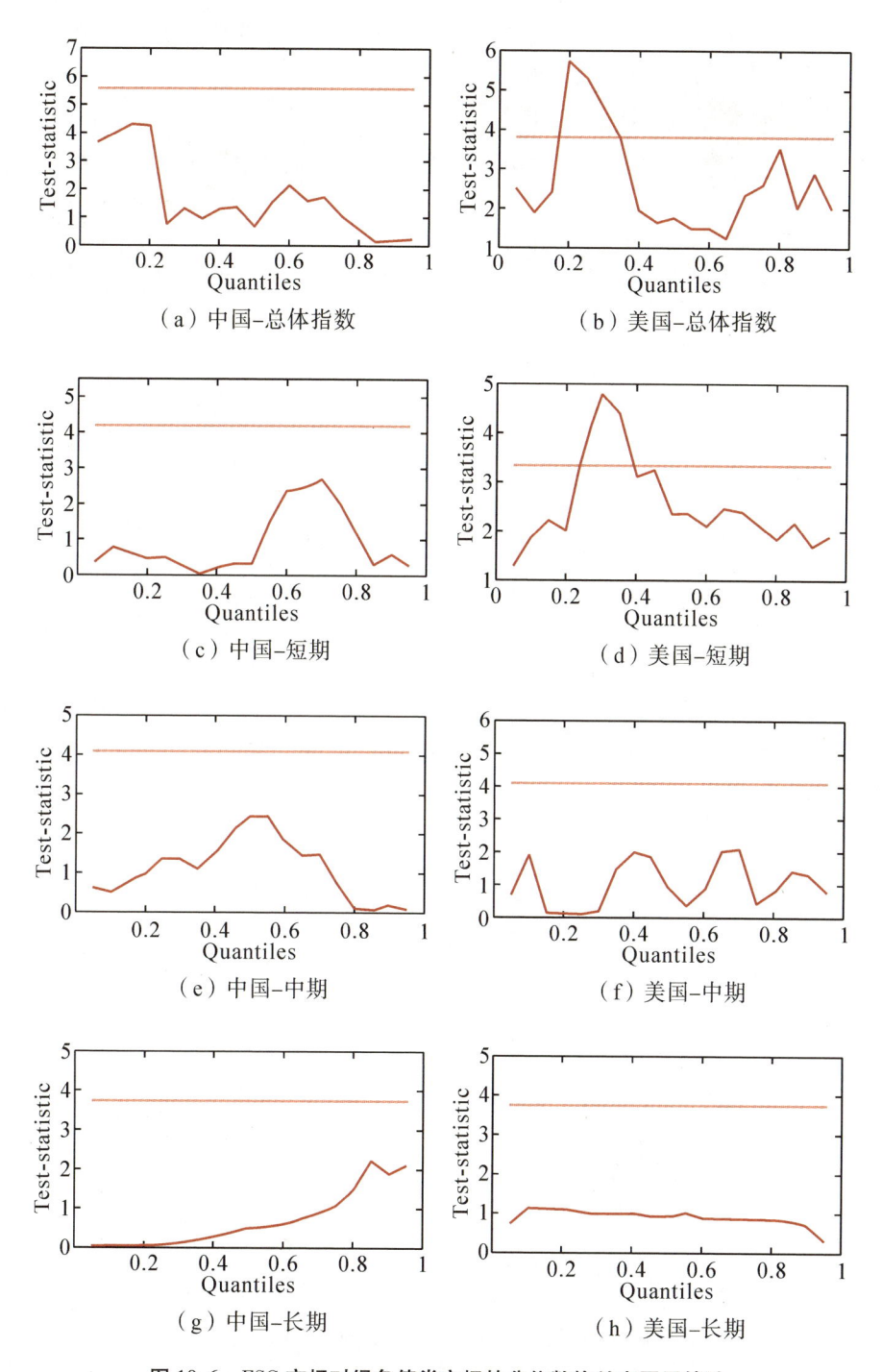

（b）美国-总体指数

（c）中国-短期

（d）美国-短期

（e）中国-中期

（f）美国-中期

（g）中国-长期

（h）美国-长期

图 10.6　ESG 市场对绿色债券市场的分位数格兰杰因果检验

(a) 中国-总体指数　　(b) 美国-总体指数

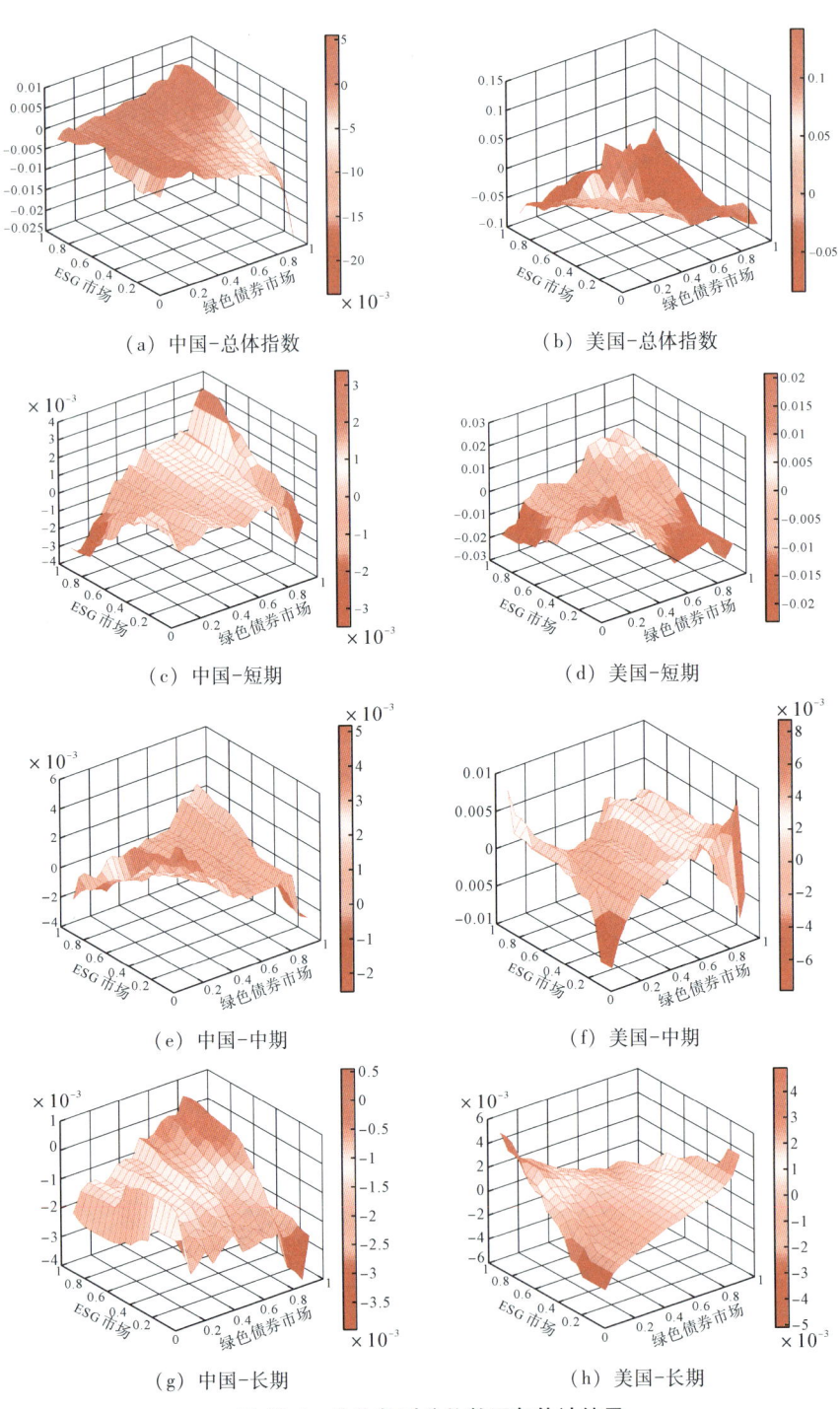

(c) 中国-短期　　(d) 美国-短期

(e) 中国-中期　　(f) 美国-中期

(g) 中国-长期　　(h) 美国-长期

图 10.7　分位数对分位数回归估计结果

在总体指数（未分解）序列中，图 10.7（a）显示中国在大部分分位数中绿色债券市场对 ESG 市场的影响较为微弱，这与之前的连续小波分析结果一致。然而，当绿色债券市场位于较高分位数（0.8~0.95）、ESG 市场位于较低分位数（0.05~0.2）时，可以观察到绿色债券市场对 ESG 市场呈现强烈负面影响。从图 10.7（b）可以看出，在美国，当两个市场同时处于较低分位数（0.1~0.3）时，绿色债券市场对 ESG 市场产生积极影响，其余分位数二者呈负相关关系。接下来，为了更全面地理解这一现象，我们进一步分解绿色债券市场序列，分析绿色债券市场的分解序列（短期、中期和长期）对 ESG 市场的影响。

从图 10.7 的结果可以看出，两国的实证结果既有相似之处，也有明显的差异。在结果相似方面，首先在短期内当绿色债券市场与 ESG 市场同时处于较低分位数（0.1~0.3）时，绿色债券市场对 ESG 市场有正向影响；但长期来看，绿色债券市场会抑制 ESG 市场，表现出强烈的负面影响。这一现象可能与长期绿色债券市场持续走低导致投资者对市场失去信心有关。其次，无论是在中国还是在美国，绿色债券市场对 ESG 市场的影响大多集中在较低和较高的分位数，对中间分位数的影响并不明显，即绿色债券市场处于"牛市"或"熊市"，表明现阶段绿色债券市场缺乏对 ESG 市场的正常影响机制，只有在市场波动剧烈时才会出现显著相关性。进一步分析，在大多数时期，当绿色债券市场和 ESG 市场都处于较高分位数时，绿色债券市场正向影响 ESG 市场，表明绿色债券的"牛市"将进一步推动 ESG 市场发展。

通过结果的对比分析，我们也可以清楚地发现中美市场的差异。首先，在总体指数序列（未分解）中，结果表明 ESG 市场和绿色债券市场在中国大部分分位数的影响微弱，但在美国表现出不同且强烈的影响关系。其次，短期内在中国和美国，我们可以观察到当绿色债券市场处于较高分位数而 ESG 市场处于较低分位数时，绿色债券市场对 ESG 市场具有强烈的负面影响，特别是在美国，说明当绿色债券市场蓬勃发展时会抑制 ESG 市场。这种现象是可能的，因为部分微观企业更多关注经济利益而不是社会责任的产出。企业在努力实现 ESG 目标的过程中出现"漂绿"现象，是一种"战略性绿色行为"。然而，与中国数据不同的是，随着时间尺度的延长，美国绿色债券市场对 ESG 市场的影响在这种情况下变得积极。这一现象反映了即使在绿色债券市场处于高回报水平的情况下，美国高水平的绿色债券市场也能在长期内推动 ESG 市场的发展，绿色债券市场的长期牛市为可持续发展注入了稳定的资金，从而推动了 ESG 市场的发展。当绿色债券市场的回报处于较低水平且 ESG 市场良好（较高分位数）时，可以观察到相同的情况。

10.6.4 稳健性检验

为了检验所采用的分位数对分位数回归方法的结果稳健性，本节对分位数对分位数回归（QQR）的结果与分位数回归（QR）的结果进行了比较。图 10.8 展示了分位数回归的斜率系数的估计值和逐分位数回归的斜率系数的平均值。结果表明，分位数回归（QR）得到的系数和分位数对分位数回归（QQR）得到的系数的均值在总体趋势上是一致的，与时间尺度无关，这也证明了分位数对分位数回归（QQR）结果的稳健性。

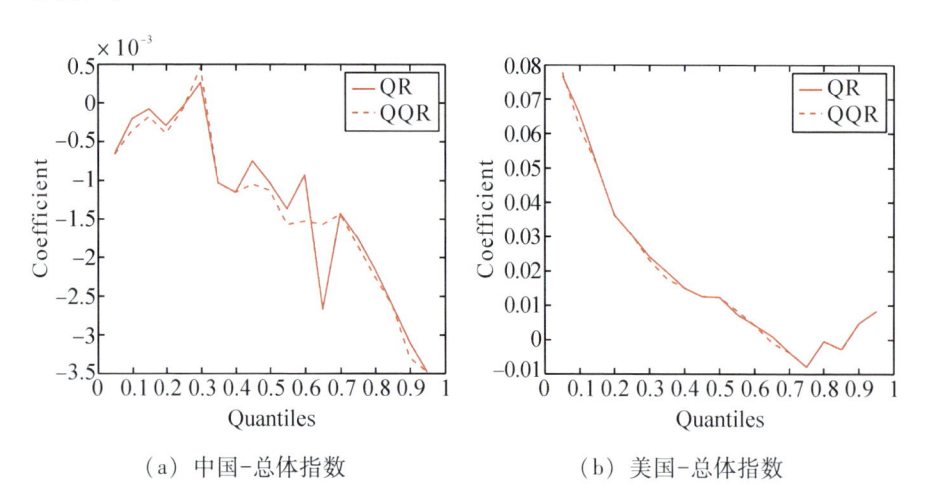

(a) 中国-总体指数

(b) 美国-总体指数

（c）中国-短期　　　　　　　　（d）美国-短期

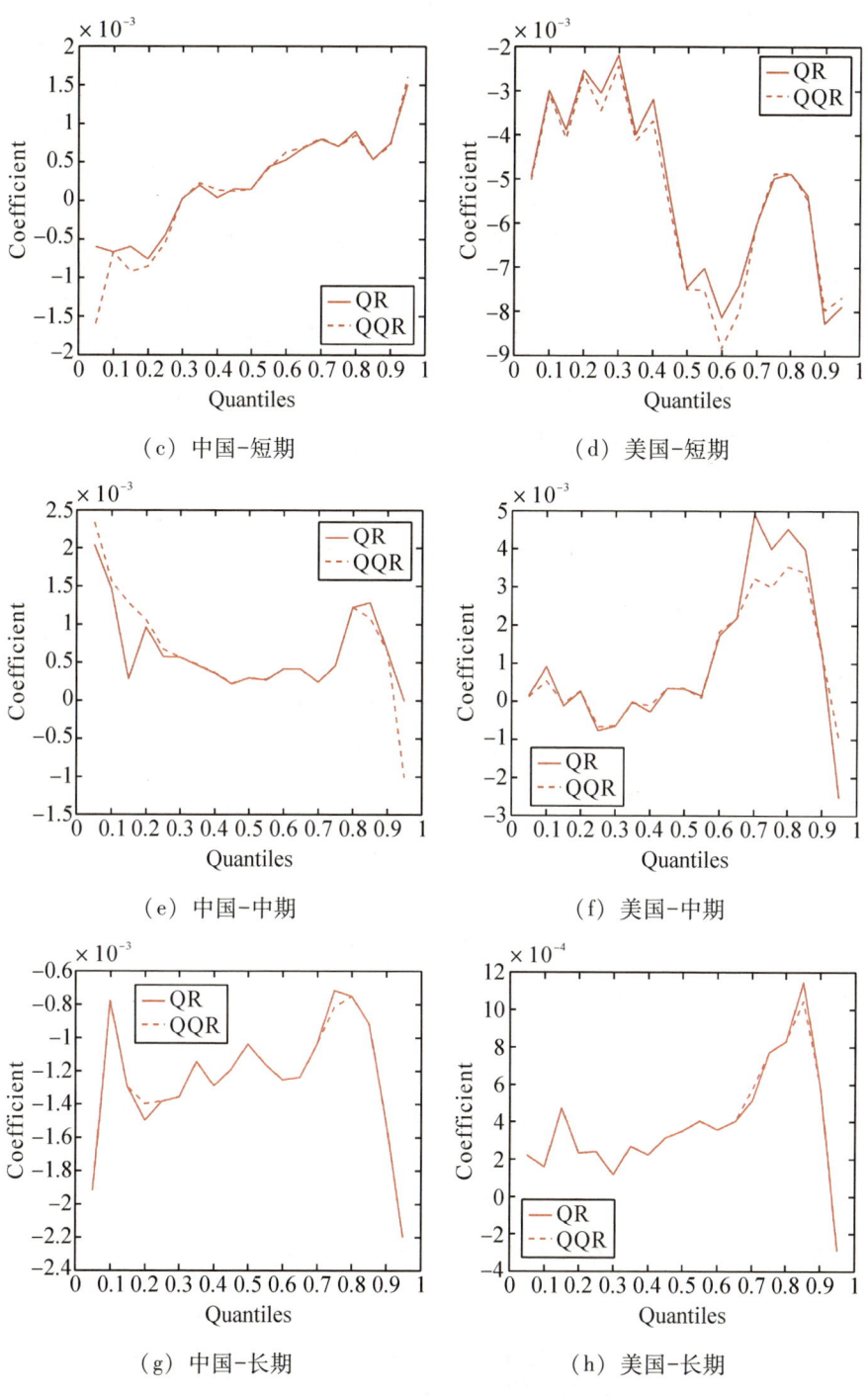

（e）中国-中期　　　　　　　　（f）美国-中期

（g）中国-长期　　　　　　　　（h）美国-长期

图 10.8　QQR 和 QR 估计结果之间的比较

10.7 本章小结

本章结合小波变换、分位数对分位数回归（QQR）研究了中国和美国不同时间频率和市场条件下绿色债券市场和 ESG 市场之间的关联性。本章的研究发现，首先美国的 ESG 市场和绿色债券市场在受到外部事件冲击时表现出很强的相关性。同时，美国绿色债券市场也可以预测其 ESG 市场的变动。然而，中国的情况恰恰与此相反。其次，进一步的格兰杰因果检验结果表明，中美两国绿色债券市场在不同时间尺度上均是 ESG 市场的格兰杰原因。同时，美国 ESG 市场对绿色债券市场的影响只是短期的，这一点在中国的结果中是没有观察到的。在分位数对分位数回归（QQR）分析中，一方面，结果表明，中美绿色债券市场和 ESG 市场处于正常市场状况，尚未形成成熟的影响机制；另一方面，中国和美国的结果明显不同。当绿色债券市场处于牛市时，在短期内中国和美国同时表现出策略性漂绿行为；但在长期内，美国绿色债券市场会引领其 ESG 市场的发展。

本章的研究结论可以为绿色转型、全球绿色治理、绿色金融发展提供决策参考，同时为投资者的投资决策提供信息支持。在微观层面，投资者应该充分认识到绿色债券市场在不同时间尺度下与 ESG 市场的关联性，以及该关联性在不同市场条件下的变化，尤其在面临外部突发性事件时，应适时、及时地调整投资组合策略，以实现更高的风险分散化收益。微观企业应该充分利用绿色债券融资进行技术创新、绿色转型、提升环保标准等，切实发挥环境效益，推动自身 ESG 表现的提升，减少漂绿行为，为宏观可持续发展目标贡献力量。

对于政策制定者而言，基于本章的研究结论，首先，我们建议政策制定者应全面考虑绿色债券市场与 ESG 市场在不同时间尺度以及市场条件下的相关关系及其差异，让 ESG 市场与绿色债券市场建立长期稳定的联系，同时也让绿色债券市场更好地服务于 ESG 市场的发展。其次，我们认为应当建立统一 ESG 认证机制，提高市场的透明度和可比性。这些标准和认证机制可以确保绿色债券项目符合可持续发展和环境保护的标准，同时对 ESG 因素进行评估和认证。在短期内，应加强辨别策略性漂绿行为，引导小微企业更多地披露 ESG 信息，发挥 ESG 的风险规避作用。最后，我们呼吁建立完善的绿色金融体系，并且监管机构应当加强绿色债券市场监管，确保债券发行主体遵守相关 ESG 标准和指引，引导绿色债券产生环境效益，为微观企业绿色转型提供全方位的融资支持和金融资源，以实现全球的可持续发展目标。

我们的研究也可以扩大到包括更多的地区，如欧盟、东南亚等。这一研究路线下的结论将为全球绿色金融提供更全面的参考，支持全球可持续发展目标的实现。

11 转型风险与全球 ESG 股票市场

随着经济全球化的不断深入以及全球气候变化的加剧，绿色可持续发展引起越来越多投资者的关注，使得 ESG 投资蓬勃发展，国际 ESG 股票市场规模不断扩大，交易也愈发活跃，各国 ESG 股票市场间的联系越来越紧密。因此，全球 ESG 股票市场的风险传导特征，以及气候变化带来的转型风险对 ESG 股票市场系统的影响成为一个重要的研究议题。本章首先基于 TVP-VAR-DY 模型建立了全球主要经济体的 ESG 股票指数收益率风险溢出网络，用于分析主要 ESG 股票市场间的动态风险溢出特征和整体性系统性风险。其次，利用谷歌搜索指数构建了投资者的气候风险关注指数，用于衡量投资者层面的意识转型风险；利用主要国家的新闻文本数据构建了气候政策不确定性指数，用于衡量政策层面的转型风险；引入新能源技术创新指数，用于衡量技术层面的转型风险。在此基础上，分析了三类转型风险对全球 ESG 股票市场风险溢出的影响。研究发现，首先，全球主要 ESG 股票市场有着较高的关联性，欧洲作为气候行动的引领者，德国和法国市场在全球 ESG 股票市场的风险溢出网络中处于主导地位，而日本和加拿大则均为风险的净收者；其次，从动态的角度看，无论是各国 ESG 股票风险的相互溢出，还是全球 ESG 股票市场整体的系统性风险都对全球极端事件十分敏感；最后，ESG 股票市场的系统性风险主要受新能源技术创新带来的技术层面转型风险的溢出效应影响，气候政策不确定性和投资者气候风险关注的影响相对有限，同时，全球 ESG 股票市场的系统性风险也会反向溢出，影响气候政策的不确定性和投资者对气候风险的关注。

11.1 研究背景

随着如气候变化、资源枯竭和生物多样性丧失等环境问题变得愈发紧迫，全球社会对可持续发展的关注度日益增加。2022 年 4 月，政府间气候变化专门委员会（IPCC）发布的报告表示，若延续当前全球温室气体排放的趋势，到 21 世纪末，全球升温将达到 3.2 ℃，会带来巨大的自然、社会和经济风险。气候相关风险对全球经济的重要性与日俱增，人们越来越意识到，持续性的经济和社会发展需要更好地平衡经济增长、社会公平和环境保护，而 ESG 原则恰好提供了实现这一目标的框架。

在经济全球化的背景下，全球金融市场的联系日益紧密，尽管不同国家和地区的 ESG 标准、法规和市场发展水平各异，并且所面临的全球性挑战各不相同，但通过国际资本流动，导致各国的各类风险会在不同国家的 ESG 股票市场之间产生风险溢出效应。投资者和金融监管部门都需要认识到，一个市场中与 ESG 投资相关的风险事件可能会迅速影响到其他市场，而这一风险溢出往往与不同国家市场间的地理位置无关。因此，动态地识别和捕捉全球 ESG 股票市场之间的风险溢出效应，将对国际化投资组合的构建和风险管理，以及前瞻性的金融风险监管起到重要的决策支持作用。

与此同时，越来越多的证据表明，基于 ESG 投资的绿色可持续投资理念，各类由气候变化引发的低碳绿色转型风险都会通过对相关上市公司的收益、成本的影响间接对 ESG 股票收益率产生影响，并且会对各国 ESG 股票市场间的风险溢出和系统性风险产生冲击。

首先，企业层面的 ESG 评级往往包含关于企业的环境表现和气候风险管理的信息，ESG 投资可以通过关注并投资于高 ESG 评级的企业证券组合或由其构成的 ESG 指数，来实现 ESG 的可持续投资理念。投资者对于气候风险的关注会在一定程度上影响其可持续投资理念的变化，而一些极端气候风险也将通过投资者关注影响特定地区和行业的 ESG 投资决策。因此，投资者对于各类气候冲击风险的关注，将会影响全球 ESG 股票市场的风险溢出。

其次，气候政策的变化作为一类重要的转型风险，也会对 ESG 投资决策产生不同方向的影响。一方面，ESG 投资的理念使投资者更加重视气候政策不确定性对 ESG 投资标的的影响，从而改变投资组合，调整投资策略；另一方面，投资者对 ESG 因素的关注和对可持续发展的需求，也反向激励和推动了投资标的企业采取更加积极的气候风险管理策略以应对政策型的转型风险。大量企业开始认识到，有效管理和应对各类政策转型风险有助于提高企业绩效、降低融资成本、增强品牌声誉，并获得更广泛的投资者认可。因此，气候政策不确定性带来的政策转型风险会影响全球 ESG 股票市场的风险溢出。

最后，ESG 投资的发展、技术进步，特别是绿色技术进步，将对不同类型的企业产生异质性影响。由于在初始阶段将通过专利等手段对技术创新进行保护，因此其具有一定的排他性，这就使得很多企业在应对气候变化的过程中产生了巨大的技术创新成本，即技术层面的转型风险，而这一风险对与化石燃料密切相关的高污染企业尤为严重。因此，技术创新带来的技术转型风险也会对全球 ESG 投资产生一定的冲击。

综上，通过考虑 ESG 因素，投资者可以更好地了解企业在碳排放、资源管理、创新技术应用和社会责任履行等方面的情况。这种全面的信息可以帮助投资者更准确地评估企业的长期可持续性和风险抵御能力。ESG 投资是一种综合考虑环境、社会和公司治理因素的新兴投资理念，全球主要 ESG 股票市场间的风险溢出特征以及气候变化带来的意识层面、政策层面和技术层面的风险均需要投资者关注和重视。随着经济全球化的发展，全球 ESG 股票市场的连通性日益增强，风险传染愈发复杂。与此同时，由于全球低碳绿色转型风险逐步加剧，迫切需要研判各类转型风险对全球 ESG 股票市场风险溢出和系统性风险的影响，为可持续发展和应对气候变化从而实现低碳绿色转型提供更有力的支持。

本章基于 TVP-VAR-DY 模型构建了全球主要国家 ESG 股票市场的风险溢出网络，分析了主要 ESG 股票市场间的动态风险溢出特征和整体系统性风险，并进一步探讨了投资者意识层面、政策层面和技术层面的三类转型风险对全球 ESG 股票市场风险溢出的影响。相比于已有研究，本章的主要创新点与贡献如下：首先，本章基于自然语言处理技术构建了全球气候风险关注指数和气候政策不确定性指数，定量地刻画了投资者意识层面和政策层面的转型风险；其次，本章利用世界主要经济体的 ESG 股票数据构建了风险溢出网络，以识别不同市场之间的动态溢出效应；最后，本章进一步考察了几类转型风险对全球 ESG 股票市场系统性风险的溢出效应。

11.2　相关文献述评

11.2.1　ESG 资产投资的相关研究

随着投资者越来越意识到气候变化、社会责任等对企业的长期可持续性和价值创造能力可能产生的影响，并对公司额外的碳排放要求更高的溢价（Bolton et al., 2021；Ilhan et al., 2023），以 ESG 投资为代表的一系列有关环境友好型、可持续发展型的绿色投资正蓬勃发展，也出现了大量关于 ESG 资产投资的相关研究。

Pástor 等（2021）建立了考虑 ESG 资产的投资模型，发现绿色资产在对冲风险时的表现优于其他资产，这一观点后续也通过大量实证研究得到了支撑（Cesarone et al., 2022；Cunha et al., 2020；Sherwood et al., 2018）。与此同时，在市场发生极端事件冲击时，如新冠疫情或股灾时，各类绿色资产也均是较好的避险资产（Feng et al.，2022；Lööf et al.，2022；Naeem et al.，2021；Yousaf et al.，2022）。

在公司层面，已有大量针对 ESG 表现和评级对公司业绩影响的研究。Kim 和 Li（2021）认为，ESG 因素对企业盈利能力有正向作用，并且这种作用在大型企业更为明显。ESG 表现对企业盈利能力的正向影响也在不同国家被诸多学者证实（Alareeni et al.，2020；Brogi et al.，2019；Mohammad et al.，2021）。然而，也有一些研究发现，ESG 评级与公司财务表现呈现倒"U"形关系（Garcia et al.，2017）。在 ESG 影响公司盈利能力的路径层面，一些研究表明，ESG 信息的披露对公司的财务状况有良好改善作用（Chen et al.，2022；Zhao et al.，2018）。同时，也有学者发现，ESG 的披露和优良表现使得企业有着良好的信用评级，并能显著降低企业的贷款成本，从而实现企业的良好发展（Eliwa et al.，2021）；反之，如果存在有关公司负面的 ESG 披露时，该公司的信用风险也会加剧（Kölbel et al.，2017）。Zhang 等（2021b）的研究发现，对于 ESG 得分较高的股票，其业绩上涨很大程度上取决于股权成本优势，而不是盈利能力的改善。与此同时，组成 ESG 的三个不同维度对于企业的影响也略有不同，一项针对银行业的研究发现，环境（E）得分的披露可以显著提高银行的资本回报率和托宾 Q 值（Buallay，2019）；在不同行业中，公司的环境（E）评分和公司治理（G）评分均对公司的财务有着正面影响（Akbar，2015；Chen et al.，2022；Dixon-Fowler et al.，2013）。

对于 ESG 资产的投资在促进环境友好型经济建设方面，有研究表明，高 ESG 评级显著促进了企业绿色创新的数量和质量，加快了企业绿色转型的步伐，增加了公司的可持续发展投资（Cesarone et al.，2022；Chouaibi et al.，2022；Pedersen et al.，2021；Tan et al.，2022）。ESG 投资在能源转型方面也起到了关键的驱动作用，并且在经济越不发达的国家，这种促进作用越明显（Puttachai et al.，2022）。Wang 等（2023b）使用中国的数据证明了无论是在长期或者是短期，ESG 投资都能有效减少中国的温室气体排放。在债券市场中，公司 ESG 信息的披露会显著降低二级市场上公司债券信用利差（Yang et al., 2021），与此同时，绿色债券也有效促进了绿色能源项目的发展，并大幅减少了温室气体的排放（Rasoulinezhad et al., 2022）。由此形成的绿色金融体系不仅带动了绿色能源发展，也切实对温室气体的减排起到了促进作用（Al Mamun et al., 2022；Li et al., 2022）。

ESG 股票作为一种新兴的投资资产组合，已有大量研究讨论了其与传统资产之间的关系，如货币市场、传统股票市场、商品市场等（Andersson et al., 2022；Gao et al., 2022），发现 ESG 股票市场与传统资产市场之间存在溢出关系。Khalfaoui 等（2022a）利用分位数 VAR 模型研究了太阳能、风能等不同绿色能源市场之间的风险冲击溢出效应，发现各类绿色能源市场的风险具有非对称的溢出效应。而在 ESG 股票之间也同样存在着溢出效应，Wang 等（2023a）发现中国不同 ESG 评级股票之间有很强的溢出作用，并且风险是从低 ESG 评级股票传递至高 ESG 评级股票中的。也有研究通过考察媒体对新冠疫情的报道对于 ESG 指数波动性的影响，发现了 ESG 投资的多元潜力（Umar et al., 2021）。

11.2.2 各类转型风险对资本市场的影响

近年来，人们逐渐意识到气候变化不仅会对人类生活产生负面影响，也会对全球经济增长和金融稳定性产生冲击（Amel-Zadeh, 2021；Campiglio et al., 2018），因此，各类气候风险也越发引起投资者和社会大众的广泛关注。气候变化带来的各类风险对金融市场的影响成为近年来的研究热点之一。无论是学界还是业界的专业人士都认为，气候变化带来的各种直接和衍生风险在未来的五年甚至三十年都将以不同的形式影响企业、投资者或者整个金融环境（Krueger et al., 2020；Stroebel et al., 2021）。现如今，气候风险已经被证实广泛作用于各个主要市场，如股票市场（Liang et al., 2022）、债券市场（Cepni et al., 2022；Huynh et al., 2021；Painter, 2020）、衍生品市场（Schlenker et al., 2021）以及实体资产市场（Baldauf et al., 2020；Bernstein et al., 2019；Giglio et al., 2021）等，与此同时，气候变化带来的各类风险也通过预期渠道和现金流渠道在各个市场之间相互溢出（Khalfaoui et al., 2022b）。

气候风险主要以两种形式作用于市场，一类是气候带来的物理风险，另一类是气候带来的转型风险（Carney, 2015）。物理风险主要指气候事件对于公司生产、运转以及供应链带来的直接的负面影响（Tankov et al., 2019），比如各类气候灾害会直接对农产品市场产生巨大冲击（Weerasekara et al., 2021），或者极端高温会对公司生产成本产生直接影响（Pankratz et al., 2023）。企业应对气候变化所面临的转型风险是指，气候相关政策的变化、公众偏好的转变以及技术进步引起的各类风险对企业生产运营和投融资造成的冲击（Bua et al., 2022）。

本章主要考察了公众对于气候风险带来的投资者层面的转型风险，气候政策不确定性带来的政策层面的转型风险，以及为应对气候变化的技术创新发展带来的技术层面的转型风险，并探讨这三类转型风险与全球 ESG 股票市场之间的风险溢出关系。

11.2.2.1 气候风险关注对资本市场的影响

与传统的投资者情绪类似，公众对于气候变化和极端气候冲击的关注度也是气候风险的重要组成部分之一（López-Cabarcos et al., 2019）。Kapfhammer 等（2020）使用新闻文本和词语嵌入技术构建了不同国家的气候变化关注风险，用于研究气候风险关注与汇率的关系。大量利用通讯社或新闻文本构建的气候变化关注度也被广泛应用于研究气候风险关注对各类资本市场的影响（Ardia et al., 2020；Bessec et al., 2021；Bua et al., 2022；Faccini et al., 2021）。Fernandez-Perez 等（2020）构建了一个包含了 113 个有关天气以及其他关于气候灾害、地缘政治以及经济方面的负面词语的词典集，基于此词典集收集了其中各个词语的谷歌搜索指数，用于构建商品期货市场的灾害恐惧指数，研究发现灾害恐惧指数已经在金融市场中被定价，且灾害恐惧溢价在金融市场整体情绪较为悲观的时期会进一步加剧。与此同时，也有研究表明，在面对气候风险关注度冲击增加时，绿色股票价格上升而棕色股票价格下降（Ardia et al.，2020），同时企业的 ESG 评级也与投资者关于气候风险的情绪紧密相关（Ford et al.，2022），ESG 表现优秀的公司可以通过缓和投资者气候风险关注带来的风险进而达到有效对冲的目的（Chen et al.，2023）。

11.2.2.2 气候政策不确定性对资本市场的影响

近年来，国际组织和各国政府对气候变化的关注日益增强。国际组织和各国政府为了应对气候变化所制定的不同政策，以及重大的协议等相关气候事件也会通过影响企业的生产和碳排放来影响公司价值，并且在一定程度上影响投资者的预期，进而对资本市场产生影响（Bartram et al.，2022；Diaz-Rainey et al.，2021；Lopez et al.，2017；Wang et al.，2023）。Gavriilidis（2021）使用了八家主流报纸，利用文本分析技术构建了描述气候政策制定所导致的不确定性的气候政策不确定性指数。He 和 Zhang（2022）利用这一指数很好地预测了石油行业的股票价格，并且发现气候政策不确定性指数的预测能力显著高于其他市场的不确定性指标；与此同时，气候政策不确定性对长期天然气价格也有显著影响（Liu et al.，2022）；气候政策不确定性显著地降低了对于不可再生能源的需求（Shang et al.，2022）。Ren 等（2022）的研究则表明，气候政策不确定性大幅度降低了企业的全要素生产率，并阻碍了企业扩大研发投资规模。Guo 等（2022）通过构建 TVP-VAR-SV 模型发现，气候政策不确定性对能源价格的时变效应随时间的推移由正变负。Bouri 等（2022）检验了绿色股票与棕色股票在遭受气候政策不确定性冲击时的表现，结果表明，绿色股票在面对气候政策冲击时仍旧是优良的避险资产。

11.2.2.3 技术转型风险对资本市场的影响

人类社会对气候变化的关注加大，使得清洁能源相关技术创新需求日益迫切，而技术创新本身具有投入大、周期长的特征，且在早期相关技术会存在一定的排他性，对技术落后的公司会产生一定的挤出效应。因此，技术转型风险也是气候变化带来的重要的转型风险之一（Liang et al., 2022；Semieniuk et al., 2021）。在微观层面，技术创新会通过单位劳动生产率的提高而显著提升企业的全要素生产率（Song et al., 2022），并通过影响其产品的差异化水平，进而提高企业的市场竞争力（Li et al., 2019）；与此同时，企业也可以通过绿色技术创新向公众释放关注环保的信号，有利于树立企业声誉（Fei et al., 2022），进而降低外部融资成本。在宏观层面，绿色技术创新从整体上显著提升了社会的全要素碳生产率（Du et al., 2019），并同时改善了空气质量、促进了经济发展（Zhang et al., 2023）。

可以发现，面对以上各种类型的转型风险，已有文献表明，ESG投资和各类绿色资产均是较好的对冲选择。在公司遭受气候风险冲击时，公司会增加其ESG披露的透明度以对市场传递积极的信号来对冲气候风险带来的直接影响（Huang et al., 2022），而绿色债券也是良好的转型风险的避险资产（Cepni et al., 2022）。

基于以上文献，可以发现，现有针对ESG投资的相关研究大多聚焦于对企业和宏观层面低碳转型与可持续发展的影响，以及ESG投资资产与其他传统资产之间的风险溢出效应。鲜有研究从全球视角研究不同国家ESG股票市场之间的连通性与系统性风险的演化。尽管大量研究已经表明，气候变化带来的转型风险对包括ESG投资资本在内的资本市场产生了重要而深远的影响，但是对于转型风险的刻画往往局限于某一特定地区，未能站在全球的视角探讨全球层面的各类转型风险对ESG股票市场的溢出效应。本章在已有研究的基础上，一方面，从全球ESG投资的视角，构建了全球主要经济体ESG股票市场的连通性网络，分析全球ESG股票市场的静态与动态风险溢出特征；另一方面，通过自然语言处理技术构建了气候风险关注这一投资者层面的转型风险，以及气候政策不确定性这一政策层面的转型风险，进而构建了第二层风险溢出网络，探讨了不同类型的转型风险与全球ESG股票市场系统性风险的静态与动态风险溢出效应，弥补了已有文献的空白，对全球ESG投资的资产组合构建、风险管理和预警具有重要的理论和实践意义。

11.3 模型构建

本章采用 Diebold 和 Yilma 于 2014 年提出的网络分析方法构建了两层连通性网络,并根据 Antonakakis 等(2020)提出的 TVP-VAR 研究方法对各层的风险溢出效应进行建模。第一层网络检验了包括美国、英国、法国、德国、日本、加拿大在内的全球主要 ESG 股票市场之间的静态和动态风险溢出效应。通过第一层网络得到的动态总溢出指数(TCI)可以对全球 ESG 股票市场的系统性风险进行衡量。第二层网络则加入投资者意识层面、政策层面、技术层面的三类低碳转型风险,探讨了转型风险对全球 ESG 股票市场系统性风险的影响。

TVP-VAR 方法克服了传统的滚动窗口 VAR 方法在样本损失、窗宽选择和离群点效应方面的限制。它还包含了时变截距项和随机波动率(SV),这使得波动率溢出的估计值在不同时期更具有可比性,并对异常值不敏感。

首先,考虑一个 N 变量 P 阶的 TVP-VAR(p)模型。对于第一层网络,变量数为 6,即 6 个主要国家 ESG 股票市场的收益率;对于第二层网络,变量数为 4,即 3 种不同类型的转型风险和全球 ESG 股票市场的系统性风险。

$$y_t = \Phi_t y_{t-1} + \varepsilon_t, \quad \varepsilon_t \mid \Omega_{t-1} \sim N(0, \Sigma_t) \qquad (11.1)$$

$$\text{vec}(\Phi_t) = \text{vec}(\Phi_{t-1}) + \nu_t \quad \nu_t \mid \Omega_{t-1} \sim N(0, R_t) \qquad (11.2)$$

其中,y_t、y_{t-1} 以及 ε_t 为 $N \times 1$ 阶向量,Φ_t 和 Σ_t 为 $N \times N$ 维矩阵,$\text{vec}(\Phi_t)$ 和 ν_t 为 $N^2 \times 1$ 阶向量,R_t 为一个 $N^2 \times N^2$ 维矩阵。使用卡尔曼滤波法估计上述方程后,基于 Wold 表示定理将 TVP-VAR 转换为 TVP-VMA 形式:

$$y_t = \sum_{h=0}^{\infty} A_{h,t} \varepsilon_{t-i} \qquad (11.3)$$

提取 TVP-VMA 模型的时变系数矩阵 $A_{h,t}$ 用于计算广义预测误差方差分解（GFEVD）。在该模型中，变量 x_i 对变量 x_j 的溢出效应的估计值为变量 x_i 的 H 步预测误差方差中来自 x_j 的部分：

$$\theta_{ij}^g(H) = \frac{\sigma_{ii}^{-1} \sum_{h=0}^{H-1} (e_i' A_h \Sigma e_j)^2}{\sum_{h=0}^{H-1} (e_i' A_h \Sigma A_h' e_i)} \tag{11.4}$$

其中，Σ 为误差向量 ε 的方差矩阵；σ_{ii} 为第 i 个变量预测误差的标准误；e_i 为选择向量，是第 i 个元素是 1、其余元素是 0 的 N 维列向量。方差分解表中每列元素之和不等于 1，即 $\sum_{j=1}^{N} \theta_{ij}^g(H) \neq 1$，经过标准化处理后得到 $\tilde{\theta}_{ij}^g$：

$$\tilde{\theta}_{ij}^g(H) = \frac{\theta_{ij}^g(H)}{\sum_{j=1}^{N} \theta_{ij}^g(H)} \tag{11.5}$$

其中，$\sum_{j=1}^{N} \tilde{\theta}_{ij}^g(H) = 1$，$\sum_{i,j=1}^{N} \tilde{\theta}_{ij}^g(H) = N$。

从而可以进一步得到总溢出指数、方向性溢出指数和净溢出指数。总溢出（total spillovers）指数用来衡量系统内部的总体溢出水平，对于本章构建的第一层溢出网络，可以用其衡量全球 ESG 股票市场的系统性风险，用 TCI 表示：

$$\text{TCI}(H) = \frac{\sum_{i,j=1, i \neq j}^{N} \tilde{\theta}_{ij}^g(H)}{\sum_{i,j=1}^{N} \tilde{\theta}_{ij}^g(H)} \cdot 100 = \frac{\sum_{i,j=1, i \neq j}^{N} \tilde{\theta}_{ij}^g(H)}{N} \cdot 100 \tag{11.6}$$

定向溢出（directional spillovers）指数用于度量不同市场之间的方向性溢出效应，可以用式（11.7）和式（11.8）分别度量市场 i 对于其他所有市场的溢出水平、市场 i 受到其他市场的溢出水平。分别表示为市场 i 的总溢出指数（TO）和总溢入指数（FROM）：

$$\text{TO}_{i \cdot}^g(H) = \frac{\sum_{j=1, j \neq i}^{N} \tilde{\theta}_{ji}^g(H)}{\sum_{j=1}^{N} \tilde{\theta}_{ji}^g(H)} \cdot 100 \tag{11.7}$$

$$\text{FROM}_{\cdot i}^{g}(H) = \frac{\sum_{j=1, j \neq i}^{N} \tilde{\theta}_{ji}^{g}(H)}{\sum_{j=1}^{N} \tilde{\theta}_{ji}^{g}(H)} \cdot 100 \qquad (11.8)$$

净方向性溢出（net spillovers）指数用来度量市场 i 对系统的净方向溢出效应。如果变量 i 对系统的净方向性溢出指数为正（负），则表示变量 i 对系统的影响大于（小于）受系统的影响，用 NET 表示：

$$\text{NET}_{\cdot i}^{g}(H) = \text{TO}_{i \cdot}^{g}(H) - \text{FROM}_{\cdot i}^{g}(H) \qquad (11.9)$$

11.4　数据与变量说明

11.4.1　全球主要 ESG 股票市场数据

全球可持续投资联盟（GSIA）的调查显示，2020 年美国 ESG 投资规模是全球最大的，其次是欧洲，而日本是 ESG 投资规模增长最快的市场。故本章在第一层全球 ESG 股票市场的风险溢出网络中主要考察了美国、英国、法国、德国、日本、加拿大六个国家的 ESG 股票市场，并据此样本范围在第二层网络构建前编制了气候风险关注指数和气候政策不确定性指数。

其中，美国、英国、日本与加拿大的 ESG 股票指数选择由摩根士丹利资本国际公司（中文简称"明晟"，英文简称"MSCI"）发布的 MSCI 全球各国 ESG 领先企业指数（MSCI ESG Leaders Index）。该指数首先要求股票公司需满足 ESG 评级达到 BB 及以上（MSCI 的 ESG 评级分为从 AAA 到 CCC 共七个等级）；其次剔除了在联合国标准下对 ESG 具有重大负面影响的公司，以及大量从事有相关争议活动的公司；最后在样本的行业分布上，尽量使母指数，即 MSCI 全球基准指数中的每个行业都达到 50% 的市值覆盖率（按经流通股份数目调整后的市值计算）。该指数旨在引导市场关注优质的、领先的 ESG 公司股票，倡导 ESG 投资理念。

德国的 ESG 股票指数选择由德国交易所编制的 DAX 50 ESG 指数，该指数以 HDAX 指数中的公司为范围，追踪 50 只最大、最具流动性的德国市场股票的表现，指数要求这些公司未参与过有争议的活动，如核电、动力煤等，并且有较高的 ESG 评分，然后将选定的成分股按自由流通市值加权（成分股上限为 7%）。该指数旨在衡量德国的可持续投资组合的表现。

法国的 ESG 股票指数选择泛欧交易所（Euronext）编制的 CAC 40 ESG 指数。CAC 40 ESG 指数由 CAC Large 60 指数中在 ESG 领域有着卓越实践表现的 40 家公司组成。与以上指数相同，CAC 40 ESG 指数也剔除了有争议交易以及违反联合国标准的公司。

对以上各国 ESG 股票指数的非交易日数据进行剔除，对缺失值进行线性插值后，得到样本区间为 2013 年 1 月 2 日至 2022 年 12 月 30 日的共 2 608 个观测值，以上数据均来自彭博数据库。

11.4.2 气候风险关注指数（CCI）的构建

气候风险关注指数基于谷歌搜索指数构建，即以用户在谷歌中对相关给定关键词的搜索频次加权计算得到，能够反映公众对某一话题的关注程度。根据 Zhang 等（2021a）的方法，本章首先选取 Climate risk、Climate change risk、Climate change、Global warming 为关键词，将每个月的月度指数乘以该月内每日的指数，使得指数跨月可比，并取日度数据的平均值得到周度数据。其次，将气候风险关注指数进行一阶差分，得到平稳序列。基于数据可得性，本章对该指数的缺失值均进行线性插值，并对起止时间取时间交集，得到样本区间的起点为 2013 年 1 月 7 日，终点为 2022 年 10 月 24 日，共得到 518 个周度观测值。

11.4.3 气候政策不确定性指数（CPU）的构建

我们基于新闻文本信息构建了气候政策不确定性指数，选择了 6 个主要经济体的代表性报纸，具体包括英国的 *Financial Times*、美国的 *Wall Street Journal*、加拿大的 *Globe* 和 *Mail*、法国的 *Le Monde*、德国的 *Die Welt* 以及日本的 *Daily Yomiuri*。我们首先从 ProQuest 新闻数据库获得了 2013 年 1 月至 2022 年 10 月六个国家的新闻文本数据，共计 1 493 664 个新闻文本数据。其次，采用（Baker et al., 2016）构建经济政策不确定性指数（EPU）的方法构建了全球气候政策不确定性指数，针对气候、政策、不确定性三个维度，结合各国新闻语言的不同特征给出包含各维度关键词的术语集，英文术语集的选择参考了（Gavriilidis，2021）的 CPU 指数。最后，将英文术语翻译成各语言相应的术语集，并根据语言和政策环境对术语集进行了调整。

表 11.1 展示了六个国家气候政策不确定性指数的术语集。第一，对于每份报纸，在可用的新闻文本中搜索同时包含三类关键词（气候、政策、不确定性）的新闻，检索匹配出的新闻要求在每一类术语集中均至少包含一个关键词，据此，得到 4 927 个新闻文本数据。第二，为了控制不同国家报纸发文量变化的影响，将同一国家的报纸每周匹配的新闻数除以其发表的文章总数，得到每个国家报纸出现气候政策不确定性新闻比例的周度时间序列。第三，将每个国家报纸的周度比例时间序列除以其标准差，实现单位标准化。第四，按周计算六份报纸标准化序列的平均值。第五，将均值序列归一化处理，得到一个均值为 100 的序列，再将该序列进行一阶差分，得到平稳序列。

表 11.1　六个国家气候政策不确定性指数的术语集

国家	气候	政策	不确定性
美国	carbon dioxide/climate/climate risk/greenhouse gas emission/greenhouse/CO2/emissions/global warming/climate change/green energy/renewable energy/environmental	regulation/legislation/White House/Congress/EPA/law/policy/regulatory/policies	uncertainty/uncertain/uncertainties
英国	carbon dioxide/climate/climate risk/greenhouse gas emission/greenhouse/CO2/emissions/global warming/climate change/green energy/renewable energy/environmental	regulation/legislation/prime minister's office/10 Downing Street/Parliament/Environment Agency/Department for Environment, Food and Rural Affairs/law/policy/regulatory/policies	uncertainty/uncertain/uncertainties
加拿大	carbon dioxide/climate/climate risk/greenhouse gas emission/greenhouse/CO2/emissions/global warming/climate change/green energy/renewable energy/environmental	regulation/legislation/prime minister's office/Parliament/Environment and Climate Change Canada/Environment Canada/law/policy/regulatory/policies	uncertainty/uncertain/uncertainties
法国	dioxyde de carbone/climat/risque de climat/émissions de gas à effet de serre/serre/CO2/émissions/réchauffement global/changement climatique/énergie verte/énergie renouvelable/environnemental	régulation/législation/le Palais de l'Elysée/Congrès/Ministère de la Transition écologique/droit/politique/régulatoire/politiques	incertitude/uncertain/incertitudes
德国	Kohlendioxid/Klima/Klimarisiko/Treibhausgasemissionen/Treibhaus/CO2/Emissionen/globale Erwärmung/Klimawandel/grüne Energie/erneuerbare Energie/Umwelt	Regulierung/Gesetzgebung/Bundeskanzleramt/Kongress/UBA/Gesetz/Politik	Unsicherheit/Ungewissheit/Ungewissheiten
日本	carbon dioxide/climate/climate risk/greenhouse gas emission/greenhouse/CO2/emissions/global warming/climate change/green energy/renewable energy/environmental	regulation/legislation/prime minister's office/diet/Environment Ministry/law/policy/regulatory	uncertainty/uncertain/uncertainties

11.4.4　技术转型风险（NEX）的衡量

本章使用 WilderHill 新能源全球创新指数（WilderHill New Energy Global Innovation Index，NEX）反映技术层面的转型风险。该指数旨在反映全球范围内为气候变化解决方案而进行的技术创新发展。作为股票指数，新能源全球创新指数的成分股主要由美国以外的公司股票组成，这些公司的创新技术和服务侧重于清洁能源的产生和使用、较低的二氧化碳排放的可再生能源发展、环境保护和能源效率提升。这些成分股公司均与解决气候变化问题有关，其技术创新将有助于减少相对于传统化石燃料使用的碳排放。自 2006 年以来，该指数被广泛应用，用以衡量气候变化带来的对公司层面的技术转型风险。NEX 的数据来源于彭博数据库。

11.4.5　数据描述

图 11.1 展示了六个主要国家 ESG 股票市场价格随时间变化的趋势。可以发现，世界主要国家的 ESG 股票指数在样本区间内的大多数时间均表现出相对稳定的变化。但在 2020 年 3 月，全球金融市场受到新冠疫情的冲击，六个主要国家的 ESG 股票指数均出现较大幅度的下跌，之后呈稳步回升趋势。从图 11.1 也可以看出，各主要国家 ESG 股票市场之间的价格变化趋势存在一定的相似性。

图 11.2 展示了六个主要国家 ESG 股票价格之间的相关性。可以看出，所有国家之间的相关性均在 1% 的水平上显著，与图 11.1 呈现的结果类似，各个市场之间的 ESG 股票价格呈现出较高的相关性。其中，英国与美国、加拿大、法国、日本的 ESG 股票价格相关性为负，其余国家之间的相关性为正；法国与日本、加拿大的 ESG 股票价格具有最高的正相关性。由此可见，各国 ESG 股票市场的相关性与地理位置并无直接关联。

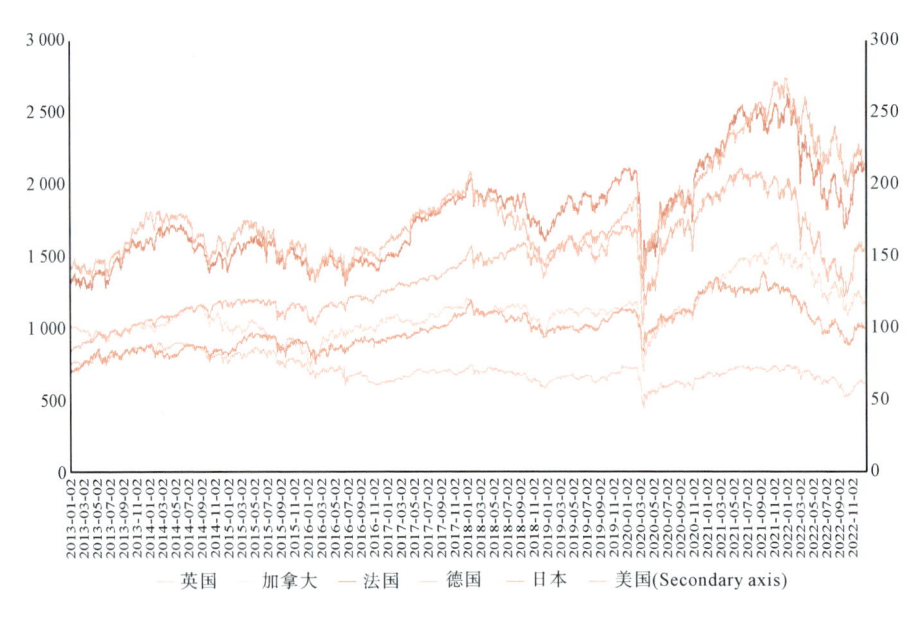

图 11.1　六个主要国家 ESG 股票市场价格随时间变化的趋势

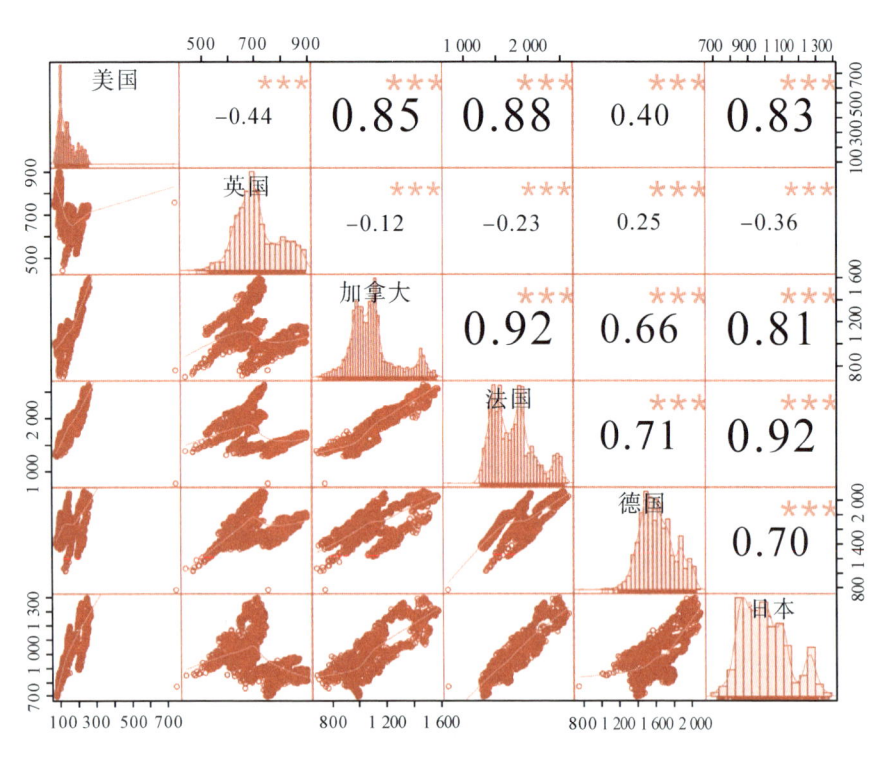

图 11.2　六个主要国家 ESG 股票价格分布及相关系数矩阵

在本章的实证分析中，为了确保数据的稳定性，各主要国家的 ESG 股票价格以及 NEX 指数均按照式（11.10）的方法取对数收益率：

$$r_{i,t} = \ln P_{i,t} - \ln P_{i,t-1} \qquad (11.10)$$

其中，$P_{i,t}$ 为第 i 种指数第 t 周的收盘价，$r_{i,t}$ 为第 i 种指数第 t 周的收益率。表 11.2 展示了六个主要国家 ESG 股票周度收益率的描述性统计结果。其中，英国和德国的 ESG 股票平均收益率为负数且较小，而美国、加拿大、法国、日本平均收益率为正。美国的 ESG 股票平均收益率最大，但收益率的标准差最小，说明美国 ESG 股票在具有较高的收益的同时，也有着较小的风险，并有良好的投资价值。六个主要国家的 ESG 股票市场收益率均呈现尖峰厚尾的负偏分布，Jarque-Bera 检验表明，所有的 ESG 股票收益率序列均不是正态分布。我们采用包括截距项的 Augmented Dickey-Fuller（ADF）单位根检验，其中滞后长度由 Schwarz 信息准则自动选择（最大滞后阶数为 16）。根据 ADF 检验结果，在 1% 的置信水平下，六个主要国家的 ESG 股票市场收益率序列均为平稳时间序列。

表 11.2 六个主要国家 ESG 股票周度收益率描述性统计

指标	美国	英国	加拿大	法国	德国	日本
均值	0.002	-0.001	0.000	0.001 0	-0.000	0.001
中位数	0.003	0.001	0.002	0.003	0.002	0.001
最大值	-0.166	-0.224	-0.191	-0.233	-0.244	-0.165
最小值	0.114	0.108	0.086	0.109	0.119	0.152
标准差	0.023	0.025	0.025	0.028	0.030	0.024
偏度	-0.969	-1.536	-1.519	-1.320	-1.211	-0.411
峰度	8.871	14.360	9.950	11.031	11.110	7.882
Jarque-Bera	1 735.400	4 543.100	2 279.900	2 709.600	2 722.600	1 320.400
p-value	0.000	0.000	0.000	0.000	0.000	0.000
ADF	-8.619	-7.872	-7.777	-7.712	-7.442	-7.721
p-value	<0.010	<0.010	<0.010	<0.010	<0.010	<0.010
样本量	516	516	516	516	516	516

11.5 实证分析

11.5.1 全球ESG股票市场收益率的风险溢出效应分析

11.5.1.1 全样本静态溢出效应分析

我们采用广义方差分解的溢出指数方法考察ESG股票市场之间的溢出效应，根据AIC与FPE准则确定VAR模型的滞后阶数p为2，并且选取方差分解期数$H=12$，即向前预测12周，得到六个主要国家ESG股票市场收益率的风险溢出结果。

表11.3展示了六个主要国家ESG股票收益率的静态溢出矩阵。右下角为总溢出效应，表示总体的溢出水平。FROM表示某一特定市场从其他市场受到的总溢出，即系统对某一特定市场的溢出。TO表示某一特定市场对其他市场的溢出，即某一特定市场对系统的溢出。NET表示净溢出，即TO和FROM之差的结果，包括正向（净发送方）的溢出和负向（净接收方）的溢出。如表11.3所示，六个主要国家ESG股票市场的总溢出指数为69.870%。这意味着，除了每个变量本身，整个市场69.870%的风险来自每个单独市场之间的溢出效应，其余30.130%来自各个市场本身的冲击，表明各个ESG股票市场之间总体上具有较高的相对依赖性。

表11.3　六个主要国家ESG股票收益率的静态溢出矩阵　　单位：%

指标	美国	英国	加拿大	法国	德国	日本	FROM
美国	30.290	15.080	16.010	14.250	14.770	9.610	69.710
英国	14.150	27.910	12.750	18.250	17.590	9.350	72.090
加拿大	17.100	14.920	31.270	13.630	13.970	9.110	68.730
法国	12.550	17.970	11.570	26.660	22.450	8.800	73.340
德国	13.090	16.980	11.660	22.230	27.030	9.010	72.970

表11.3(续)

指标	美国	英国	加拿大	法国	德国	日本	FROM
日本	12.900	13.340	10.340	12.840	12.950	37.620	62.380
TO	69.800	78.280	62.330	81.210	81.730	45.880	419.220
Inc. Own	100.080	106.190	93.600	107.870	108.770	83.500	cTCI/TCI
NET	0.080	6.190	−6.400	7.870	8.770	−16.500	83.840/69.870

从风险溢出（TO）的情况来看，欧洲 ESG 股票市场的风险溢出大于美国、日本和加拿大的 ESG 股票市场的风险溢出，并且其中以法国、德国的风险溢出最大，分别为 81.210% 和 81.730%，而日本的风险溢出仅为 45.880%，说明日本 ESG 股票市场对其他国家 ESG 股票市场的影响较小，而欧洲 ESG 股票在风险传导中处于主导地位，更能通过市场环境变化以及信息传导对其他市场产生风险溢出。究其原因，欧洲的绿色投资起步较早，欧洲投资银行于 2007 年发行了其第一支绿色债券——气候意识债券（Climate Awareness Bond），同时欧洲地区也是世界上最大的绿色债券发行者，相较而言，日本尚未形成成熟的 ESG 投资市场。因此，欧洲 ESG 股票市场高度发达，具有较强的信息处理能力，在风险转移方面处于领先地位，这与 Chen 和 Lin（2022）、Iqbal 等（2022）的研究结论一致。从承受风险溢出（FROM）的情况来看，与风险溢出（TO）的结果类似，六个国家的 ESG 股票市场均承受了较高的风险溢出，表明各个 ESG 股票市场之间的关联程度较高。英国、法国、德国的 ESG 股票市场均承受了 72% 左右的风险溢出；而日本 ESG 股票市场所承受的风险溢出也相对最低，为 62.380%，与其他国家 ESG 股票市场的连通性相对较弱。从各国的净溢出（NET）的结果来看，法国和德国 ESG 股票市场均表现出较高的正的净溢出效应，分别为 7.870% 和 8.770%。日本 ESG 股票市场的外部溢出效应最小，净溢出为 −16.500%，表明其从其他市场获得的风险溢出大于自身。以上静态溢出分析的结果也表明，在全球 ESG 股票市场中，欧洲 ESG 股票市场在信息传递中占据主导地位，其次是美国，而加拿大和日本基本属于风险

溢出的净接收者。

图 11.3 展示了全区间静态分析下，六个主要国家 ESG 股票市场收益率基于成对方向连接度（NPDC）的网络。可以看出，整体而言，以德国、法国为代表的欧洲 ESG 股票市场是全球 ESG 股票市场风险溢出的主要传导者。而日本、加拿大的 ESG 股票市场更多受其他国家 ESG 股票市场风险溢出的影响，表明这两个国家的 ESG 股票市场相对于其他 ESG 股票市场的影响较弱，更容易受到其他市场的风险溢出。美国则较为特殊，其 ESG 股票市场相对于欧洲市场是风险溢出的净接收者，容易受到几个欧洲国家 ESG 股票市场的影响，但同时，其相对于日本和加拿大则表现出风险净溢出的特征，其市场波动将影响日本和加拿大的 ESG 股票市场。

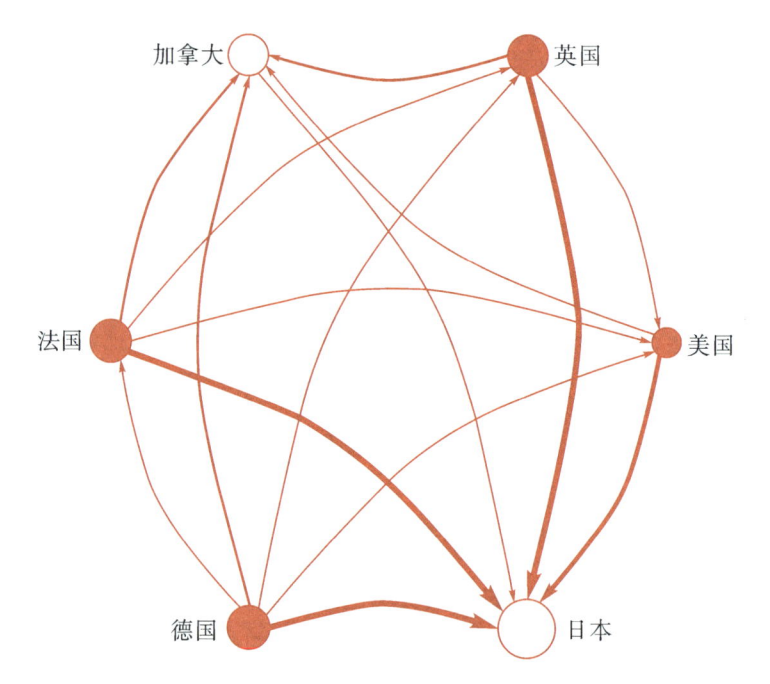

图 11.3　六个主要国家 ESG 股票市场收益率基于成对方向连接度（NPDC）的网络

注：①每个节点代表不同国家的 ESG 股票市场；②箭头表示两两市场之间的风险溢出方向，箭头从风险的净溢出者指向风险的净接收者；③箭头的粗细代表成对市场之间风险溢出的差距（净溢出作用）；④白色节点代表在整体区间上净溢出效应为负的市场，红色节点代表在整体区间上净溢出效应为正的市场。

11.5.1.2 风险溢出效应的动态分析

整体市场的风险溢出效应在全区间的时变分析可以更好地帮助我们识别全球 ESG 股票市场风险溢出的动态特征。图 11.4 展示了六个主要国家 ESG 股票市场所构成的第一层风险溢出网络的动态总溢出指数（TCI），动态总溢出指数衡量了除各个市场自身之外，全球 ESG 股票市场的风险能够被彼此之间的风险溢出效应解释的部分，在样本区间内的动态变化情况。

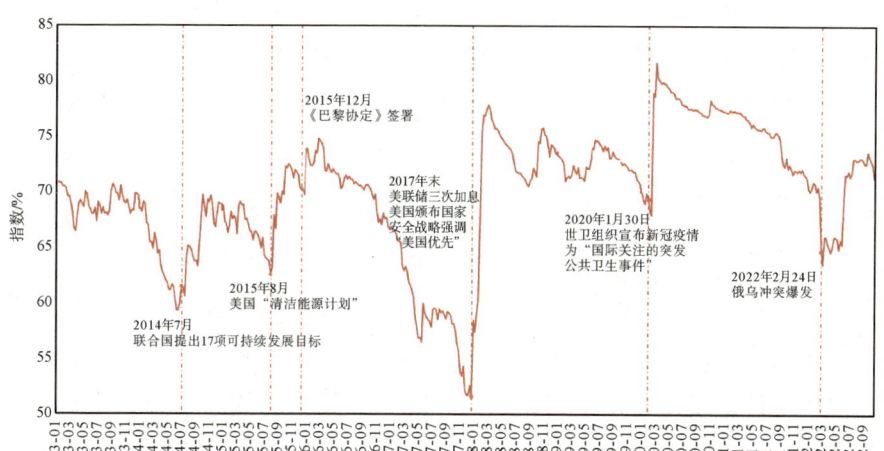

图 11.4　六个主要国家 ESG 股票市场的动态总溢出指数

在整个样本区间内，动态总溢出指数在 50%~85% 波动，表明各个 ESG 股票市场之间存在高度的相互依赖关系，整体存在很强的风险溢出效应。2014 年 7 月，原联合国秘书长潘基文发布了《2014 年联合国千年发展目标报告》并提出了 17 个全球可持续发展目标，指出人类需要积极应对当前所面临的严峻的气候变化问题。以此为起点，全球主要国家 ESG 股票市场的总溢出指数显著上升，各国 ESG 股票市场关联性进一步提高。2015 年 8 月，白宫发布由美国环境保护署拟定的最终"清洁能源计划"（Clean Power Plan），阐明针对美国发电厂的环保条例及法规，限制美国发电厂的碳排放量，这一举措进一步加大了投资者对于 ESG 投资的关注，使得全球 ESG 股票市场的风险溢出效应进一步提高，总溢出指数不断上升。2015年12月联合国气候峰会通过《巴黎协定》后，全球ESG股票市场的总风险溢在短期内同步性上升趋势增强，总溢出指数也经历了短暂的波动上升；但随后，由于各国针对气候变化的态度存在显著差异，各国ESG投资标的的成熟度和影响因素也存在一定差异，在之后很长一段时间内，各国ESG股票市场的同步性有所下降，总风险溢出效应呈现下降趋势。特朗普当选美国总统对全球金融市场造成较大冲击，美联储在2017年10月末启动缩表进程，并在12月进行了该年度第三次加息，引发了全球金融市场系统性风险；同年，英国"脱欧"进程不断推进，并触发《里斯本条约》，这使得全球资本市场的不确定性大幅提高，全球ESG股票市场的总溢出指数在2018年初上升至77.800%。2020年新冠疫情暴发后，全球资本市场恐慌情绪加剧，股票市场系统性风险显著提升，总溢出指数快速增长至81.556%，并在疫情逐渐得到控制后有所下降。在俄乌冲突期间，由于传统能源的供应面临危机，欧洲受其影响巨大，欧洲相关国家的ESG股票市场整体遭到一定冲击，与其他国家ESG股票市场间的溢出效应有所下降，导致总溢出指数呈现短暂的下降。综上，ESG股票市场的总溢出效应受到全球极端事件以及国际重大气候事件的影响而呈现一定的阶段性波动特征。

图11.5展示了样本区间内六个主要国家ESG股票市场的净溢出指数。在整个样本区间内，加拿大和日本的净溢出指数基本长期维持在负数区间内，为风险的净接收者；而法国、德国的净溢出指数基本长期维持在正数区间内，为风险的净发送者，在全球ESG股票市场的信息传导中占有主导地位，这也与静态分析所得到的结论一致。这是由于法国、德国的可持续发展理念起步较早，并且在实践上也取得了较大的成功。在2020年联合国公布的《可持续发展目标报告》中，法国、德国分别在全球的166个国家中排名第4与第5，属于可持续发展综合高水平国家，而其他4个国家均排名在10名之后。美国在2017年之前的净溢出指数一直维持在正数区间，甚至在部分区间内溢出效应大于德国，但是随着特朗普当选美国总统，加之特朗普政府对全球气候变暖问题的质疑，使得美国ESG股票市场的净溢出指数显著下降，特别是在2017

年6月宣布退出《巴黎协定》后，美国ESG股票市场的净溢出指数基本一直维持在负数区间内，表现为全球ESG股票市场风险的净接收者。英国ESG股票市场在2018年之前同样呈现出风险净溢出者的特征，但随着英国"脱欧"的进程，其ESG股票市场的净溢出效应显著下降，在一定时期内维持在0上下波动，直至新冠疫情暴发导致的全球金融市场系统性风险上升，英国ESG股票市场的净溢出效应才有所提高。

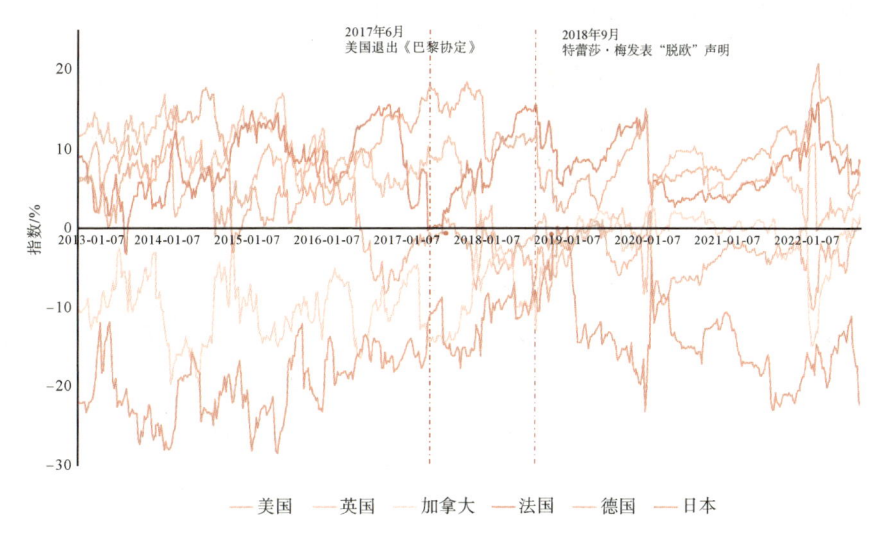

图 11.5　六个主要国家 ESG 股票市场的净溢出指数

11.5.2　转型风险对全球 ESG 股票市场的影响

11.5.2.1　单位根检验

我们把由六个主要国家ESG股票市场构建的第一层网络中的动态溢出总指数序列（G_TCI）作为全球ESG股票市场的系统性风险指标，将其与三类转型风险一起构建第二层连通性网络。同样采用采包括截距项的Augmented Dickey-Fuller单位根检验，其中滞后长度由Schwarz信息准则自动选择（最大滞后阶数为16）。根据ADF检验结果（见表11.4），在5%的置信水平下，全球ESG股票市场总溢出指数序列为时间平稳序列，在1%的置信水平下，气候风险关注指数、气候政策不确定性指数、技术转型风险指数均为时间平稳序列。

表 11.4　单位根检验结果

指标	Dickey-Fuller	P-value
G_TCI	-3.496**	0.043
CCI	-6.923***	<0.01
CPU	-9.557***	<0.01
NEX	-9.300***	<0.01

注：括号内为 t 统计量，** 和 *** 分别表示在 5% 和 1% 的水平上显著。

11.5.2.2　全样本静态溢出效应分析

我们采用广义方差分解的溢出指数方法考察各市场之间的溢出效应，根据 AIC 与 FPE 准则确定 VAR 模型的滞后阶数 p 为 4，并且选取方差分解期数 $H=12$，即向前预测 12 周，得到三类转型风险与全球 ESG 股票市场系统性风险之间的溢出效应。表 11.5 展示了全球 ESG 股票市场与转型风险的静态溢出矩阵，从网络整体连通性 TCI 来看，第二层网络的总溢出指数 TCI 仅为 13.410%，远低于第一层网络，三类转型风险和全球 ESG 股票市场系统性风险之间的连通性相对较弱。从承受风险溢出效应（FROM）来看，全球 ESG 股票市场的系统性风险所承受的风险溢出仅为 11.650%，说明全球 ESG 股票市场的系统性风险在受到外部市场信息干扰后有着更快的调整速度，主要受其自身信息所揭示。从风险溢出效应（TO）来看，技术转型风险（NEX）的溢出指数最大，为 17.050%，表明技术转型风险在整个系统的风险信息传导中处于主导地位。同时，技术转型风险也有着最大的净溢出指数，为 1.77%，表明其更能够通过市场环境变化以及信息传导对其他市场产生风险溢出。

对于全球 ESG 股票市场的系统性风险（G_TCI）来说，其更多地接收到技术转型冲击所带来的风险，为 7.190%；其次是气候政策不确定性所带来的政策转型风险，为 3.030%；投资者对气候风险关注带来的意识转型风险影响最小，仅为 1.430%。这说明全球 ESG 股票市场的系统性风险更多由技术转型风险所传染，气候政策不确定性和投资者气候风险关注的溢出效应相对较小。

表 11.5 全球 ESG 股票市场与转型风险的静态溢出矩阵　　　　单位:%

指标	G_TCI	CPU	CCI	NEX	FROM
G_TCI	88.350	3.030	1.430	7.190	11.650
CPU	2.520	87.200	4.760	5.520	12.800
CCI	3.620	5.950	86.100	4.340	13.900
NEX	6.010	5.210	4.060	84.720	15.280
TO	12.150	14.180	10.250	17.050	53.630
Inc. Own	100.50	101.380	96.340	101.770	cTCI/TCI
NET	0.500	1.380	-3.660	1.770	17.880/13.410

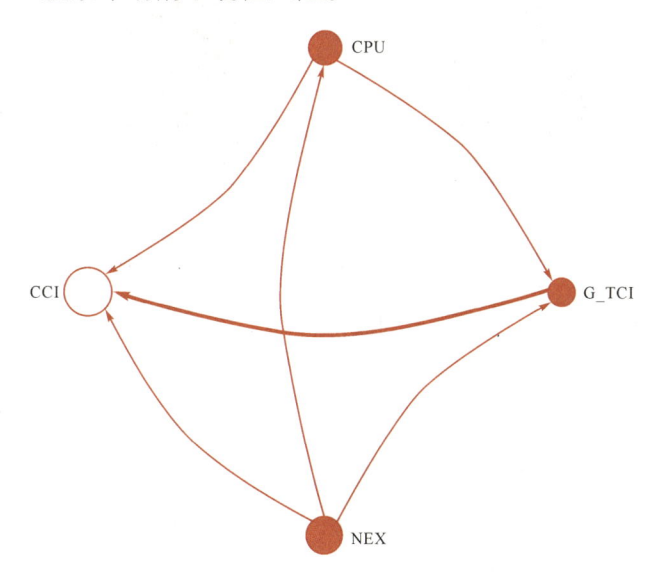

图 11.6 展示了全球 ESG 股票市场系统性风险与三类转型风险基于净成对方向连接度（NPDC）的网络。其中，气候风险关注是最大的风险净接收者，来自全球 ESG 股票市场的系统性风险、政策转型风险和技术转型风险都会净溢出至意识转型风险；而技术转型风险则是最大的净风险发送者，技术转型风险会净溢出至意识转型风险、政策转型风险和全球 ESG 股票市场的系统性风险。

图 11.6　全球 ESG 股票市场系统性风险与三类转型风险基于净成对方向连接度（NPDC）的网络

注：①每个节点代表不同类型的转型风险和全球 ESG 股票市场的系统性风险；②箭头表示两两风险之间的溢出方向，箭头从风险的净溢出者指向风险的净接收者；③箭头的粗细代表成对风险之间净溢出效应；④白色节点代表在整体区间上净溢出效应为负的风险类型，红色节点代表在整体区间上净溢出效应为正的风险类型。

图 11.7 展示了全球 ESG 股票市场的系统性风险与三类转型风险的溢出与溢入关系。整体而言，全球 ESG 股票市场的系统性风险对其他指标的溢出作用大于风险溢入，表现为风险净发送者。在风险溢出效应（TO）方面，ESG 股票市场的系统性风险对技术转型风险的溢出效应最大，为 6.010%；而在风险承受效应（FROM）方面，全球 ESG 股票市场系统性风险所接收的技术转型风险的溢出效应也最大，为 7.190%，远大于从其他转型风险中接收的风险溢出效应，表明全球 ESG 股票的系统性风险与技术转型风险联动性较强，联系十分紧密。

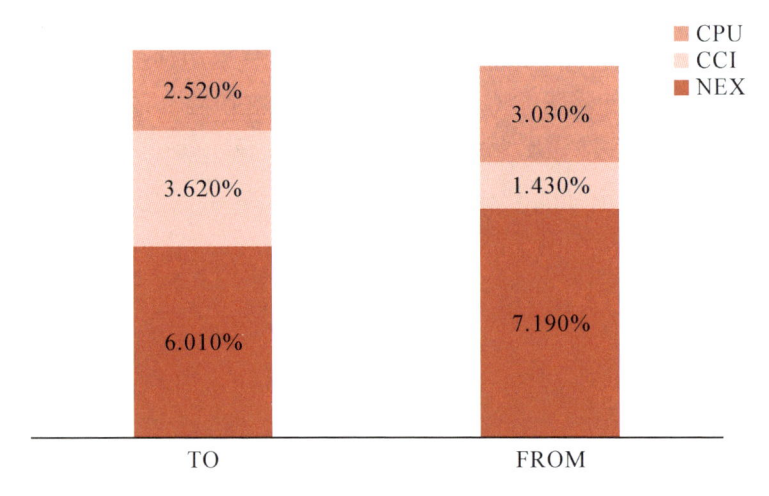

图 11.7 全球 ESG 股票市场系统性风险与三类转型风险的溢出与溢入关系

11.5.2.3 转型风险溢出的动态分析

图 11.8 展示了第二层网络中全球 ESG 股票市场系统性风险与其他转型风险之间的动态总溢出指数。样本区间内动态总溢出指数在 4%~35%，相较于第一层网络而言，整体溢出效应较小。从图 11.8 中可以看到，2013 年的 9 月与 11 月，超级台风"海燕"、飓风"英格里德"和飓风"曼纽尔"袭击菲律宾、墨西哥后导致了严重的洪水等灾害，总风险溢出指数在灾害后均有短暂升高。2016 年 4 月 22 日，《巴黎协定》正式签署后，标志着全球各国合作应对气候变化的新阶段，如前文分析，全球 ESG 股票市场系统性风险显著下降，受各类转型风险影响相对较小，第二层网络的总溢出指数也有所下降。2018 年前后，受

特朗普当选、英国"脱欧"等一系列"黑天鹅"和"灰犀牛"事件的影响，各类转型风险与全球 ESG 股票市场系统性风险的总溢出快速上升。与第一层网络的动态变化特征类似，在受到全球极端事件如新冠疫情的影响后，第二层网络的动态总溢出指数迅速在 2020 年 3 月 9 日上升到 23%。2020 年下半年至 2021 年上半年，多国陆续颁布新能源政策。2020 年 11 月，欧盟出台《欧盟甲烷战略》，将限制能源领域甲烷的排放和泄漏问题作为主要议题；德国于 2021 年 1 月 1 日启动了全国燃料排放交易系统，以减少二氧化碳排放，并为能源转型提供巨大补贴；英国于 2021 年 4 月将 2035 年的减排目标提前了 15 年；2021 年 6 月，美国能源部为清洁能源创新提供了共 6 500 万美元的支持，并且在 2020 年全球汽车销量同比下降 20% 的情况下，使全球新能源汽车的销量同比增长 43%，新能源创新市场得到急速发展，动态总溢出指数在 2021 年初达到 32%。而在 2022 年 2 月 4 日，俄乌冲突全面爆发，欧洲各国面对严重的能源转型危机，气候变化问题进一步引发更多关注，系统总风险溢出再次攀升，动态总溢出指数在 2022 年 5 月 2 日达到 16%。

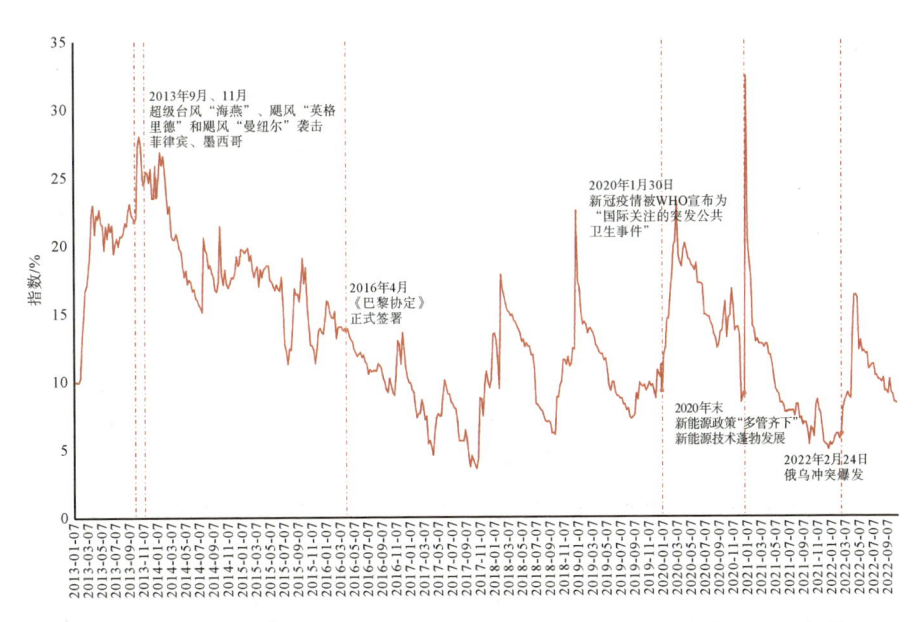

图 11.8 第二层网络中全球 ESG 股票市场系统性风险与其他转型风险之间的动态总溢出指数

图 11.9 展示了三类转型风险对全球 ESG 股票市场系统性风险的溢出作用。在全样本区间内，新能源技术创新带来的技术转型风险对全球 ESG 股票市场系统性风险有较大的溢出效应，溢出指数在 0~35%；气候政策不确定性带来的政策转型风险的溢出效应相对较小，溢出指数在 0~28%；而投资者气候风险关注带来的意识转型风险的溢出效应最小，溢出指数在 0~10%。从动态变化角度来看，2018—2019 年全球气候急剧变化，2018 年是史上第四热的年份，当年全球平均气温较工业化前水平上升约 1 ℃，上层海洋热量达到历史峰值。在美国，高温和野火造成的经济损失高达 240 亿美元。此外，气候变化还威胁农业生产，使多年来全球饥饿状况持续好转的势头发生逆转。因此，在这一阶段，应对气候变化的新能源技术创新快速发展，同时大国间科技竞争加剧，使得技术转型风险对全球 ESG 股票市场系统性风险的溢出效应进一步提升。

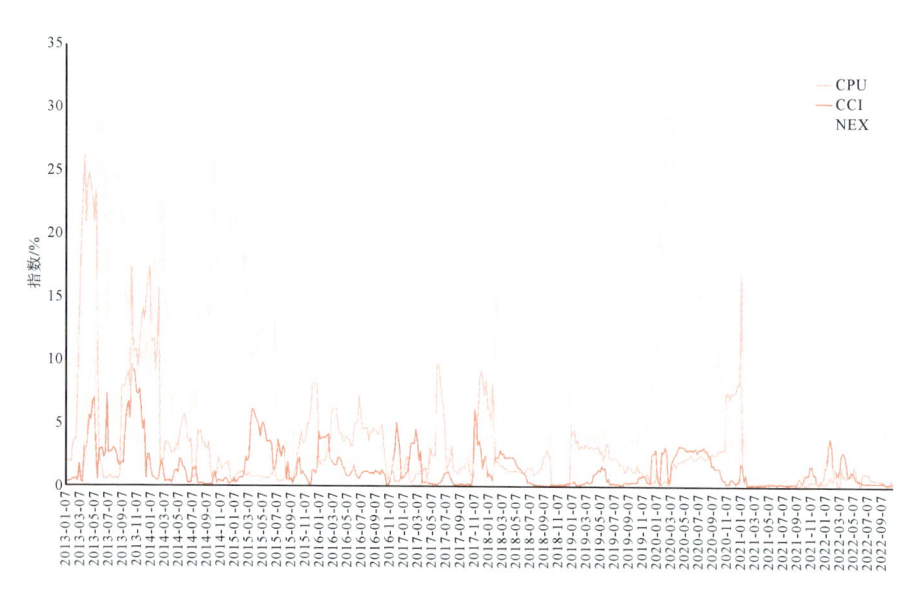

图 11.9　三类转型风险对全球 ESG 股票市场系统性风险的溢出作用

图 11.10 展示了三类转型风险对全球 ESG 股票市场系统性风险的净溢出作用。可以看出，气候风险关注指数代表的投资者意识转型风险对全球 ESG 股票市场系统性风险的净溢出作用在样本区间内波动较小，

且在大多数区间内净溢出指数为负，即风险溢出方向更多是全球 ESG 股票市场的系统性风险引发投资者的意识转型风险；而技术层面的转型风险与政策层面的转型风险对全球 ESG 股票市场系统性风险的净溢出作用在 2016 年之前波动较为剧烈，而在 2015 年末《巴黎协定》颁布后，世界各国积极协同为应对气候变化而努力，各类转型风险对全球 ESG 股票市场系统性风险的净溢出作用的波动幅度明显下降。随着技术创新在应对气候变化中发挥的作用越来越重要，以及全球科技竞争的加剧，2019 年前后，技术转型风险对 ESG 股票市场系统性风险的溢出作用明显提升。2020 年末，多国为了应对气候变化颁布、制定了多项与新能源技术转型相关的计划，导致 2021 年初气候政策不确定性风险与技术转型风险对 ESG 股票市场系统性风险的净溢出急剧上升，之后又有所回落，呈现各类转型风险与全球 ESG 股票市场系统性风险双向溢出的情况。

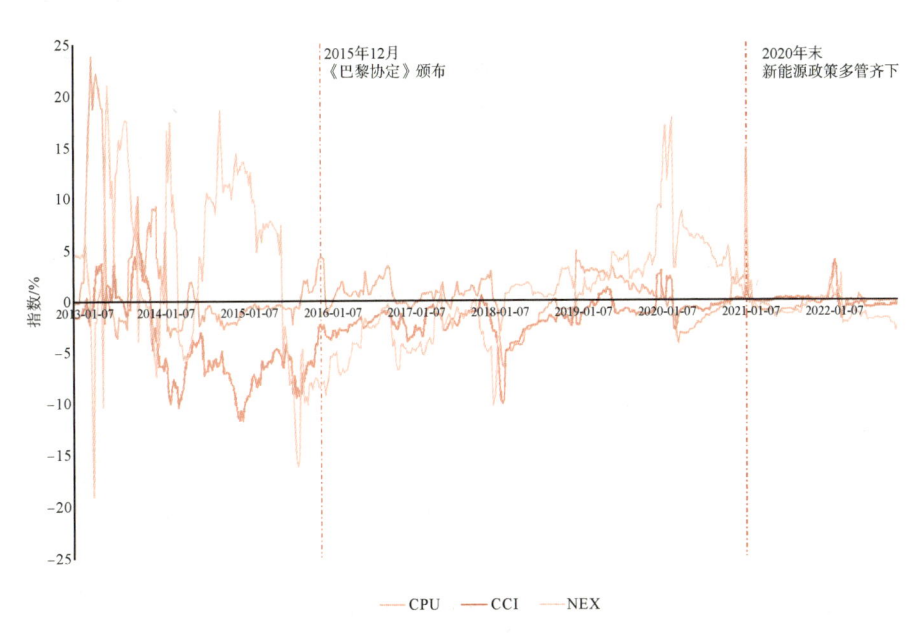

图 11.10　三类转型风险对全球 ESG 股票市场系统性风险的净溢出作用

11.6 本章小结

随着气候变化对社会经济系统的影响越发重要，近年来投资者对可持续投资理念的重视进一步加强，全球 ESG 股票投资蓬勃发展，各国 ESG 股票市场规模不断加大，关联性也在日益增强。ESG 投资的发展对于社会经济的低碳转型具有重要的推动作用，但与此同时，各类气候变化带来的低碳转型风险也会与全球 ESG 股票市场系统性风险之间产生溢出效应。

本章首先采用 TVP-VAR-DY 方法构建了全球主要经济体的 ESG 股票市场收益率风险溢出网络，探讨包括美国、法国、德国、英国、加拿大、日本在内的六个国家 ESG 股票市场之间的连通性。静态网络分析的结果表明，不同国家 ESG 股票市场之间拥有较高的风险溢出效应，所有样本市场的总关联度达到 69.87%。欧洲作为气候行动的引领者，以法国、德国为代表的欧洲 ESG 股票市场整体净溢出效应为正，是风险的净发送者，在全球 ESG 股票市场的风险溢出网络中处于主导地位；而日本、加拿大 ESG 股票市场整体净溢出效应为负，是风险净接收者，更多受其他国家 ESG 股票市场的风险溢出效应影响。动态网络分析的结果则表明，全球 ESG 股票市场的整体连通性，即系统性风险对各类全球或主要国家的气候行动（如《巴黎协定》等）和金融市场的重大极端冲击事件（如新冠疫情、俄乌冲突等）十分敏感，在相关时点，全球 ESG 股票市场的系统性风险呈现出较为剧烈的波动。从各国 ESG 股票市场的动态溢出效应来看，与静态分析的结果类似，法国、德国的净溢出指数在整个样本区间基本长期维持在正数区间，为风险的净发送者；加拿大和日本的净溢出指数基本长期维持在负数区间内，为风险的净接收者；而美国和英国的净溢出指数则在整个样本区间内呈现出较大的波动。这是因为特朗普政府对全球气候变化问题的质疑，使得美国 ESG 股票市场的溢出指数在 2017 年美国宣布退出《巴黎协定》后由正转负，美国在全球 ESG 股票市场的引领作用显著下降，从风险的净发送者转为风险的净接收者；而英国在宣布"脱欧"程序之后，其 ESG 股票市场的净溢出指数显著下降，使其成为风险的净接收者。

为了进一步研究各类气候变化带来的转型风险对全球 ESG 股票市场系统性风险的影响，本章还使用自然语言处理技术构建了气候风险关注指数和气候政策不确定性指数，用以刻画投资者意识转型风险和政策转型风险，同时考虑技术转型风险，与全球 ESG 股票市场系统性风险一并构建基于 TVP-VAR-DY 的第二层风险溢出网络。静态网络分析的结果表明，全球 ESG 股票市场的系统性风险主要来源于新能源技术创新带来的技术转型风险的溢出效应影响，气候政策不确定性和投资者气候风险关注的影响相对有限。与此同时，全球 ESG 股票市场的系统性风险也会反向溢出，影响气候变化带来的各类转型风险。动态网络分析的结果表明，第二层风险溢出网络的总溢出指数同样受到各类气候事件和全球极端事件的影响，在各类气候政策出台前后，总溢出指数往往呈现剧烈波动。从三种转型风险分别来看，在全样本区间内，技术转型风险对全球 ESG 股票市场系统性风险有较大的溢出效应，特别是在 2018 年和 2019 年全球气候急剧变化、新能源技术快速发展的阶段，技术转型风险对全球 ESG 股票市场的系统性风险的溢出效应进一步提升；而意识转型风险和政策转型风险与全球 ESG 股票市场系统性风险更多呈现出双向溢出效应。

综上，随着投资者对气候风险的关注度不断上升、气候政策不确定性的加剧以及全球新能源技术的蓬勃发展，全球 ESG 股票市场的风险防范不仅要考虑到市场之间的联系和风险溢出，也要进一步加强对于气候变化带来的转型风险的认识以及对于转型风险的解决能力。投资者需要进行多元化的资产配置，关注能够长期创造价值的公司，避免过度关注短期的利润和波动。在风险管理层面，投资者需要在投资前就对相关资产进行全面的 ESG 风险评估；对于机构而言，应该建立定期的监测机制，跟踪投资组合中公司的 ESG 表现，制定应对不同类型 ESG 风险的缓解策略，包括社会事件、环境灾难等，以降低各类转型风险对投资组合的影响。在风险预警层面，在 ESG 投资过程中，应该建立基于关联性视角的系统性风险预警机制，除了金融市场本身的风险外，还应关注不同类型的气候转型风险，并对以上风险加以识别和研判，提前采取各类风险应对措施。

参考文献

一、中文文献

财新智库,(2022-11-21)[2023-03-31]. 2022 中国 ESG 发展白皮书[R/OL]. https://www.caixin.com/2022-11-21/101968401.html.

操群,许骞,2019. 金融"环境、社会和治理"(ESG)体系构建研究[J]. 金融监管研究(4):95-111.

陈国进,丁赛杰,赵向琴,等,2021. 中国绿色金融政策、融资成本与企业绿色转型:基于央行担保品政策视角[J]. 金融研究(12):75-95.

陈志远,郭凯,闫实,2022. 我国绿色债券发行利差及影响因素的实证研究[J]. 地方财政研究,210(4):92-104.

戴亦一,潘越,冯舒,2014. 中国企业的慈善捐赠是一种"政治献金"吗?:来自市委书记更替的证据[J]. 经济研究,49(2):74-86.

狄树仁,2022. 提升 ESG 披露质量的关键草案[J]. 董事会(9):78-80.

翟胜宝,程妍婷,许浩然,等,2022. 媒体关注与企业 ESG 信息披露质量[J]. 会计研究(8):59-71.

第一财经研究院,(2022-09-19)[2023-03-31]. 方兴之时,行而不辍:2022 中国 ESG 投资报告[R/OL]. http://www.cbnri.org/news/5446258.html.

杜勇,孙帆,邓旭,2021. 共同机构所有权与企业盈余管理[J]. 中国工业经济(6):155-173.

方先明,胡丁,2023. 企业 ESG 表现与创新:来自 A 股上市公司的证据[J]. 经济研究,58(2):91-106.

冯旭南，李心愉，2013. 参与成本、基金业绩与投资者选择 [J]. 管理世界（4）：48-58.

高勇强，陈亚静，张云均，2012. "红领巾"还是"绿领巾"：民营企业慈善捐赠动机研究 [J]. 管理世界（8）：106-114，146.

郭晔，苏彩珍，张一，2019. 社会责任信息披露提高企业的市场表现了么？[J]. 系统工程理论与实践，39（4）：881-892.

郝臣，2021-10-21. ESG 在我国的 20 年实践与发展 [N]. 上海证券报.

何德旭，曾敏，张硕楠，2022. 国有资本参股如何影响民营企业？：基于债务融资视角的研究 [J]. 管理世界，38（11）：189-207.

何贤杰，肖土盛，陈信元，2012. 企业社会责任信息披露与公司融资约束 [J]. 财经研究，38（8）：60-71，83.

贺丰果，雷鑫，2022. "双碳"目标下绿色金融发展的国外经验及国内建议 [J]. 国际金融（4）：15-22.

胡艳，陈路晗，何静，等，2022. 绿色债券为发行人节约成本几何？[J]. 农村金融研究，508（7）：57-69.

华宝财富魔方，(2021-07-22) [2023-03-31]. ESG 主题基金专题（一）：主动与被动产品概况：公募基金专题报告 [R/OL]. https://finance.sina.com.cn/money/fund/fundzmt/2021-07-22/doc-ikqciyzk7037260.shtml.

黄伟，陈钊，2015. 外资进入、供应链压力与中国企业社会责任 [J]. 管理世界（2）：91-100，132.

贾明，张喆，2010. 高管的政治关联影响公司慈善行为吗？[J]. 管理世界（4）：99-113，187.

金融投资机构经营环境和策略课题组，闫伊铭，苏靖皓，等，2020. ESG 投资理念及应用前景展望 [J]. 中国经济报告（1）：68-76.

黎文靖，路晓燕，2015. 机构投资者关注企业的环境绩效吗？：来自我国重污染行业上市公司的经验证据 [J]. 金融研究（12）：97-112.

李百兴，王博，卿小权，2018. 企业社会责任履行、媒体监督与财务绩效研究：基于 A 股重污染行业的经验数据 [J]. 会计研究（7）：64-71.

李广子，刘力，2009. 债务融资成本与民营信贷歧视 [J]. 金融研究（12）：137-150.

李青原，肖泽华，2020. 异质性环境规制工具与企业绿色创新激励：来自上市企业绿色专利的证据[J]. 经济研究, 55 (9): 192-208.

李姝, 赵颖, 童婧, 2013. 社会责任报告降低了企业权益资本成本吗?: 来自中国资本市场的经验证据[J]. 会计研究 (9): 64-70, 97.

李祥文, 吴文锋, 2018. 基金业绩排名与期末业绩拉升[J]. 管理世界, 34 (9): 33-45, 191.

李哲, 王文翰, 2021. "多言寡行"的环境责任表现能否影响银行信贷获取: 基于"言"和"行"双维度的文本分析[J]. 金融研究 (12): 116-132.

李正, 2006. 企业社会责任与企业价值的相关性研究: 来自沪市上市公司的经验证据[J]. 中国工业经济 (2): 77-83.

林炳洪, 李秉祥, 2023. ESG 责任履行对企业研发投入的影响: 基于资源获取与资源配置的视角[J]. 软科学: 1-12.

刘柏, 卢家锐, 琚涛, 2023. 形式主义还是实质主义: ESG 评级软监管下的绿色创新研究[J/OL]. 南开管理评论: 1-24.

刘金科, 肖翊阳, 2022. 中国环境保护税与绿色创新: 杠杆效应还是挤出效应?[J]. 经济研究, 57 (1): 72-88.

刘颖, 周舟, 2022. 中国企业 ESG 信息披露现状及启示[J]. 债券 (10): 68-71.

马小援, 2010. 论企业环境与企业可持续发展[J]. 管理世界 (4): 1-4.

毛捷, 郭玉清, 曹婧, 等, 2022. 融资平台债务与环境污染治理[J]. 管理世界, 38 (10): 96-118.

毛薇, 杨德高, 2023. 第三方绿色认证对绿色债券发行定价的影响研究[J]. 区域金融研究, 606 (1): 56-61.

潘健平, 翁若宇, 潘越, 2021. 企业履行社会责任的共赢效应: 基于精准扶贫的视角[J]. 金融研究 (7): 134-153.

潘越, 汤旭东, 宁博, 等, 2020. 连锁股东与企业投资效率: 治理协同还是竞争合谋[J]. 中国工业经济 (2): 136-164.

齐绍洲, 林屾, 崔静波, 2018. 环境权益交易市场能否诱发绿色创新?: 基于我国上市公司绿色专利数据的证据[J]. 经济研究, 53 (12): 129-143.

祁怀锦, 刘斯琴, 2021. 中国债券市场存在绿色溢价吗[J]. 会计研究 (11): 131-148.

钱明, 徐光华, 沈弋, 2016. 社会责任信息披露、会计稳健性与融资约束:

基于产权异质性的视角[J]. 会计研究 (5): 9-17, 95.

邱牧远, 殷红, 2019. 生态文明建设背景下企业ESG表现与融资成本[J]. 数量经济技术经济研究, 36 (3): 108-123.

饶育蕾, 谢倩倩, 王建新, 2016. 媒体关联与新闻报道偏差: 来自我国上市公司的经验证据[J]. 管理评论, 28 (9): 194-205.

孙洁, 2022. ESG对企业价值的影响机制探究及异质性分析[D]. 成都: 西南财经大学.

唐勇军, 马文超, 夏丽, 2021. 环境信息披露质量、内控"水平"与企业价值: 来自重污染行业上市公司的经验证据[J]. 会计研究 (7): 69-84.

王凯, 张志伟, 2022. 国内外ESG评级现状、比较及展望[J]. 财会月刊 (2): 137-143.

王双进, 田原, 党莉莉, 2022. 工业企业ESG责任履行、竞争战略与财务绩效[J]. 会计研究 (3): 77-92.

王营, 冯佳浩, 2022. 绿色债券促进企业绿色创新研究[J]. 金融研究 (6): 171-188.

吴红军, 刘啟仁, 吴世农, 2017. 公司环保信息披露与融资约束[J]. 世界经济, 40 (5): 124-147.

吴华强, 才国伟, 徐信忠, 2015. 宏观经济周期对企业外部融资的影响研究[J]. 金融研究 (8): 109-123.

吴世农, 王建勇, 黄世忠, 2019. 应收项目、应付项目的信息含量差异及其影响: 以融资成本与公司价值为视角的实证研究[J]. 厦门大学学报 (哲学社会科学版) (5): 51-62.

吴育辉, 田亚男, 陈韫妍, 等, 2022. 绿色债券发行的溢出效应、作用机理及绩效研究[J]. 管理世界, 38 (6): 176-193.

肖静, 曾萍, 任鸽, 2022. 如何提升制造业绿色转型绩效?: 基于TOE框架的组态研究[J]. 科学学研究 (12): 2162-2172.

谢红军, 吕雪, 2022. 负责任的国际投资: ESG与中国OFDI[J]. 经济研究, 57 (3): 83-99.

徐莉萍, 辛宇, 祝继高, 2011. 媒体关注与上市公司社会责任之履行: 基于汶川地震捐款的实证研究[J]. 管理世界 (3): 135-143, 188.

杨希雅, 石宝峰, 2020. 绿色债券发行定价的影响因素[J]. 金融论坛,

25（1）：72-80.

叶建木，潘媛，2017. 中国石油漂绿事件及其市场反应分析：基于事件研究法［J］. 财会月刊（7）：75-80.

于左，张容嘉，付红艳，2021. 交叉持股、共同股东与竞争企业合谋［J］. 经济研究，56（10）：172-188.

张敏，马黎珺，张雯，2013. 企业慈善捐赠的政企纽带效应：基于我国上市公司的经验证据［J］. 管理世界（7）：163-171.

张新民，王珏，祝继高，2012. 市场地位、商业信用与企业经营性融资［J］. 会计研究（8）：58-65，97.

中国标准化研究院资源与环境分院，（2023-01-18）［2023-03-31］. 国内外ESG标准化进展及思考［R/OL］. https://www.cnis.ac.cn/bydt/kydt/202301/t20230118_54591.html.

中国工商银行绿色金融课题组，张红力，周月秋，等，2017. ESG绿色评级及绿色指数研究［J］. 金融论坛（9）：3-14.

中国银行全球金融市场研究中心课题组，2021. 绿色债券：中欧标准对比及商业银行业务启示［J］. 国际金融（9）：28-34.

中国责任投资论坛，（2022-12-14）［2023-03-31］. 2022中国责任投资年度报告［R/OL］. https://dataexplorer.syntaogf.com/china-sustainable-investment-review-2022.

中央财经大学绿色金融国际研究院，（2018-11-25）［2023-03-31］. 推动中国ESG发展的五种方法［R/OL］. https://iigf.cufe.edu.cn/info/1012/1086.htm.

周方召，潘婉颖，付辉，2020. 上市公司ESG责任表现与机构投资者持股偏好：来自中国A股上市公司的经验证据［J］. 科学决策（11）：15-41.

周宏，建蕾，李国平，2016. 企业社会责任与债券信用利差关系及其影响机制：基于沪深上市公司的实证研究［J］. 会计研究（5）：18-25，95.

祝继高，王谊，汤谷良，2019. "一带一路"倡议下中央企业履行社会责任研究：基于战略性社会责任和反应性社会责任的视角［J］. 中国工业经济（9）：174-192.

二、英文文献

ABOUD A, DIAB A, 2018. The impact of social, environmental and corporate governance disclosures on firm value: Evidence from Egypt [J]. Journal of Accounting in Emerging Economies, 8 (4): 442-458.

AGLIARDI E, AGLIARDI R, 2019. Financing environmentally-sustainable projects with green bonds [J]. Environment and Development Economics, 24 (6): 608-623.

AKBAR A, 2015. The role of corporate governance mechanism in optimizing firm performance: A conceptual model for corporate sector of Pakistan [J]. Journal of Asian business strategy (5): 109-115.

AKHTARUZZAMAN M, BOUBAKER S, UMAR Z, 2021. COVID-19 media coverage and ESG leader indices [J]. Finance Research Letters (45): 102170.

AL MAMUN M, BOUBAKER S, NGUYEN D K, 2022. Green finance and decarbonization: Evidence from around the world [J]. Finance Research Letters (46): 102807.

ALAREENI B A, HAMDAN A, 2020. ESG impact on performance of US S&P 500-listed firms [J]. Corporate Governance: The International Journal of Business in Society, 20 (7): 1409-1428.

ALBUQUERQUE R, KOSKINEN Y, ZHANG C, 2019. Corporate social responsibility and firm risk: Theory and empirical evidence [J]. Management Science, 65 (10): 4451-4469.

ALESSI L, OSSOLA E, PANZICA R, 2021. What greenium matters in the stock market? The role of greenhouse gas emissions and environmental disclosures [J]. Journal of Financial Stability (54): 100869.

ALLMAN E, WON J, 2021. The effect of ESG disclosure on corporate investment efficiency [J]. SSRN Electronic Journal: 3816592.

ALUCHNA M, ROSZKOWSKA-MENKES M, KAMIŃSKI B, et al., 2022. Do institutional investors encourage firm to social disclosure? The stakeholder salience perspective [J]. Journal of Business Research (142): 674-682.

AMBEC S, LANOIE P, 2008. Does it pay to be green: A systematic overview [J]. Academy of Management Perspectives, 23 (4): 45-62.

AMEL-ZADEH A, 2021. The financial materiality of climate change: Evidence from a global survey [J]. Available at SSRN 3295184.

AMEL-ZADEH A, SERAFEIM G, 2018. Why and how investors use ESG information: Evidence from a global survey [J]. Financial Analysts Journal, 74 (3): 87-103.

ANDERSSON E, HOQUE M, RAHMAN M L, et al., 2022. ESG investment: What do we learn from its interaction with stock, currency and commodity markets? [J]. International Journal of Finance & Economics (27): 3623-3639.

ANG A, HODRICK R J, XING Y, et al., 2006. The cross-section of volatility and expected returns [J]. The journal of finance, 61 (1): 259-299.

ANTONAKAKIS N, CHATZIANTONIOU I, GABAUER D, 2020. Refined measures of dynamic connectedness based on time-varying parameter vector autoregressions [J]. Journal of Risk and Financial Management (13): 84.

ARDIA D, BLUTEAU K, BOUDT K, et al., 2020. Climate change concerns and the performance of green versus brown stocks [J]. National Bank of Belgium, Working Paper Research (395).

AROUL R R, SABBERWAL S, VILLUPURAM S V, 2022. ESG, operational efficiency and operational performance: evidence from real estate investment trusts [J]. Managerial Finance, 48 (8): 1206-1220.

AVRAMOV D, S CHENG, A LIOUI, et al., 2022. Sustainable investing with ESG rating uncertainty [J]. Journal of Financial Economics, 145 (2): 642-667.

AWAYSHEH A, HERON R A, PERRY T, et al., 2020. On the relation between corporate social responsibility and financial performance [J]. Strategic Management Journal (1): 965-987.

AZAR J, SCHMALZ M C, TECU I, 2018. Anticompetitive effects of common ownership: Anticompetitive effects of common ownership [J]. The Journal of

Finance, 73 (4): 1513-1565.

AZAR J, VIVES X, 2021. General equilibrium oligopoly and ownership structure [J]. Econometrica, 89 (3): 999-1048.

BA S, LISIC L L, LIU Q, et al., 2013. Stock market reaction to green vehicle innovation [J]. Production and Operations Management, 22 (4): 976-990.

BACKUS M, CONLON C, SINKINSON M, 2021. Common ownership in America: 1980—2017 [J]. American Economic Journal: Microeconomics, 13 (3): 273-308.

BAKER S R, BLOOM N, DAVIS S J, 2016. Measuring economic policy uncertainty [J]. The Quarterly Journal of Economics, 131 (4): 1593-1636.

BALDAUF M, GARLAPPI L, YANNELIS C, 2020. Does climate change affect real estate prices? Only if you believe in it [J]. The Review of Financial Studies (33): 1256-1295.

BALDI F, PANDIMIGLIO A, SHAHROKHI M, 2022. The role of ESG scoring and greenwashing risk in explaining the yields of green bonds: A conceptual framework and an econometric analysis [J]. Global Finance Journal, 52: 100711.

BANZ R W, 1981. The relationship between return and market value of common stocks [J]. Journal of Financial Economics, 9 (1): 3-18.

BARBIER E B, BURGESS J C, 2020. Sustainability and development after COVID-19 [J]. World Development (135): 105082.

BARTRAM S M, HOU K, KIM S, 2022. Real effects of climate policy: Financial constraints and spillovers [J]. Journal of Financial Economics, 143 (2): 668-696.

BARUA S, 2020. Financing sustainable development goals: A review of challenges and mitigation strategies [J]. Business Strategy & Development, 3 (3): 277-293.

BASU S, 1977. Investment performance of common stocks in relation to their price-earnings ratios: A test of the efficient market hypothesis [J]. The Journal of Finance, 32 (3): 663-682.

BERG F, KOELBEL J F, RIGOBON R, 2022. Aggregate confusion: The divergence of ESG ratings [J]. Review of Finance, 26 (6): 1315-1344.

BERNSTEIN A, GUSTAFSON M T, LEWIS R, 2019. Disaster on the horizon: The price effect of sea level rise [J]. Journal of financial economics (134): 253-272.

BESSEC M, FOUQUAU J, 2021. A green wave in media, a change of tack in stock markets [J]. Preprint, submitted September (16).

BHAGAT S, BOLTON B, 2008. Corporate governance and firm performance [J]. Journal of Corporate Finance, 14 (3): 257-273.

BHANDARI L C, 1988. Debt/equity ratio and expected common stock returns: Empirical evidence [J]. The Journal of Finance, 43 (2): 507-528.

BHUTTA U S, TARIQ A, FARRUKH M, 2022. Green bonds for sustainable development: Review of literature on development and impact of green bonds [J]. Technological Forecasting and Social Change (175): 121378.

BLOOMFIELD R J, WILKS T J, 2000. Disclosure effects in the laboratory: Liquidity, depth, and the cost of capital [J]. The Accounting review, 75 (1): 13-41.

BÖHRINGER C, RUTHERFORD T F, SPRINGMANN M, 2015. Clean-development investments: An incentive-compatible CGE modelling framework [J]. Environmental and Resource Economics, 60 (4): 633-651.

BOLOGNESI E, BURCHI A, 2023. The impact of the ESG disclosure on sell-side analysts? Target prices: The new era post Paris agreements [J]. Research in International Business and Finance (64): 101827.

BOLTON P, KACPERCZYK M, 2021. Do investors care about carbon risk? [J]. Journal of Financial Economics, 142 (2): 517-549.

BOLTON P, KACPERCZYK M, 2021. Global pricing of carbon-transition risk [R]. National Bureau of Economic Research.

BORGHESI R, HOUSTON J F, NARANJO A, 2014. Corporate socially responsible investments: CEO altruism, reputation, and shareholder interests [J]. Journal of Corporate Finance (26), 164-181.

BOURI E, IQBAL N, KLEIN T, 2022. Climate policy uncertainty and the price dynamics of green and brown energy stocks [J]. Finance Research Letters (47): 102740.

BROADSTOCK D C, CHAN K, CHENG L T W, et al., 2020. The role of ESG performance during times of financial crisis: Evidence from COVID-19 in China [J]. Finance Research Letters (38): 101716.

BROCCARDO L, TRUANT E, DANA L, 2023. The interlink between digitalization, sustainability, and performance: An Italian context [J]. Journal of Business Research (158): 113621.

BROCK E, NELSON J, BRACKLEY A, 2023. Rate the Raters 2023: ESG Ratings at a Crossroads [R]. ERM's Sustainability Institute.

BROGI M, LAGASIO V, 2019. Environmental, social, and governance and company profitability: Are financial intermediaries different? [J]. Corporate Social Responsibility and Environmental Management, 26 (3): 576-587.

BROOKS C, OIKONOMOU I, 2017. The effects of environmental, social and governance disclosures and performance on firm value: A review of the literature in accounting and finance [J]. British Accounting Review, 50 (1): 1-15.

BUA G, KAPP D, RAMELLA F, et al., 2022. Transition versus physical climate risk pricing in European financial markets: A text-based approach [J]. SSRN Electronic Journal.

BUALLAY A, 2019. Is sustainability reporting (ESG) associated with performance? Evidence from the European banking sector [J]. Management of Environmental Quality: An International Journal (30): 98-115.

CAI X, ZHU B, ZHANG H, et al., 2020. Can direct environmental regulation promote green technology innovation in heavily polluting industries? Evidence from Chinese listed companies [J]. Science of the Total Environment (746): 140810.

CAMPELLO M, J R GRAHAM, C R HARVEY, 2010. The real effects of financial constraints: Evidence from a financial crisis [J]. Journal of Financial Economics, 97 (3): 470-487.

CAMPIGLIO E, DAFERMOS Y, MONNIN P, et al., 2018. Climate change challenges for central banks and financial regulators [J]. Nature climate change (8): 462-468.

CAPELLE-BLANCARD G, PETIT A, 2019. Every little helps? ESG news and stock market reaction [J]. Journal of Business Ethics, 157 (2): 543-565.

CAPITAL GROUP, 2022. ESG Global Study 2022 [R]. Capital group.

CARHART M M, 1997. On persistence in mutual fund performance [J]. The Journal of Finance, 52 (1): 57-82.

CARNEY M, 2015. Breaking the tragedy of the horizon-climate change and financial stability [J]. Speech given at Lloyd's of London (29): 220-230.

CASTRO P, GUTIÉRREZ-LÓPEZ C, TASCÓN M T, et al., 2021. The impact of environmental performance on stock prices in the green and innovative context [J]. Journal of Cleaner Production (320): 128868.

CEPNI O, DEMIRER R, ROGNONE L, 2022. Hedging climate risks with green assets [J]. Economics Letters (212): 110312.

CESARONE F, MARTINO M L, CARLEO A, 2022. Does ESG impact really enhance portfolio profitability? [J]. Sustainability (14): 2050.

CHANG Y, JI Q, ZHANG D, 2021. Green finance and energy policy: Obstacles, opportunities, and options [J]. Energy Policy, 157: 112497.

CHATTERJI A K, DURAND R, LEVINE D I, et al. 2016. Do ratings of firms converge? Implications for managers, investors and strategy researchers [J]. Strategic Management Journal,, 37 (8): 1597-1614.

CHAVA S, 2014. Environmental externalities and cost of capital [J]. Management Science, 60 (9): 2223-2247.

CHEN D, HU H, CHANG C, 2023. Green finance, environment regulation, and industrial green transformation for corporate social responsibility [J]. Corporate Social Responsibility and Environmental Management.

CHEN H-M, KUO T-C, CHEN J-L, 2022. Impacts on the ESG and financial performances of companies in the manufacturing industry based on the climate change related risks [J]. Journal of Cleaner Production (380): 134951.

CHEN X, CHEN X, XU L, et al., 2023. Attention to climate change and downside risk: Evidence from China [J]. Risk Analysis (43): 1011-1031.

CHEN Y, LIN B, 2022. Quantifying the extreme spillovers on worldwide ESG leaders' equity [J]. International Review of Financial Analysis (84): 102425.

CHEN Z, XIE G, 2022. ESG disclosure and financial performance: Moderating role of ESG investors [J]. International Review of Financial Analysis (83): 102291.

CHENG B, IOANNOU I, SERAFEIM G, 2014. Corporate social responsibility and access to finance [J]. Strategic Management Journal, 35 (1): 1-23.

CHENG X, WANG H, WANG X, 2022. Common institutional ownership and corporate social responsibility [J]. Journal of Banking & Finance (136): 106218.

CHO C H, GUIDRY R P, HAGEMAN A M, et al., 2012. Do actions speak louder than words? An empirical investigation of corporate environmental reputation [J]. Accounting Organizations and Society, 37: 14-25

CHORDIA T, SUBRAHMANYAM A, ANSHUMAN V R, 2001. Trading activity and expected stock returns [J]. Journal of Financial Economics, 59 (1): 3-32.

CHOUAIBI S, CHOUAIBI J, ROSSI M, 2022. ESG and corporate financial performance: The mediating role of green innovation: UK common law versus Germany civil law [J]. EuroMed Journal of Business (17): 46-71.

CHRISTENSEN D M, SERAFEIM G, SIKOCHI A, 2022. Why is corporate virtue in the eye of the beholder? The case of ESG ratings [J]. The Accounting Review, 97 (1): 147-175.

CLARKSON M B E, 1995. A stakeholder framework for analyzing and evaluating corporate social performance [J]. Academy of Management Review, 20 (1): 92-117.

COOKSON J A, M NIESSNER, 2020. Why don't we agree? Evidence from a social network of investors [J]. Journal of Finance, 75 (1): 173-228.

CORDEIRO J J, TEWARI M, 2015. Firm characteristics, industry context, and investor reactions to environmental CSR: A stakeholder theory approach [J]. Journal of Business Ethics, 130 (4): 833-849.

CORNELL B, 2021. ESG preferences, risk and return [J]. European Financial Management, 27 (1): 12-19.

COVAS F, W D HAN, 2011. The cyclical behavior of debt and equity finance [J]. American Economic Review, 101 (2): 877-899.

CRANE A D, MICHENAUD S, WESTON J P, 2016. The effect of institutional ownership on payout policy: Evidence from index thresholds [J]. The Review of Financial Studies, 29 (6): 1377-1408.

CUI H, WANG R, WANG H, 2020. An evolutionary analysis of green finance sustainability based on multi-agent game [J]. Journal of Cleaner Production, 269: 121799.

CUNHA F A F D S, DE OLIVEIRA E M, ORSATO R J, et al., 2020. Can sustainable investments outperform traditional benchmarks? Evidence from global stock markets [J]. Business Strategy and the Environment (29): 682-697.

DAN A, TIRON-TUDOR A, 2021. The Determinants of Green Bond Issuance in the European Union [J]. JRFM, 14 (9): 1-15.

DANG T V, XU Z, 2018. Market sentiment and innovation activities [J]. Journal of Financial and Quantitative Analysis, 53 (3): 1135-1161.

DAVIS S J, LIU D, SHENG X S, 2019. Economic policy uncertainty in China since 1949: The view from mainland newspapers [C]. Fourth Annual IMF-Atlanta Fed Research Workshop on China's Economy Atlanta (19): 1-37.

DE ANDRES P, DE LA FUENTE G, VELASCO F, 2017. Does it really matter how a firm diversifies? Assets-in-place diversification versus growth options diversification [J]. Journal of Corporate Finance (43): 316-339.

DE HAAN M, DAM L, SCHOLTENS B, 2012. The drivers of the relationship between corporate environmental performance and stock market returns [J]. Journal of Sustainable Finance & Investment, 2 (3-4): 338-375.

DE LA FUENTE G, ORTIZ M, VELASCO P, 2022. The value of a firm's engagement in ESG practices: Are we looking at the right side? [J]. Long Range Planning, 55 (4): 102143.

DECHOW P, SLOAN R, SWEENEY A, 1995. Detecting earnings

management [J]. Accounting Review, 70 (2): 2-42.

DENG X, KANG J, LOW B S, 2013. Corporate social responsibility and stakeholder value maximization: Evidence from mergers [J]. Journal of Financial Economics (1): 87-109.

DHALIWAL D S, LI O Z, TSANG A, et al., 2011. Voluntary nonfinancial disclosure and the cost of equity capital: The initiation of corporate social responsibility reporting [J]. Accounting Review, 86 (1): 59-100.

DÍAZ V, IBRUSHI D, ZHAO J, 2021. Reconsidering systematic factors during the COVID-19 pandemic-The rising importance of ESG [J]. Finance Research Letters (38): 101870.

DIAZ-RAINEY I, GEHRICKE S A, ROBERTS H, et al., 2021. Trump vs. Paris: The impact of climate policy on US listed oil and gas firm returns and volatility [J]. International Review of Financial Analysis (76): 101746.

DIXON-FOWLER H R, SLATER D J, JOHNSON J L, et al., 2013. Beyond "does it pay to be green?" A meta-analysis of moderators of the CEP-CFP relationship [J]. Journal of business ethics (112): 353-366.

DU K, LI J, 2019. Towards a green world: How do green technology innovations affect total-factor carbon productivity [J]. Energy Policy (131): 240-250.

DU X, 2015. How the market values Greenwashing? Evidence from China [J]. Journal of Business Ethics, 128 (3): 547-574.

DU X, 2015. Is corporate philanthropy used as environmental misconduct dressing? Evidence from Chinese family-owned firms [J]. Journal of Business Ethics, 129 (2): 341-361.

DU X, WENG J, ZENG Q, et al., 2017. Do lenders applaud corporate environmental performance? Evidence from Chinese private-owned firms [J]. Journal of Business Ethics, 143 (1): 179-207.

ECCLES R G, SERAFEIM G, KRZUS M P, 2011. Market interest in nonfinancial information [J]. Journal of Applied Corporate Finance, 23 (4): 113-127.

EDMANS A, MANSO G, 2011. Governance through trading and intervention: A theory of multiple blockholders [J]. The Review of Financial Studies, 24

(7): 2395-2428.

EL GHOUL S, GUEDHAMI O, KIM H, et al., 2018. Corporate environmental responsibility and the cost of capital: International evidence [J]. Journal of Business Ethics (149): 335-361.

EL GHOUL S, GUEDHAMI O, KWOK C C Y, 2011. Does corporate social responsibility affect the cost of capital? [J]. Journal of Banking & Finance, 35 (9): 2388-2406.

EL GHOUL S, GUEDHAMI O, KWOK C C Y, et al., 2011. Does corporate social responsibility affect the cost of capital? [J]. Journal of Banking & Finance, 35 (9): 2388-2406.

ELIWA Y, ABOUD A, SALEH A, 2021. ESG practices and the cost of debt: Evidence from EU countries [J]. Critical Perspectives on Accounting (79): 102097.

ENGLE R F, GIGLIO S, KELLY B, et al., 2020. Hedging climate change news [J]. The Review of Financial Studies, 33 (3): 1184-1216.

ENVELOPE K H P, WONG A, 2022. Effect of climate-related risk on the costs of bank loans: Evidence from syndicated loan markets in emerging economies [J]. Emerging Markets Review.

FACCINI R, MATIN R, SKIADOPOULOS G S, 2021. Dissecting Climate Risks: Are they Reflected in Stock Prices? [J]. Available at SSRN 3795964.

FACCINI R, MATIN R, SKIADOPOULOS G, 2021. Are climate change risks priced in the us stock market? [J]. Danmarks Nationalbank Working Papers.

FAMA E F, FRENCH K R, 1993. Common risk factors in the returns on stocks and bonds [J]. Journal of Financial Economics, 33 (1): 3-56.

FAMA E F, FRENCH K R, 2007. Disagreement, tastes, and asset prices [J]. Journal of Financial Economics, 83 (3): 667-689.

FAMA E F, FRENCH K R, 2015. A five-factor asset pricing model [J]. Journal of Financial Economics, 116 (1): 1-22.

FEI S, QIZHI T, YUN Z, 2022. Directors with overseas background and firm green technology innovation: From the perspective of corporate reputation [J]. Journal of Shanghai University of Finance and Economics (24): 108-122.

FENG J, GOODELL J W, SHEN D, 2022. ESG rating and stock price crash risk: Evidence from China [J]. Finance Research Letters (46): 102476.

FERNANDEZ-PEREZ A, FUERTES A-M, GONZALEZ-FERNANDEZ M, et al., 2020. Fear of hazards in commodity futures markets [J]. Journal of Banking & Finance (119): 105902.

FERRELL A, LIANG H, RENNEBOOG L, 2016. Socially responsible firms [J]. Journal of Financial Economics, 122 (3): 585-606.

FLAMMER C, 2015. Does product market competition foster corporate social responsibility? Evidence from trade liberalization [J]. Strategic Management Journal, 36 (10): 1469-1485.

FORD J M, GEHRICKE S A, ZHANG J E, 2022. Option traders are concerned about climate risks: ESG ratings and short-term sentiment [J]. Journal of Behavioral and Experimental Finance (35): 100687.

FRIEDE G, BUSCH T, BASSEN A, 2015. ESG and financial performance: aggregated evidence from more than 2000 empirical studies [J]. Journal of Sustainable Finance & Investment, 5 (4): 210-233.

FRYDRYCH S, 2021. Green bonds as an instrument for financing in Europe [J]. Ekonomia I Prawo (2021): 239-255.

GALEOTTI M, RABITTI G, VANNUCCI E, 2020. An evolutionary approach to fraud management [J]. European Journal of Operational Research, 284 (3).

GANGI F, D'ANGELO E, 2016. The virtuous circle of corporate social performance and corporate social disclosure [J]. Modern Economy, 7 (12): 1396-1418.

GAO Y, FAN Y, WANG J, 2020. Assessing the safety regulatory process of compliance-based paradigm in China using a signaling game model [J]. Safety Science, 126.

GAO Y, LI Y, ZHAO C, et al., 2022. Risk spillover analysis across worldwide ESG stock markets: New evidence from the frequency-domain [J]. The North American Journal of Economics and Finance (59): 101619.

GARCIA A S, MENDES-DA-SILVA W, ORSATO R J, 2017. Sensitive industries produce better ESG performance: Evidence from emerging markets

［J］. Journal of cleaner production（150）：135-147.

GARCÍA C, HERRERO B, MIRALLES-QUIRÓS J, et al., 2023. Exploring the determinants of corporate green bond issuance and its environmental implication：the role of corporate board［J］. Technological Forecasting and Social Change（189）：122379.

GAVRIILIDIS K, 2021. Measuring climate policy uncertainty［J］. Available at SSRN 3847388.

GHOUL S E, GUEDHAMI O, KWOK C C Y, et al., 2011. Does corporate social responsibility affect the cost of capital［J］. Journal of Banking and Finance, 35（9）：2388-2406.

GIANFRATE G, PERI M, 2019. The green advantage：Exploring the convenience of issuing green bonds［J］. Journal of Cleaner Production（219）：127-135.

GIANNETTI M, BURKART M, ELLINGSEN T, 2011. What you sell is what you lend? Explaining trade credit contracts［J］. Review of Financial Studies, 24（4）：1261-1298.

GIBSON BRANDON R, KRUEGER P, SCHMIDT P S, 2021. ESG rating disagreement and stock returns［J］. Financial Analysts Journal, 77（4）：104-127.

GIGLIO S, MAGGIORI M, RAO K, et al., 2021. Climate change and long-run discount rates：Evidence from real estate［J］. The Review of Financial Studies（34）：3527-3571.

GILO D, MOSHE Y, SPIEGEL Y, 2006. Partial cross ownership and tacit collusion［J］. RAND Journal of Economics, 37（1）：81-99.

GOODLAND R, LEDEC G, 1986. Environmental management in sustainable economic development［J］. Impact Assessment（5）：50-81.

GÖRGEN M, JACOB A, NERLINGER M, et al., 2020. Carbon risk［J］. Available at SSRN 2930897.

GOSS A, ROBERTS G S, 2011. The impact of corporate social responsibility on the cost of bank loans［J］. Journal of Banking and Finance, 35（7）：1794-1810.

GREEN J, HAND J R M, ZHANG X F, 2017. The characteristics that provide independent information about average US monthly stock returns [J]. The Review of Financial Studies, 30 (12): 4389-4436.

GREGORY R P, STEAD J G, STEAD E, 2021. The global pricing of environmental, social, and governance (ESG) criteria [J]. Journal of Sustainable Finance & Investment, 11 (4): 310-329.

GSIA, 2022. Global sustainable investment review [R]. Biennial Report.

GUO J, LONG S, LUO W, 2022. Nonlinear effects of climate policy uncertainty and financial speculation on the global prices of oil and gas [J]. International Review of Financial Analysis (83): 102286.

GUO R J, LEV B, SHI C, 2006. Explaining the Short-and Long-Term IPO Anomalies in the US by R&D [J]. Journal of Business Finance & Accounting, 33 (3-4): 550-579.

HABIB A, JIANG H, 2015. Corporate governance and financial reporting quality in China: A survey of recent evidence [J]. Journal of International Accounting, Auditing and Taxation, 24.

HACHENBERG B, SCHIERECK D, 2018. Are green bonds priced differently from conventional bonds? [J] Journal of Asset Management (19): 371-383.

HAFNER S, JONES A, ANGER-KRAAVI A, et al., 2020. Closing the green finance gap - A systems perspective [J]. Environmental Innovation and Societal Transitions, 34.

HALL S, ROELICH K E, DAVIS M E, 2018. Finance and justice in low-carbon energy transitions [J]. Applied Energy (222): 772-780.

HE F, QIN S, LIU Y, et al., 2022. CSR and idiosyncratic risk: Evidence from ESG information disclosure [J]. Finance Research Letters (49): 102936.

HE J, HUANG J K, ZHAO S, 2019. Internalizing governance externalities: The role of institutional cross-ownership [J]. Journal of Financial Economics, 134 (2): 400-418.

HE J, HUANG J, 2017. Product market competition in a world of cross-ownership: Evidence from institutional blockholdings [J]. The Review of Financial

Studies, 30 (8): 2674-2718.

HE J, HUANG J, ZHAO S, 2019. Internalizing governance externalities: The role of institutional cross-ownership [J]. Journal of Financial Economics, 134 (2): 400-418.

HE L, LIU R, ZHONG Z, 2019. Can green financial development promote renewable energy investment efficiency? A consideration of bank credit [J]. Renewable Energy (143): 974-984.

HE M, ZHANG Y, 2022. Climate policy uncertainty and the stock return predictability of the oil industry [J]. Journal of International Financial Markets, Institutions and Money (81): 101675.

HE Q, WANG Z, WANG G, et al., 2020. To be green or not to be: How environmental regulations shape contractor greenwashing behaviors in construction projects [J]. Sustainable Cities and Society, 63.

HIGGINS R C, 1977. How much growth can a firm afford [J]. Finance Management, 6 (3): 7-16.

HILSCHER J, LANDSKRONER Y, RAVIV A, 2015. Optimal Regulation, Executive Compensation and Risk Taking by Financial Institutions [J]. Social Science Electronic Publishing.

HOANG H V, 2023. Environmental, social, and governance disclosure in response to climate policy uncertainty: Evidence from US firms [J]. Environment, Development and Sustainability: 1-41.

HOU K, XUE C, ZHANG L, 2020. Replicating anomalies [J]. The Review of financial studies, 33 (5): 2019-2133.

HOUSTON J F, SHAN H Y, 2022. Corporate esg profiles and banking relationships [J]. Review of Financial Studies, 35 (7): 3373-3417.

HUANG D Z X, 2022. Environmental, social and governance factors and assessing firm value: Valuation, signaling and stakeholder perspectives [J]. Accounting and Finance (62): 1983-2010.

HUANG H, XING X, HE Y, et al., 2020. Combating greenwashers in emerging markets: A game-theoretical exploration of firms, customers and government regulations [J]. Transportation Research Part E, 140.

HUANG Q, LI Y, LIN M, et al., 2022. Natural disasters, risk salience, and corporate ESG disclosure [J]. Journal of Corporate Finance (72): 102152.

HUANG Y, CHEN C, LEI L, 2022. Impacts of green finance on green innovation: A spatial and nonlinear perspective [J]. Journal of Cleaner Production.

HUMPHREY J E, LEE D D, SHEN Y, 2012. The independent effects of environmental, social and governance initiatives on the performance of UK firms [J]. Australian Journal of Management, 37 (2): 135-151.

HUSTED L, ROGERS J, SUN B, 2020. Monetary policy uncertainty [J]. Journal of Monetary Economics (115): 20-36.

HUYNH T D, XIA Y, 2021. Climate change news risk and corporate bond returns [J]. Journal of Financial and Quantitative Analysis (56): 1985-2009.

ILHAN E, KRUEGER P, SAUTNER Z, et al., 2023. Climate risk disclosure and institutional investors [J]. The Review of Financial Studies (36): 2617-2650.

IMMEL M, HACHENBERG B, KIESEL F, et al., 2021. Green bonds: Shades of green and brown [J]. Journal of Asset Management (22): 96-109.

IN S Y, PARK K Y, MONK A, 2017. Is "Being Green" rewarded in the market? An empirical investigation of decarbonization risk and stock returns [J]. International Association for Energy Economics (Singapore Issue), 46 (48).

IOANNOU I, SERAFEIM G, 2017. The consequences of mandatory corporate sustainability reporting [Z]. Harvard Business School research working paper (11-100).

IQBAL N, NAEEM M A, SULEMAN M T, 2022. Quantifying the asymmetric spillovers in sustainable investments [J]. Journal of International Financial Markets, Institutions and Money (77): 101480.

JANG I J, KANG N, YEZEGEL A, 2022. Common ownership, price informativeness, and corporate investment [J]. Journal of Banking & Finance (135): 106373.

JANKOVIC I, VASIC V, KOVACEVIC V, 2022. Does transparency matter?

Evidence from panel analysis of the EU government green bonds [J]. Energy Economics, 114, 106325.

JI Q, ZHANG D, 2019. How much does financial development contribute to renewable energy growth and upgrading of energy structure in China? [J]. Energy Policy, 128.

JIAKUI C, ABBAS J, NAJAM H, 2023. Green technological innovation, green finance, and financial development and their role in green total factor productivity: Empirical insights from China [J]. Journal of Cleaner Production (382): 135131.

JIN S, WANG Y, QIAN X, et al., 2022. A signaling game approach of siting conflict mediation for the construction of waste incineration facilities under information asymmetry [J]. Journal of Cleaner Production, 335.

KAPFHAMMER F, LARSEN V H, THORSRUD L A, 2020. Climate risk and commodity currencies [J]. Social Science Electronic Publishing.

KEMPF A, OSTHOFF P, 2007. The effect of socially responsible investing on portfolio performance [J]. European financial management, 13 (5): 908-922.

KHALED R, ALI H, MOHAMED E K A, 2021. The sustainable development goals and corporate sustainability performance: Mapping, extent and determinants [J]. Journal of Cleaner Production (311): 127599.

KHALFAOUI R, JABEUR S B, DOGAN B, 2022a. The spillover effects and connectedness among green commodities, Bitcoins, and US stock markets: Evidence from the quantile VAR network [J]. Journal of environmental management (306): 114493.

KHALFAOUI R, MEFTEH-WALI S, VIVIANI J-L, et al., 2022b. How do climate risk and clean energy spillovers, and uncertainty affect US stock markets? [J]. Technological Forecasting and Social Change (185): 122083.

KHAN M A, 2022. ESG disclosure and Firm performance: A bibliometric and meta analysis [J]. Research in International Business and Finance (61): 101668.

KIM E H, LYON T P, 2015. Greenwash vs brownwash: Exaggeration and undue modesty in corporate sustainability disclosure [J]. Organization Science,

26 (2): 705-723.

KIM M, KIM Y, 2014. Corporate social responsibility and shareholder value of restaurant firms [J]. International Journal of Hospitality Management (40): 120-129.

KIM S, LI Z, 2021. Understanding the impact of ESG practices in corporate finance [J]. Sustainability (13): 3746.

KIM Y B, AN H T, KIM J D, 2015. The effect of carbon risk on the cost of equity capital [J]. Journal of Cleaner Production (93): 279-287.

KIM Y, LI H, LI S, 2014. Corporate social responsibility and stock price crash risk [J]. Journal of Banking & Finance (43): 1-13.

KNOEPFEL I, 2004. Who cares wins: Connecting financial markets to a changing world [R]. UN Environment Programme.

KOCH A, PANAYIDES M, THOMAS S, 2021. Common ownership and competition in product markets [J]. Journal of Financial Economics, 139 (1): 109-137.

KÖLBEL J F, BUSCH T, JANCSO L M, 2017. How media coverage of corporate social irresponsibility increases financial risk [J]. Strategic Management Journal (38): 2266-2284.

KRUEGER P, SAUTNER Z, STARKS L T, 2020. The importance of climate risks for institutional investors [J]. The Review of Financial Studies (33): 1067-1111.

KRUEGER P, SAUTNER Z, TANG D Y, et al., 2021. The effects of mandatory ESG disclosure around the world [Z]. European Corporate Governance Institute-Finance Working Paper (754): 21-44.

LAGASIO V, CUCARI N, 2019. Corporate governance and environmental social governance disclosure: A meta-analytical review [J]. Corporate Social Responsibility and Environmental Management, 26 (4): 701-711.

LAGOARDE-SEGOT T, 2020. Financing the Sustainable Development Goals [J]. Environmental Economics Journal.

LAKONISHOK J, SHLEIFER A, VISHNY R W, 1994. Contrarian investment, extrapolation, and risk [J]. The Journal of Finance, 49 (5):

1541-1578.

LAZARO L L B, GARANGEIA C S, SANTOS L, et al., 2023. What is green finance, after all? Exploring definitions and their implications under the Brazilian biofuel policy [J]. Journal of Climate Finance, 2, 100009.

LE BILLON P, LUJALA P, SINGH D, et al., 2021. Fossil fuels, climate change, and the COVID-19 crisis: Pathways for a just and green post-pandemic recovery [J]. Climate Policy, 21 (10): 1347-1356.

LE QUÉRÉ C, JACKSON R B, JONES M W, et al., 2020. Temporary reduction in daily global CO2 emissions during the COVID-19 forced confinement [J]. Nature Climate Change, 10 (7): 647-653.

LEE C, LEE C, 2022. How does green finance affect green total factor productivity? Evidence from China [J]. Energy Economics (107): 105863.

LEE C, OLASEHINDE-WILLIAMS G, 2021. Gasoline demand elasticities in the world's energy gluttons: A time-varying coefficient approach [J]. Environmental Science and Pollution Research, 28 (45): 64830-64847.

LEE K, CIN B C, LEE E Y, 2016. Environmental responsibility and firm performance: The application of an environmental, social and governance model [J]. Business Strategy and the Environment, 25 (1): 40-53.

LEE M T, RASCHKE R L, 2023. Stakeholder legitimacy in firm greening and financial performance: What about greenwashing temptations? [J]. Journal of Business Research, 155, 113393.

LEITAO J, FERREIRA J, SANTIBANEZ-GONZALEZ E, 2021. Green bonds, sustainable development and environmental policy in the European Union carbon market [J]. Business Strategy and the Environment, 30 (4): 2077-2090.

LEONIDOU N C, KATSIKEAS S C, MORGAN A N, 2013. "Greening" the marketing mix: do firms do it and does it pay off? [J]. Journal of the Academy of Marketing Science, 41 (2): 151-170.

LEWELLEN K, LOWRY M, 2021. Does common ownership really increase firm coordination? [J]. Journal of Financial Economics, 141 (1): 322-344.

LI G, WANG X, SU S, et al., 2019. How green technological innovation ability influences enterprise competitiveness [J]. Technology in Society (59): 101136.

LI J, DONG K, TAGHIZADEH-HESARY F, et al., 2022. 3G in China: How green economic growth and green finance promote green energy? [J]. Renewable Energy (200): 1327-1337.

LI Q, ZHANG K, WANG L, 2022. Where's the green bond premium? Evidence from China [J]. Finance Research Letters (48): 102950.

LI S, LIU C, 2018. Quality of corporate social responsibility disclosure and cost of equity capital: Lessons from China [J]. Emerging Markets Finance and Trade, 54 (11): 2472-2494.

LI W, XU J, ZHENG M, 2018. Green governance: New perspective from open innovation [J]. Sustainability (10).

LI W, ZHANG R, 2010. Corporate social responsibility, ownership structure, and political interference: Evidence from China [J]. Journal of Business Ethics, 96 (4): 631-645.

LI W, ZHENG M, ZHANG Y, 2020. Green governance structure, ownership characteristics, and corporate financing constraints [J]. Journal of Cleaner Production (260): 121008.

LI Y, GONG M, ZHANG X, et al., 2018. The impact of environmental, social, and governance disclosure on firm value: The role of CEO power [J]. British Accounting Review, 50 (1): 60-75.

LI Z, LIAO G, WANG Z, et al., 2018. Green loan and subsidy for promoting clean production innovation [J]. Journal of Cleaner Production, 187.

LIANG C, UMAR M, MA F, et al., 2022. Climate policy uncertainty and world renewable energy index volatility forecasting [J]. Technological Forecasting and Social Change (182): 121810.

LIANG H, MARQUIS C, RENNEBOOG L, et al., 2018. Future-time framing: The effect of language on corporate future orientation [J]. Organization Science, 29 (6): 1093-1111.

LIANG H, RENNEBOOG L, 2017. On the foundations of corporate social responsibility [J]. The Journal of Finance, 72 (2): 853-910.

LIN Y J, FU X Q, FU X L, 2021. Varieties in state capitalism and corporate innovation: Evidence from an emerging economy [J]. Journal of Corporate Finance (67): 101919.

LINS K V, SERVAES H, TAMAYO A, 2017. Social capital, trust, and firm performance: The value of corporate social responsibility during the financial crisis [J]. The Journal of Finance, 72 (4): 1785–1824.

LIU C, XIA T, 2019. Strategy analysis of governments and new energy product manufacturers and consumers based on evolutionary game model [J]. Soft Computing, 24.

LIU C, YU T, 2020. The regulatory warning model of regional product quality based on the back-propagation artificial neural network [J]. Neural Computing and Applications, 32 (6).

LIU G, ZENG Q, LEI J, 2022. Dynamic risks from climate policy uncertainty: A case study for the natural gas market [J]. Resources Policy (79): 103014.

LIU J, STAMBAUGH R F, YUAN Y, 2019. Size and value in China [J]. Journal of Financial Economics, 134 (1): 48–69.

LIU S, QI H, WAN Y, 2022. Driving factors behind the development of China's green bond market [J]. Journal of Cleaner Production (354): 131705.

LIU S, ZHUO Y, SHEN X, et al., 2023. The impact of declined social insurance contribution rate on enterprise total factor productivity: Evidence from China [J]. International Review of Financial Analysis (87): 102624.

LÖÖF H, SAHAMKHADAM M, STEPHAN A, 2022. Is Corporate Social Responsibility investing a free lunch? The relationship between ESG, tail risk, and upside potential of stocks before and during the COVID-19 crisis [J]. Finance Research Letters (46): 102499.

LOPEZ J M R, SAKHEL A, BUSCH T, 2017. Corporate investments and environmental regulation: The role of regulatory uncertainty, regulation-induced uncertainty, and investment history [J]. European Management Journal (35): 91–101.

LÓPEZ-CABARCOS M Á, PÉREZ-PICO A M, LÓPEZ-PÉREZ M L, 2019. Does social network sentiment influence S&P 500 environmental & socially responsible index? [J]. Sustainability (11): 320.

LU W, WU H, YANG S, et al., 2022. Effect of environmental regulation policy synergy on carbon emissions in China under consideration of the mediating role of industrial structure [J]. Journal of Environmental Management, 322, 116053.

L'UBOŠ PÁSTOR, STAMBAUGH R F, TAYLOR L A, 2021. Sustainable investing in equilibrium [J]. Journal of Financial Economics (142): 550-571.

LUO D, 2022. ESG, liquidity, and stock returns [J]. Journal of International Financial Markets, Institutions and Money (78): 101526.

LUO L, TANG Q, 2014. Carbon tax, corporate carbon profile and financial return [J]. Pacific Accounting Review, 26 (3): 351-373.

MA R, JI Q, ZHAI P, et al., 2022. Environmental violations, refinancing risk, and the corporate bond cost in China [J]. Journal of International Financial Management & Accounting, 33 (3): 480-504.

MACKINTOSH J, 2018. Is Tesla or Exxon more sustainable? It depends whom you ask [N]. Wall Street Journal, 17.

MADALENO M, DOGAN E, TASKIN D, 2022. A step forward on sustainability: The nexus of environmental responsibility, green technology, clean energy and green finance [J]. Energy Economics (109): 105945.

MAGILL M, QUINZII M, ROCHET J, 2015. A Theory of the Stakeholder Corporation [J]. Econometrica, 83 (5): 1685-1725.

MAITI M, 2021. Is ESG the succeeding risk factor? [J]. Journal of Sustainable Finance & Investment, 11 (3): 199-213.

MALTAIS A, NYKVIST B, 2020. Understanding the role of green bonds in advancing sustainability [J]. Journal of Sustainable Finance & Investment: 1-20.

MARQUIS C, TOFFEL W M, ZHOU Y, 2016. Scrutiny, Norms, and Selective Disclosure: A Global Study of Greenwashing [J]. Organization Science, 27 (2): 483-504.

MCLEAN R D, ZHAO M, 2014. The business cycle, investor sentiment, and costly external finance [J]. Journal of Finance, 69 (3): 1377-1409.

MCWILLIAMS A, SIEGEL D, 2001. Corporate social responsibility: A theory of the firm perspective [J]. Academy of Management Review, 26 (1): 117-127.

MOALLA M, DAMMAK S, 2023. Corporate ESG performance as good insurance in times of crisis: Lessons from US stock market during COVID-19 pandemic [J]. Journal of Global Responsibility.

MOHAMMAD W M W, WASIUZZAMAN S, 2021. Environmental, social and governance (ESG) disclosure, competitive advantage and performance of firms in Malaysia [J]. Cleaner Environmental Systems (2): 100015.

MU W, LIU K, TAO Y, et al., 2023. Digital finance and corporate ESG [J]. Finance Research Letters (51): 103426.

NAEEM M A, FARID S, FERRER R, et al., 2021. Comparative efficiency of green and conventional bonds pre-and during COVID-19: An asymmetric multifractal detrended fluctuation analysis [J]. Energy Policy (153): 112285.

NAGY Z, KASSAM A, LEE L E, 2016. Can ESG add alpha? An analysis of ESG tilt and momentum strategies [J]. The Journal of Investing, 25 (2): 113-124.

NG A W, 2018. From sustainability accounting to a green financing system: Institutional legitimacy and market heterogeneity in a global financial centre [J]. Journal of Cleaner Production (195): 585-592.

NIGAM N, BENETTI C, JOHAN S A, 2020. Digital start-up access to venture capital financing: What signals quality? [J]. Emerging Markets Review (45): 100743.

NOAILLY J, NOWZOHOUR L, VAN DEN HEUVEL M, 2022. Does Environmental Policy Uncertainty Hinder Investments Towards a Low-Carbon Economy? [R]. National Bureau of Economic Research.

NOVY-MARX R, 2013. The other side of value: The gross profitability premium [J]. Journal of Financial Economics, 108 (1): 1-28.

OESTREICH A M, TSIAKAS I, 2015. Carbon emissions and stock returns: Evidence from the EU Emissions Trading Scheme [J]. Journal of Banking &

Finance (58): 294-308.

OLIVA F L, SEMENSATO B I, PRIOSTE D B, 2019. Innovation in the main Brazilian business sectors: Characteristics, types and comparison of innovation [J]. J. Knowl. Manag (23): 135-175.

ORZECHOWSKI A, BOMBOL M, 2022. Energy security, sustainable development and the green bond market [J]. Energies.

PAINTER M, 2020. An inconvenient cost: The effects of climate change on municipal bonds [J]. Journal of Financial Economics (135): 468-482.

PANKRATZ N, BAUER R, DERWALL J, 2023. Climate change, firm performance, and investor surprises [J]. Management Science.

PARK J, SANI J, SHROFF N, 2019. Disclosure incentives when competing firms have common ownership [J]. Journal of Accounting and Economics, 67 (2-3): 387-415.

PÁSTOR L, STAMBAUGH R F, TAYLOR L A, 2021. Sustainable investing in equilibrium [J]. Journal of Financial Economics, 142 (2): 550-571.

PÁSTOR L, STAMBAUGH R F, TAYLOR L A, 2022. Dissecting green returns [J]. Journal of Financial Economics, 146 (2): 403-424.

PEAKE S, EKINS P, 2017. Exploring the financial and investment implications of the Paris Agreement [J]. Climate Policy, 17 (7): 832-852.

PEDERSEN L H, FITZGIBBONS S, POMORSKI L, 2021. Responsible investing: The ESG-efficient frontier [J]. Journal of Financial Economics, 142 (2): 572-597.

PRAJAPATI D, PAUL D, MALIK S, 2021. Understanding the preference of individual retail investors on green bond in India: An empirical study [J]. Investment Management and Financial Innovations (18): 177-189.

PU X, CHENG H G, GONG L, et al., 2011. Revision of three-stakeholder signaling game for environmental impact assessment in China [J]. Environmental Impact Assessment Review, 31 (2): 129-135.

PUTTACHAI W, PHADKANTHA R, YAMAKA W, 2022. The threshold effects of ESG performance on the energy transitions: A country-level data [J]. Energy Reports (8): 234-241.

QIAN Y, LIU J, FORREST J Y, 2022. Impact of financial agglomeration on regional green economic growth: Evidence from China [J]. Journal of Environmental Planning and Management, 65 (9): 1611-1636.

RAJESH R, 2020. Exploring the sustainability performances of firms using environmental, social, and governance scores [J]. Journal of Cleaner Production (247): 965-987.

RAMALINGEGOWDA S, UTKE S, YU Y, 2021. Common institutional ownership and earnings management [J]. Contemporary Accounting Research, 38 (1): 208-241.

RASOULINEZHAD E, TAGHIZADEH-HESARY F, 2022. Role of green finance in improving energy efficiency and renewable energy development [J]. Energy Efficiency (15): 14.

REN X, ZHANG X, YAN C, et al., 2022. Climate policy uncertainty and firm-level total factor productivity: Evidence from China [J]. Energy Economics (113): 106209.

REZAEE Z, TUO L, 2019. Are the quantity and quality of sustainability disclosures associated with the innate and discretionary earnings quality? [J]. Journal of Business Ethics, 155 (3): 763-786.

RIEDL A, SMEETS P, 2017. Why do investors hold socially responsible mutual funds? [J]. The Journal of Finance, 72 (6): 2505-2550.

ROSS S A, 2013. The arbitrage theory of capital asset pricing [M]. Handbook of the fundamentals of financial decision making: Part I.: 11-30.

ROY P P, RAO S, ZHU M, 2022. Mandatory CSR expenditure and stock market liquidity [J]. Journal of Corporate Finance (72): 102158.

RUAN L, LIU H, 2021. Environmental, social, governance activities and firm performance: Evidence from China [J]. Sustainability, 13 (2): 767.

SACHS J D, WOO W T, YOSHINO N, 2019. Importance of green finance for achieving sustainable development goals and energy security [J]. Handbook of Green Finance.

SAEIDI S P, SOFIAN S, SAEIDI P, 2015. How does corporate social responsibility contribute to firm financial performance? The mediating role of competitive advantage, reputation, and customer satisfaction [J]. Journal of Business Research, 68 (2): 341-350.

SANGIORGI I, SCHOPOHL L, 2023. Explaining green bond issuance using survey evidence: Beyond the greenium [J]. The British Accounting Review (55): 101071.

SANORAN K, 2023. Corporate sustainability and sustainable growth: The role of industry sensitivity [J]. Finance Research Letters (53): 103596.

SARTZETAKIS E S, 2021. Green bonds as an instrument to finance low carbon transition [J]. Economic Change and Restructuring, 54 (3): 755-779.

SCHLENKER W, TAYLOR C A, 2021. Market expectations of a warming climate [J]. Journal of financial economics (142): 627-640.

SCHMALZ M C, 2021. Recent studies on common ownership, firm behavior, and market outcomes [J]. The Antitrust Bulletin, 66 (1): 12-38.

SCHOLTENS B, 2017. Why finance should care about ecology [J]. Trends in Ecology & Evolution, 32 (7): 500-505.

SELTZER L H, STARKS L, ZHU Q, 2022. Climate regulatory risk and corporate bonds [R]. National Bureau of Economic Research.

SEMIENIUK G, CAMPIGLIO E, MERCURE J F, et al., 2021. Low-carbon transition risks for finance [J]. Wiley interdisciplinary reviews. Climate change (12): e678-n/a.

SHANG Y, HAN D, GOZGOR G, et al., 2022. The impact of climate policy uncertainty on renewable and non-renewable energy demand in the United States [J]. Renewable Energy (197): 654-667.

SHARPE W F, 1964. Capital asset prices: A theory of market equilibrium under conditions of risk [J]. The Journal of Finance, 19 (3): 425-442.

SHENG Q, ZHENG X, ZHONG N, 2021. Financing for sustainability: Empirical analysis of green bond premium and issuer heterogeneity [J]. Natural Hazards (107): 2641-2651.

SHERWOOD M W, POLLARD J L, 2018. The risk-adjusted return potential of integrating ESG strategies into emerging market equities [J]. Journal of Sustainable Finance & Investment (8): 26-44.

SILVA S, 2021. Corporate contributions to the sustainable development goals: An empirical analysis informed by legitimacy theory [J]. Journal of Cleaner Production (292): 125962.

SIM N, ZHOU H, 2015. Oil prices, US stock return, and the dependence between their quantiles [J]. Journal of Banking & Finance (55): 1-8.

SINDREU J, KENT S. Why it's so hard to be an "ethical" investor. Wall Street Journal Online. 2018. Sept. 1 [EB/OL]. https://www.wsj.com/articles/why-its-so-hard-to-be-an-ethical-investor-1535799601.

SINHA A, MISHRA S, SHARIF A, 2021. Does green financing help to improve environmental & social responsibility? Designing SDG framework through advanced quantile modelling [J]. Journal of environmental management (292): 112751.

SMITH L V, FONT X, 2014. Volunteer tourism, greenwashing and understanding responsible marketing using market signaling theory [J]. Journal of Sustainable Tourism, 22 (6): 942-963.

SONG H, ZHAO C, ZENG J, 2017. Can environmental management improve financial performance: An empirical study of A-shares listed companies in China [J]. Journal of Cleaner Production (141): 1051-1056.

SONG M, PENG L, SHANG Y, et al., 2022. Green technology progress and total factor productivity of resource-based enterprises: A perspective of technical compensation of environmental regulation [J]. Technological Forecasting and Social Change (174): 121276.

SONKO K N, SONKO M, 2023. ESG: Global importance, origins, and emergence [M]. Berlin: Springer International Publishing: 3-25.

SRIVASTAVA R K, SHERVANI T A, FAHEY L, 1998. Market-based assets and shareholder value: A framework for analysis [J]. Journal of Marketing, 62 (1): 2-18.

STEFKOVICS Á, HORTAY O, 2022. Fear of COVID-19 reinforces climate change beliefs. Evidence from 28 European countries [J]. Environmental Science & Policy (136): 717-725.

STOTZ O, 2021. Expected and realized returns on stocks with high- and low-

ESG exposure [J]. Journal of Asset Management, 22 (2): 133-150.

STROEBEL J, WURGLER J, 2021. What do you think about climate finance? [J]. Elsevier, 487-498.

SU T, SHI Y, LIN B, 2023. Label or lever? The role of reputable underwriters in Chinese green bond financing [J]. Finance Research Letters (53): 103612.

SUN Z, ZHANG W, 2019. Do government regulations prevent greenwashing? An evolutionary game analysis of heterogeneous enterprises [J]. Journal of Cleaner Production, 231.

SURROCA J, TRIBÓ J A, WADDOCK S, 2010. Corporate responsibility and financial performance: The role of intangible resources [J]. Strategic Management Journal, 31 (5): 463-490.

TAGHIZADEH-HESARY F, YOSHINO N, 2019. The way to induce private participation in green finance and investment [J]. Finance Research Letters (31): 98-103.

TAGHIZADEH-HESARY F, YOSHINO N, RASOULINEZHAD E, 2021. Power purchase agreements with incremental tariffs in local currency: An innovative green finance tool [J]. Global Finance Journal (50): 100666.

TAN Y, ZHU Z, 2022. The effect of ESG rating events on corporate green innovation in China: The mediating role of financial constraints and managers' environmental awareness [J]. Technology in Society (68): 101906.

TANKOV P, TANTET A, 2019. Climate data for physical risk assessment in finance [J]. Social Science Electronic Publishing.

TENG X, WANG Y, WANG A, et al., 2021. Environmental, social, governance risk and corporate sustainable growth nexus: Quantile regression approach [J]. International Journal of Environmental Research and Public Health, 18 (20): 10865.

TIROLE J, 2010. The theory of corporate finance [J]. Economic Journal, 116 (515): F499-F507.

TOLLIVER C, KEELEY A R, 2019. Green bonds for the Paris Agreement and sustainable development goals [J]. Environmental Research Letters, 14 (6).

TRIGEORGIS L, REUER J J, 2017. Real options theory in strategic management [J]. Strategic Management Journal, 38 (1): 42-63.

TRINKS A, IBIKUNLE G, MULDER M, et al., 2022. Carbon intensity and the cost of equity capital [J]. Energy Journal, 43 (2): 181-214.

TSANG A, FROST T, CAO H, 2023. Environmental, social, and governance (ESG) disclosure: A literature review [J]. British Accounting Review, 55 (1): 101149.

UMAR Z, GUBAREVA M, TRAN D K, et al., 2021. Impact of the Covid-19 induced panic on the Environmental, social and governance leaders equity volatility: A time-frequency analysis [J]. Research in International Business and Finance (58): 101493.

VELTE P, 2017. Does ESG performance have an impact on financial performance? Evidence from Germany [J]. Journal of Global Responsibility, 8 (2): 169-178.

WADDOCK S A, GRAVES S B, 1997. The corporate social performance - financial performance link [J]. Strategic management journal, 18 (4): 303-319.

WAN Q, MIAO X, AFSHAN S, 2022. Dynamic effects of natural resource abundance, green financing, and government environmental concerns toward the sustainable environment in China [J]. Resources Policy, 79, 102954.

WANG C, GENG L, JULIáN D, 2021. How and when higher climate change risk perception promotes less climate change inaction [J]. Journal of Cleaner Production (321): 128952.

WANG J, CHEN X, LI X, et al., 2022. The market reaction to green bond issuance: Evidence from China [J]. Pacific-Basin Finance Journal (60): 101294.

WANG J, HU X, ZHONG A, 2023. Stock market reaction to mandatory ESG disclosure [J]. Finance Research Letters (53): 103402.

WANG J, LI L, 2023. Climate risk and Chinese stock volatility forecasting: Evidence from ESG index [J]. Finance Research Letters (55): 103898.

WANG J, MA M, DONG T, et al., 2023. Do ESG ratings promote corporate green innovation? A quasi-natural experiment based on SynTao Green Finance's ESG ratings [J]. International Review of Financial Analysis, 87.

WANG K, ZHAO Y, JIANG C, 2022. Does green finance inspire sustainable development? Evidence from a global perspective [J]. Economic Analysis and Policy.

WANG L L, 2022. Transmission effects of ESG disclosure regulations through bank lending networks [J]. SSRN Electronic Journal: 4092506.

WANG L, JI Y, NI Z, 2023a. Spillover of stock price crash risk: Do environmental, social and governance (ESG) matter? [J]. International Review of Financial Analysis: 102768.

WANG N, LI D, CUI D, et al., 2022. Environmental, social, governance disclosure and corporate sustainable growth: Evidence from China [J]. Frontiers in Environmental Science (10): 1015764.

WANG R, ZHAO X, ZHANG L, 2022. Research on the impact of green finance and abundance of natural resources on China's regional eco-efficiency [J]. Resources Policy (76): 102579.

WANG X, CAO F, YE K, 2018. Mandatory corporate social responsibility (CSR) reporting and financial reporting quality: Evidence from a quasi-natural experiment [J]. Journal of Business Ethics (152): 253-274.

WANG X, LAI C, LI H, et al., 2023. A tripartite game analysis of public participation in environmental regulation of ionic rare earth mining areas [J]. Resources Policy, 81, 103319.

WANG X, SHAO Q, 2019. Non-linear effects of heterogeneous environmental regulations on green growth in G20 countries: Evidence from panel threshold regression [J]. Science of The Total Environment (660): 1346-1354.

WANG X, WANG J, GUAN W, et al., 2023b. Role of ESG investments in achieving COP-26 targets [J]. Energy Economics (123): 106757.

WANG Y, WANG D, SHI X, 2021. Exploring the dilemma of overcapacity governance in China's coal industry: A tripartite evolutionary game model [J]. Resources Policy, 71 (1): 102000.

WEERASEKARA S, WILSON C, LEE B, et al., 2021. The impacts of climate induced disasters on the economy: Winners and losers in Sri Lanka [J]. Ecological Economics (185): 107043.

WEN F, WU N, GONG X, 2020. China's carbon emissions trading and stock returns [J]. Energy Economics (86): 104627.

WEN H, LEE C C, ZHOU F, 2022. How does fiscal policy uncertainty affect corporate innovation investment? Evidence from China's new energy industry [J]. Energy Economics (105): 105767.

WONG C, PETROY E, 2020. Rate the Raters 2020: Investor Survey and Interview Results [R]. ERM's Sustainability Institute.

WONG J B, ZHANG Q, 2022. Stock market reactions to adverse ESG disclosure via media channels [J]. British Accounting Review, 54 (1): 101045.

WU J, ZHENG S, TANG Y, 2022. Does ESG disclosure help improve intangible capital? Evidence from A-share listed companies [J]. Frontiers in Environmental Science (10): 858548.

XIAO H, TANG H, ZHOU J, 2019. On the LCEFT multi-player collaborative innovation evolutionary game with the support of green finance [J]. Ekoloji, 28 (107): 1349-1364.

XIE J, NOZAWA W, YAGI M, et al., 2019. Do environmental, social, and governance activities improve corporate financial performance? [J]. Business Strategy and the Environment, 28 (2): 286-300.

XU G, LU N, TONG Y, 2022. Greenwashing and credit spread: Evidence from the Chinese green bond market [J]. Finance Research Letters, 48.

XU J, LIU F, SHANG Y, 2020. R&D investment, ESG performance and green innovation performance: Evidence from China. [J]. Kybernetes, 50 (3): 737-756.

XU J, SHE S, GAO P, 2023. Role of green finance in resource efficiency and green economic growth [J]. Resources Policy (81): 103349.

XU L, ZHANG Q, SHI X, 2019. Stakeholders strategies in poverty alleviation and clean energy access: A case study of China's PV poverty alleviation program [J]. Energy Policy, 135.

XU N, LIU J, DOU H, 2022. Environmental, social, and governance information disclosure and stock price crash risk: Evidence from Chinese listed companies [J]. Frontiers in Psychology (13): 977369.

XU P, JIN Z, YE X, 2022. Efficiency measurement and spatial spillover effect of green agricultural development in China [J]. Frontiers in Environmental Science (10): 909321.

XU S, LIU D, HUANG J, 2015. Corporate social responsibility, the cost of equity capital and ownership structure: An analysis of Chinese listed firms [J]. Australian Journal of Management, 40 (2): 245-276.

XU X, ZENG S, ZOU H, et al., 2016. The impact of corporate environmental violation on shareholders' wealth: A perspective taken from media coverage [J]. Business Strategy and the Environment, 25 (2): 73-91.

XU Y, LI S, ZHOU X, et al., 2022. How environmental regulations affect the development of green finance: Recent evidence from polluting firms in China [J]. Renewable Energy, 189.

YANG D, CHEN Z, YANG Y, et al., 2019. Green financial policies and capital flows [J]. Physica A: Statistical Mechanics and its Applications, 522.

YANG Y, DU Z, ZHANG Z, et al., 2021. Does ESG disclosure affect corporate-bond credit spreads? Evidence from China [J]. Sustainability (13): 8500.

YANG Y, YANG W, CHEN H, et al., 2020. China's energy whistleblowing and energy supervision policy: An evolutionary game perspective [J]. Energy, 213.

YE C, SONG X, LIANG Y, 2022. Corporate sustainability performance, stock returns, and ESG indicators: Fresh insights from EU member states [J]. Environmental Science and Pollution Research, 29 (58): 87680-87691.

YE L, FANG Y, 2021. Evolutionary game analysis on firms and banks' behavioral strategies: Impact of environmental governance on interest rate setting [J]. Environmental Impact Assessment Review, 86: 106501.

YOO S, MANAGI S, 2022. Disclosure or action: Evaluating ESG behavior towards financial performance [J]. Finance Research Letters (44): 102108.

YOUSAF I, SULEMAN M T, DEMIRER R, 2022. Green investments: A luxury good or a financial necessity? [J]. Energy Economics (105): 105745.

YU C H, WU X, ZHANG D, et al., 2021. Demand for green finance: Resolving financing constraints on green innovation in China [J]. Energy Policy, 153 (1): 112255.

YU J, SHI X, GUO D, et al., 2021. Economic policy uncertainty (EPU) and firm carbon emissions: Evidence using a China provincial EPU index [J]. Energy Economics (94): 105071.

YU X, DONG G, LIU C, 2020. The Tripartite Regulation Game of Carbon Financial Products Based on the Prospect Theory [J]. Frontiers in Environmental Science: 8.

ZHANG C, GAO L, WANG W, et al., 2023. Do ESG scores have incremental information value on the primary bond market?: Evidence from China [J]. Frontiers Environmental Science (10): 1051000.

ZHANG D Y, 2022a. Environmental regulation, green innovation, and export product quality: What is the role of greenwashing? [J] International Review of Financial Analysis, 83.

ZHANG D Y, 2023. Does green finance really inhibit extreme hypocritical ESG risk? A greenwashing perspective exploration [J]. Energy Economics, 121.

ZHANG D, WELLALAGE N H, 2022. Comparative analysis of environmental performance measures and their impact on firms' financing choices [J]. Journal of Cleaner Production (375): 134176.

ZHANG D, ZHANG Z, MANAGI S, 2019. A bibliometric analysis on green finance: Current status, development, and future directions [J]. Finance Research Letters, 29.

ZHANG J, ZI S, SHAO P, 2020. The value of corporate social responsibility during the crisis: Chinese evidence [J]. Pacific-Basin Finance Journal (64): 101432.

ZHANG Q, WONG J B, 2022. ESG reputational risks and board monitoring committees [J]. Finance Research Letters (50): 103325.

ZHANG R, LI Y, LIU Y, 2021. Green bond issuance and corporate cost of capital [J]. Pacific-Basin Finance Journal (69): 101626.

ZHANG X, LU F, TAO R, et al., 2021a. The time-varying causal relationship between the Bitcoin market and internet attention [J]. Financial Innovation (7): 1-19.

ZHANG X, ZHAO X, QU L, 2021b. Do green policies catalyze green investment? Evidence from ESG investing developments in China [J]. Economics Letters (207): 110028.

ZHANG Z, ZHOU Z, ZENG Z, et al., 2023. How does heterogeneous green technology innovation affect air quality and economic development in Chinese cities? Spatial and nonlinear perspective analysis [J]. Journal of Innovation & Knowledge (8): 100419.

ZHAO C, GUO Y, YUAN J, et al., 2018. ESG and corporate financial performance: Empirical evidence from China's listed power generation companies [J]. Sustainability (10): 2607.

ZHAO X, MAHENDRU M, MA X, et al., 2022. Impacts of environmental regulations on green economic growth in China: New guidelines regarding renewable energy and energy efficiency [J]. Renewable Energy, 187.

ZHENG Y, WANG B, SUN X, et al., 2022. ESG performance and corporate value: Analysis from the stakeholders' perspective [J]. Frontiers in Environmental Science (10): 1084632.

ZHU J H, WANG S S, 2022. Evaluation and influencing factor analysis of sustainable green transformation efficiency of resource-based cities in western China in the post-COVID-19 era [J]. Frontiers in Public Health (10): 832904.

ZYGLIDOPOULOS S, GEORGIADIS A, CARROLL C, et al., 2012. Does media attention drive corporate social responsibility? [J]. Journal of Business Research, 65 (11): 1622-1627.